Hazard Analysis and
Risk Assessment

黃清賢

著

危害分析
與風險評估

三民書局

自　　序

　　希望完成一本介紹系統安全分析或稱危害分析技術的書，至少已有十年了。

　　自從在臺灣省工礦檢查委員會（今改併為勞工處）任職，並在其出版物《工礦檢查》季刊撰寫第一篇系統安全分析文章——〈失誤樹分析及其運用〉，我一直想引進一些系統性的安全分析技術，期望對國內工業安全簿有助益。

　　連續在《工礦檢查》季刊發表兩篇有關失誤樹分析的文章之後不久，我再度返美到南加大安全與系統管理學院繼續進修。博士學位沒有念成，隨即於 1982～1983 年之交，自冷冽的洛杉磯回國。突然接到臺北三民書局來電，囑我寫一本工業安全的書。我因決定轉往嘉南藥專工業安全衛生科（當時是國內唯一設置工業安全科系的大專學校）任教，乃欣然提筆，接連草成兩書，即 1983 年的《工業安全與管理》和 1984 年的《工業安全（工程）》，恰可作為我的教材。在《工業安全與管理》一書第七章我特別介紹三種危害分析技術：失誤樹分析，故障型式及其影響分析與人可靠度分析（即 THERP）。

　　然而在 1984 年，全世界工業安全界好像遭遇兩顆原子彈般的震撼：第一顆落在墨西哥市近郊的一座巨大的液化石油氣儲存場，第二顆則降臨印度波帕爾市的一家農藥廠；毒害之烈，前所未見。而死神猶不罷手，於 1986 年繼續肆虐，遠在蘇聯烏克蘭共和國的車諾堡核電廠爆發核電大災難。總計這三次大災變，立即死亡者約 4000 人，傷者逾兩百萬。面對這些血淋淋的教訓，震驚之餘，難道不深

切反省：究竟工業安全管理與技術存有什麼疏漏以致於此？我想：老方法需要重新檢驗，新方法有待開發，並溶入工程設計之中。我們需要更系統化、全面性，更深化的技術與管理，新的法規也必需與新技術、新管理聯防作戰。

作為一名教書匠，立法非我之事，而引進新技術、新管理方法應在能力所及之內。於是在 1986 年之後，我陸續發表一些危害分析技術的文章，如事件樹分析，危害與操作性研究 (HAZOP) 等，並於近七、八年來從事定性和量化風險分析，人可靠度分析的現場研究。這本書總結我十二年 (1982～1994) 的探索與研究。

今日本書即將出版之際，首先我感謝先嚴資助我赴美求學的大恩。中密蘇里州立大學 Dr. Counts 是我啓蒙恩師，謝謝他帶領我進入失誤樹分析的領域。在南加州大學安全與系統管理學院，我有幸得到前年仙逝並名列密州大學銘賢堂的 Dr. Ted Ferry 的指導。謝謝系統安全專家 Dr. H. E. Roland 教我安全統計。謝謝 Mr. Malasky 的書開啓我的視野。能夠完成這本書，承襲前輩先進者甚多，特別是 Frank P. Lees 教授，以及前年作古的 Mr. William Hammer。我在中油公司永安液化天然氣專用接收站做現場研究之時，甚得李副廠長宗龍，周工場長明發的大力協助，謹在此深致謝意。謝謝行政院環保署毒管處林科長建輝慨贈書籍。

最後，感謝三民書局編輯群辛勞編校，他們的敬業精神，令人敬佩。妻淑娟永遠是拙著最佳的謄稿人。至今她已謄寫約百萬字，以後仍然需偏勞她。這份我多給她的苦差事，她總是無怨地承接。

本書雖經多次校對，但疏漏謬誤之處難免，尚祈各界專家、讀者不吝指正。

黃　清　賢 謹識於臺南

1996 年 2 月

危害分析與風險評估

目　次

第三章　重大危害的管制與管理

第四章　危險物質作業場所風險評估

第五章　量化風險分析

第六章　What-If 分析與檢查表

第七章　初步危害分析（PHA）

第八章　危害與操作性研究

第九章　道氏與邦德指數

第十章　故障型式，影響及嚴重度分析

第十一章　失誤樹分析

第十二章　事件樹分析

第十三章　因果分析

第十四章　人可靠度分析

第十五章　危害分析技術綜合比較

附　錄

第一章

系統安全分析的
　過去、現在與未來

1-1　系統安全分析的發展史

　　系統安全的觀念，最早在第二次世界大戰後萌芽。1947 年 9 月在一篇題爲「安全之工程」的研討會論文（Roland, 1982）如此寫道：

> 猶如績效、穩定性和結構之完整性一樣，安全必需經由設計和建造溶入飛機之中。

　　此一安全觀念在 1950 和 1960 年代飛彈發展的新紀元中成長、茁壯。當時，以液體爲推進器的飛彈常常意外地發生爆炸。例如 72 Atlas F 洲際彈道飛彈問世之後，在 18 個月內，於實際飛彈射擊訓練中竟然在地下發射室爆炸 4 次。這些液體推進劑之毒性及反應性更甚於一次世界大戰中使用的毒氣。其爆炸威力也前所未見。其腐蝕性大大超乎工業界使用之危險物，且其壓縮氣體壓力可達 6000 psi，更屬罕見（颱風的壓力不過是 0.25 psi 而已）。這種由危險品或有害物所造成的傷亡和財產損失相當可觀（Hammer, 1980）。

　　除此之外，美國空軍長久以來即有飛機失事的惡夢。1952 ～ 1966 年間，損失 7715 架飛機，8547 人死亡，其中 3822 人爲飛行員。平均每年損失 474 架飛機、近 570 人（Hammer, 1980）。飛彈未問世之前，飛機失事，多歸罪於飛行員的失誤。而當飛彈誤爆誤射之後，無飛行員可以頂罪，空軍管理階層才認真檢討事故原因。針對錯誤的觀念、設計、製造、保養維護，及操作使用前的種種措施加以研討。體認安全計畫必需在新的系統形成之初，即應開始，不斷執行，雖至災害減少之時仍不稍止。

　　1960 年代，作爲系統安全分析技術之一的失誤樹分析（fault tree analysis, 簡稱 FTA）首先出現。1961 年，貝爾實驗室（Bell La-

boratories）的 H. A. Watson 研發 FTA，藉以評估小牛洲際彈道飛彈
（ICBM）發射控制系統的安全性。1964 年，道氏化學公司（Dow Chemical Company）推出道氏火災爆炸指數（Dow Fire and Explosion Index）以評估化工廠的火災爆炸危害。一樣是針對化工廠製程安全，但具預估性質的危害與操作性研究（hazard and operability studies, 簡稱 HAZOP）亦於此時相繼在英國 ICI 被研發出來。此後，美國的故障型式及其影響分析（FMEA）與歐洲的事件樹分析（event tree analysis, 簡稱 ETA）在大西洋兩岸相互輝映。而在有關系統中人子系統可靠度與失誤率的分析技術方面，於 1950 年代後期已有人在默默進行研究（Shapero, 1960; Rook, 1962）。1950 年代中期，美國 Sandia 國家實驗所（SNL）的 Swain 及其同事發展「人為失誤率預測技術」（THERP），成為人可靠度分析（HRA）的一大主流（Swain, 1964）。

1962 年 4 月，美國空軍將系統安全工程納入飛彈研究發展計畫之內。公布「空軍彈道飛彈發展的系統安全工程」規章，作為承包建造 ICBM 計畫契約的一部分，正式為系統安全奠基。該規章於 1963 年修正為空軍規範 MIL–S–38130，再經數次改訂，於 1969 年 7 月而成今日之名稱 —— MIL–STD–882（「系統及相關子系統和設備的系統安全計畫」），作為今後美國國防部所有採購系統或產品之強制性的系統安全計畫準則。

正如美國空軍逐漸發展系統安全規範，要求承攬公司符合一樣，美國航空太空總署（NASA）亦體認太空冒險計畫中，系統安全為不可缺的一環，乃大量配置系統安全人力。1960 年代太空冒險的壯舉及 1969 年 7 月 20 日太陽神十一號太空船登陸月球，其成功或失敗，無不與系統安全有密切的關係。

系統安全的觀念也由空軍轉移至民間的航空工業，早在 1960 年代，北美航空副總裁 Chauncey Starr 就致力於系統安全技術的應用。NASA 於 1968 及 1971 年舉辦系統安全研討會，介紹新進的技術與方法。核電工業繼之，以評估核能電廠的危害及風險。1975 年

的 WASH–1400 是全世界第一次對商用核電廠所作較完整的風險評估報告（USNRC, 1975）。高風險工業，除核電廠之外，煉油及石化工業也都引進系統安全的觀念及技術，作為防範重大災變的利器。

在歐洲，英國的跨國化學公司 ICI 研究部門是危害與風險分析新技術的溫床。前已言之，在 1960 年代初期，作為系統定性分析技術之一的危害與操作性研究（HAZOP）如曙光初現。 1974 年，英國環己烷製造工廠大爆炸案，對全球石化工業發出警訊：重大災害成為複雜製程或龐大系統的夢魘。 1976 年，英國政府衛生安全署（HSE）主導看貝島（Canvey Island）石化工業區的風險評估，這是全世界第一次對石化工業區進行大規模的分析與評估（HSE, 1976）。荷蘭亦於 1982 年實施類似的風險評估，技術上又更勝一籌（Rijnmond, 1982）。

迄 1980 年代，系統安全分析技術之開發至此已然大備；在高風險工業和國防工業的應用業已累積不少寶貴的經驗。總計已發展、已應用的方法不下 50 種，若再包括一些特殊用途的技術（如用於找出危險的能量流動的 barrier analysis，藉以防止能量流向人或設備，以減少災害），則約近 100 種方法。

1–2　今日系統安全分析的應用

數年前，臺灣工業安全界有不少人認為系統安全分析技術是花拳繡腿，中看不中用；除了國防工業或核電廠尚有少數人論詰詳究之外，幾乎很少人明瞭其用途，遑論其貌了。工業界中除可靠度專家或許會借重失誤樹分析（FTA）和故障型式及其影響分析（FMEA），分析設計的產品，或改善製造工程上的問題（包括安全問題）之外，大多數的工程人員不是不知其為何物，就是認為它是怪物，少惹為妙。 12 年前，我在拙著《工業安全與管理》一書

（臺北三民書局，1983）特闢一章介紹它，國立編譯館審查委員建議刪去，理由是它對學生而言似乎太深奧了，其實它比電子、電機工程中的組合邏輯更簡單，只不過審查委員懶得去研究它而已，由此也可知當時臺灣工業安全界的水準了。

今日，全世界的工業安全界都知道：有效率的安全計畫之完成，非整組（team）人員投入心力莫辦。這一組人員未必僅限於工安專業人員，也可包括其他涉及安全的專業人員，如人因工程、電機、機械、化工、環保、交通／運輸工程、可靠度工程、品質保證、工業衛生、應用心理學、軟體安全等，甚至可將地質應力工程、結構工程管理的專業人員納入（表1-1）。反過來說，系統安全在這些相關領域皆可應用（詳見表1-2）。本節就表1-1及表1-2，略論其較重要的應用領域。

表 1-1　與系統安全有關的工程或管理

相關的科學或領域	系統壽命週期的各階段
國防工業及航空安全	各階段
核電廠安全	各階段
石油化學製程安全	各階段
工業安全	各階段
工業衛生	各階段
環境安全（包括廢棄物管理）	設計、操作、廢棄
可靠度工程	設計
產品安全	概念、設計、製造、廢棄
品質保證	設計、製造、廢棄
電子工業	設計、建造、廢棄
交通運輸業	設計、建造
人因工程	設計
自動防火防爆系統	設計、建造
營建安全	概念、設計、建造
軟體安全	各階段
應力工程	設計

表1-2　系統安全應用的領域

1.國防工業各種機、艦、飛彈及其他武器系統的安全
2.民航航空安全
3.核電或其他能源（如太陽能、海洋熱能轉換等）
4.石油化學製程安全
5.工業安全衛生（如通風系統、缺氧環境、石綿處理等）
6.環境保護工程，包括環境衛生工程、危險品廢棄物處理、核廢料再循環等
7.可靠度工程（使用 FMEA 或 FTA 於產品設計、製造）
8.產品安全（評估產品與使用者、環境之互動關係，包括標識）
9.品質保證
10.電力設備安全（電力線設備、變壓器、電動機、冷氣系統）
11.電子工業 *
12.交通運輸安全（地下鐵路、高速鐵路、鐵路、海上船舶、陸上交通工具、高速公路等）
13.人因工程（人可靠度分析）
14.自動防火防爆系統（火災偵測系統、各種自動滅火系統、防爆抑爆系統等）
15.營建安全（包括醫院及其他公共設施，如橋樑）
16.軟體安全
17.其他（如鏈鋸、滑雪鞋系統、水肺）

1-2-1　系統安全在國防與航空安全的應用

　　國防與航空工業是系統安全的發源地，其應用之深廣，幾不待再言。系統安全計畫或風險分析的目的，在於確保達到可接受的風險之同時，能完成任務之需求，將安全設計到各系統、子系統、設備和設施之內。為減少壽命週期之成本，則強調在系統的製造、操作階段之前，對危害能予有效的認知、評估、控制或消除。系統安全計畫應儘早在系統之初期實施。

　　國防與航空工業採取的安全分析應用政策如下：

㈠各單位成立一正式編制的系統安全幕僚。

㈡每一重要的計畫案都至少有一名系統安全人員（有時在合約廠商也設置一名）。

㈢若安全的影響為不可預知，至少應實施初步危害分析(PHA)。

㈣幾乎所有系統安全人員需具備大學工科或相關學系畢業文憑。

(五)系統安全工作人員需接受正式的系統安全訓練。

(六)分析方法包括定性或量化,但分析型式或格式不限。大多數使用風險矩陣格式(如圖 1-1)。也有使用邏輯模型如失誤樹或事件樹,或其他敘述文字。

發生機率　　　　　　　事件	危　害　嚴　重　度			
	Ⅰ 災變	Ⅱ 危險	Ⅲ 安邊全緣	Ⅳ 安全
A 常常	Ⅰ A	Ⅱ A	Ⅲ A	Ⅳ A
B 可能	Ⅰ B	Ⅱ B	Ⅲ B	Ⅳ B
C 有時	Ⅰ C	Ⅱ C	Ⅲ C	Ⅳ C
D 可能性小	Ⅰ D	Ⅱ D	Ⅲ D	Ⅳ D
E 很不可能	Ⅰ E	Ⅱ E	Ⅲ E	Ⅳ E

風險分類:(1)不可接受的風險: Ⅰ A, Ⅰ B, Ⅰ C, Ⅱ A, Ⅱ B

　　　　　(2)不予採納的風險(Waiver required): Ⅰ D, Ⅱ C, Ⅲ A, Ⅲ B

　　　　　(3)可容許的風險: 其他

圖 1-1　風險矩陣

1-2-2　系統安全在核電安全的應用

1960 年代中期以後,系統安全技術、可靠度工程和風險評估即已應用於核電系統,但大規模的應用,則發軔於 1970 年代初期核能管制委員會 NRC(當時稱爲原子能委員會, AEC)之核反應器安全研究(WASH-1400, 1975)。在此研究中, 大量運用失誤樹和事件樹以及一些較普遍的技術,以評估這些民營商用核電廠對一般民眾的風險。美國核電廠因係民營(與臺電核電廠屬國營事業不同),且一般民眾對核電廠的風險性高低懵懵懂懂,有些人更存有恐核症,因此政府監督相當嚴密,規定核電廠需自行實施安全分析與量化風險分析。對於商用核反應器, NRC 所規定的安全分析,是分析和評價設備之系統、零組件、結構之設計與績效,以便評估設備

運轉對一般大眾安全衛生的風險。此安全分析報告需包括(1)在設備的壽命中，正常運轉與異常情況的安全下限，(2)系統、零組件、結構對災害防止與災害後果減輕的足夠程度。

USNRC 對量化風險評估一詞未予定義。但在指引性文件中，則謂量化風險評估為將觀察所得和計算所得的零組件故障率與人為失誤率，和故障或失誤之預期不良後果相乘，可得預期風險，此預期風險的數字量化稱之（NUREG–1070, 1985）。

USNRC 對各種故障或失誤所引發的事故後果，皆有規定以各種系統安全分析方法提出報告，例如對於強力核反應器冷卻水流失的事件報告（GEC, 1973）。

1–2–3　系統安全在石油化學製程安全的應用

現今有不少系統安全分析技術起源於石油化學公司的研究發展單位，Dow Index 和 Mond Index、HAZOP 即是。英國政府在 Canvey Island 石化工業區的風險評估，亦使用失誤樹分析與事件樹分析，從事定性和量化的評估。What–If / Checklist 分析方法可能是石化業使用最早的定性危害認知技術，為業界所熟知。先進國家如美、加，或歐洲共同體，或由政府立法規定，或由業者自行實施製程危害評估。以美國為例，聯邦政府在 1992 年 8 月規定業者需對其擁有的高危險化學品實施危害分析，藉以協助員工及雇主決定如何促進安全或減少危害之後果（OSHA, 1992）。美國職業安全衛生署（OSHA）要求石化業者或相關行業，凡運輸、供銷，使用高度危險物品者，至少必需運用下列一項分析技術，實施危害分析，以防杜易燃易爆物或毒性物質可能的危害（估計每年可以防止 264 人死亡和 1534 人受傷）。

(一) What–If

(二) Checklist

(三) What–If / Checklist

(四) HAZOP

(五) FMEA

(六) FTA

歐洲共同體的製程工業最常使用的系統安全分析技術則爲:

(一) HAZOP

(二) FMEA

(三) FTA

(四) ETA

因爲這些技術在石化工業製程安全的應用爲本書的主題,自第三章起以後各章的應用例,幾乎都以製程單元爲主。

1–2–4　系統安全在工業安全衛生的應用

工業安全之應用系統分析技術,不言自明,但多應用於石油化學工業、煉油業、海上鑽油作業。在工業衛生方面,迄今應用的實例並不多,但是否系統安全技術和風險分析技術在此無用武之地,則未必盡然。究其應用不多之故,在於工業衛生專技人員較欠缺這方面技術的訓練。失誤樹分析、FMEA 或風險矩陣,皆可應用在氣體洩漏偵測系統(圖1–2)(Churchley, 1982),或通風換氣系統缺氧偵測警報系統之上(圖1–3)(Clemens, P. L., 1986),或石綿危害防制與投資策略之上(黃清賢, 1983),或密閉空間(Confined Space)作業等。本書在論及各章的應用實例之時,再詳細說明。

1–2–5　系統安全在環境保護工程的應用

系統安全分析技術與風險評估在法令的要求或實務的需要之

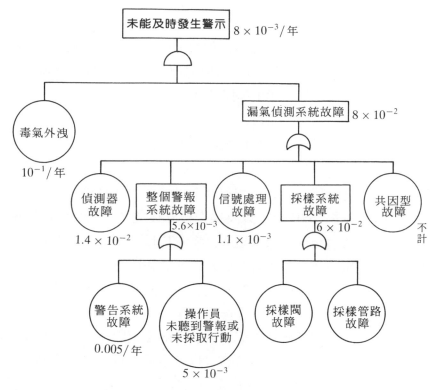

圖 1-2　氣體洩漏偵測系統的失誤樹

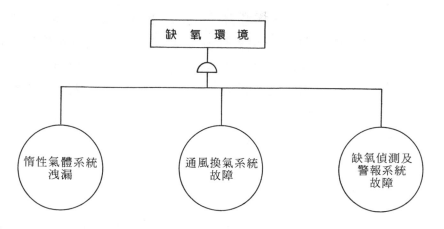

圖 1-3　密閉空間缺氧環境形成的失誤樹

下，已逐漸應用於與環境保護有關的事項。例如美國環保署（EPA）早已立法要求對環境及人之健康造成威脅的危險化學品廢棄物場所，都需實施風險評估（EPA, 1991）。風險評估包括兩種：⑴人員健康風險評估：以定性和量化的方法，估計暴露人口潛在或真正的健康風險。⑵生態風險評估：以定性和半量化的方法，估計附近動植物承受的風險。

系統安全分析技術可應用於環境保護工程之設計、操作、廢棄各系統壽命週期，甚至是概念階段。例如在建造危險品或危險廢棄物倉庫之前，即可應用初步危害分析（PHA）、子系統和系統危害分析（SSHA），以及操作與支援危害分析（O & SHA）（按，本書不討論後面兩種方法），評估其風險。初步危害分析是初步評估該設施操作上的危害及風險，評估範圍包括危害的認知、危害嚴重性評估、系統或子系統的確認、估計發生機率、控制方法（包括操作程序、設備、人員等控制）等。

子系統危害分析也使用風險矩陣認知與評估子系統零組件在故障或啟動有關的危害，以及各零組件之間的關係。

危險廢棄物倉庫通常安裝自動灑水系統，可事先實施故障分析。

操作與支援危害分析是仔細審查現有的操作、維護、檢查、緊急應變和人員訓練等程序。如有必要，則重新修正、擬定新程序及相關的訓練計畫。評估的項目包括：危險物品外洩、溢洩（spill）控制和消毒、防火防爆、緊急應變、水損、動力（電力）損失、硬體設備控制器的維護及檢查和測試、緊急電力系統、貨物的接收和裝船、儲架高度、危險物品之間的相容性等。

1–2–6　系統安全在可靠度工程的應用

從系統安全分析技術，如失誤樹分析（若論硬體可靠度時，

宜譯之為故障樹分析）、 ETA的發展來看，系統安全早在 1960 年代即已溶入可靠度預測技術之中。 FTA 是分析人員及硬體或軟體設備的缺失、檢討系統失效的種種情況及預知其失效機率。 FMEA 或 FMECA 則指出系統或零組件在設計上潛在的故障模式及其產生的不良影響。這兩種分析方法不僅適用於系統的設計階段，也可用於製造工程的改善。圖 1–4 是包括二級故障的故障樹。表 1–3 為 FMECA 的工作分析單。實施 FMECA 之時，通常由一名設計工程師和一名可靠度工程師共同進行較佳。若未輔以設計工程師或安全工程師，而由可靠度工程師獨自進行分析，產品的可靠度將打折扣。

　　由於系統之設計日趨龐大且複雜化， FTA 或 FMECA 將在未來扮演更重要的角色是可以預期的。目前在訂定維修程序、訓練維修人員，或解決工程上的問題方面，都已有公司使用。將來在維修度分析、製程控制、測試性分析和軟體可靠度分析等方面，必有大顯身手的機會。

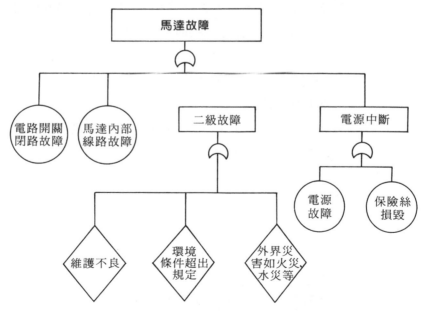

圖 1–4　包括二級故障的故障樹

表 1-3　FMECA的工作分析單

零組件 編　號	方 塊 圖 參考號碼	功 能	故障 型式	影　　　響			影響 介面	嚴　重　度			改善措施		備註（採 取某措施 之理由）
				其他 組件	子系統	整個 系統		嚴重性 （後果）	頻率	可偵 知性	改善 期限	建 議	

1-2-7　系統安全在產品安全與品質保證的應用

　　我國的「消費者保護法」歷經十幾年的波折與努力，在千呼萬喚之下，終於1994年1月11日經立法院通過，1月13日總統公布實施。消費者因產品之缺陷從此可得到法律的保護，消費糾紛循體制內的規章解決；此法亦可消弭不肖廠商或經銷商製造或銷售不良產品，危害社會大眾；並防止、杜絕外國不良產品輸入我國。就積極的意義而言，乃在提高廠商的社會責任，促進產品品質的提升，增進我國產品的國際地位。

　　涉及廠商之產品安全責任者，主要是「消費者保護法」第七、八、九條條文的規定：

第七條

　　從事設計、生產、製造商品或提供服務之企業經營者，應確保其提供之商品或服務，無安全或衛生上之危險。

　　商品或服務具有危害消費者生命、身體、健康、財產之可能者，應於明顯處為警告標示及緊急處理危險之方法。

企業經營者違反前二項規定，致生損害於消費者或第三人時，應
負連帶賠償責任。

但企業經營者能證明其無過失者，法院得減輕其賠償責任。

第八條

從事經銷之企業經營者，就商品或服務所生之損害，與設計、生
產、製造商品或提供服務之企業經營者連帶負賠償責任；但其對
於損害之防免已盡相當之注意，或縱加以相當之注意而仍不免發
生損害者，不在此限。

前項之企業經營者，改裝、分裝商品或變更服務內容者，視為前
條之企業經營者。

第九條

輸入商品或服務之企業經營者，視為該商品之設計、生產、製造
者或服務之提供者，負本法第七條之製造者責任。

　　應用於消費者產品安全的系統分析技術，大多以失誤樹分析
（FTA）和故障型式及其影響分析（FMEA）為主，但亦有使用初步危
害分析（PHA）或其他分析方法者，如故障危害分析（fault hazard ana-
lysis）、操作危害分析（operating hazard analysis）等。圖 1–5 是整個失
誤樹的其中一部分分枝而已。表 1–4 是電熱器的 FMEA。表 1–5 是
磨咖啡機的 PHA。經由這些分析，設計者能夠檢視設計的細節，找
出設計和製造過程中引致的缺陷，發現這些缺陷如何發生，對消費
者的影響程度等等。

　　在品質保證工程方面，FMECA 是主要的分析技術，FTA 次
之。FMECA 在這領域分為兩種：⑴設備 FMECA；⑵製程（process）
FMECA。前者為評估設備停機的影響。由表 1–6 可看出，設備停機
的影響，是指工程師診斷故障或缺失並修復所需的時間到底多久。
在「行動計畫」那一行，可填寫設計或預防性維護。如果改變設計
具可行性，則沒有必要再實施預防性維護。設備 FMECA 可由製程

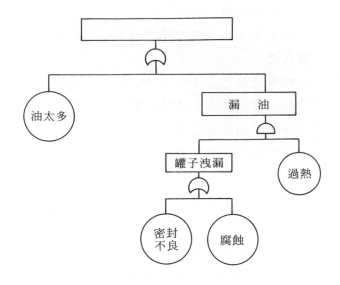

圖 1-5 一部分的失誤樹

表 1-4 電熱器的 FMEA

零組件編　號	零組件名　稱	故障型式	故障原因	認知故障的方法	影響	嚴重性	發生頻率	保護性裝　置	備註或說明
2210	風扇	停止運轉	軸承不良	過熱	過熱,起火	Ⅲ	0.001	無	改進軸承,安裝過熱開關

表 1–5 初步危害分析 —— 磨咖啡機

產品：電動迴轉式家用磨咖啡機

危害	原　　　因	不良影響	沒有安全防護之機率	安　全　防　護	備註或說明
電擊	(1)若金屬外殼無雙重絕緣 (2)浸在水中	傷或亡	(1)有可能 (2)有可能	(1)雙重絕緣結構 (2)設計防水結構或警告標識	UL標準73馬達操作器具不足以提供合理的安全產品

表 1–6 設備 FMECA 格式

故障型式	故障原因	影　　　響			嚴　重　度			診斷時間(小時)	修理時間(小時)	每月預期損失工時	行動計畫
		本身	其他零組件	系統	停機	頻率	嚴重性				

工程師為之，若由可靠度工程師為主，宜有製程工程師或品管工程師輔佐之。

　　製程 FMECA 是考量整個產品製造過程，不僅包括設備而已。它涵蓋支援性的工作和操作程序。其目的在於運用腦力激盪法以發展最佳的製程。為獲得最好的產品，廠方應有最好的設計、最好的製造和最好的品質保證。因此，為獲得最好的產品，宜成立一個包括設計、製造、品質保證和可靠度工程師的小組。製程 FMECA 運

表 1-7　製程 FMECA

零組件名稱: 前門　　　　　　　　　上下游廠商: 亨利廠
設計／製造責任: 車身工程部　　　　　製造年份／車種: 199×/ Lion 4 門／貨車
其他相關部門: QC, 生產, 維護　　　　FMEA 日　期: 9×0921

製程說明	製程目的	潛在的失效模式	可能的失效影響	嚴重性	失效原因	失效發生機率	防範措施	風險優先數	建議措施	負責人及完成日期
門內側手工上臘	塗蓋門之內側下方表面以防鏽	臘不足以覆蓋表面	減少門的壽命,導致:(1)生鏽影響外觀(2)損傷內門硬體的功能	7	(1)上臘時伸入不夠	8	(1)每小時目視檢查	280	(1)採自動上臘	製造工程9×1015
					(2)上臘時間不足	8	(2)操作員教導	392	(2)安裝上臘計時器	維　修9×1115
					(3)臘槍頭變形	2	(3)預防性維護	28	(3)無	製造工程9×1021
					(4)臘槍頭堵塞（由於黏性太高,溫度太低,壓力太低）	5	(4)預防性維護,在啓動後測試上臘情形	105	(4)採用實驗設計(DOE)之黏性、溫度、壓力	製造工程9×820

用這些人才的集體智慧, 分析製程所需的原料之儲運, 每一製程步驟之故障模式及其故障原因, 指出最終產品有缺陷時之影響, 指派嚴重度, 提出改善措施等。表 1-7 為汽車廠的製程 FMECA。

1-2-8　系統安全在電力設備和電子工業的應用

早在 1940 年代, 電氣設備和電子工業即已注意到產品品質的問題。例如美國通用汽車公司的電動部採用較佳的絕緣體、高溫測試以及尖頭圓柱滾輪軸承, 提高馬達和柴油引擎的有用壽命。

美軍用於戰場的電子器材由於真空管可靠度不佳，而大大減低其壽命。 1952 年，美國國防部成立「電子設備可靠度顧問團」（Advisory Group on Reliability of Electronic Equipment），FMEA 這種系統分析技術已被採用。 1958 年日本科學技術聯盟（JUSE）成立「信賴性研究委員會」，對日後日本電氣工業的發展影響相當深遠。 1960 年代，失誤樹分析（FTA）被開發出來以後，大量應用於電氣設備和電子工業的安全之上。美國電子工業協會（Electronics Industry Association）內設有 G-48 系統安全委員會，其宗旨在於監督、協調工業界有關系統安全事項，提供政府和工業界有關系統安全的規章，傳布相關經驗。

　　現今尚有不少系統安全分析技術在電力設備和電子工業中廣為使用。如(1)潛行電路分析（sneak-circuit analysis）：用於電子／電氣設備之各種控制和輸送能量線路，亦可用於軟體分析。(2)電纜故障矩陣分析（cable failure matrix analysis）：普遍用於電子系統的電纜，以找出各種故障；(3)共因故障分析：分析某一事件之故障造成至少兩個事件的故障；(4)電磁相容性（EMC）分析與測試：用以保護電路、防範閃電以及電磁輻射；(5)網路邏輯分析：以布林代數式說明系統的結構和功能；(6)彎針分析（ben pin analysis）：是一種能快速指出存在於電纜線接頭故障的方法，廣泛用於航空界……等。

1-2-9　系統安全在交通運輸安全的應用

　　1993 年，臺灣工程界留給國人最大的笑柄，大概非臺北市捷運火燒電聯車莫屬了。有位很有想像力的讀者打電話問我：「捷運電聯車的火災，可否用失誤樹分析找出原因？」答案當然是：「可以。」這方面的問題，早已有人研究（W. T. Hathaway et al., 1981）。大眾交通工具關係著大眾生命財產的安全問題，火災危害又是大眾交通系統在設計和操作上不可輕忽的問題，因此工程人員應予研

討深究。以下以美國的經驗爲例，略述系統安全技術在大衆交通運輸系統，如都市地下鐵路、高速鐵路、高速公路等工程設計上的應用。

美國第一個現代化快速鐵路運輸系統是 1960 年代的灣區快速運輸系統（Bay Area Rapid Transit System）；它結合當時最新的設計觀念和服務旅客觀念，例如使用自動火車的機能。因其系統新穎、複雜，美國交通部交通安全局（NTSB）建議使用 FMEA 作爲危害認知的分析工具。事實上，灣區快速運輸系統在 1978 年擬定實施的系統安全計畫（SSPP）中，即已使用失誤樹分析（FTA）、FMEA，以及應力和故障分析技術。

美國第二個主要快速鐵路運輸系統是首都華盛頓市區運輸系統（Washington Metropolitan Transit Authority System），它採用危害型式及其影響分析（HMEA）。第三個主要快速鐵路建於喬治亞州首府亞特蘭大，其系統安全計畫（SSPP）運用不少分析技術，如初步危害分析（PHA）、子系統危害分析（SSHA）、操作危害分析（OHA），此外依計畫需要而定，實施一些其他的定性和量化分析。以後系統安全分析技術幾乎都成爲美國一些快速鐵路系統安全計畫的一部分。1981 年，美國交通部都市大衆交通局（Urban Mass Transportation Adminstration）鑑於這些分析技術的實施方法或格式略有異同，缺乏一致性，而阻礙資料交換，難以相互比較，認爲有必要齊一認知危害的方法和格式，乃制定「系統安全分析：固定線路運輸系統之系統安全分析格式與方法說明書」，作爲此類系統安全分析的準則。1983 年，南加州快速運輸鐵路系統（SCRTD）咸信是第一個全程採用此準則的系統（Southern California Rapid Transit District Metro Rail Project, "System Safety Program Plan," WBS 16DAD, May 1983）。在此大衆運輸系統壽命週期之各個階段，共採用 PHA、SSHA、介面危害分析（IHA）、OHA、FTA 及 FHA（表 1–8）。另外在建造和操作前的測試階段，亦實施操作與維護危害分析。圖 1–6 是此計

表 1–8　SCRTD 都市鐵路計畫、系統安全分析實施表

分析方法	規畫階段	設計階段	建造階段	整合／測試階段	操作階段
PHA	◁————————————————————				
SSHA		◁———————————————			
IHA	◁———————		◁———		
OHA				◁———————	◆
FTA		◁———	◆	◆	◆
FHA		◁———			

注：◁ 實施分析開始之時間
　　◆ 需要時即實施分析

畫案所實施的失誤樹之一部分。

　　至於捷運車的火災問題，對大眾捷運系統是一項主要的危害。依據美國的統計，火災事故居各類事故之 4%（W. T. Hathaway and I. Litant, 1979）。美國交通部都市大眾交通局（UMTA）實施一項五階段計畫：

㈠評估交通火災安全現狀。

㈡認知火災威脅。

㈢找出防範火災的措施。

㈣評估各種防範措施。

㈤執行火災防範措施。

　　由圖 1–7 可知分析火災危害的方法，主要係使用失誤樹分析技術。火災防範措施有五：⑴火災預防；⑵火災圍堵；⑶火災偵測；⑷火災抑制；⑸乘客逃生避難。

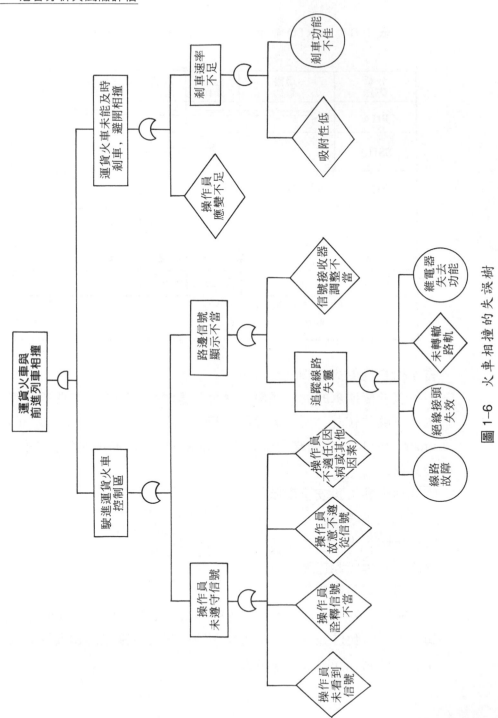

圖 1-6 火車相撞的失誤樹

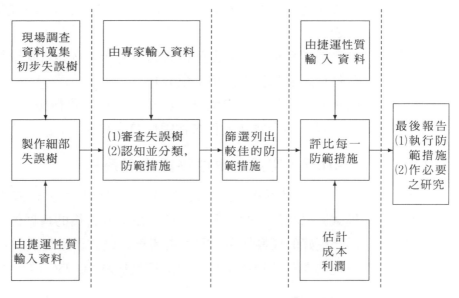

圖 1-7　防火安全防範措施流程圖

1-3　系統安全分析的未來

　　系統安全分析（或者危害分析）技術將來的應用和發展又是如何？此一問題，安全工程師宜未雨綢繆。自今日觀察，有些跡象似已明現（Stephenson, 1991）。首先，分析者使用個人電腦（PC）的需要將大為增加。現今各種危害分析技術的電腦軟體大都已被開發出來，包括 HAZOP、 FMEA、 FTA、 ETA 等重要技術。不僅如此，風險分析之危害後果分析和傷損模式（參見本書第五章）亦多以PC 處理之。專家系統科技將大量進入製程安全管理的領域， PC 無疑地將扮演分析者重要的輔助工具。

　　個人電腦和專家系統軟體對於系統安全或製程危害分析的貢獻主要在於：

㈠提供危害分析小組更完整的危害分析資料和事故經驗輸入資料或數據。

㈡更有效率地執行危害分析或風險分析。例如自動繪製失誤樹和事件樹，並執行定性和定量分析。

㈢更有效率地文書處理分析結果報告以及資料檢索。

以下簡介數種現有的軟體供讀者參考。

I. ATMS（空氣中毒性物質模擬系統）

此軟體可評估空氣污染物（液體或氣體）外洩的特性、擴散模式，以及散布的情況。以彩色顯示散布後的地理位置。一旦有新的、更好的模擬技術，即可更新舊有模式。這是美國 EPA 所接受的毒性物質外洩模擬系統。此系統是 IBM PC 386, 640 KB RAM。

II. CA–FT

這是 IBM PC, 640 KB RAM 的軟體。可用於量化風險分析（QRA），作為建構失誤樹和事件樹及估計機率之需，亦可從事人可靠度分析（HRA）以及不確定性和敏感度分析。軟體內有設備可靠度資料庫。

III. CAHAHOP

這是一種 IBM 個人電腦輔助的 HAZOP 處理系統。可協助 HAZOP 小組紀錄資料；繪出 HAZOP 研究成果表格和必要的文書處理。應用這套軟體的人可調出所分析的製程以及分析的結果、建議等資料，提高研究的品質。

IV. CARA（電腦輔助可靠度分析）

這套 IBM 個人電腦軟體方便安全工程師或可靠度工程師迅速、有效率地作分析工作。主要用於失誤樹的建構和定性與定量分析、故障型式影響及嚴重度分析（FMECA）、因果分析（CCA）以及故障

率資料分析（ANEX）。

V. CHEMS–PLUS

美國麻省 Arthur D. Little 公司出版的眾多危害與風險分析軟體的一種。這套軟體對緊急應變計畫較為有用，其提供外洩率、蒸氣散布模式、火災、爆炸危害等。

VI. SETS

以布林代數解決失誤樹和事件樹中的機率問題，是這套個人電腦的旨趣。SETS 能解決獨立和不獨立事件的切集合。軟體內共存 16383 的失誤事件。

VII. Spectrum / PC–F & E

對於化學製程安全方面，這套軟體涵蓋不少與火災、爆炸、毒性物質外洩、環境損壞、企業停頓等有關的嚴重事故風險。另有道氏指數的實施程序和方法。至少有 250 種危險化學品的物理性和化學性資料可供檢索。

參 考 文 獻

1.Roland, H. E.,《系統安全統計筆記》，南加州大學， 1982。

2.Hammer, W., *Product Safety Management and Engineering,* p.56, Prentice-Hall, INC., NJ, 1980.

3.Shapero, A. J., et al., Human Engineering Testing and Malfunction Data Collection in Weapon System Test Programs, Wright Air Development Division, 1960.

4.Rook, L., Reduction of Human Error in Industrial Production, Report SCTM–93–62(14), Sandia Corporation, New Mexico, 1962.

5.Swain, A. D., THERP, Sandia National Lab., 1964.

6.USNRC, Reactor Safety Study, WASH–1400, Oct. 1975.

7.HSE, Canvey: An Investigation, HMSO, 1976.

8.Rijnmond Public Authority, Risk Analysis—A Pilot Study, D. Reidel, the Netherlands, 1982.

9.NUREG–1070, NRC Policy on Future Reactor Designs, USNRC, July 1985.

10.GEC, Standard Safety Analysis Report, BWR/6, General Electric Company, 1973.

11.OSHA, Department of Labor, 29 CFR 1910.119, July 1992.

12.Churchley A. R., et al., Design for Failure—Engineered System Reliability and Occupational Hygiene, Ann. Occup. Hyg. Vol. 25, No. 1, pp. 83～93, 1982.

13.Clemens, P. L., System Safety Principles Applied in Industrial Hygiene Practice, AIH Conference, Texas, May 1986.

14.黃清賢，《工業安全與管理》，三民書局，臺北， 1983。

15.EPA, Risk Assessment Guidance for Superfund, Washington, D. C., 1991.

16.Hathaway, W. T., et al., Fire Safety in Transit Systems Fault Tree Analysis, UM147–PM–81–51, US DOT, Sept. 1981.

17.SCRTD, System Safety Program Plan, WBS, 16 DAD, May 1983.

18.Hathaway, W. T., and Litant, I., Assessment of Current DOT Fire Safety Efforts, UMTA–A–06–0051–79–1, US DOT, July 1979.

19.Stephenson, J., *System Safety 2000,* Van Nostrand, Reinhold, NY, 1991.

習　題

1. 系統安全如何發軔? 如何發展?
2. 歐美先進國家的政府和民間如何開發並運用系統安全分析技術?
3. 何謂風險矩陣(risk matrix)?
4. 美國政府(OSHA)要求石化業者或與危險物品有關的業者，實施製程安全管理(process safety management)應採取那些危害分析方法評估其風險? 又，我國勞委會於法規中要求業者使用那些危害分析方法?
5. 試繪密閉空間(confined space)作業之失誤樹。
6. 試論「消費者保護法」對產品的安全與品質的影響。
7. 試從你的專業領域，討論系統安全分析方法可能的應用。

第二章

概　論

2-1　系統的概念

　　依據牛津英語字典的解釋，系統是「由於某種計畫，由各部分所組成，有秩序的排列在一起的一個整體」。由此可知，系統的第一個特性：它是幾個部分所組成起來的。美國安全協會（NSC）或許參照前述字典的釋義，將系統定義為：「在某一特定環境中，為達成某項工作或功能的組成分子，有秩序的排列在一起，相互作用，密切關聯的一個整體。」（NSC, 1980）這一定義比字典說得較為具體，除說明系統的組成構造之外，更明指各子系統（subsystem），亦即「組成分子」的共同目標或功能。這是系統的第二個特性，例如消化系統具有消化與吸收食物的作用，通風系統則能交換室內外空氣，促進空氣流通。

　　系統的第三個特性是各組成分子，亦即各子系統之間的互動關係。此互動關係也許相當簡單，如設備生鏽；也許相當複雜，如人的生理或心理壓力增加。任一子系統發生變化，如設備故障，整個系統也會發生變化，所謂「牽一髮而動全身」。另外，系統雖是由各子系統所構成，但一系統並不僅是各子系統的總和，因各子系統之互動所造成的影響，並非都是加加減減，而常是倍數或指數關係。

　　若就系統安全或系統危害分析觀之，美國國防部在「系統安全計畫要件」（DOD, 1993）把系統說明得更透徹詳細：「系統是人員、程序、物料、工具、設備、設施和軟體的混合體，不論其複雜性如何。此混合體之各組成共同作用於所欲操作的環境，藉以執行某一作業或達成某一生產、支援、任務之需要。」此一定義，明指系統的組成分子是人員、程序（指管理程序）、物料、工具、設備、設施和軟體（如資料或文書處理），不論這些組成分子的複雜

程度是低或高。整個系統的目標是爲了達成生產性、支援性或任務性的需要。

　　而人員、物料、設備等各子系統之間互相接觸、互相往來、互相影響的地方或界線，則稱爲界面（interface）。換句話說，各子系統之間各有其範圍。不僅如此，有些子系統中更細小的單位（如零件或組件）之間亦各有其範圍。此一範圍之界定，在系統分析中需先予界定，特別是在評估系統之績效時。不論是整個系統與外界的界線，或零組件〔在人可靠度分析中則稱爲行爲單元或子作業（behavior units or subtasks）〕之間的界線，都要釐清，以便進行故障率或失誤率的評估，此一範圍或界線之界定，爲系統的第四個特性。界線之內外常有輸入（inputs）與輸出（outputs），實施系統安全分析時，必需考量這些輸入或輸出對系統或子系統的影響。

2-2　安全的定義：絕對與相對

　　常言道:「居安思危。」《孫子兵法》言:「安則靜，危則動。」可見安全與危險一如靜與動，爲正反相對之物。查中文字典，安全的注解不外乎: 不危險、平安無損傷。此定義具有絕對性質與西方之字義相同。希臘字安全 (holos) 之意指完全（complete）或整體（entire），有毫髮無傷之意；印度梵文安全（sarva）意爲無傷害（unharmed），寓有零傷害之意。韋伯《新國際字典》注解爲: 「安全的狀況; 遠離危險; 免於傷害，損失。」（Simon and Schuster, 1979）與大多數的中文字典同義。

　　然就系統安全分析或可靠度分析言之，這種零危險、零傷害損失的觀念既不切實際也不很適用。言其不切實際，是因爲工業作業場所絕對沒有零傷害、零危險之事實存在; 言其不適用，譬如一位紡織廠的女工在縫紉時，手指被針頭意外刺傷，對工作效率無大影

響，也不造成財產損失，這種甚小的傷害幾乎對整個系統沒有不良影響。因此在分析評估系統的績效之前，常常要問這個問題：多大的危險才算不安全？多大的傷害或損毀才說夠危險？以此問題，我們再檢視馬拉斯基（S. W. Malasky）對安全所下的定義：「不致對人造成傷病死亡或對設備造成損毀，或對財產造成損失，對環境造成傷害的情況。」（Malasky, 1982）顯然也不太適於作系統分析或風險評估之用。難怪美國航空安全界耆宿 Jerome F. Lederer 說：「安全是一個差勁的名詞。」（Washington Post, May 26, 1986）他比較喜歡「風險管理」一辭，因它較實用，沒有安全那種婆婆媽媽、語意不清的缺點。

因此，除非安全一辭能作更精確的定義，否則它既不切實際，又不宜作績效評估之用。國際標準組織（ISO）的定義毋寧是較切合系統安全分析的理念：安全是傷害或損毀的風險（risk）限於可接受程度的狀態。換言之，傷害或損毀若超過系統或子系統可接受程度之外者，即是不安全；若在可接受程度之內者，即是安全。

為了要分析系統的安全性，勢必要先界定什麼是「可接受程度」（an acceptable level）的風險。

前例中的紡織廠女工，被針頭意外刺傷應是可接受程度的風險。這種風險通常相當小，小到微不足道，可以暫時予以忽視。我們可以這麼說：某一種風險在與其他風險比較之下，顯得相當微小，當我們運用時間、金錢等資源使其更小而顯得不合理之時，此一風險即可稱之為可接受的風險。安全常不能直接量化，但風險在某情況下可予以量化，故當我們量化安全之時，我們常借用可靠度分析中的故障率或風險分析中的災變發生頻率與災害後果嚴重性表示之。

由以上討論，可知論及安全的定義之同時，不可避免的論及風險。而當論及風險之同時，社會的價值判斷不得不牽涉其中矣。

2-3 危害、重大危害與意外事故

　　從字的本義來看，危害（hazard,或譯爲潛在的危險）具有危險之意，對人存在著威脅，可能（但不必然）會造成傷亡或損失。危害是一種潛在的、蓄勢待發的情況，有可能演變成意外事故。本書採用歐洲共同體較普遍使用的定義：危害是一種潛在的情況，可能使人傷亡，和（或）造成財產損失，和（或）造成環境的損害（IChE,1985）。

　　危害分析或系統安全分析所使用的技術大多以防範重大災變爲主軸而陸續被開發出來。本書所謂重大災變不指感電、機械捲夾、墜落、崩塌、溺斃等一、二人死亡的災變類型，係指如印度波帕爾市農藥廠毒氣外洩案、墨西哥液化石油氣儲存槽大爆炸案、蘇俄車諾堡核電廠核心熔毀案等影響範圍廣大，擴及廠外數公里，甚至數十或數百公里地區，傷病死亡人數眾多（至少十人，有時達萬人）的災害。重大災害存在的工業，主要以石化、煉油、核電等高風險工業爲主，危險品的輸送、搬運，危險廢棄物的處理亦可包括在內。

　　重大災害之前必有重大危害。所謂重大危害（major hazard）是存有大量危險物質的工廠，對工廠內外的人員、社區環境可能造成極具傷害力的火災、爆炸，和（或）毒性物質外洩的情況（IChE,1985）。由此定義，可知重大危害僅涉及三種災害類型，即火災、爆炸、中毒。至於定義中之所謂「大量」，爲對個別危險物品而言，並不一定需達到數千公斤才算是大量。例如一公斤的聯苯胺（Benzidine）、10 公斤的三乙基三聚氰胺（Triethylenemelamine）、100 公斤的二硫代磷酸酯（Oxydisulfoton）即屬大量，而 10 公噸以上的重氮雙硝基酚（Diazodinitrophenol）、200 公噸以上的易燃性氣體才夠稱爲大量危險品。

2-4 風險問題面面觀

2-4-1 定義: 風險、個人風險與社區風險

　　談到風險(risk)這個大問題，可說相當棘手，非三言兩語所能道盡。作者希望能言簡意賅的為讀者剝繭抽絲，理出一些頭緒。在此作者無意觸及各種爭論不休、難解之題，作者在此僅能「輕描淡寫」而已。然而，有關風險的問題仍然很多，值得工廠人、政府官員、研究人員思考。

　　首先，第一個問題是: 什麼是風險? 依據 Webster 新字典的定義: 風險是傷害、損毀或損失的機會，或是損失的可能性程度(Simon and Schuster, 1979)。顯然，風險這個字隱含之意為: 某事件、活動或情況可能使人傷亡或遭受財產損失。換言之，風險可定義為: 能造成人傷亡或財產損失的可能性。這「可能性」係指造成傷亡損失的那個事件、活動發生的機率。因此，風險包含兩個基本要素: (1)人的傷亡和（或）財產損失; (2)事件或活動發生的機率。人的傷亡或財產損失有大小輕重之別，是為該事件或活動的後果(consequences)，這後果是為風險的預期損傷(expected loss or damage)。人生無處無風險。人所從事的任一活動既然都有風險，從事冒險的人必需預期傷損的發生。因此，在冒險之前，必有抉擇，並設法降低預期損傷。預期損傷常起因於(1)缺乏控制; (2)缺乏資訊; (3)缺乏時間; (4)缺乏財政資源(MaCrimmon and Wehrung, 1986)。

　　人也許暴露於重大危害(major hazard)之下，必有不少人面臨風險。重大危害的風險常以兩個專有名詞描述人所承受的風險: ㈠個人風險(individual risk): 為在某事故發生後，產生不良後果，

某地區某群體中的個人預期會遭受某程度傷害的機率。常以每年有多少次的傷亡機會表示之（例如說在臺灣人口中，每個人死於交通事故的風險是 5×10^{-4}／年）。

(二)社區風險（societal risk or community risk）：為在某事故發生後，產生不良後果，某地區某時期之內，有一群體預期可能同時遭受某程度傷害的機率。這是一種一群人面對的風險。

事件或活動發生的機率有兩種表示方法：(1)頻率（frequency）：為在某單位時間內，某事故發生的預期平均次數，如每年或每小時多少次；(2)機率（probability）：為在某單位時間內，某事故造成傷損的機率，其值在 0 與 1 之間。

簡而言之，風險（R）等於事故的預期頻率（F）或機率與事故的後果（C）的乘積，是頻率（或機率）與後果的函數。亦即

$$R = FC$$

從上式看來，風險是損失或傷亡的預期值（expected value）。當然，除了對人造成傷亡或對財產造成損失之外，尚應包括對環境和生態的損害在內。

2-4-2　可接受的風險（acceptable risk）？

工業安全工程師在面對廠外民眾抗爭之時，心裡免不了嘀咕：「這麼低的事故率，這麼低的風險，為什麼還有人來抗爭呢？」這個問題同時也存在於雇主、高階管理者的心中。但工廠圍牆外抗議的民眾則不作如是想。他們看到那煙氣不絕如縷的排煙塔，幻想它可能排出致癌毒氣；那震天呼呼作響的反應爐，幻想它會爆炸四散，碎片穿牆破窗而入，直戳血肉之軀。他們不願見那慘痛哀號的一刻。

一牆之隔，圍牆內外對工廠危害之風險為何差異如此之大？難

道沒有一個風險水準（risk level）或風險基準（risk criterion）爲雙方所接受嗎？

　　人生無處無風險，只有墳墓中人除外。工廠圍牆外抗爭的民衆自無不知之理。臺灣民眾在享受經濟繁榮的甜美之際，也和先進國家一樣，希望提升生活品質，避免疾病或其他外來加諸自身的災禍。這幾十年來，工廠林立，與社區毗鄰，甚至在社區之中。科技的貢獻眾所皆知，但其對身心健康、安全、環境的危害令人不得不防。這些危害隨著新聞媒體快速傳播，影響人的認知，擾亂人的理性。又由於主觀的價值判斷，不同的個人、團體、社會階層、地域，對同一種活動的風險，其行爲反應殊異。這是一個複雜、人人頭痛且難以化解的問題，但也不得不面對的問題。

2-4-2-1　影響風險評價（risk evaluation）的因素

　　欲解決風險的問題，得先瞭解人們對風險的感受，如何感受，爲何有如此的感受等問題，亦即瞭解人們對風險的感知（risk perception）。個人或社會團體對風險的接受程度受到一些因素的影響，這些因素轉而評價風險之是否值得接受，應不應該接受，有沒有必要接受（如表 2-1 和表 2-2）。

　　風險之自願與不自願承受的問題，已有不少研究結果（Starr, 1969），也可能是最重要的因素。例如吸煙者自知有較不吸煙者高的機率死於癌症或心臟病，對其風險較無怨言，但被迫吸二手煙的人則迭有怨言。又如核電廠或石化工廠內的員工，爲自願承受風險者，而廠外抗議的社區民眾則不願接受輻射可能導致的癌症或其他疾病。從表 2-1 可知，與重大危害有關之高科技高風險工業，較難被一般民眾接受。例如，由低輻射暴露誘發的癌症是一種遲鈍效應，屬慢性、累積型疾病，而且這種暴露對下一代有造成基因傷害的可能性。此傷害又是不可逆的，無法復原。這些因素對人形成恐懼感。

表 2-1　影響風險被接受的因素

效　　　　應	相　反　的　效　應
自願承受的風險	不自願承受的風險
立即產生效應	隔一段時間後才產生效應
沒有可以替代的方法	有許多可以替代的方法
確知的風險	不明確的風險
必要的暴露	不一定要的暴露
職業上的接觸	非職業上的接觸
稀鬆平常的危害	令人恐懼的危害
僅影響一般人	影響特別敏感的人士
使用於某一目的	有可能被誤用
造成的後果可恢復原狀	造成的後果不可能恢復原狀

註：取自 W. W. Lowrance, *Of Acceptable Risk*, Kaufman,
Los Altos, California, 1976.

此外，發電的方法尚有水力、燃煤、燃天然氣等各種方式，因此，某些人或團體認為非必要以核能發電不可。

其他影響大眾接受核能或其他高科技高風險工業的因素為：該風險不被大眾瞭解，它新奇、特殊、怪異，有如滿清末年的火車一般。即使專家一再解說、宣導，或做各種研究及機率風險分析，仍不認為是確知的風險。人們對不確知的事物常懷戒懼。

表 2-2 對風險感知的相關因素更為詳細，例如在自願與非自願風險一項，又分公平的風險（equitable risk）和不公平的風險（inequitable risk）兩項。所謂公平的風險是風險承接人獲得該風險之直接利益（benefits），藉此利益衡量是否該風險值得接受；另一方面，風險承接人未獲得該風險所伴隨而來的任何利益，即稱為不公平的風險，因為風險與利益不平衡。不公平風險的承接人若要平衡加諸其身的風險，只有付出避免風險的成本。一般人認為，所有的風險（除了星球或太空的自然事件之外）皆可避免，或付出代價（成

本）使風險減至最低。

　　但風險的承接人對風險的瞭解程度也影響他對風險的感知。對風險的瞭解程度可分四種：⑴風險承接人完全（百分之百）瞭解該風險之大小或嚴重性；⑵風險真相被遮蔽；⑶有關風險的資訊公開且可獲得，但風險承接人不想去使用或獲取該項資訊；⑷對個人或社會團體來說，風險是不確定的，不能明確認知的，不能獲得該風險之任何資料。

　　此外，在考量自願與非自願的風險，尚需考慮此風險是出於風險承接人自由選擇或外力加諸其身別無自由選擇這兩種情況。承接風險的人自甘自願接受某種風險，可能是他已獲得補償（利益的一種），或具有某種崇高的思想，如「犧牲小我，完成大我」。

　　表 2–2 IB 項所謂的「時間上的折扣」（discounting in time）係指人對風險的淡忘，危機意識日漸淡薄。人是記得不多，而忘得更多的動物。對很久以前（如二、三十年前或更長的時間）發生或很久以後將要發生的事情（如預言），記得很少。風險承接人若從該風險中受益，他對風險之不良後果忘得比未受益的人還快。自願風險者與非自願風險者的風險不良後果的折扣率不同。自願風險者的風險折扣率較大。

　　表 2–2 IC 項反應人們對風險不良後果在空間上的折扣。距離風險源（如大石化工廠）越遠者，對風險較漠不關心，而鄰近風險源者最為關心，沒有一絲折扣。

　　表 2–2 ID 考慮風險承接人對風險的不良後果能否有效控制的問題。讀者對風險的控制與對風險的逃避，不要混淆一起。逃避風險係指用不同的成本選擇某一較可行的方案；而控制風險則指採取行動或方法減低風險的不良後果。一個人對他能控制的風險（如汽車駕駛人在輪胎胎紋磨損到某一程度之前才去更換新輪胎），通常都準備接受。而對自己不能控制的風險（如搭飛機），就沒有那麼輕易接受了。

表 2–2 Ⅱ 部分，主要是談到與風險的後果之性質有關的因素。Ⅱ A 的標題：滿足人類需要的層級，係借用 Maslow 人類需要的分類，說明各種風險的後果，例如猝死早夭或傷殘疾病等，對窮人固然是不利，對已擁有自我滿足與自我實現（self-actualization）需要之社會高階層的人，同樣是一大威脅，迫使他回頭追求最基本的生理上的需要和安全的需要。

不同的文化背景，對於風險之後果也有不同的評價。富裕繁榮的社會可能比較難以承受核電引發的生命財產的損失，而貧窮落後的地區平常飢荒疾病已司空見慣，再來一樁毒氣外洩災害，其驚懼悲愴之情，恐怕不如前者之劇。再者，稀鬆平常的災難，如汽機車交通事故傷害，人們較能忍受，但對災害發生頻率低，卻一次死亡二、三百人的空難事故，則難以忍受。

為國捐軀則是另一種風險的後果，但幾乎世界各國都能坦然面對戰死沙場的悲痛。中國式的為皇朝馬革裹屍，與西方式的為宗教而殉道，甚至是一種光榮。

自然的災害（如大地震）所造成的風險後果，風險承接人較無怨言，只要不涉人為疏忽的話（如建築物結構缺乏防震係數）。但有些自然災害，如洪水所引發的災難，是可以預先防範的，如果疏於防範，例如缺乏預警系統或人為破壞水土保持，則因此而產生重大傷亡，常引起社會各界強烈的責難。

表 2–2 Ⅱ 最後提到知識也是一種風險源頭。Rowe 意指有些科技上的實驗或研究會造成研究人員難以控制的災難，例如基因的研究，使人的性別有如練就葵花寶典一般，變成雌雄異位。這種風險的後果，是否令人難以接受呢？似乎又回到原子彈該不該製造的老問題。新科技往往引發新風險。要控制這種風險，除了政府規範或研究人員及其團體自律之外，尚需社會輿論及其他團體（如宗教）的批判。這類爭論牽涉倫理道德的評價問題，已超出科技所能控制的範圍。這是盲目的科技發展，在解決小問題之後製造的大難題。

表 2-2 影響風險評價的因素

I.**與後果有關的因素**

　A.自願與非自願的風險

　　(1)公平與不公平

　　(2)瞭解風險的程度

　　(3)避開及各種避開風險的方法

　　(4)外力加諸或出於自己的抉擇

　B.時間上的折扣（危機意識日漸淡薄）

　C.空間的分布與風險的減少

　　(1)風險之地理分布

　　(2)風險承接人之認定

　　(3)風險的蔓延

　D.風險之可控制性

　　(1)感覺上之控制程度

　　(2)風險系統的控制

　　(3)危機管理

II.**與後果之性質有關的因素**

　A.滿足人類需要的層級

　B.文化價值之變化（影響風險之感知）

　C.普通常見的風險與大災難的風險

　D.國防（戰爭）

　E.自然災害與人為災害

　F.知識也是一種風險

III.**其他相關因素**

　A.與事件發生頻率有關的因素

　　(1)低頻率事件及下限值

　　(2)高頻率事件與風險的空間分布

　B.與發生情況有關的因素

　　(1)突發的和令人不悅的情況

　　(2)救人行為

　C.冒險的傾向

　　(1)個人

　　(2)團體

　　(3)避免個人與團體在冒險行為之衝突

註： 取自 W. D. Rowe, *An Anatomy of Risk*, Robert E, Krieger Publishing Co., Florida, 1988.

　　表 2-2 Ⅲ A 項談到事故發生的頻率影響人對風險的容忍程度。如果事故的後果嚴重性低，且發生頻率接近零（如 10^{-8}），這種風險幾乎可以忽略。高科技工業，如核電廠、石化工廠發生災害的頻率相當低，但如果造成社會大眾重大傷亡，如墨西哥液化石油氣大爆炸案，則這種風險令人難以接受。事實上，核能發電與石化製程操作，都屬高風險活動。所謂高風險活動係指該活動發生事故的頻率低，但能造成民眾重大傷亡的不幸後果者，或者指其事故頻率高，而事故後果小者，如臺灣汽機車交通事故。

　　另有一種情況也叫人不願接受風險，就是某事件突然發生，在人們的預期之外。

　　此外，救人者願意冒自己生命危險去拯救他人，通常是自願的。如去救親愛的人或動物或其他至愛之物。消防隊員、水上救生員通常是基於職責而去承接風險。另一種人是自我犧牲，或基於服務他人的需要而去冒險，如捨身救幼稚園小孩的林靖娟老師。也許另有一種是爲英雄式的榮耀所驅使而冒險救人的人。

　　表 2-2 最後談到不同的個人或團體有不同的冒險傾向。

2-4-2-2　風險可接受程度的統計分析

　　根據 Starr 等人的研究（Starr, 1969），正常美國人疾病死亡率 10^{-2}／年／人，可作爲不自願接受風險的上限，而不自願接受風險的下限則是 10^{-6}／年／人，這是閃電、地震、昆蟲、蛇咬而死等風險的死亡率。在此兩上下限風險水平之間，一般大眾是否願意接受不自願的風險，與承受風險之後所得的利益有關。10^{-6}／年的風險對大多數人而言，雖然仍予注意，但覺得不會發生在自己身上，因此不足爲慮。作者曾對臺灣地區之各類死亡原因（非自願個人風險）作過統計，因自然災害而死的風險，大多在 10^{-6}／年（黃清賢，1987），簡列如下：

表 2–3　　1976～1984 年臺灣地區各類死亡原因，非自願個人風險

死亡原因	雷　擊	天　災	淹水及溺　死	有毒動物咬　或　刺	航空起降時之災變	流行性感　冒	肺　炎
個人風險（年）	2.27×10^{-6}	1.16×10^{-6}	9.8×10^{-5}	1.15×10^{-6}	1.3×10^{-7}	7.2×10^{-6}	1.79×10^{-4}

　　表 2–3 所謂之天災係指洪水、地震、颱風等自然災害。有毒動物如蛇、虎頭蜂等。這種災害的風險，一般人不會在日常中特別憂慮，應可為大家所接受。至於像核電廠或石化工廠造成的災害，對風險承接人而言係非自願承受，且災害範圍甚大，故 10^{-7} 可作此類個人死亡風險的上限。

　　Starr（1972）曾運用「顯示偏好」（revealed preference）之方法研究自願接受風險的程度。其研究方法的基調是藉由各種風險的統計資料，顯示個人或社會對每一種活動之風險的接受程度。亦即社會對每一種活動常以「嘗試錯誤」的方式達到風險與利益之間近乎完美的（nearly optimal）平衡。Starr 的方法對處理大眾的行為，或測知大眾對風險的接受程度，似乎提供一套吸引人的解決妙方。他觀察到其中之一有趣的結果是 ── 對非自願承受的風險有一普遍的利益 ── 風險型態（圖 2–1）。圖中可接受的風險部分由於死亡率雖高，但利益亦高，故被接受，而不可接受的部分是死亡率高，獲益卻低所造成。

　　他又調查礦工高職業性風險，結果認為在對相等利益所接受的自願與非自願暴露之間，風險相差 3 倍。Otway 及 Cohen（1975）再以 Starr 的相同資料，再做迴歸分析，發現結果與 Starr 有異：

㈠對社會活動的自願風險而言，風險（R）與利益（B）之比為 $R = B^{1.8}$。

㈡對社會活動的非自願風險而言，風險（R）與利益（B）之比為 $R = B^{6.3}$。

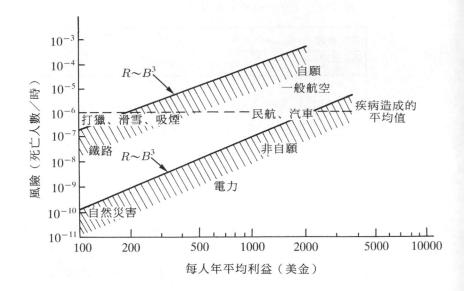

圖 2-1　風險與利益：自願和非自願暴露

此外，Rowe（1977、1978 的舊版）再使用 Starr 的資料，重估風險與利益的關係，他最後的結論是：

㈠對自願的風險而言，$R = B^{0.5}$。

㈡對非自願的風險而言，$R = B$。

顯然，不同的研究人員，使用相同的資料，卻得到不同的結論。可知「顯示偏好」的研究方法有其缺點。

除了「顯示偏好」研究方法之外，也有人以過去的紀錄來探討過去人們對新科技接受風險的程度。例如由在十九世紀人們對火車的風險接受性，測知今人對核電廠或石化工廠的接受程度。此項研究推測：

㈠僅以風險的比較研究做基礎，並不可能有效獲得高風險工業風險可接受程度。

㈡充分證據顯示：提高工廠的安全，提高被民眾接受其風險的可能性。

2-4-2-3 風險可接受程度的精神與心理分析

人們對風險的態度是如何？在面對風險時的心理又是如何？研究者似乎不少，前述之 Lowrance(1976)、 Rowe(1988)皆已研討。圖 2-2 顯示表 2-1 中影響風險可接受性因素之心理。此處各種因素是以核電及非核電相比較。研究資料來自一群數量小，沒有統計的樣本（民眾）。注意到：

平常 ⟷ 令人恐懼

新奇 ⟷ 老舊

這兩對因素對風險的接受程度上影響相當大。

Otway 與 Thomas(1978)調查人們對核電的心理，發現擁核者與反核者在四種因素差異相當大：

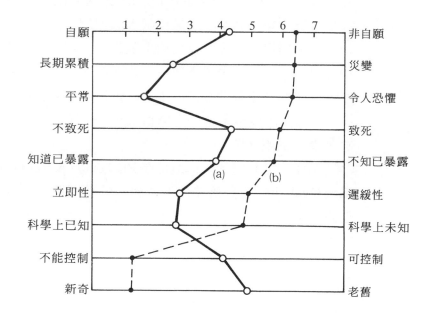

圖 2-2 影響風險接受程度的心理因素

㈠恐懼心理：差異極大

㈡社會、政治方面：差異極大

㈢經濟上的利益：擁核者強調經濟利益的重要性；反核者亦多少承認經濟利益的價值

㈣環境與安全：雙方持正反兩極意見

2-4-2-4　面對民眾感知的風險（Perceived Risk）

從以上的討論，可知每個人對風險的感知或理解，不盡相同。不同的因素很多，如個人的教育程度、某一媒體的影響、個人主觀的直覺式的估計、對風險源的瞭解、工作上是否必要接觸、與風險源的距離、冒險意識、個人的角色（是政府官員或是民意代表，或是某團體、某單位的成員），甚至與個人對經濟發展或環境保護的奉獻精神，以及文化背景等因素有關。以這些因素為基礎，每個人各自發展其對同一種風險的認知。每個人的立足點皆不太相同，人言人殊，類如其面。這是每個人的理解，沒有所謂對或錯。一般民眾不相信專家的風險分析或事故機率，那只是因為背景不同，立場互異，而不能說民眾不理性、無理取鬧或訴諸情緒，也不能說專家一派胡言，昧著良心信口雌黃，玩數字遊戲，除非他信心十足地說：「我保證核電廠百分之兩百安全。」（臺電某高級主管在立法院背書的空頭支票）

然而，需釐清的是：這種感知的風險（perceived risk）與真正的風險（real risk）有些落差，不是太過就是不及。如果你問一些民眾他們對某一災害原因（如墜落、電擊等）之年平均死亡人數，他們的答案與統計數字之間常不一致。大眾對非常小之風險的直覺式評估非常差。但它對決策的影響不應為決策者或處理問題的執法者所忽略。它是民眾的看法，它是民意，在民主政治的決策過程中，不宜像獨裁者一味抹殺民意，今日我們生活在民意的時代，不再是暴君的玩偶。決策者待它至少應與專家的意見等量齊觀，當然，它永

遠只是民眾的看法，不能取代量化風險分析的數值。

　　因此，如果工業安全工程師或管理人員面對群眾的抗爭之時，他仍然需要把他的專家見解詳細說明，列出根據緣由，以求民眾瞭解事實真相。若民眾仍似「鴨仔聽雷」執意不睬，掏出口袋中適量的錢是必要的。錢（利益）是平衡風險最有效的方法。

　　平時對民眾的宣導是否有效？有些人認為有效，但效果也許在很長的時間（如 30 年）才能顯現。但另有一些人則認為效果不彰（如廣告詞），他們認為經過包裝的形象比事實真相更能扭轉民眾的心，對民眾毋需長篇大論談事實真相，民眾聽得不耐煩了。試看臺灣的吸煙人口為什麼日增？年齡層逐次下降？難道民眾不知吸煙之毒？又如，臺灣惡名昭彰的民意代表選舉，每選必賄，難道民眾不知賄選之害？我們回頭想一想，吸煙行為是不是被吸煙者刻意包裝？賄選者是不是將賄款美名為慰勞金、「行路工」、「壓歲錢」等各種堂而皇之的名目。石化工廠若試著去包裝美化，讓民眾的腦袋中常聯想工廠美好的一面，或許民眾會改變他們對石化工廠的印象。

2-4-3　風險基準

　　評估任何工廠或各種作業、職業活動的風險，若能有一個度量（measure），作為賴以比較、評斷的標準，此一度量，謂之風險基準（risk criteria）。

　　風險基準大略可分為兩種模式：⑴預測模式：用來評估某一預測之風險，決定是否需採進一步的行為以管理該風險。⑵歷史模式：從過去紀錄的歷史資料評估風險程度。

　　風險基準常以死亡事故發生的頻率表示之。例如工廠內員工的風險，常以致死事故率（fatal accident rate）表示，簡稱 FAR，其意義為工人在某種危害的工作中暴露 10^8 小時，曾經或預期發生的

死亡人數。10^8 工時是取 1000 人的化工廠爲標準，每名工人一生平均工作 40 年，每人每年工作 2500 工時而得。石化工廠若發生重大災變，會造成個人風險（IR）和社區風險（SR）。個人風險係指廠外大眾個別成員之風險，社區風險是指同一事故廠外有多人死亡的機率，其風險基準的表示方法常用每年每人的死亡機率，例如天然災害的風險約爲 10^{-6} ／年（參見表2-3）。

　　就石化工廠而言，建立風險基準的起點，是比較石化工廠的作業風險與其他行業的作業風險，如表 2-4（黃清賢， 1987）、表 2-5（Lees, 1986），另外再比較各國之石化工業的風險，如表 2-6（黃清賢， 1987），顯見臺灣石化工業的風險偏高。表 2-7（Lees, 1986）爲英國非工業活動的風險，可見大多數活動比石化工廠的風險爲高。作爲風險基準應能爲大眾所接受（較合理的說法似是爲大眾所能忍受， tolerable）。因此，某一作業的風險不宜高於各種產業的平均風險。比較國內外的石化工廠及國內各種產業的風險，作者認爲國內石化工廠內員工的風險基準上限（maximum risk criterion）爲 FAR=5.6。此 5.6 包括由危險的化學品或製程造成的，以及由其他災害類型，如墜落、撞擊、溺斃等造成死亡風險。若僅考慮與火災、爆炸、毒氣外洩等與重大危害有關的風險，則石化工業的員工風險基準上限，宜以 FAR=3 較爲適當。

　　FAR=5 的風險看起來微不足道，我們每天所暴露的風險大大超過此值。但 FAR=10 以上的風險則較予關心，國內石化工廠對其員工的風險，是應予關心的，宜再設法降低其風險。上述之最大風險基準是工廠必需要達到的最低目標，不論要投資多少成本，運用多少資源，否則就不是一個有社會責任的工廠。另外還有一個最小風險基準（minimum risk criterion），這是風險基準的下限。一般在論及廠外大眾個人成員（member of the public）的風險時，都有風險基準的上下限，合稱爲雙界限基準（two boundary criterion）。風險基準下限可作爲工廠追求安全的高標準，因爲降至如此之低的風險，

應可爲大眾所容忍。站在決策者的立場，若再虛擲資源於安全措施之上，是不合情理的。

表2-4 職業災害統計各行業的FAR

行業＼年度	67	68	69	70	71	72	73	74	平均
全　　產　　業	9.4	10.3	9.6	8.7	10.6	7.8	17.6	8.5	10.3
林業及伐木業	–	–	–	–	35	33	30	44.4	35.6
煤　　礦　　業	100	129	106.5	116	155	88.6	963	107	206
製　　造　　業	5.8	5.9	6.3	6.2	6.6	5.5	5	5.2	5.8
工業化學製品製造業	12	12.5	10.8	13.6	10.2	8.4	9.5	9.2	10.78
其他化學製品製造業	12	12.5	10.8	13.6	10.2	8.4	9.5	9.2	10.78
石　油　煉　製　業	12	12.5	10.8	13.6	10.2	8.4	9.5	9.2	10.78
水　電　煤　氣　業	21.7	18	26	10.5	7.3	14.3	8.3	11.4	14.69
營　　造　　業	–	–	–	–	–	–	0	56.6	28.3
舊　船　解　體　業	–	–	–	–	–	–	100	466	283

表2-5 英國各種工作的FAR

衣　　鞋　　業	0.15
車　輛　製　造　業	1.3
化　　工　　業	3.5
鋼　　鐵　　業	8
農　　　　業	10
漁　　　　業	35
礦　　　　業	40
鐵　路　轉　轍	45
營　　造　　業	67
空　　服　　員	250
職　業　拳　擊　手	7000
賽　馬　騎　師	50000

表 2-6 各國石化工業的 FAR

臺　灣	10.8
法　國	8.5
西　德	5
英　國	5
美　國	5

註: 國外資料來自參考書目(17)

表 2-7 非工業活動的 FAR

待在家裡	3
乘坐:	
⑴公共汽車	3
⑵火車	5
⑶自用車	57
⑷腳踏車	96
⑸航空器	240
⑹機車	660
泛舟	1000
攀岩	4000

註: 取自 Lees(1986)

　　綜合各家的研究結論, 一般認為風險基準的上限是自願承受的風險: 10^{-5}／人／年; 天然災害的風險: 10^{-6}／人／年; 人為災害的風險: 10^{-7}／人／年。若石化工廠的 IR＝10^{-7}／人／年, 對所有的民眾來說, 都是可容忍的風險。風險基準上限 IR＝10^{-5}～10^{-6}／人／年, 對鄰近石化工廠的居民也是合理的。又, 10^{-7}／人／年等於 FAR＝0.001。

　　Bowen(1976)以另一種風險基準作為評比風險的方法, 稱為生命預期損失(loss of life expectancy)。他建議的方法是將工業活動所造成的生命預期損失與從此工業活動所獲得的生命預期所得(gain)

互相平衡。其計算方法如下：若某一工業活動的風險是 10^{-5}／年，則在生命的第 1 年與第 70 年的生命預期損失分別是 70×10^{-5}／年與 1×10^{-5}／年（設此人活 70 歲）。一生全部的生命預期損失等於 $70 \times (\dfrac{70+1}{2}) \times 10^{-5} = 0.025$年。

但在工業國家，其生活水準較高，因而其生命預期也增加，設每活一年增加 0.05 年的生命預期所得，則生命預期所得是生命預期損失的 2 倍。由此可知，在生活水準逐漸提高的國家，其生命預期會增加，也會忍受較高的風險，反之如生命預期較緩慢增加的國家，較不能忍受高的風險。表 2-8 是各種活動的生命預期損失。

若比較 IR 與生命預期損失之風險表示法，IR 似較簡單明瞭。IR 能很快的估算出某一地區某一死亡原因個人的風險，而生命預期損失僅是大略的平均估算數值，用於估算的歷史紀錄資料不少，較為複雜，可能有誤導之嫌。

用於估計重大危害的風險，尚有另一個基準，稱為社區風險（SR）基準。SR 基準常以 $f - N$ 累積曲線表示（如圖 2-3），首創者為 Farmer（1967）。f 為事故發生頻率，N 表示同一事故的死亡人數。美國 NRC 核反應器報告 WASH–1400（1975）和英國石化工業區風險評估報告（Canvey, 1978）都採用 $f - N$ 累積曲線表示預估的風險。當然 $f - N$ 累積曲線也可用來估計已發生事故的風險，亦即將已發生多人死亡的歷史事件資料整理出來，在一段時間（如十年、二十年）內某事件之死亡人數，除以該段時間。圖 2-3 之 N 值雖以 10 的幾次方表示，實際上，N 值常分別取 10、 1000、 3000、 4500、 6000、 12000 人之累積死亡數來訂 $f - N$ 曲線的 f。

工廠經理人或安全工程師應特別注意社會對一次事故中多人死亡所造成的震撼。為什麼社會各界對於同時死了那麼多人較為關切，其理由不外：

表 2-8　各種活動或風險的生命預期損失

活　動　或　風　險	生命預期損失（天）
男人比女人少活	2800
心臟病	2100
未婚	2000
每天吸煙一包	1600
30% 超重	1300
礦工	1100
癌症病患	980
超重 30 磅（20%超重）	900
小學畢業	850
窮人	700
中風	520
超重 15 磅	450
所有意外事故	435
每天多吃食物 100 卡	210
汽車交通事故	200
肺炎、流行性感冒	130
酒	130
家庭意外事故	95
自殺	95
被殺	90
合法的藥物誤食者	90
職業事故（平均）	74
小汽車駕駛人	50
溺水	41
速限 55～65mph	40
墜落	39
行人的事故	37
火災、燒傷	27
中毒	17
窒息	13
輻射工人 18～65 歲	12
槍枝走火，武器	11
自行車之事故	5
每天喝一杯酒	2
颶風，龍捲風（美國）	1
航空事故	1
水庫崩塌	0.5
住在核電廠附近（一生）	0.4
室內裝設偵煙式火警警報器	−10
車內安裝氣囊	−50
救護車設備	−125

註：取自 B. Cohen, and I. S.Lee., *A Catalog of Risks, Health Physics*,
　　（36）707～ 722, 1979.

㈠因同時有多數家庭多人傷亡，使得感知的風險幅度擴大。

㈡罹災者若來自同一社區，其衝擊較大。

㈢若死亡都發生在同一地方，該風險源較受責難。

㈣若所有罹災者皆起於同一事故，該類型事故較受重視（如近年來
砂石車撞死人案件）。

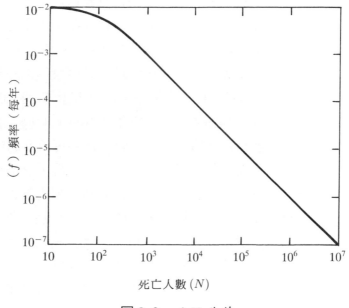

圖 2-3　f-N 曲線

2-5　可靠度與安全、系統安全的關係

可靠度（reliability）與安全或系統安全，似乎是孿生雙胞胎，自
始即血脈相連，難分難捨。有人直截了當直指「可靠度即是安全」
（George Peters, 1966）。從某些情形看來，可靠度與安全是唇齒相
依，禍福與共。例如飛機的引擎不可靠，故障頻率增加，可能機毀
人亡，而高風險的工廠，如核電廠、石化工廠的機件若可靠度低，

頻出狀況，則安全性亦低。又如個人呼吸保護裝備，或類似維持生命的系統（如密閉空間的通風系統），萬一不可靠而發生故障，則使用產品者立即有生命危險。從人類使用器具的歷史來看，在遠古時代安全與可靠度也有密不可分的關係；例如先民使用長矛戟等武器防衛來犯的野獸，萬一矛桿不牢，很可能因此而喪命。因此他對木材金屬之研究有切身必要，以確保己身的安全。不論面對的是野獸或同類的敵人，兵損將危，戰場似乎是永遠的活見證，而自古以來，戰爭成為可靠度研究最好的場景。我們翻閱近代可靠度的發展史，用於爭戰殺伐的武器仍是可靠度發展的主軸，例如二次大戰德國人發明的 V–1 火箭（時在1940 年代初期）因常在發射場爆炸，或墜入英吉利海峽，而有數學家 Robert Lusser 發明可靠度第一個定律：「串聯系統的可靠度等於各組件可靠度的乘積。」1950 年代的韓戰，也是可靠度研究的誘因之一，電子設備的可靠度是此時最為重視的問題之一。除了與軍事武器有關之外，可靠度也在航空工業和核電工業廣受重視，重視的原因除產品品質、壽命期望值之外，安全是一個重要的因素。1960 年代，美國大汽車廠開始實施汽車里程數保證制度，洲際彈道飛彈以及太空船、太空梭的發展，皆使可靠度研究有更大的伸展空間。 1961 年，貝爾實驗室 H. A. Watson 研發的失誤樹分析（FTA）以及 FMEA，都是可靠度的主要分析方法，事實上，也是系統安全分析的主要方法。 1962 年，美國空軍因一次慘重的空難而將系統安全與可靠度分析的單位分開，各自獨立。 1966 年，系統安全成為國防部採購合約的一部分。

　　雖說可靠度與安全或系統安全血緣親近，但兩者畢竟是不同的個體。我們先看可靠度的定義：「一個系統或組件在規定（需要）的環境條件下，與特定的時間下，完成其預定功能的機率。」而安全的定義在本章第二節已言之：「不致對人造成傷病死亡或對設備造成損毀，或對財產造成損失，對環境造成傷害的情況。」從這兩個名詞的定義，可以看出可靠度在時間函數及環境條件下，是一

個可量化的數值（機率）；而安全是較爲定性的一個名詞。安全的
量化是在安全再套上系統的觀念之後，變成系統安全，再實施風險
分析，即可顯示某一事件的機率及後果（傷亡損毀）。因此安全經
過量化之後，考慮的範圍又比可靠度大了一些（多慮及「事故之後
果」）。

　　可靠度的反面是不可靠度（unreliability）。系統或組件不可靠
時，即產生故障或失效（failure）。但故障未必不安全，依產品本身
的安全設計〔如故障－安全（fail-safe）〕或當時使用的情況環境而
定。例如汽車引擎在路邊起動時故障，不會發生危險，但若突然在
道路上行進中故障，則可能發生危險。

　　其次，可靠度的作業內容與安全的作業內容不同。可靠度主要
的工作包括：界定壽命週期 FMEA 或故障型式及其影響、嚴重度分
析（FMECA）、可靠度發展試驗及預測、應力與最劣狀況分析、複
聯（redundancy）分析、公差（tolerance）研究、失效分析、燒入（burn-
in）及挑選試驗等（圖 2-4，戴久永，1990）；而安全的作業內容，
簡而言之是危害的認知、評估與控制，主要活動包括：安全標準、
風險基準、安全作業規範之建立或訂定、實施各種危害分析（FMEA、
PHA、PHA 等）、試驗（如壓力試驗）、檢測（如密閉空間危害偵
檢）、警告或標識、事故調查、發展或安裝安全防護或裝置等。由
此看來，可靠度的主要目的在於提高系統的品質及壽命，減少故
障，降低成本；安全的主要目的在於防杜危險的存在及降低風險。

　　再者，安全尚負有一些法律上（如勞工安全衛生法、消費者
產品安全法）、社會上（如核電安全）以及道德上（事故傷亡所造
成）的要求或責任，可靠度相對地僅限於產品品質保證方面的責任
問題而已（涉及消費者產品責任法）。故安全涉及的層面顯然較爲
深廣。

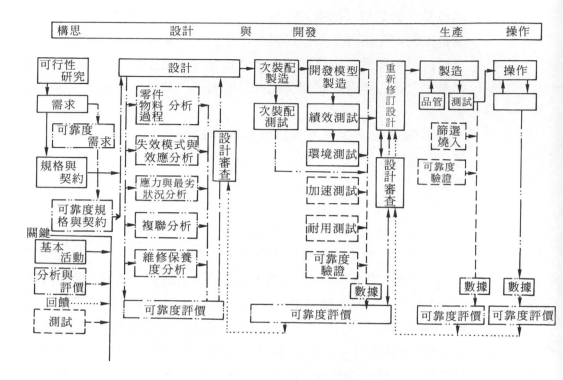

圖 2-4 可靠度作業內容（戴久永，1990）

2-6 系統安全及其壽命週期，五 M

2-6-1 定義

　　將系統的概念溶入安全之中，並非是近年來才開始的，早在二次大戰後不久，美國貝爾（Bell）電話公司即有人使用「系統工程」這一名辭。1950 年代，美國國防部將之應用於安全領域，以別於一般人常用的安全工程，而稱之為系統安全工程。波音小牛（Boeing Minuteman）飛彈以及美國航空太空總署（NASA）的計畫案皆是實際

應用的顯例。此新觀念在國防與民間的航空界一直被應用和發展，然後播植於非國防與非航空業界，特別是石化工業、產品安全界。但系統安全的觀念似乎自始不是一成不變，而是逐漸演變，而且不同業界人士有不同的觀念，依應用情況而定。例如早期有人定義系統安全爲：整合技術與資源，特別是在航空器系統的整個壽命週期中組織起來，以防止意外事故（Miller, 1965）。以後美國國防部的定義是：系統安全是安全的最佳（optimum）情況，在操作效率、時間、成本等因素限制之內，應用工程與管理原則，基準及技術，在系統壽命週期（system life cycle）的各個階段中達成（DOD, 1977）。Miller 又應國防部之請，再略予修正，更強調早期設計階段之安全應用的重要性（Miller, 1983）。有人認爲系統安全不限於工程技術層面，還包括非技術性的一些管理（如設計人員與生產人員的態度與激勵、資訊處理與交換），以及政治經濟、社會的考量等，顯然已超乎工程技術範疇。本書因著重於技術與應用方面，故仍採用美國國防部的定義。從定義可知，系統安全除工程技術之外，仍需注意此工程技術是否在操作效率、時間、成本等限制因素之內運作實現其目的。由此可知，所謂「安全第一」在實際管理行爲之中是不存在，成本或其他因素（如有限的資源）才是優先考量的問題。唯有這些問題妥爲處置之後，安全才能平衡地達成其目標。此外，該定義提到系統壽命週期的各個階段，係指系統自始至終的六個階段。就國防或航空工業而言，常分：⑴概念（concept）階段；⑵定義（definition）階段或契約定義階段；⑶發展（development）階段；⑷製造（production or manufacturing）階段；⑸操作（operational or deployment）階段；⑹終止或廢棄（termination or disposal）階段（表2-9）。就石化工業的製程而言，可分：⑴研究發展階段；⑵製程設計階段；⑶設計工程階段；⑷建造階段；⑸操作階段；⑹終止或廢棄階段（表2-10）。就一般製造業的產品安全而言，可分：⑴概念階段；⑵設計與測試階段；⑶製造階段；⑷使用前階段；⑸使用

階段; ⑹廢棄階段（表2–11）。各階段各有其任務與安全上需注意事項，將在以後各章節中詳論，但在此壽命週期中的風險管理，宜注意下列原則之確實應用：

㈠必需運用健全的工程設計標準。

㈡品質管制程序必需確保全部的設備符合設計規格。

㈢全部的設備必需在適當間隔時間檢查、維護和測試。

㈣使用適當的操作程序訓練操作人員。

表2-9　系統的壽命週期

階　　段	說　　　　　　　　明
1.概　　念	實施概念性的安全研討; 實施 PHA; 完成系統安全計畫（SSPP）; 認知危害並予初步評估其風險。
2.定　　義	確認產品或系統的初步設計; 詳細審查技術風險、成本、人因工程、操作和維護之合適性以及安全等。 詳細界定系統之子系統、零組件; 零組件之危害分析; FHA、 FTA。
3.發　　展	實施較完整的測試; FTA之結果用來確認重大災害之可能性; 審查 FMEA; 在生產製造以前決定某一設計之存廢（go or no-go）。
4.製　　造	品管部門實施產品的檢驗及測試; 工安部門確認品管部門的測試; 工安部門監督訓練計畫; 對已完成的危害分析重新確認其應做的改善措施。
5.操　　作	審查設計上之變更; 調查過去或現在發生的事故; 若有需要，再度實施危害分析。
6.終　　止 　或廢棄	審查危險物品廢棄處理程序。

表 2-10 化工製程的壽命週期

階 段	說 明
1.研究發展 （或稱規畫）	比較各廠址及製程的風險，實施 What-If 分析； 指認會造成失控反應，火災、爆炸、毒氣外洩的化學反應； 確認所需的製程安全資料。 （此時選擇廠址及製程）
2.製程設計	實施 PHA、HAZOP； 指出毒氣外洩的途徑； 指出操作人員危險的介面； 減少危險廢棄物的方法。 （此時需作初步的製程配置規畫及設備規範）
3.設計工程 （或稱細部工程）	實施 FTA 及 ETA； 瞭解製程設備內易燃物混合物形成的途徑； 找出 spill 如何發生之情況； 找出減少危險品存量的方法； 確認需定期測試、檢查、維護對安全特別重要的設備。 （此時需準備工程藍圖，作設備潤滑、採購、操作之細部規範）
4.建造 （包括試俥）	實施 Checklist 和安全審查（safety review）確認建造之製程符合設計宗旨，前期所實施之危害分析建議是否執行； 注意鄰近的製程對營建工人可能的危害。 （此時需建造、檢查、測試、試俥）
5.操作 （包括維護、擴廠、製程變更）	實施 HAZOP、Dow 和 Mond Index、FMEA； 找出涉及操作程序的人員危害；新設備、新製程是否有新危害； 事故調查、緊急應變。 （此時需作定期停機維護，有時擴廠或製程變更）
6.終止或廢棄 （或最後停機）	實施 What-If/Checklist 分析； 指認拆解製程設備之危害； 注意設備停機後殘留的危害； 注意是否會危及鄰近設備。 （此時停止操作，拆廠廢棄）

　　簡而言之，系統安全的定義中，包括下述四要素：

（Ⅰ）系統安全是一種工程技術的應用。

（Ⅱ）系統安全的目標，需先考量成本、時間等限制因素。

（Ⅲ）系統的壽命週期可概分為數個階段。

（Ⅳ）系統安全尚有管理的一面。

表 2-11　產品的壽命週期

階　段	說　　　　明
1.概念	界定使用產品之可接受的風險基準； 考量產品的安全、成本、績效； 考量產品使用誤用、濫用情況； 考量環境及可能的產品使用者。 （此時需建立初步設計規範，比較不同設計方法之利弊）
2.設計與 　測試	安全評估與審查； 以測試資料，決定產品的風險； 考量產品的風險是否合乎可接受的風險基準。 （此時設計規範轉變成產品設計、訂立測試計畫、審查批准製造程序、確立品保程序）
3.製造	確保製造過程的安全衛生； 員工之安全訓練； 物料搬運，包裝的安全問題； 產品的運輸安全。 （此時品保人員注意原料和零組件符合設計規範；檢查零組件及品管檢驗）
4.使用前	出貨前逐一檢查產品的安全性，包括說明書、警告標識等。 （此時產品經裝運、儲存、銷售至消費者）
5.使用中	產品使用者的訓練、維護、修理、故障分析、事故報告、產品責任賠償。 （此時產品在消費者手中，產品有時需作小幅度變更，以符合實用）
6.使用後	注意廢棄品的安全處置； 廢棄物之標識。 （此時產品已耗損或損毀，需予廢棄）

2-6-2　系統安全的五M

　　今日談到系統或系統安全，常有人提及構成系統的五個要素：人、機器、環境、管理、任務。這五個要素環環相扣，互動密切，如圖 2-5 所示，管理具統合主宰之地位，而任務則居其中，為系統安全的中心目標。

　　這五要素之形成，非一人之功，前後歷經 30 年；首先，在 1940年代末期，康乃爾大學的 T. P. Wright 向航空安全界推介人一機

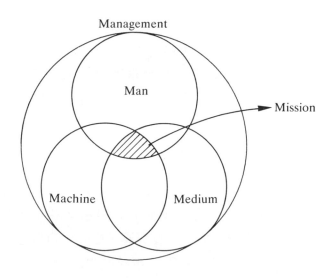

圖 2-5 系統安全的五 M

一環概念。他對康乃爾—加傑漢航空安全中心與航空安全基金會
（FSF）之成立頗具影響力。南加州大學（USC）航空安全組 J. Andrews
及 D. Holladay 等人並以人—機—環 3M 教導來自全世界攻讀系統安
全的航空界學員（USC 之在職進修班分布全美及全世界）。第四個
M —— 管理，是由 C. O. Miller 在 1965 年於 USC 規畫系統安全管理
課程時提出。1976 年，航空安全基金會（FSF）的 J. Jerome 提出第
五個 M —— 任務。FSF 的 J. Carroll 認為如果有第六個 M 的話，則
非 Money 莫屬。從系統安全的定義而言，成本即金錢，誰曰不宜？

2-7　危害分析、風險評估與風險管理

　　與工業安全有關的一些專有名詞，而常出現在中外書籍者，
如危害分析、安全分析、風險分析、危害評估、安全評價、風險評

估、……等名詞不勝枚舉。這些名詞大都由安全、危害、風險等字眼與分析、評估（assessment）、評價（evaluation）或管理等語詞組合而成。不同的書篇之中，雖是同一專有名詞，但涵意卻另有所指，令讀者不知所從，除非從頭到尾閱讀完畢，否則不知其討論之範圍。為釐清本書文義，有必要就文中常出現的字辭予以嚴格定義。

2-7-1　危害分析

危害分析（hazard analysis）是從危害的認知（identification and re-cognition）開始，進而分析事故發生的因果關係，最後估計（estim-ate）事故造成的不良影響（亦即人員傷亡、財產損失、環境損壞等）的大小程度、範圍及事故發生的機率。

從這個定義，可知危害分析包括定性與計量兩方面。定性方面是認知危險的能量、危險的物質等事故媒介物，認知不安全設施、設備等不安全的狀況，以及認知不安全的行為、工作態度和人為失誤等。指認事故各原因之間的關係，或指認偏離（deviation）正常操作的步驟或異常情況的先兆、癥象等。當然，一些涉及人因工程或人可靠度的不良因素也應事前瞭解或事後調查分析。

危害分析的計量方面，是估計不良後果的大小程度、範圍，及相關事件發生的機率。計量有時只是半量化數值而已（如 FMECA之風險危害矩陣），有時是全量化數值（如 Dow Index 之損毀半徑）。

2-7-2　風險評估

風險評估（risk assessment）所涵蓋的意義大於危害分析，且包括危害分析。風險評估比較強調事故風險大小或重要性（importance）的判斷（judgement），此為危害分析中所沒有的。風險評估的範圍依面

臨的危害而定，通常包括下列主要工作項目：

㈠對危害的認知。

㈡分析意外事故發生的因果關係。

㈢估計危害的不良影響之大小程度。

㈣估計事故及不良後果的可能性。可能性以機率或頻率表示。

㈤對以上各項分析的結果作判斷，並對估計的風險之重要性（im-portance）作判斷。

㈥採取改善措施或決策之時，決策者以第五項的判斷爲基礎，並考量風險評估的不確定性，權衡（trade-off）成本效益作最適的決策。

　　危害分析通常包括上列之第㈠、㈡項，但有時包括第㈢、㈣項，依情況而定。一般而言，凡涉及事故機率與後果之評估者，皆屬風險的範圍。因此，第㈢、㈣項屬風險推估（estimation），第㈤項屬風險評價（evaluation）。最後一項已屬管理的控制危害問題。整個風險評估的過程，以圖 2–6 簡單表示。圖 2–7 是較詳細的實施步驟。

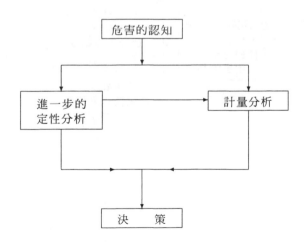

圖 2–6　風險評估

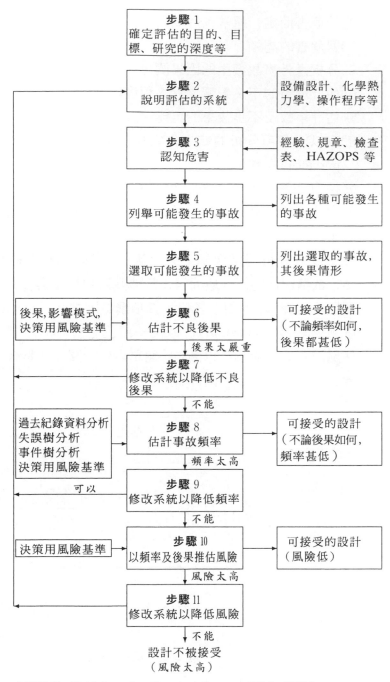

步驟 1
確定評估的目的、目標、研究的深度等

步驟 2
說明評估的系統 ← 設備設計、化學熱力學、操作程序等

步驟 3
認知危害 ← 經驗、規章、檢查表、HAZOPS 等

步驟 4
列舉可能發生的事故 → 列出各種可能發生的事故

步驟 5
選取可能發生的事故 → 列出選取的事故，其後果情形

後果,影響模式, 決策用風險基準 → **步驟** 6
估計不良後果 → 可接受的設計（不論頻率如何，後果都甚低）

後果太嚴重

步驟 7
修改系統以降低不良後果

不能

過去紀錄資料分析 失誤樹分析 事件樹分析 決策用風險基準 → **步驟** 8
估計事故頻率 → 可接受的設計（不論後果如何，頻率甚低）

頻率太高

可以

步驟 9
修改系統以降低頻率

不能

決策用風險基準 → **步驟** 10
以頻率及後果推估風險 → 可接受的設計（風險低）

風險太高

步驟 11
修改系統以降低風險

不能

設計不被接受
（風險太高）

（AIChE, *Guidelines for Chemical Process*, QRA, 1989）

圖 2-7　風險評估實施的程序

　　風險評估的結果係作為風險決策之用。風險決策者在此係指工廠高級主管。但將風險評估結果供決策之用者，未必只有公司事業單位，常包括政府權責機構、工業總會、工會、專門職業組織團體、受風險影響之社區，甚至專家學者，或一般公民亦是。

2-7-3　風險管理

　　風險管理(risk management)一辭，顧名思義，是管理風險，亦即將管理的方法應用於風險的分析、評估、決策的整個過程之中。若就石化製程安全的管理方法來說，依序可分四大階段：⑴規畫；⑵組織；⑶執行；⑷控制。控制之後是績效評估。風險管理的主要目的有三：⑴控制並使風險減至可接受的程度；⑵降低風險決策的不確定性；⑶提高一般民眾對風險決策的信心。

　　今定義風險管理如下：

　　　　有系統的應用管理政策、程序、實務於風險的分析、評估與
　　　　控制之中，以達到保護廠內員工財產，避免營運停頓，防止
　　　　廠外社區民眾和環境傷亡損毀。

　　從上述三小節的討論，可知風險管理涵蓋危害分析、風險評估、管理控制的整個程序（圖2-8）。風險管理的最後階段是控制風險在可接受的程度之下。持續實施殘存的（residual）風險管理，以及緊急應變計畫。所謂殘存的風險，係指在實施降低風險措施之後，雖說風險程度已被接受，但仍存在著某程度的風險，猶待繼續持之以恆克服之處。

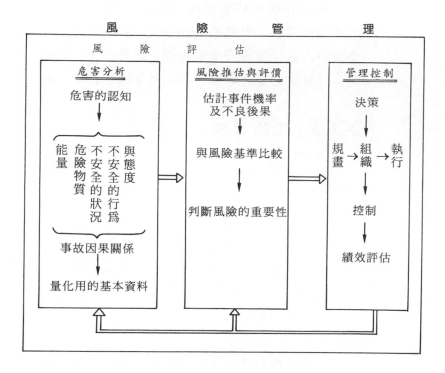

圖 2-8　風險管理系統

謹在此悼念 Willie Hammer（1916～1994）

　　── 安全工程界先驅，逝世於1994 年 1 月 19 日

參考文獻

1. McElroy, F. E., *Accident Prevention Manual for Industrial Operation*, NSC, 8 edition, 1980.

2. DOD, System Safety Program Requirements, MIL-STD-882C, Jan. 1993.

3. Simon and Schuster, Webster's New Universal Unabridged Dictionary,

New York, NY, 1979.

4.Malasky, Sol. W., *System Safety: Technology and Application,* 2nd ed., Garland Press, 1982.

5.IChE, Nomenclature for Hazard and Risk Assessment in the Process Industries, 1985.

6.MaCrimmon, K. R., and Wehrung, D. A., The Management of Uncertainty: Taking Risks, The Free Press, 1986.

7.Lowrance, W. W., *Of Acceptable Risk,* Kaufman, Los Altos, CA, 1976.

8.Starr, C., Social Benefit Vs. Technological Risk, Science, Vol.165, pp. 1232～1238, 1969.

9.Rowe, W. D., *An Anatomy of Risk,* Robert E. Krieger Publishing Co., Florida, 1988.

10.黃清賢,〈重大危害之風險評估中使用的基準〉,《嘉南學報》, 第 13 期, 1987。

11.Starr, C., Benefit-Cost Studies in Sociotechnical Systems, National Academy of Engineering, Washington, D.C., 1972.

12.Otway, H. J., and Cohen, J. J., Revealed Preferences, Intnl. Institute of Applied Systems Analysis Rep., IIASA RM–75–5, 1975.

13.Otway, H. J., and Thomas, K., The Contribution of Safety Issues to Public Perceptions of Energy Systems, Vol. II, American Nuclear Society, Illinois, 1978.

14.Lees, F. P., *Loss Prevention in the Process Industries,* Butterworth & Co., London, 1986.

15.Bowen, J. H., Individual Risk v.s. Public Risk Criteria, Chemical Engineering Progress, pp. 63～67, 1976.

16.Cohen, B., and Lee, I. S., A Catalog of Risks, Health Physics,（36）707～ 722, 1979.

17.Farmer, F. R., Siting Criteria-A New Approach, Atom,（128）152～ 170,

1967.

18.USNRC, Reactor Safety Study, WASH–1400, 1975.

19.HSE, Canvey: An Investigation, HMSO, 1978.

20.Peters, G., 6th System Safety Society Conference, p. 19, 1966.

21.戴久永, 《可靠度導論》, 三民書局, 臺北, 1990。

22.Miller, C. O., System Safety and Management, presented at the Flight Safety Foundation Seminar, Williamsburg, VA, Nov. 8, 1965.

23.DOD, System Safety Program Requirements, MIL–STD–882A, June 28, 1977.

24.Ronald, F. F., and Miller, C. O., System Safety in Aircraft Acquisition, Logistics Management Institute, Nov. 1983.

25.AIChE, *Guidelines for Chemical Process QRA*, 1989.

習　題

1.何謂系統?

2.本章討論安全有絕對與相對的意義, 為什麼在論及風險分析之時, 宜採用相對的安全意義?

3.何謂危害? 何謂重大危害?

4.何謂風險, 個人風險與社區風險?

5.每個人對風險的感知（risk perception）不同, 何以會有這種差異?

6.根據民意調查, 核電廠附近的居民至少有80% 反對興建核電廠, 而臺灣全省居民反對興建者比例不是很高（至多50% ）, 為什麼? 又, 政府可以責備核電廠附近居民不顧全體大多數人的利益反對核電廠的興建嗎? 政府宜採取那些合情, 合理, 合法的措施?

7.人接受或不接受風險, 與那些因素有關?

8.一般而言, 我們可接受風險的上下限是多少?

9.何謂 FAR?

10.社區風險（SR）如何表示? 試繪圖說明。

11.何謂可靠度? 比較可靠度與安全之異同。

12.說明系統安全的壽命週期。

13.什麼是系統安全的五 M?

14.何謂危害分析?

15.何謂風險評估?

16.何謂風險管理?

第三章

重大危害的
管制與管理

　　過去四十年來工業活動急劇發展，給戰後的世界帶來富裕繁榮，同時也造成安全、衛生、環境、生態、能源及其他資源的危機。工業界不斷更新其設計方法與操作技術來面對這些危機。從事石化、煉油的製程工業，日夜處理各種易燃易爆物、腐蝕性物質、毒性物質，雖說其安全紀錄普通優於整個工業界，且其風險亦甚低，但類如印度波帕爾或墨西哥 LPG 大爆炸之發生，深令社會大眾戰慄不安。重大災害的控制成為社會各界共同關注的問題，有時甚而跨越國界，成為全球性的焦點。業界對工業重大災害的覺醒，實起於1974 年 6 月 1 日發生在英國 Flixborough 環己烷工廠大爆炸。此事件成為一般民眾對工業災害由漠視到嚴重關切的分水嶺。自此以後，無論是政府或製程工業本身，都相繼採取一些管制或管理措施，以防止類似事件重演。本章討論各國政府立法管制情形，從歐洲先進諸國，再及於美國，最後略述國內之現況。

3–1　歐洲共同體

3–1–1　英國

　　在歐洲國家中，英國因驚懼 Flixborough 爆炸之威力，立即在恰於1974 年4 月 1 日生效的工作衛生安全法（Health and Safety at Work Act）之主管官署 —— 衛生安全署（Health and Safety Executive）內設置重大危害組（Major Hazard Unit），並任命重大危害委員會（Advisory Committee on Major Hazards，以下簡稱 ACMH）。重大危害組中成立風險評估小組（Risk Appraisal Group），對重大危害廠區規畫之申請案提供建議，並強化工廠檢查單位對此廠區之監督。ACMH 的主要任務是認定重大危害工廠的種類（不包括核

電廠），危害的性質及程度，並對控制危害的方法提供建言，諸如廠址選擇、規畫、設計、操作、維護、危險物和有害物的處理等。ACMH 對控制危害所採取的方法，傾向於業界自行規範，自行管理，而非政府嚴密的管制。ACMH 建議的控制方法包括：（Harvey, 1976、 1979）

㈠危害通報（notification）

㈡危害報告書

　⑴危害調查（survey）

　⑵詳細評估

㈢危害控制

　⑴控制架構

　⑵減少暴露

　　為達到上述之目的，英國政府頒布並執行這四種規章：⑴危險場所（通報與調查）規章 1978；⑵處理危險物品場所通報規章 1982；⑶重大事故危害管制規章 1984；⑷健康危害物質管制規章 1988。此外新近尚頒布一些附屬性的補充條款。

I.危害通報

　　ACMH 第一篇報告之主要建議（Harvey, 1976）就是事業單位向衛生安全署（HSE）報告處理或儲存危險物質的數量。需通報的事業單位，依照 1978 年公布的「危險場所（通報與調查）規章」〔Hazardous Installations（Notification and Survey）Regulations, 1978〕規定，凡達到某一特定數量之危險物品者，需通報 HSE 及實施調查。危險物品分成四種：⑴毒性物質；⑵高毒性物質；⑶高反應性物質；⑷其他物質（如液化石油氣、合成肥料等）。

II. 危害報告書

㈠危害調查：依據 HSE 頒布的法規「危險場所（通報與調查）規

章」附表一之規定，事業單位處理危險物質的量達到附表一第三行所列之量，必需實施調查。調查項目包括化學品的量以及種類、受暴露之人口、製程、管理制度。該規章尚附有檢查表一份作爲補充條款，便於事業單位說明：(1)危害的種類；(2)造成危險氣體、蒸氣、液體和壓力能量外洩釋出的因素；(3)在封閉情況下之釋熱反應；(4)操作結構與品質。

㈡詳細評估：　HSE 在接到事業單位上述之報告書後，認爲有必要實施詳細評估時，得要求事業單位自行作風險評估，然後再將評估報告送交 HSE。評估項目依規章之附表四所示，但並非所有項目皆需詳細評估，依情況而定，有時 HSE 僅要求一、二項而已。表四的項目包括：(1)危害的大小及其可能發生機率；(2)受到危害的人數；(3)控制危害的管理制度及人員配置；(4)安全制度與程序；(5)人員的資格、經驗與訓練；(6)設計和操作文件；(7)保持設備完整性和壓力系統的設計與操作；(8)若設備喪失完整性對人員的防護；(9)緊急應變計畫；(10)事故的通報及教訓。

III. 危害控制：控制架構和減少暴露

實施中央集權式的規章管制體制（這種體制與美國各州實施的地方分權體制不同）。此部分於 1984 年的「工業重大事故危害管制規章」（The Control of Industrial Major Accident Hazards Regulations）再予說明。

「工業重大事故危害管制規章」（HSE, 1984）於 1985 年 4 月1 日全部付諸實施，爲 1974 年「衛生安全工作法」的一部分。在此規章中，明訂權責機構爲 HSE。今將該規章摘要如下：

㈠適用範圍：(1)工業作業場所涉及一種或一種以上危險物質之操作、儲存、運輸者；(2)個別儲存場所，其儲存量依本規章附表四之量以上者。但本法不適用於核電廠設施、國防工業以及「爆炸物法」、「礦場法」等已規範事業單位、北愛爾蘭。

㈡事業單位必需提供證明，顯示其已認知工業重大危害之處，並採取措施防範重大災害，減少對人員與環境之損害，保障員工安全。

㈢重大災變報告：事業單位依相關法規詳述災變情況、危險物質及採取的對策。

㈣事業單位在從事危險作業之前三個月內報告 HSE 作業內容。新的作業活動在本規章實施後六個月內開始時，應在作業前三個月內報告作業內容。若事業單位對其作業活動有所變更之時，在進行變更之前三個月內報告變更情況。此外，事業單位若仍從事該項工業活動，需在距上次報告三年後再作報告。

㈤事業單位需提交現場緊急應變計畫。

㈥事業單位所屬的當地政府需提交現場之外的緊急應變計畫，並通知重大災變發生時可能受影響的人。通知內容包括：⑴該工業活動已報知HSE；⑵重大危害之性質；⑶防止重大危害的安全措施、方法等。

　　本規則尚附 7 張表格。表一定義⑴劇毒物質；⑵其他毒性物質；⑶易燃性物質；⑷爆炸性物質。表二為個別儲存危險物質場所。表三列出本章所稱危險物質的分類、容量。危險物質共分：⑴毒性物質（容量 ≤1 公噸者）；⑵毒性物質（容量 >1 公噸者）；⑶高度反應性物質；⑷爆炸性物質；⑸易燃性物質。表四為本規則所管制的工業作業場所之作業。表五為歐洲共同體各國送交歐體的報告表格。表六為事業單位向 HSE 的詳細報告內容。表七為現有的事業單位向 HSE 的初步報告內容。

3-1-2　荷蘭

　　最接近英國的歐陸鄰居荷蘭，在重大危害的立法管制也相當積極（T. Van de Putte, 1983），早在 1974 年即有由事業主提出職業

安全報告（occupational safety report）之構想，但正式法規直至 1982 年才付之執行。在 1985 年，約有 100 家大公司完成安全報告。在荷蘭，重大危害分屬中央政府兩部門管轄：(1)涉及廠外一般大眾安全者，規範在公害法（Nuisance Act）之內，由住宅規畫與環境衛生部（Ministry of Housing, Planning and Environmental Hygiene）負全責。立法之目的在於防範或減少大眾遭受重大危害。其特點是實行執照制度（licensing system）。工業設施可能涉及重大危害者，在建廠之前，需先備妥資料，說明其危害，向當地政府申請設廠許可執照。經公聽會之後准許才予發給。(2)涉及廠內員工安全、衛生者，規範在勞工情況法（Labour Conditions Act）之內，由社會事務部（Ministry of Social Affairs）負全責。此法未訂執照制度，它訂定保障員工安全衛生的內部社會政策（Internal Social Policy）。

明訂在公害法（Nuisance Act）之內的重大危害規章（Major Hazard Regulation）規定事業單位必需提出一份廠外安全報告（external safety report）。該報告包括工業活動內容和量化風險分析，必要時，雇主需繳交一份以上的職業安全報告，說明其設施設備之詳細資料及其危害，和安全評估的結果。量化風險分析需涵蓋廠外個人風險（IR）與社區風險（SR）。

勞工情況法第五章明列職業安全報告的內容，包括：

㈠說明廠房設施及危險物質：

　　⑴分一般說明與特別說明兩部分，廠房的一般說明包括廠址、廠房布置、周圍環境；特別說明包括製程單元資料，以及作為防止火災、爆炸、毒氣外洩之用的建築物構造。

　　⑵危險物質則包括原料、觸媒、吸收劑、燃料、中間產品、其他副產品、最後的產品及廢棄物等。

㈡製程說明：說明一些製程的危害，如層化、滾沸（rollover）、腐蝕、孔蝕（cavitation）、氣爆、失控反應（runaway reaction）等。

㈢說明與安全有關的組織：又分一般說明與特別說明。一般說明

包括組織結構、安全政策、各部門職責、安全委員會、操作程序等。特別說明包括與某設備直接有關的部門，如檢查、維修部門，設備修改程序等。

㈣說明緊急應變計畫：包括緊急應變之組織、可利用的資源，以及實施之方法等。

㈤說明可預見的危害：這部分實為本安全報告的主體。報告的好壞以及申請的工業活動能否被接受，主要依據這部分內容而定。廠方對工廠的危害需實施危害分析與風險評估。

荷蘭制定一套潛在危害指數計算表，可迅速評比各製程單元之風險評估的結果。依據火災爆炸危害指數（F）及毒性危害指數（T），再將各製程單元的危害分成三類。對於危害度最高者，需實施HAZOP，而對於危害度中、低者，則實施檢查表分析。

3-1-3 歐洲共同體

重大危害造成的災變除 1974 年的英國環己烷爆炸之外，1976 年意大利 Seveso 市化工廠洩出戴奧辛（dioxin）毒氣雲，污染範圍達一千八百萬平方公尺，成千上萬的動物因而死亡，不少兒童感染皮膚病。有鑑於災害之深廣，歐洲共同體（European Community）之成員國家於1982 年集合於意大利 Seveso 市，討論石化工廠重大災害控制問題。會後並發出第一道命令，即 Directive 82/501/EEC（1982），規定歐洲經濟共同體（European Economic Community）各國石化工廠涉及使用危險物質的製程，必需採取所有必要的防範措施，以避免發生重大災害，傷害工人、民眾和環境。這類石化工廠必需訓練員工，將危害通知政府及廠外民眾，釐訂緊急應變計畫，繳交一份安全評估報告（其內容與前述英、荷之報告相近）。各國有關當局〔如英國衛生安全署（HSE）〕必需提交一份該國危害分析、風險評估的報告給歐洲共同體委員會。

另一方面，歐洲民間團體見使用量化風險評估技術，以評估製程工廠安全，方興未艾。歐洲化工聯盟之損失防止工作團（Loss Prevention Working Party of the European Federation of Chemical Engineering）有鑑於仍是新興的安全評估工具，無論是寫的說的語言文字，充滿著個人主觀用語，分析評估方法歧異層出，其結果使得各國之論文報告難以比較。乃於 1980 年 9 月成立國際風險分析研究會（International Study Group on Risk Analysis），致力於危害分析、風險評估方法的研究與推廣。

3-2　美國聯邦政府與加州政府

3-2-1　聯邦政府

就管制重大危害的法規而言，聯邦政府與美國各州各有立法，聯邦政府的權責機構在環境保護署（EPA）與職業安全衛生署（OSHA）。各州雖各有其法規，但管制最低標準仍不可低於聯邦法規之下。

3-2-1-1　職業安全衛生署（OSHA）

OSHA 涉及重大危害管制法規主要是於 1992 年 8 月 26 日生效的 29 CFR 1910.119 高度危險化學品之製程安全管理。在此法規中，明列法規(1)適用範圍；(2)製程工廠必需報備的資料；(3)涉及危險品之員工知的權利與訓練；(4)製程危害分析；(5)變更設備與程序之管理；(6)事故調查；(7)緊急應變計畫；(8)法令執行等大項。今略述如下：

㈠適用範圍：法規適用於凡是涉及其附件一所列之 136 種化學物品，其量超過規定之製程工廠、交通運輸業、供應商或儲存者。

　　　　此法影響所及，估計達 25,000 個作業場所，有 240 萬名全工工人
　　　　及 65 萬名臨時工人受其保護。

㈡製程工廠必需報備的資料：包括：⑴化學品的危害（如毒性、爆
　　炸界限、反應性、腐蝕性等）；⑵製程技術說明（如製程設備、
　　流程、最大庫存量、安全上下限、異常情況不良後果評估）；⑶
　　其他（如設計規範、通風系統、管路儀表圖等）。

㈢員工知的權利與訓練：雇主應與員工或工會討論有關製程危害分
　　析事宜。員工需予訓練及再訓練。

㈣製程危害分析：使用 FTA、FMEA、HAZOP、What-If 或 Checklist
　　等方法實施分析。分析後之報告內容法規亦有詳細規定。

㈤變更設備與程序之管理：此項管理應用於化學品，製程之技術、
　　設備與操作程序。變更管理需要訓練、資料編輯、書面程序，以
　　及通知員工有關變更事項。

㈥事故調查：凡發生涉及危險物品之事故或近似意外事故時，需在
　　48 小時之內調查並提交書面災害報告。調查人員中至少有一名
　　熟悉製程者。此報告至少保存五年。

㈦緊急應變計畫：在危險品發生大量外洩、溢流之時，雇主需執
　　行其預先擬定的應變計畫。應變計畫之內容及執行，依 29 CFR
　　1910.38 或 1910.120 相關規定實施。

㈧法令執行：OSHA 檢查準則明列檢查種類、檢查設備及期間、檢
　　查進行方式等。檢查員都發給一份檢查表，詳列檢查項目。

3-2-1-2　環境保護署（EPA）

　　　　美國 EPA 在全面環境應變補償與責任法（Comprehensive Envi-
ronmental Response Compensation and Liability Act，簡稱 CERCLA）
之下實施風險評估的管制工作。CERCLA 風險評估的目的，在於
評估對人體健康和環境構成威脅的化學品。這些化學品自危險廢棄
物場所外洩出來而造成危害。每一處危險廢棄物場所需實施兩種風

險評估：⑴人員健康風險評估；⑵生態風險評估。人員健康風險評估與重大危害較具關聯性，故在此不討論生態風險評估。

人員健康風險評估包括五部分：

㈠資料收集：審查現有之現場資料，發展採樣收集之策略，認定特定分析之需要，實施初步暴露評估。

㈡資料評價：瞭解調查所得之資料，資料評價，找出危險化學品分析方法、量化限制、品管控制策略等之評價。

㈢暴露評估：指出化學品洩漏的原因，包括化學品運輸洩漏。估計暴露之人口、暴露點濃度、暴露途徑和進入人體途徑。

㈣毒性評估：整理並評估危險物質的性質及數量，指認毒性值（value）及暴露時間，決定致癌物與非致癌物效應的毒性值。

㈤風險評估：估計單一化學品和兩種以上化學品的風險，總合暴露途徑之風險，瞭解評估之不確定性。

3-2-2　加州政府

美國各州對火災、爆炸、毒氣外洩等重大災害的管制性立法大同小異，例如新澤西州於 1986 年 1 月 8 日通過毒物災變防止法（Toxic Catastrophe Prevention Act），要求化學工廠實施全面的風險管理（NUS Corporation, 1987a）。在此以加州為例略述州政府執行危險物品風險評估情形。加州危險物品規畫計畫來自於 1985～1987 通過的四種補助性法案，詳載於加州衛生安全法規（California Health and Safety Code）第 6.95 章內（NUS Corporation, 1987b）。加州緊急應變服務處（Office of Emergency Services）為主管單位，督導州內各郡及市政府執行法規之三項主要條款：

㈠發展並實施「事業單位緊急應變計畫」。

㈡事業單位向郡政府和市政府註冊。

㈢風險管理與防止計畫（Risk Management and Prevention Program，

簡稱 RMPP）。

首先法規要求，事業單位處理一定量以上之危險物品時，需事先擬定緊急應變計畫，以應付危險品外洩之危害。所謂一定量，係指凡固體物質 227 公斤、液體物質 208 公升、壓縮氣體（在標準溫度和壓力下）5.66 立方公尺等最低量。事業單位需報告政府其處理或儲存的化學品的存量及應變計畫內容與訓練、演練等。

其次，事業單位需填報急性危險品註冊表格，以說明使用於處理危險品的製程和主要設備。若在填報此註冊表格之後，另有處理該已上報之表格未列之危險品，需在 30 日之內填報補充表格。

再者，事業單位需實施 RMPP，並將下列計畫內容報告各郡或各市的管理單位（一般而言，南加州的管理單位常是消防單位，北加州的管理單位常是衛生單位）:

㈠清楚說明 RMPP 的目的和目標。
㈡實施 RMPP 的組織系統圖，說明權責關係及職位。
㈢說明使用設備的年齡、性質、狀況，以及測試、維護保養時間表。並提供設備的一些資料（如 P & IDs）。
㈣危險物之存量。危險物如聯邦 EPA 在 SARA Title Ⅲ所列者。
㈤實施 HAZOP，說明 HAZOP 的成員組成、小組長之資格及責任、HAZOP 執行程序（建檔、時間、次數等）、HAZOP 研究資料管理。
㈥意外事故後果分析，包括: 外洩率、分布模式、火災爆炸模式、毒物學資料庫、氣象、人口、物質特性等輸入資料。
㈦事故調查。
㈧說明硬體與管理的控制措施，如安全閥、連鎖等。
㈨說明減低風險的方法。
㈩稽查（audit）計畫。
(十一)提供詳細控制設備、製程參數、操作與維護程序的方法。
(十二)訓練計畫。

(十三)管理程序包括：證照、RMPP 審查之次數、紀錄檔案管理。

3-3 中華民國

嚴格說來，我國至今迄無前述歐、美國家專就重大危害進行管制與管理的法規，行政院環境保護署管制毒性化學物質的法規初具雛形，其餘相關主管機關立法之遲鈍與落後，令人汗顏，其中尤以負主要權責的行政院勞工委員會爲最。因尚無重大危害或危險物品風險評估法規作爲談資，在此僅就危險物品立法略述一二。

3-3-1 環境保護署

行政院自設置環境保護署以來，即積極投入國內生活環境救亡圖存的工作。就危險物品的管制方面，該署於 1986 年 11 月 26 日公布「毒性化學物質管理法」，並於 1989 年 8 月 2 日發布施行細則，同年又陸續公告列管毒性化學物質通用符號；製造、輸入及販賣證照、書表及紀錄等格式；專業技術管理人員資格準則等規章。82 年，該署又公告「毒性化學物質之製造、輸入、販賣、使用等過程緊急應變系統建立計畫」審查作業要點。近日又從事前已制訂法規的修正工作。

就「毒性化學物質管理法」來看，先將毒性化學物質分成四大類。本法第二章爲「危害評估及預防」，其中規定環保署製作化學物質清冊，事業單位應將清冊中所無之化學物質於製造或輸入三個月前向環保署申報。對於一經暴露，可能立即危害人體健康之物質，事業單位應檢送物質之毒理相關資料、危害預防及應變計畫，送請當地主管機關備查，並公開供民眾查閱。

本法第三章規定毒性物質運作人應申請核發許可證或登記備

查。運作人應提出該物質的成分、性能、管理方法及有關資料。許可證之有效期間爲五年，並於期滿六個月前申請延期，每次延期不得超過五年。其他毒性物質之管理包括：

㈠毒性物質之容器、包裝等應依規定標示，並備有物質安全資料表。

㈡事業單位應設置專業技術管理人員及偵測洩漏、警報設備。

㈢停止運作的情況，如擅自中止運作一年以上者。

㈣立即採取緊急防治措施的情況，如因洩漏、化學反應或其他突發事故而污染作業場所周界外之環境者，或於運送途中發生突發事故而危害人體健康者。

該法最後訂有處分條款及罰則。

　　環保署訂定的法規中，要求事業單位實施危害分析與風險評估者，在「毒性化學物質之製造、輸入、販賣、使用等過程緊急應變系統建立計畫」審查作業要點（1993），說明評估方法，建議採取荷蘭 TNO 發展的簡便評估模式。

3-3-2　勞工委員會

　　危險物質的管制，實應始於當其自國外輸入之時，或在國內自行製造之時。輸入時當由交通部把關；而國人自製時，則由經濟部和勞工委員會監督。而輸入的危險品經由事業單位儲運、儲存、加工製造，勞工委員會皆有監督之責。中央勞工行政機構由過去的內政部勞工司至現今的行政院勞工委員會，曾對一些危險物品訂定管制規章，包括：

㈠勞工作業環境空氣中有害物質容許濃度標準。

㈡勞工安全衛生設施規則。

㈢高壓氣體勞工安全規則。

㈣特定化學物質危害預防標準。

㈤有機溶劑中毒預防規則。

㈥鉛中毒預防規則。

㈦四烷基鉛中毒預防規則。

㈧危險物及有害物通識規則。

㈨勞動檢查法。

　　然而遲至今日這些法規沒有一條規定事業單位必需實施重大危害的分析與風險評估，與英國的「危險場所（通報與調查）規章」（1978）相比，已落後至少16年，若與英國的「工業重大事故危害管制規章」（1984）相較，則落後至少10年。其故步自封、抱殘守缺，猶不如東施之效顰也，以其如此頑固守舊、好官自為之心態，和尚撞鐘、得過且過之行事，國人何能奢望其為勞工福祉服務、降低職業傷病？難怪國內勞工死亡千人率高居世界各國之前茅，達英、日等國的七、八倍之多，令人驚悚，亦深以為恥。作者認為洗雪恥辱之道，首先從師法歐洲先進諸國的良法美意著手，建立體大見遠的典章法制，輔導事業單位監控自身的風險，誘使事業單位不得不訓練自己的員工。若一再捨本逐末，胡亂抄襲皮毛而竊以珍寶沾沾自喜，終究是敷衍卸責，誤人害國，徒然浪費國家資源而已。

參考文獻

1. Harvey, B. H., First Report of the Advisory Committee on Major Hazards, HMSO, London, 1976.

2. Harvey, B. H., Second Report of the Advisory Committee on Major Hazards, HMSO, London, 1979.

3. HSE, The Control of Industrial Major Accident Hazards Regulations 1984, HMSO, London, 1984.

4. Van de Putte, T., The Safety Report Legislation and Its Application in

the Netherlands, Haz. Materials, 7, 131, 1983.

5.EC Directives, On the Major-Accident Hazards of Certain Industrial Activities, 82/501, June 24, 1982.

6.OSHA, 29 CFR 1910.119, Process Safety Management of Highly Hazardous Chemicals, 1992.

7.EPA, Risk Assessment Guidance for Superfund, Washington, D.C., 1991.

8.NUS Corporation, The Emergency Planning and Community Right-to-Kown Act of 1986, NUS Corpn, CA, 1987a.

9.NUS Corporation, A Guide to the California Hazardous Material Planning Program, NUS Corpn, CA, 1987b.

10.行政院環境保護署，「毒性化學物質之製造、輸入、販賣、使用等過程緊急應變系統建立計畫」審查作業要點， 1993。

習　題

1.英國政府（ACMH）如何管制危險物質所引發的重大災害？

2.荷蘭政府如何管制危險物質所引發的重大災害？

3.比較英、荷兩國管制重大危害方法之異同。

4.歐洲共同體（即歐洲聯盟）對會員國之勞工安全衛生政策有何影響？

5.美國聯邦政府（OSHA）如何管制危險物質所引發的重大災害？

6.我國（行政院勞工委員會）如何管制危險物質所引發的重大災害？（請參考附錄八）

7.何謂製程安全管理（process safety management）？

第四章

危險物質作業場所
風險評估

　　本章討論處理或儲存危險物質達一定量以上的作業場所如何實施風險評估。此項風險評估的範圍，僅及於事業單位作業場所之內員工的安全衛生風險評估與控制，換言之，僅論及事業單位內員工的風險，雖說與本書主題 —— 重大危害風險評估與控制 —— 有關，但其範圍較為狹窄。讀者可將本章作為重大危害評估廠內員工風險的參考。

　　一般而言，法規僅設立基本管理規範，鮮能對個別情況作個別規範或要求。因此事業單位對於個別情況，常需自己發現問題，尋找對策，選擇解決方案。本章希望能提供比法規較為詳細的指引，其他細枝末節，仍有待於讀者自己去思考。

　　實施風險評估依序可分五大階段進行：

㈠蒐集危險物質與作業情況資料。

㈡估計風險的大小，並予以評價。

㈢控制並降低風險（包括偵檢控制績效和訓練教導）。

㈣紀錄風險評估相關資料。

㈤若有需要，重新審閱以前風險評估的結論。

4–1　蒐集危險物質與作業情況資料

4–1–1　決定執行風險評估的人員或單位

　　事業單位需決定何人或何單位執行風險評估的工作。若是規模小的事業單位，風險看起來似乎也不大的情況，就沒有必要很多人（例如7人以上）參與評估工作。有些危害簡明易曉，危害分析技術也不複雜（如檢查表），一、二人即可進行。當然，中小企業未必就沒有較繁多的各種風險，仍得視其設備、作業性質、危害的種

類而定。

　　危害的種類多，風險龐雜，分析技術尤需多人經驗知識互通有無者，宜個別成立分析評估小組（team）。選擇危害分析技術和評估方法，考量評估範圍，甄選分析評估小組的小組長（team leader）以及組員四人或五人。這個小組成員所需具備的知識與經驗應包括：

㈠對某種危害之特殊個人經驗。

㈡知道或認識具有某種危害之經驗的專家，如製程變更修改之危害。

㈢瞭解任何狀況的危害性，包括設備、物料的特性，並能預知其危害。

㈣熟悉安全規章和實務。

　　風險分析評估小組從資料之收集開始，審閱有關資料、文件，勘察現場，詢問作業員或工會團體，執行分析評估工作，至擬定結論、提出書面建議等。

　　對於分析評估相當重要且龐大的風險或環境影響評估，可能需在廠內成立風險評估委員會，其主任委員由廠長擔任並負責向總公司報告。此委員會可網羅有關各部門主管、安全衛生環保主管以及一些資深員工。各部門主管再成立其分析評估小組。小組成員經挑選後，再與全廠分析評估委員會成員參加風險評估訓練。此項訓練，可由專門訓練機構或顧問工程公司策畫實施。訓練之目的，不在於使各成員成為評估專家，而是使他們瞭解法令的規定和執行的方法。全廠分析評估委員會再公布一系列的實施準則，俾便各成員報告時有所遵循。各部門主管亦據此準則查核問題所在及處理方法。

　　風險分析評估小組的成員，應能執行下列事項：

㈠瞭解法規的基本要求：成員應熟讀法規，明瞭其精神與意義。

㈡有系統的蒐集與風險暴露有關的資料：

⑴實施現場觀察。

⑵預測可能之偏差情況（或行為）。

⑶詢問現場各級主管。

⑷查閱技術文獻。

⑸有系統的組織整理所收集到的資料，估計事件的機率及後果。

⑹提出結論。

㈢擬定改善對策：

⑴對於發現的暴露風險，應能建議改善對策，並對控制措施有相當瞭解（例如對其性能、使用效果、可靠度、維護性等之瞭解）。

⑵對於現存的設施管理能提出建設性的批評。

⑶對於是否要作大幅度的變革，能提出建言，分析利弊。

㈣能了然自身的限制：

⑴對於非屬本身專業的範疇，最好請教較為專精的專家解決評估工作，或邀請專家參與評估工作。或聘請顧問公司從事評估工作，但不要讓顧問公司單獨從事。事業單位需共同參與。

⑵使用個人呼吸保護裝備的場所，其毒性必高。對作業前、中、後之注意事項以及作業程序中各種防範措施，操作者必需具備相當的工業衛生知識或技能。對於這些危險場所（如密閉空間）的風險估計必需精確，危害控制的方法或許不只一種而已。

4-1-2　確認工作場所現已存在或可能存在的危險物質

危險物質種類繁多，如易燃、易爆物質、毒性物質，皆與重大危害有密切關係，需予特別注意。這些物質以各種物理狀態出現，如氣體、蒸氣、液體、燻煙、粉塵、霧滴、微粒、較大的固體等。或以純物質、混合物出現。分析者宜找出危險物質進入工作場所

的途徑，使用或儲存、處理於那些場所。若能查核一些單據（進貨單、提貨單等），將有助益。

必需考量製程中的原料、中間產品、副產品、最後產品以及廢棄物、殘留物等都可能發生意外災害。同時考量運輸、收集、傾倒、稱重（過磅）、包裝、洩出、排放之各種危險物質。記住那些使用於，或來自於維護、清理、修理等工作，或研究、測試、實驗室實驗的危險物質。有些危險物質也可能來自於建築構造材料之作業上，如清除絕緣材料。

事業單位對於廠內處理、儲存的物質宜分辨是否屬於危險物質，其方法甚多，諸如：

㈠依據過去的經驗和對製程的知識。

㈡若該物質購自廠商，要求廠商提供資料。

㈢查核該物質是否列入國內外危險物或有害物相關法規之中。

㈣查對該物質是否列入國內外法規致癌物質之中。

㈤查閱相關的技術文獻。

㈥請教專業性團體（如美國化學工程師協會、AIChE）或專家。

㈦請教製程相似的其他事業單位。

4–1–3　確認危險物質進入人體的途徑

危險物質進入人體的途徑有四：

㈠吸入：如吸入有毒的氣體、蒸氣、燻煙或粉塵等。

㈡食入：如以受汙染的手拿取食物而吃下該食物或吃下受汙染的食物。

㈢經由皮膚接觸或眼睛接觸而吸收：如皮膚或眼睛與受汙染的衣服或工作場所之表面接觸，或毒性物質直接噴灑在皮膚或眼睛上。

㈣高壓設備或受汙染的尖銳物注入身體。如以嘴吹除被堵塞的噴頭。

　　有些作業場所相當容易發生毒性物質或有害物質以各種管道進入人體，例如製造殺蟲劑的工廠，工人在吸煙、飲食之際，很可能手已受汙染而不自知；又如在操作混合、攪拌之際，吸入燻煙，被攪拌之物可能噴濺到皮膚之上，衣服受汙染後亦易與皮膚接觸。

4-1-4　危險物質的不良效應

　　萬一危險物質不幸進入人體，則需瞭解其造成的不良效應是什麼？危險物質的不良效應有多種，試問下列問題：

㈠單一的暴露會造成立即或延遲的（delayed）嚴重效應或死亡嗎（亦即急性暴露）？

㈡重複而只是低劑量的暴露一段時期之後，是否會造成不良效應或死亡（亦即慢性暴露）？

㈢是否有長期或短期的效應？有些物質也許只有急性效應或只有慢性效應，但有些物質則兼有長期與短期效應。

㈣會致癌嗎？

㈤是否會引起過敏症狀？

㈥對人體的生殖機能是否有不良影響？

㈦是否會傳染？

　　就這些問題請教毒物學家或參考工業衛生文獻。不良效應也許未必來自於與單一危險物質接觸，也許與多種物質有關。仔細弄清楚罹災者接觸的危險物質的種類、接觸的時間、不良效應的特徵等。

4-1-5　確認暴露於危險物質的人以及如何暴露

　　找出可能暴露於危險物質的受害人並瞭解他們如何受害的原因，可從兩方面來看：

㈠觀察不同的作業活動。看每一作業活動的各種暴露情況（即吸入、食入、接觸等）。

㈡觀察不同的危險物質。看各種作業活動中，員工在何處暴露於危險物質。這種方法若是危險物質的種類不多時，甚易遂行，但若危險物質種類繁多，且作業活動又多，則配對數必多，評估工作有不勝其煩之感。爲便於評估工作，可依部門、製程、人員配置、作業場所逐一區分開來，個別評估。依各單位處理危險物質的風險大小，先後緩急，逐次實施評估。

有些單位處理量少而類多的危險物質（如研究實驗室），則可依物質的性質，及其使用、處理的方式分門別類。類別相同的一起評估，則省時省力。

4-1-6 確認各類人員暴露的情況

可能暴露於危險物質的人員有多種：⑴生產性作業員工；⑵支援性作業員工；⑶主管人員；⑷辦公室員工；⑸現場承攬工程人員；⑹訪客；⑺工讀實習學生。每一類人員的工作情況不同，暴露的方式略異。

注意一些偏離正常作業的情況，例如操作人員調換或人員欠缺之時，或產量增加或減少之時，或天候情況有異之時。維修後操作，或停工一段時間之後復工時，亦需小心。

領班或主管有時也需注意工作單位內個人的差異，例如工作態度、習慣、姿勢，和個人的衛生習慣（飲食，工作後清洗手、臉等）。有些人也許屬高危險群，例如對某些化學品較敏感者。

4-2　估計風險的大小並予以評價

作業場所自我實施風險管理的第二步驟就是估計風險的大小，考量該風險對人員或環境的重要性，以及管制的必要性。

4-2-1　決定是否評估各部門或個人的風險

依工作性質而決定部門或個人風險之評估工作。危險物管制法規都會要求雇主採取必要預防措施，以維護每一勞工的健康。但有些工作因其性質雷同，沒有必要逐一評估每個工人的風險。例如在同一生產線上從事同一組件組合的工人（組合電扇，或組合電視線路板），各工作站的工人所做的工作都一樣，則選取數人評估其風險即可。若每名工人每天所面臨的危險物各異，其暴露的風險自各不相同，評估自以個人為基礎。

4-2-2　暴露危害的機率多大

工人暴露於危險物，通常與下列情況有關：
(一)平時工作直接接觸危險物品，如搬運、使用、包裝、儲存、廢棄物處理等。
(二)在危險物品搬運、使用、儲存……等場所附近，如維修人員。
(三)在意外洩漏處附近。
(四)進入一密閉空間，其內有危險物品。
(五)接觸已受汙染的表面，如維修局部排氣裝置，在清洗中，維修人員暴露於風扇上的空氣汙染物。
(六)穿戴已受汙染的衣服或個人保護裝備，如在實驗室或其他地方。

4-2-3 發生暴露的頻率多少

此一問題可自下列幾方面評估:

㈠從某一作業的知識、經驗判斷之,或自作業員或工會提供的資料(如建議、抱怨、申訴)研析之。

㈡估算那些日常定期暴露的人和作業活動的次數。

㈢注意那些非經常性作業,或單一次作業,如一次的試驗,一次的維修,一次的洩漏等。

㈣在規畫作業時,記得發生危害性暴露的機會常與下列情況有關:

　⑴訓練時。

　⑵現有控制措施對人或作業的可靠度與適切性。

　⑶控制措施的品質與維護。

4-2-4 人員暴露的濃度和時間長短

在整個作業期間暴露的種類、濃度和時間常可由觀察、檢測得之,或詢問作業人員。有時簡單的檢測(如使用檢知管)即可得到暴露的濃度,有時卻必需詳細測定。下列情況必需精確知道暴露的濃度或劑量,以及暴露的時間:

㈠定期暴露,次數頻繁。

㈡任何時候可預期高暴露濃度。

㈢物質具有最高暴露限值,或此物質為法定致癌物或已知該物質危險性特別高者。

一旦危險物質進入體內,生物偵檢(驗血和驗糞)需予實施。偵檢的結果需與一些標準比較。這些標準如: 最高暴露限值。

4-2-5 風險不大的情況

藉由觀察，約略可推知風險不大的一些情況，如：

㈠危險物的使用量微小。

㈡危險物的使用率低。

㈢操作員嚴守危險品供應商提供的操作守則。供應商保證操作風險低微。

㈣在製程，或可能暴露危害的場所所實施的檢測（包括檢測最嚴重的情況），仍未發現風險大到足以危害健康的程度之時。

但事業單位需注意的是：這些風險不大的情況是在控制措施維持正常運作（轉）之下而存在。萬一控制措施失常（如通風系統故障），則平常微不足道的風險將變成危害性風險。

4-2-6 造成風險的時機

下列情況對員工健康已構成風險，有必要採取改善措施及調查：

㈠在勞工身上或地面或其他表面上出現細微的危險物，如粉塵。

㈡在空氣中發現危險的燻煙或霧滴（例如在光線中可目睹）。

㈢控制危險物的措施（設備）維護不良、損毀，或故障。

㈣缺乏良好的作業實務。管理不周，員工桀驁不馴致作業績效低劣。例如員工不遵守作業程序，隨地丟棄煙蒂或不使用個人防護具。

㈤員工抱怨工作場所令人不適，氣味難聞。

再者，下列情況將提高員工的健康風險，管理者應能預知者：

㈠控制危險物的措施逐漸劣化，漸失應有的功效，未能立即察覺者，如濾清器逐漸失去濾塵效果。

㈡未能適當採取控制措施。

㈢人為失誤（缺乏警覺等）。

㈣改變作業方法。

4–3 控制並降低風險

　　在決定採取必要的控制措施之前，對各種作業的風險已然評估。各種作業風險的大小皆已列冊在案。或許採取那一種控制措施較為適當已成竹在胸，然而至少需符合法令規章的要求標準，並採取先後緩急策略：

㈠那些作業風險最大？

㈡那些作業風險最可能最近發生？

㈢那些作業風險可立即處理者？

　　上列第一項 ── 最大的風險 ── 需優先解決。在決策之中常考慮控制措施的成本效益。一般言之，若能將最嚴重的風險降低至可接受的程度，則效益必大，不論成本多少，其本益比將不致太高，合乎企業經營追求利潤的原則。一旦法規要求雇主採取某項控制措施之時，則以風險的大小為判斷的基礎，而非取決於本益比。企業管理者宜斟酌之。

4–3–1 選擇控制措施

　　管理者就各種作業風險選擇控制措施之時，除成本之考量之外，尚有多項因素在思慮之中，如執行措施的時間、措施的時效性、執行的困難度，或社會的要求程度等其他因素。此外，需參酌下列資料：

㈠相關法令規章。

㈡企業團體所訂定的規章。

㈢危險品製造商或供應商有關危險品的詳細資料。

㈣對於技術性的方案，聽取專家的建議和論述（省錢省事，且可不經「嘗試錯誤」）。

4-3-2　保持控制措施在堪用狀態

控制危險物品，使其低於容許暴露限值的設備，需定期維護、檢修。個人防護具，尤其是呼吸器官保護裝備，為達到預期的防護，在員工的訓練，管理員的監督，裝備維修保養等，需面面俱到。一旦發現防護類別選用不當，（密）接合不良等情事，需予置換或報廢。

4-3-3　確實使用控制措施

控制措施不可備而不用。分配管理或檢查控制措施的權責。定期向高階主管報告控制措施運作的情形。報告內容至少應包括定期檢查或重點檢查的結果，以及測試情況（例如通風系統每 14 個月定期測試，又依據我國事業單位自動檢查辦法第 40 條及第 41 條規定，局部排氣裝置之空氣清淨裝置，每年檢查一次）。

控制措施之設計宜寓有鼓勵員工使用之意。例如銲接用，可移動式局部排氣罩，若照明燈具安裝其上，則可提高使用意願。若打開電燈時也自動開啟風扇，則無疑會促進通風設備的使用率。

以上所述控制措施的維護或檢查，應有紀錄制度，以供查考。凡是測試、檢驗需保存紀錄達 5 年之久（國內法規規定保存 3 年）。紀錄的方法不拘一式，簡單者如簿記本，考究者如電腦檔案。有些大工廠納入其檔案系統之內。

4-3-4　緊急應變計畫

　　事業單位應訂定緊急應變計畫，以防災害擴大，減少傷害或損毀。下列事項為應變之前需慮及者：

㈠減少意外洩漏的人員與設備。

㈡緊急應變程序與訓練、演練。

㈢廢棄物和汙染物（如受汙染的衣服）安全處置方法。

㈣有足夠的個人保護裝備。

㈤去除皮膚污染和個人保護裝備的方法。

4-3-5　控制措施的監測

　　管理人員應能預知控制措施失效之際，那些洩漏可能造成嚴重的暴露。這類暴露波及的範圍也許相當廣泛，也許暴露的危險物毒性特別高。或者，沒有把握百分之百有效控制危險物之時，都必需實施控制措施的監測（monitoring）。監測的績效需予掌握，例如局部排氣裝置安裝之後，需定期偵檢汙染物在空氣中所含的濃度是否合乎法規標準。若空氣汙染物濃度過高（超過法定標準），則局部排氣裝置需予修理或換新。

　　法規通常會規定那些物質或製程需予監測。例如處理氯乙烯單體的作業應隨時監測。基本上，下列兩種情況需予監測：

㈠控制危害的措施一旦失效且不良後果嚴重之時（例如高毒性物質大量外洩）。

㈡不能肯定控制危害的措施是否足夠之時。

　　事業單位擬定監測計畫之時，對於監測結果宜有一些比較參考的基準或指標。譬如將監測結果與一些容許標準值比較。若無可資比較的容許標準值，則宜建立廠內的容許標準。

4-3-6　勞工健康管理

　　事業單位應遵行政府制定的勞工健康管理規章。法規常要求事業單位對暴露於某些毒性物質和作業的員工實施健康管制，如實施健康檢查，或治療，並保存紀錄若干年（例如英國之規定，我國僅規定離職前可取得資料證明）。

　　凡製造、生產、儲存、運輸、使用規定的危險物質（如氯乙烯單體、酚和苯的硝基化合物、四氯化碳、三氯乙烯、奧黃、二硫化碳等）者，皆需依法實施健康管理。

4-3-7　員工教育訓練

　　為達成危險物品的風險控制，必需使員工積極參與危險物的通識及必要的教育訓練。法規通常要求員工明瞭：
㈠危險物暴露後對身體健康的風險。
㈡必需採取那些防範措施。
㈢控制措施監控測試的效用。
㈣各級健康管理的結果（如體格檢查、特殊健康檢查或健康追蹤複查之結果）。

　　立法之目的在於使雇主提供員工所需的資訊。法律保障員工取得維護自身健康所需資訊的權利。雇主提供的訊息，只是教育訓練其中的一部分而已。對於那些督導有所不及的員工，尤需這些資訊與教育訓練。員工在面對危險物暴露之時，應能自行評估或自行正確應變，否則不應被分派與危險物有關的工作。

4–4 紀錄風險評估相關資料

執行風險評估自始至終的相關資料宜予保存並整理建檔，留待日後重新審查（review）之用。評估用的一些圖表、重要決策紀錄等可供日後查閱者，對後續的重新評估皆有參考價值。當然有些作業風險顯然甚低，微不足道，可略而不作評估或不必浪費時間記載評估資料，如大超級市場因麵粉袋破裂所造成的麵粉汙染。

對於控制風險的決策過程最好留有紀錄。這對將來萬一發生不幸事故，雇主或管理人員或可能因此而獲得護身符，免於刑罰。危險物自評風險規章常要求事業單位實施「合理可行」（reasonable practicability）的控制措施。除了要求積極採取工程控制之外，必要時需採用個人防護裝備。事業單位需述明採用個人防護裝備的理由，並說明為何其他控制方法實際上不可行的原因。例如：在不少密閉空間，工人常遭遇致人於死的各種有毒氣體或缺氧情況。最好的控制方法也許是通風換氣系統。

若未使用這種自動清淨空氣裝置系統，必需載明原因（例如：設備昂貴或人員進入密閉空間的機會甚少等）。風險評估報告中也需記載各種控制措施的評估結果（利弊、成本效益等）。

報告內容宜記載評估的一些細節，勿過於簡略籠統。例如某醫學研究實驗室從事某國外疾病疫苗研究。該疾病甚易流行。評估報告參閱不少資料，以明瞭該疾病的風險及防範措施。報告中詳細列舉防範措施，理由何在，以及相關的人、時、地等訊息，內容豐富、詳細。又如一新成立的大汽車製造廠，有時安排廠外民眾至該廠參觀。雖說參觀者在訪視過程中暴露的風險不如廠內作業人員（如銲接工人），但仍需在風險評估報告中述及。若參觀者在作業區外之走道參觀，或以短牆及可透視的窗外參觀，或參觀者可能靠

近作業區，這三種情況的風險必定不同，報告除記載暴露情況外，尚需估計可能存在的風險。

對使用報告的人來說，報告內容不論現在或未來應具有實用性，有參考價值。譬如某大煉油廠實施大規模的風險評估，投入不少人力。爲了要使得評估報告讓各部門的人都易於明瞭，乃責由各部門詳細評估所屬製程的風險。各部門最後將其所評估的風險依製程順序，逐一臚列在總評估報告的前面（這部分爲報告的主文，包括評估的程序、方法、結論與建議），而一些較詳細的補充說明文件則附錄在報告書末。

4–5　重新審查以前的風險評估報告

風險評估不是一勞永逸的事情，其報告也不是一篇小說或傳記。它需予定期檢討。特別是隔了一些時日之後，原來的評估未必仍然有效或作業情況顯著變更之時，需重新檢討。爲了節省人力物力，僅檢討那些不合時宜的部分。但管理人員別以爲製程變更時，才重新檢討。如果製程或其他工作情況一成不變，別認爲評估報告可一了百了，束之高閣。較可取的觀念應該是：不論作業情況是否變更，評估報告需定期重新檢討。若缺乏此觀念，在經過一段時日之後，真正的危害將不被察覺（猶如病原菌潛伏期一過而興風作浪一樣），以往的評估報告變得不合時宜。

法規通常未詳細規定重新檢討評估報告的時間，但依據實務經驗，原則上不宜超過 5 年。潛在的風險越大者，作業情況變更的機率頻繁者，檢討的時間宜再縮短。下列是評估報告需再檢討的時機：

㈠生產量大幅增加時。

㈡使用危險物的劑量或濃度增加時。

㈢製程變更時。

㈣工作而引起的疾病發生時。

㈤有證據顯示物質的危害之時。

㈥環境監測結果顯示控制效果不佳時。

㈦新進或改良的控制技術變成合理可行之時。

習　題

1.事業單位對其危險物質所存在的風險實施評估，如何依序實施?

2.事業單位內的風險分析評估小組，執行那些工作?

3.如何瞭解毒性物質對人體的不良效應?

4.如何確認那些人暴露於危險物質?

5.那些情況易使人暴露於危險物質?

6.如何評估暴露於危險物質的頻率，暴露濃度，暴露時間?

7.如何控制危險物質引發的風險?

8.風險評估報告需再檢討的時機?

第五章

量化風險分析

　　當今之世，各國皆立法要求事業單位實施重大危害的風險評估。若評估的結果顯示風險太高，事業單位需設法控制，提出具體的對策。本書第二章圖 2-7 已明示風險評估的程序。從該圖及風險的定義可知，風險評估的主要骨幹有三：

(一)估計重大災害發生後會有那些不良的影響（或效應），以及這些不良影響所造成的傷亡、損毀之嚴重性。這項估計工作可稱之為事故後果分析（consequence analysis）或簡稱為後果分析。

(二)估計某一事件發生的機率或頻率。

(三)估計個人風險（IR）和社區風險（SR），並以圖、表顯示出來。

　　風險評估之後決策的管理者根據風險評估的結果，考量其不確定性（uncertainty），判斷風險的重要性（importance），作為決策的參考。而最後在採取控制風險措施之時，則考量這些措施的成本效益。本章著重於討論事故後果分析，並簡明扼要說明 IR 和 SR 的估計及其圖示方式。至於事件機率分析，除火災爆炸的機率之外，其餘散見於失誤樹分析與事件樹分析及其他系統安全分析技術各章之中。

5-1　後果分析

　　重大災害的後果分析，包括兩大部分：

(一)效應模式（effect models）：效應模式是發生災害時呈現的物理現象，所造成的物理效應，可由某些模式予以計算。這些物理現象包括洩放（discharge）、汽化（evaporation）和散布（dispersion）。

(二)損傷模式（vulnerability models）：描述火災、爆炸、毒性物質對人或物的傷害或損毀情形。

5–1–1　效應模式

易燃易爆物質或毒性物質自容器、管路、閥、法蘭等洩出後，可能呈現氣態（氣體或蒸氣）、液態或氣態與液態兩相之三種洩放型態。液態物質洩放的液體常在地上形成油池（pool）或因大量汽化而形成氣雲（gas cloud）；氣一液兩相洩放是過熱液體從洩放口驟然噴（flash）到大氣之中，蒸氣與液體混雜，液體中較細小者可能懸浮於空中成霧滴（aerosol），較大者落下如雨，然後蒸發汽化。氣態洩放的氣體或蒸氣依其密度與比重，呈現上浮或沈降散布（dispersion）之勢。圖 5–1 是物質洩放與散布的各種模式。

5–1–1–1　洩放模式

危險物質的洩放，有的是基於安全的設計，設備上之安全裝置於緊急狀況下自行洩放，如安全閥之跳脫洩放；有的則是設備失效（failure）下意外洩放如儲槽破裂。後者才是重大危害管理的重心，但前者亦需防範擴大成災。在估計洩放量時，最主要的問題是洩放口的大小（hole size）估計。若是安全設備的洩放，可直接取用閥徑或管徑；若是意外巨量洩放，則需依據實際情況估計。

I. 氣態物質（氣體與蒸氣）洩放

氣態洩放發生於加壓氣體的容器或長管路之中、加壓儲槽槽頂的釋壓閥、液體油池之沸騰（boil-off）或蒸發、可燃性物質受熱分解等情況。氣體或蒸氣的洩放公式原理來自於伯努利定律（Bernoull law）、連續性公式（continuity law）公式和氣體狀態公式等。計算從洩出口（orifice）流出的氣體洩放率（gas discharge rate, G_v）可依下式計算：

$$G_v = C_d \frac{Ap}{a_0} \psi \qquad (5–1)$$

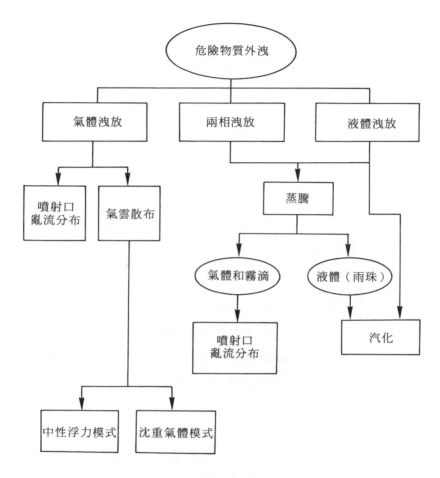

圖 5-1　危險物質洩放與散布模式

式中，G_v=氣體洩放率（kg/s）

C_d=洩放係數（無單位 ≤1.0）

A=洩出口面積（m²）

a_0=在溫度 T 的氣體音速 = $(RT/M)^{1/2}$

M=氣體分子量（kg-mol）

R=氣體常數（8310J/kg-mol/°K）

T=上游溫度（°K）

$$P = 絕對上游壓力（N/m^2）$$

$\psi = $ 流量係數（無單位）

流量係數 ψ 依物質洩放時之強度而定：

㈠次音速

$$\psi = \left\{ \frac{2r^2}{r-1} \left(\frac{P_a}{P} \right)^{2/r} \left[1 - \left(\frac{P_a}{P} \right)^{(r-1)/r} \right] \right\}^{\frac{1}{2}} \quad \text{for} \frac{P}{P_a} \leq r_{\text{crit}} \quad (5-2)$$

㈡音速

$$\psi = r \left(\frac{2}{r+1} \right)^{(r+1)/2(r-1)} \quad \text{for} \frac{P}{P_a} \geq r_{\text{crit}} \quad (5-3)$$

或

$$\psi = r \left(\frac{1}{r_{\text{crit}}} \right)^{(r+1)/2r} \quad (5-4)$$

式中，$P=$ 絕對上游壓力（N/m^2）

$\quad\quad P_a=$ 絕對下游壓力（N/m^2）

$\quad\quad r=$ 氣體比熱率（C_p/C_v，無單位），常在 $1.1\sim1.67$

從釋壓閥洩出的氣體量，以下式計算：

$$G_{rv} = \frac{Q_f}{h_{fg}} \quad (5-5)$$

式中，$G_{rv}=$ 釋壓閥洩出的氣體洩放率（kg/s）

$\quad\quad Q_f=$ 熱通量（Btu/hr）

$\quad\quad h_{fg}=$ 在釋放壓力時的汽化潛熱（kJ/kg）

　　熱通量是危險物質儲存容器發生火災時所承受的熱。氣態物質的洩放也需考慮是絕熱或等溫的狀況，並需分辨是否有緊急洩放狀況發生。

II. 液體洩放

　　以大氣壓力儲存的容器或管路裂開或加壓的液體在其正常沸點之下自洩出口流出，都屬純液體洩放，沒有 flash 的現象。計算這

種洩放，常利用伯努利定律和連續性公式。容器內是等溫狀態時，計算方法較簡單，可導出洩出液體的強度值（作為時間的函數），從原先之強度值直線遞減。若容器內是絕熱狀態時，計算方法較複雜，因在洩放時，有一些液體會汽化。若要考慮這些蒸發的液體，必需一步一步計算絕熱洩出物的強度（Directorate-General of Labor, 1979）。

　　液體洩放量可以下式估計：

$$G_L = C_d A\rho \left(\frac{2(P - P_a)}{\rho} + 2gh \right)^{\frac{1}{2}} \qquad (5-6)$$

式中，G_L＝液體量洩出（mass emission）率（kg/s）

　　　C_d＝洩放係數（無單位）

　　　A＝洩出口（hole）面積（m^2）

　　　ρ＝液體密度（kg/m^3）

　　　P＝液體儲存壓力（N/m^2，絕對）

　　　P_a＝下游（附近）壓力（N/m^2，絕對）

　　　g＝重力加速度（＝9.81m/s^2）

　　　h＝洩出口上方液體的高度（m）

　　自小銳緣洩出口擾流洩放的 C_d ＝0.6～0.64，而圓形洩出口的 $C_d = 1.0$。

III. 兩相洩放

　　兩相（two-phase）洩放發生於加壓儲槽或內含有正常沸點以上之液體的管路破裂。釋壓閥因失控反應（runaway reaction）緊急排放或黏稠的泡沫液體急洩而出，亦有此現象。計算兩相洩放量，可使用下式（Fauske and Epstein, 1987，見 AIChE, 1989, p.68）。

$$G_{2p} = C_d \sqrt{G_{sub}^2 + G_{ERM}^2 / N} \qquad (5-7)$$

式中，G_{2p}＝兩相洩放率（mass flow rate）（kg/m^2/s）

C_d＝洩放係數（無單位）

G_{sub}＝超冷（subcooled）液體的洩放率（kg/m²$/s$）

G_{ERM}＝飽和液體的洩放率（kg/m²$/s$）

N＝參數（無單位），參見式 5–10

$$G_{sub} = \sqrt{2(P - P_v)\rho_f} \qquad (5\text{--}8)$$

式中，P＝儲存壓力（N/m²）

$\qquad P_v$＝儲存溫度時之蒸氣壓（N/m²）

$\qquad \rho_f$＝液體密度（kg/m³）

就飽和液體而言，若洩放管徑大於 0.1m（長度超過 10 直徑），達到平衡時，洩放率為

$$G_{ERM} = \frac{h_{fg}}{V_{fg}(TC_p)^{\frac{1}{2}}} \qquad (5\text{--}9)$$

式中，h_{fg}＝汽化潛熱（kJ/kg）

$\qquad V_{fg}$＝由液體變成蒸汽的量（m³/kg）

$\qquad T$＝儲存溫度（°K）

$\qquad C_p$＝液體比熱（kJ/kg/°K）

若洩放管徑小於 0.1m，兩相不平衡時，以下式表示：

$$N = \frac{h_{fg}^2}{2\Delta P \rho_f C_d^2 V_{fg} TC_p} + \frac{L}{L_c} \quad \text{for } 0 \leq L \leq L_e \qquad (5\text{--}10)$$

式中，L＝管路至開口的長度（m）

$\qquad L_e$＝0.1m

【氣體洩放，例題一】（以下三例題取自 AIChE, CPQRA, 1989）
試計算丙烷在 25℃、4barg（＝5bars）之狀況下，自 10mm 的洩出口洩放的速率。丙烷的熱容率 = 1.15，蒸氣壓（25°C）＝8.3barg。

【解】
因全壓低於丙烷的蒸氣壓，此洩放必是純氣體洩放。可使用氣體洩

放公式。又， $P/P_a = 5.0/1.0 = 5.0$，大於 $r_{crit}(= 1.74)$，故屬音速洩放。使用音速公式（5-4）及（5-1），

$$\psi = r \left(\frac{1}{r_{crit}} \right)^{(r+1)/2r} = 1.15 \left(\frac{1}{1.74} \right)^{2.15/2(1.15)} = 0.685$$

$$G_v = C_d \frac{AP}{a_0} \psi = (0.85) \frac{(\pi/4)(0.01)^2(5 \times 10^5)}{[(1.15)(8310/44)(298)]^{\frac{1}{2}}} (0.685) = 0.09 \text{kg/sec}$$

【氣體洩放，例題二】

設某一未絕緣丙烷儲槽的表面積是 5m^2，暴露於槽外油池火焰。試計算經由釋壓閥洩出的丙烷洩放率。

已知：環境係數 $F = 1.0$

　　　丙烷汽化潛熱 $h_{fg} = 333\text{kJ/kg}$

　　　熱通量 $= 266.2\text{kJ/sec}$

【解】

由式 5-5，

$$G_{rv} = Q_f/h_{fg} = 266.2/333 = 0.8 \text{kg/s}$$

【液體洩放，例題三】

試計算丙烷在 25℃、10barg 的狀況下，自儲槽 10mm 寬的裂口洩放的速率。洩出口上方液體高度是 2m。已知丙烷密度 $= 490\text{kg/m}^3$，在 25℃時的蒸氣壓 $= 8.3$ barg。

【解】

因槽內壓力 $= 10$barg,洩放之初必是液體，使用式 5-6，

$$P = 10\text{barg} = 11 \times 10^5 \text{N/m}^2 \text{ abs}（絕對壓力）$$

$$P_a = 1 \times 10^5 \text{N/m}^2 \text{ abs}（絕對壓力）$$

$$G_L = C_d A \rho \left(\frac{2(P - P_a)}{\rho} + 2gh \right)^{\frac{1}{2}}$$

$$=(0.61)\frac{\pi(0.01)^2}{4}(490)\left(\frac{2(10)(10^5)}{490}+2(9.8)(2)\right)^{\frac{1}{2}}$$

$$=1.5\text{kg/s}$$

以上討論物質洩放模式，看似相當簡略。事實上，現今可用的洩放模式有多種，自英國 HSE Canvey 報告（1976）始至今，各種計算方法迭有出現。Lees（1986）論到計算時需考慮的情況，讀者可資參研。一般而論，氣體或液體洩放較爲單純，而兩相洩放則較複雜，需顧及蒸氣和液體兩種洩放，以及是否單一成分或兩種成分。式5-7是較爲簡便的計算方式。欲求較精確的計算可借助電腦。

5-1-1-2　蒸騰（flash）與汽化

從封閉容器洩出的流體若是液體，則發生汽化，再形成蒸氣雲。汽化率決定此一蒸氣雲的形成。在考慮由液體噴濺而形成的蒸氣雲時，需分辨三種情況：

㈠過熱液體在(a)周圍溫度與加壓下，如丁烷；(b)高溫與加壓下，如受熱的環己烷。

㈡在大氣溫度與壓力下是揮發性的液體，如丙酮。

㈢低溫但大氣壓力下是冷凍液化氣體，如液化天然氣（LNG）。

液體之汽化在上列三種情況並不相同。在第一種情況，液體因係過熱，故噴洩之初，會迅速蒸騰起來（flash off），汽化率高，蒸氣中飽含不少量的液體珠粒，其餘的過熱液體因汽化潛熱消失之後而漸漸冷卻，汽化率變低。(a)類過熱液體是加壓液化的氣體，而(b)類過熱液體是加溫達到其平常沸點之上的液體。第二種情況的液體在洩出後大約是在平衡狀態，汽化相對地遲緩。第三種是超低溫冷凍的液化氣體，洩出後接觸大氣溫度，起初會迅速汽化，然後逐漸溫和的汽化。

蒸騰（flash）和汽化模式是用來估計液體洩出後形成蒸氣雲的百分比和汽化率，以作爲散布模式之輸入基本資料之用。

I. 過熱液體蒸騰（flash）模式

　　過熱液體在洩放到大氣之後，初期的汽化激烈，而後剩下的液體在其正常沸點繼續汽化。在此汽化的第二階段，對氣雲之形成而言，已較不重要。預估初期蒸騰的標準公式是

$$F_v = C_p \frac{(T - T_b)}{h_{fg}} \qquad (5-11)$$

式中，F_v＝洩出液體汽化的百分比（％）

　　　　C_p＝液體熱容量（T 至 T_b 的平均），$(J/kg/°K)$

　　　　T＝液體的初期溫度（°K）

　　　　T_b＝液體大氣沸點（°K）

　　　　h_{fg}＝液體在溫度 T_b 時的汽化潛熱 (kJ/kg)

由式 5–11 可知是液體在熱平衡狀況下汽化的百分比。實際上，液體洩出後常因壓力突然下降，激烈沸騰而有噴射(spray)的現象。噴射的液體在空氣中迅速汽化，汽化的比例不小， Kletz(1977)假設噴射的液體百分比等於用 flash off 而成為蒸氣的百分比。

II. 揮發性液體的汽化

　　揮發性液體在洩出後形成油池，其汽化率依液體的蒸氣壓和吹過油池表面上方的風速而定。地表及空氣的熱轉移供給液體汽化潛熱，避免液體冷卻。現今，不同的油池有不同的汽化模式，例如圓形油池的汽化率 E 為

$$E = 3.6 \times 10^{-10} \left(\frac{MP_v}{T} \right) U^{0.78} r^{1.89} \qquad (5-12)$$

式中，E＝液體汽化率（g/s）

　　　　M＝液體分子量

　　　　P_v＝液體蒸氣壓（dyne/cm^2 ＝ 10^6bar）

　　　　T＝液體的絕對溫度（°K）

$U=$平均風速（cm/s）

$r=$油池半徑（cm）

或

$$q_G = \frac{K_s(T_g - T)}{(\pi\alpha_s t)^{\frac{1}{2}}}$$ (5–13)

式中，$q_G=$來自地表的熱通量（W/m²）

$K_s=$土壤的熱傳導率（W/m/°K）

$T_g=$土壤的溫度（°K）

$T=$油池的溫度（°K）

$\alpha_s=$土壤的熱擴散率（m²/s）

$t=$洩出後時間（s）

III.冷凍液化氣體的汽化

冷凍液化氣體，如 LNG，洩流在地上後，初期會迅速汽化，然後汽化率隨時間而衰減。如果是小量的漏洩，初期迅速汽化期，可能超過一小時。初期汽化率主要由 LNG 流洩的地面（substrate）熱傳遞（heat transfer）速率決定。接觸 LNG 的地面依現場而異，有可能是土壤（砂質，乾或溼）、混凝土、鵝卵石、岩石等。後期慢速汽化率約等於 0.05cm/分（若風速低），汽化率與時間之對數 — 對數圖呈直線。

計算 LNG 這類的冷凍液化氣體的汽化率有多種模式，下列是其中一種方法（Clancey, 1974）：

㈠初期汽化率

$$W = K_1 \frac{(T_s - T_\ell)^2}{\Delta H_v}$$ (5–14)

式中，$W =$1分鐘內汽化量（g/cm²）

$K_1 =$常數

$T_s =$地面溫度（°C）

$T_\ell =$ 液體溫度（℃）

$\Delta H_v =$ 汽化潛熱（cal/g= 4184 J/kg）

(二)後期穩定連續汽化率

$$E = K_2 \frac{(T_s - T_\ell)}{\Delta H_v} \qquad\qquad (5-15)$$

式中，$E=$ 穩定汽化率（g/cm², 分）

液體接觸的地面	K_1	K_2
一般土壤	7.1×10^{-4}	1.5×10^{-2}
混　凝　土	7.5×10^{-4}	1.5×10^{-2}
沙　　岩	1.3×10^{-3}	2.6×10^{-2}

式 5-14 可用於 $(T_s - T_\ell)$ 溫差相差甚大之時。在 LNG 洩放一分鐘之後與達到穩定汽化狀態之前這段時間（可稱之半穩定汽化期），其汽化率可用對數內插法求之。

水上的 LNG 汽化率，英國 HSE 研究結果（1978）是 0.19kg/m²s。其餘氣體，如 NH_3、乙烯等，亦有人研究。

整體言之，液體和冷凍液化氣體的汽化問題考量的因素相當多。首先，當液體或液化氣體洩放時，需考量儲存容器的壓力、液體的高度、洩出口的直徑、洩放係數、液體密度等。就危險物質本身考量，則需知其熱容、汽化潛熱、液體密度、黏度等。當液態物洩出後，則考慮影響熱轉移的因素：如地面之滲透性、熱傳導率、周圍溫度、風速、太陽熱輻射等。最後計算汽化率時，得考量洩放時間。

IV. 簡略估計模式

我們常從過去發生的類似的災變紀錄，預測意外洩放量。但在應用這些過去留下的資料（historical data）時，需注意設備的規格、

建造的方法、外洩的原因、地質、氣象等是否相同。因此現場相關設備的實際瞭解是不可或缺的。

估計洩放量，有一種估計近似值的方法是用「標準」外洩資料。這是由過去發生的災變紀錄，而得到的洩放幅度資料，以及分析其發生的頻率。這種估計模式有多種，其中 Davenport(1983)最著名。有關危險物質洩放後產生蒸氣雲爆炸的標準化洩放模式是

$$\log_{10} T = a \log_{10} f + b \qquad\qquad (5-16)$$

式中，T＝洩放量（噸）

f＝洩放頻率〔（次／年）$\times 10^{-4}$〕

a 與 b 為參數

若以 Davenport(1983)收集來的數據應用上式（5-16），則取 $a = -1.52$，$b = -1.41$。例如 $\log 500 = (-1.52) \log 0.002 - 1.41$（圖 5-2）。但是，若以火災爆炸（共 1196 人死亡）的資料看來，則 $a = 1.05$，$b = +0.79$，例如 $\log 300 = (-1.05) \log 0.025 + 0.79$。

Cremer & Warner 在 Rijnmond 報告（1982）中，就荷蘭六處化工作業場所實施風險評估，運用現場調查、失誤樹分析、檢查表及基本(generic)故障率，導出一些洩放量與洩放頻率的關係式：

㈠對丙烯而言，

$$\log 1000 = a \log 0.0035 + b$$

$$\log 1 = a \log 2.1 + b$$

式中，$a = 1.08$

$b = +0.35$

㈡對氯而言，

$$\log 100 = a \log 0.002 + b$$

$$\log 2 = a \log 2.6 + b$$

式中，　$a = -0.55$

　　　　$b = +0.53$

(三)對氨而言，

$$\log 500 = a \log 0.0005 + b$$

$$\log 2 = a \log 3.9 + b$$

式中，　$a = -0.62$

　　　　$b = +0.66$

　　從以上各家的估計模式可知，a 與 b 值略有差異。若取現有估計模式的平均值，則 a 大約等於 -1.10。

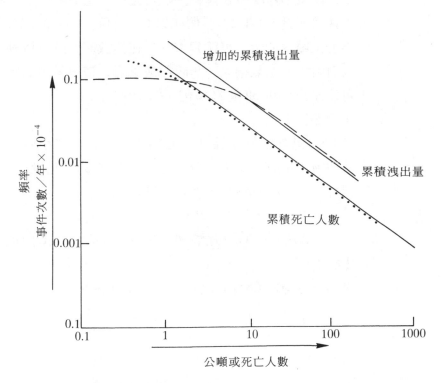

圖 5-2　危險物洩放量與洩放頻率的關係

【例題四】

計算液態丙烷自容器洩放到大氣中蒸騰（flash）的百分比。已知容器的溫度、壓力是 25℃ = 298°K， 10barg，丙烷的熱容 = 2.45kJ/kg/°K，沸點溫度 = −42℃ = 231°K，汽化潛熱 = 429kJ/kg （在 −42℃時）。

【解】

使用式 5–11，

$$F_v = C_p \frac{(T - T_b)}{h_{fg}} = 2.45 \times \frac{(298 - 231)}{429} = 0.38$$

這 38%因 flash off汽化成氣雲只是真正氣雲量的一部分而已。實際上，過熱液體因激烈沸騰，這擾動的能量，使得液體會噴射（spray）出來，以微小霧滴形式存在於氣雲之中。這噴射的部分在本公式中未予估算（見 5–1–1–2）。例如以 Cl_2 為例， flash的部分約有20%，若再加上噴射的量，可達到45%。在洩放時，亂流擾動的能量，把洩放口附近的空氣捲入，一起形成氣雲，使得氣雲的質量大大增加，可達原來 flash off量的 10 倍（約250%）。

【例題五】

設 LNG意外洩放在儲槽外面的土地上，形成小油池（pool）。其表面積達 3000m²，試求一分鐘之內， LNG的汽化量。

已知： T_ℓ =LNG*pool* 溫度= −164℃

T_s =土壤溫度 =25℃

ΔH_v =LNG汽化潛熱（在 −164℃時）= 120cal/g

【解】

求第一分鐘內 LNG的汽化率，使用式 5–14，

$$W = K_1 \frac{(T_s - T_\ell)^2}{\Delta H_v} = 7.5 \times 10^{-4} \frac{[25 - (-164)]^2}{120} = 0.22\text{g/cm}^2/\text{分}$$

3000m^2LNG的汽化量 $= 0.22\text{g/cm}^2/\text{分} \times 3000\text{m}^2$

$$= 6.6 \times 10^6 \text{g/cm}^2/\text{分}$$

正如前例所言，目前使用的估計公式，未能面面俱到，因此常

有低估氣雲質量之情形。有些影響熱轉移和質量轉移的因素並未全部納入估算公式之中，例如與液體接觸的土壤的乾溼情形，會影響熱容及熱傳導度。直到今日，無論是理論或實驗所得的模式，都無法準確計算。利用已有的公式計算所得的值，僅止於大略估計而已。

5-1-1-3 散布模式

危險物質自容器或管路洩放出去之後，其散布情形受到許多因素的影響：

壹、是在洩出口處，洩出物質的動能大小。動能大者，易與附近周圍的空氣混合，而形成質量較大的氣雲。動能小者，與空氣混合的比例較有限。

貳、需考慮洩放情況是瞬間洩出（instantaneous release）或連續洩出（continuous release）。這與洩出口及洩出後危險物質的位置有關。若洩出口是一個噴射口（jet）（圖 5-3），洩放初期，動能高，亂流強，為瞬間洩出。其噴射速度在越過一段距離之後逐漸減弱，物質的運動不再由噴射口運動量（momentum）決定，而是由大氣之亂流決定。本為動能強的噴氣（puff），最後成為隨風飄飛的煙氣（plume）。

叁、需考量洩出物質的物理化學特性。例如，它是否比空氣輕或重。比空氣輕者如丙烷將上浮；比空氣重者如氯氣、氨氣將沈降地面；或者如液化天然氣（LNG）剛洩出時甚為溼冷，其散布行為與氯氣一樣，沈降地面，飄浮一段時間之後，因受熱而逐漸上飄（LNG比重為0.55）。

肆、影響蒸氣雲散布模式的因素是氣象，包括⑴風；⑵大氣穩定度。

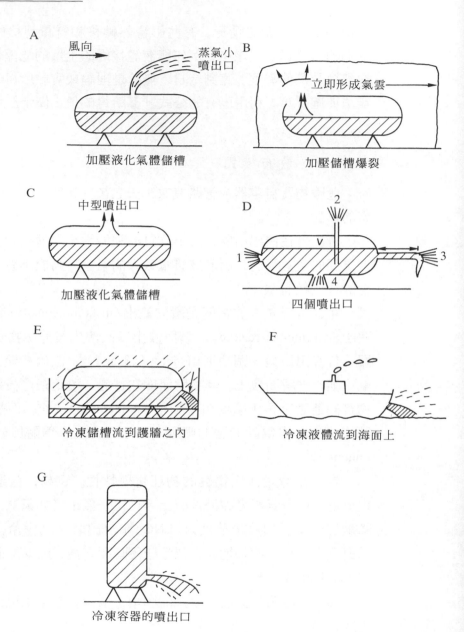

A

風向　　　　　　　　蒸氣小
　　　　　　　　　　噴出口

加壓液化氣體儲槽

B

立即形成氣雲

加壓儲槽爆裂

C

中型噴出口

加壓液化氣體儲槽

D

四個噴出口

E

冷凍儲槽流到護牆之內

F

冷凍液體流到海面上

G

冷凍容器的噴出口

圖 5-3　各種儲槽的噴出口

I. 風

與風有關而涉及散布模式者爲: (1)風向; (2)風速; (3)風的持續性; (4)擾動程度。對於某地的風向與風速,氣象人員常以年或月風玫瑰(wind rose)圖表示(圖 5-4)。其 spoke 的長度與所觀察的風速、風向成正比。風速分別考量地面上(above ground)和地表(at surface)的風速。主風向稱爲「盛行風」(prevailing wind)。

風速依離地面之高度而異。在地表上某高度,風速由壓力梯度(gradient)升降率決定,以等壓線表示,因此亦稱爲梯度風。接近地表處,風速因摩擦效應而下降。風速的垂直分布以下式表示:

$$U_z = U_r \left(\frac{Z}{Z_r} \right)^\rho, \quad Z < Z_r \qquad (5-17)$$

式中, U_z=風速(m/s)

U_r=在參考高度的風速(m/s)

Z=高度(m)

Z_r=參考高度(m)

ρ=指數(0.12～0.5)

指數 ρ 在不穩定狀況是 0.25,在穩定狀況是 0.50。就重大危害的風險評估而言,參考高度可取 10m 高。

風速與風向常受地形地勢的影響,也受到地表溫度不同而產生相當大的差異。

影響風速與風向的另一因素是亂流。亂流的頻率常在 0.01～1 週／時,有時大於 2 週／時。亂流的主要原因是梯度風速,地表的不平坦程度以及地表與空氣間的溫差。梯度風速增加,地表愈不平坦,地表與空氣之間的溫差愈大,亂流愈大。亂流是以風在一小時之變化量的標準離差量測之。此風速標準離差(σ)值與氣體散布模式之散佈 σ 值相關。

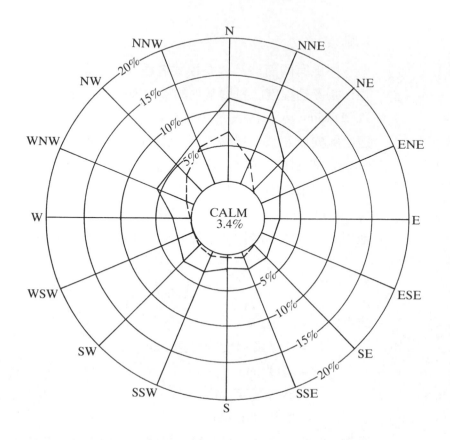

圖 5-4　風速玫瑰圖

II. 大氣穩定度及其分類

　　所謂大氣穩定度（atmospheric stability）是大氣壓制或有利於亂流之垂直運動的程度。大氣穩定度是風剪力（shear）與垂直溫度圖（profile）的函數，但常以垂直溫度圖表示。

　　大氣穩定度是影響氣體散布的主要因素。其主要性質有二：

(1)氣溫遞減率(lapse rate)：距地表愈高，氣溫愈低；(2)逆溫(inversion)現象：氣溫隨高度而增加的逆常現象。

1.氣溫遞減率：

若少量空氣在大氣中垂直上升，一旦遇到低壓，即開始擴散並冷卻。這種隨高度而降溫的比率稱爲氣溫遞減率。若空氣乾燥而且在絕熱情況，則降溫率有一特別值，稱爲乾絕熱氣溫遞減率。雖然此一情況未發生在大氣中，但乾絕熱氣溫遞減率對真正的大氣狀況提供一個比較的標準。

隨高度而變化的溫度改變率 $\frac{dT}{dZ}$（式中 Z 是高度）在絕熱或中性（neutral）狀況，約等於 $-0.01℃/m$ 或 $\frac{dT}{dZ} \simeq -1℃/100m$，以 Γ 表示，是氣象學的一個基本常數。在絕熱狀況下，$\frac{dT}{dZ} = -\Gamma$，$\frac{dT}{dZ} + \Gamma = 0$，稱爲雷查德遜數（Richardson number）。

圖5-5是實際發生的一些狀況和理論上的絕熱狀況。第一條曲

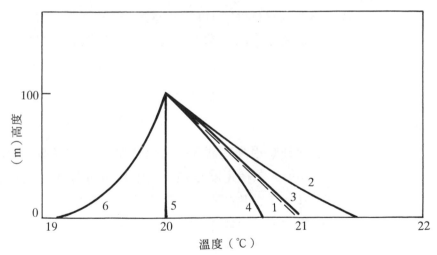

圖5-5　各種垂直溫度狀況和氣溫遞減率

線表示乾絕熱狀況。第二條曲線是超絕熱狀況，是由強烈陽光或日照或冷空氣通過溫暖地面而造成對流及不穩定性等所引起。第三條曲線是中性狀況，與陰天有關。風速由中等至強風，大氣穩定度中等。第四條曲線是次絕熱狀況，對穩定度有利。第五條直線是等溫狀況，甚有助於大氣穩定性。第六條曲線則是逆溫狀況，壓制對流，於大氣穩定度最有助益。

　　2.逆溫:

　　有數種逆溫情況。有一種是地表逆溫(surface inversion)，會在吹著微風，晴空萬里的夜晚發生。地面和接近地表的空氣因輻射而喪失熱能，因此又稱輻射逆溫。另一種逆溫是高處逆溫(elevated inversion)，發生在距地表較高的大氣中（約 600～700 公尺高），可維持數天或數週之久。地表逆溫層壓制地表的氣體洩放物向上散布，而高處逆溫層也遏止向上散布的氣雲。

　　另外，在海陸交接地區和人口稠密的市區，因海陸交互作用，以及熱島效應(heat island effect)，對大氣穩定度亦有不小影響。

　　大氣穩定度的分類有兩種: 一種是將大氣穩定度分成

　　　　　　不穩定狀況 ── 氣溫遞減狀況
　　　　　　中性狀況
　　　　　　穩定狀況 ── 包括逆溫狀況

　　這種分類用來定義 Sutton 公式中的擴散參數。（Lees, 1986）

　　另一種大氣穩定度分類，是由 Pasquill 所創（1961）。表 5–1 分 A、B、C、D、E、F 六種。A 屬極不穩定情況，B 屬不穩定情況，C 屬略不穩定情況，D 屬中性情況，E 屬略穩定情況，F 屬穩定情況。

　　伍、影響氣雲散布的因素尚有地形、地勢。例如在蒸氣雲散布途徑中有山坡或建築物，會造成氣流偏向、停滯，產生小區域風速和風向的變化。

表 5-1　Pasquill 穩定度分類

地表風速 （10m 高）	日 照 程 度			夜　　晚	
	強	中	弱	略陰或 ≥ 4/8 雲	≤ 3/8 雲
m/s					
<2	A	A–B	B	–	–
2–3	A–B	B	C	E	F
3–5	B	B–C	C	D	E
5–6	C	C–D	D	D	D
>6	C	D	D	D	D

5-1-1-3-1　煙氣（Plume）和噴氣（Puff）的散布模式

Puff 為瞬間、高運動量的洩放方式，通常是從小噴射口（jet）強力噴出。Plume 則與 Puff 恰相反，它是一種連續性、持續較久的物質散布方式，如自煙囪，或自大油池揮發液體的汽化所形成的氣雲。現今已有多種預估模式可資應用，尤以 Plume 較多，如 Roberts（1923）、Sutton（1953）、Pasquill-Gifford（1961），實驗資料亦較 Puff 多些。Puff 的預估模式具較大的不確定性。

Pasquill-Gifford 預測氣雲散布模式是以高斯散布（Ganssian dispersion）為基礎。地面瞬間點發生源的濃度 C 是

$$C(x, y, z, t) = \frac{2G}{(2\pi)^{\frac{3}{2}} \sigma_x \sigma_y \sigma_z} \times \exp\left[-\frac{1}{2}\left(\frac{x^2}{\sigma_x^2} + \frac{y^2}{\sigma_y^2} + \frac{z^2}{\sigma_z^2}\right)\right] \quad (5-18)$$

式中，C＝氣雲在位置 x, y, z 的濃度（kg/m^3）

G＝瞬間釋出質量（kg）

x, y, z＝釋出源（source）x, y, z 軸向的距離（m），（$x =$ 下風，$y =$ 逆風，$z =$ 垂直）

$\sigma_x, \sigma_y, \sigma_z$＝$x, y, z$ 軸向的散布係數（m），或 x, y, z 軸向的標準離差（m），為氣象學上的常數

在地面持續點發生源的濃度 C 是

$$C(x, y, z) = \frac{G}{\pi \sigma_y \sigma_z U} \times \exp\left[-\frac{1}{2}\left(\frac{y^2}{\sigma_y^2} + \frac{z^2}{\sigma_z^2}\right)\right] \qquad (5-19)$$

式中，C＝氣雲在位置 x, y, z 的濃度（kg/m^3）

$\qquad$ G＝持續質量洩出率（kg/s）

$\qquad$ U＝風速（m/s）

而在較高處持續點發生源的濃度 C（圖 5-6）是

$$C(x, y, z) = \frac{G}{2\pi \sigma_y \sigma_z U} \times \exp\left(\frac{-y^2}{2\sigma_y^2}\right)\left[\exp\frac{-(z-H)^2}{2\sigma_z^2} + \exp\frac{-(z+H)^2}{2\sigma_z^2}\right]$$

$$\qquad\qquad\qquad\qquad\qquad\qquad\qquad\qquad\qquad (5-20)$$

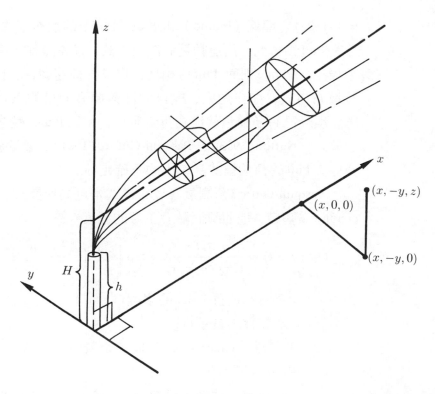

圖 5-6 較高處持續點發生源之高斯分布

式中，$C=$氣雲在位置 x, y, z 的濃度（kg/m^3）

$\quad G=$持續質量洩出率（kg/s）

$\quad H=$地面上發生源高度加上 Plume 上升距離（m）

$\sigma_y, \sigma_z = y, z$ 軸向的散布係數（m）

$\quad U=$風速（m/s）

上兩式 5–19 與 5–20 僅適用於散布時間 $\leq$ 10分的情況。若散布時間超過 10分，則點發生源下風濃度較低，因風向可能轉變之故。在 10分至 2小時散布時間，可使用下式：

$$C \propto t^{-0.17} \tag{5-21}$$

又，瞬間與連續點發生源的 $\sigma_x, \sigma_y, \sigma_z$ 各不相同。常設定瞬間點發生源的 $\sigma_x = \sigma_y$。上列各公式使用的一些氣象學參數，可參考表5-2及圖5-7與圖5-8。

表5-2　Pasquill-Gifford 公式中的氣象學參數（Turner, 1970）

1.持續釋出源的 σ_y 和 σ_z 值

Pasquill 穩定度 分 類	σ_y(m)	σ_z(m)	x(m)
A	$\sigma_y = 0.493x^{0.88}$	$\sigma_z = 0.087x^{1.10}$	$100 < x < 300$
B	$\sigma_y = 0.337x^{0.88}$	$\sigma_z = 0.135x^{0.95}$	$100 < x < 500$
C	$\sigma_y = 0.195x^{0.90}$	$\sigma_z = 0.112x^{0.91}$	$100 < x < 10^5$
D	$\sigma_y = 0.128x^{0.90}$	$\sigma_z = 0.093x^{0.85}$	$100 < x < 500$
E	$\sigma_y = 0.091x^{0.91}$	$\sigma_z = 0.082x^{0.82}$	$100 < x < 500$
F	$\sigma_y = 0.067x^{0.90}$	$\sigma_z = 0.057x^{0.80}$	$100 < x < 500$

2.瞬間釋出源的 σ_y 和 σ_z 值

	x = 100m		x = 4000m	
	σ_y(m)	σ_z(m)	σ_y(m)	σ_z(m)
不穩定	10	15	300	220
中　性	4	3.8	120	50
穩　定	1.3	0.75	35	7

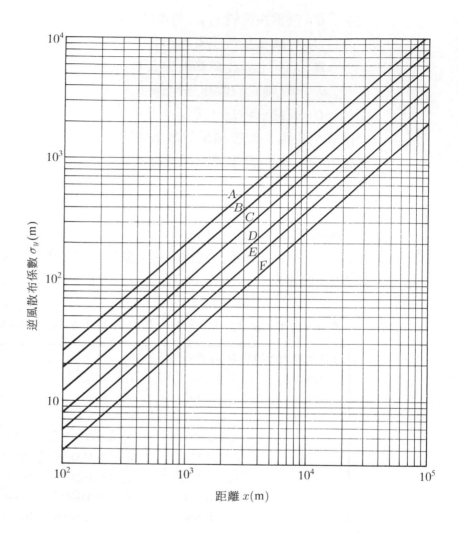

圖5-7　逆風散布係數(σ_y)與距離之關係

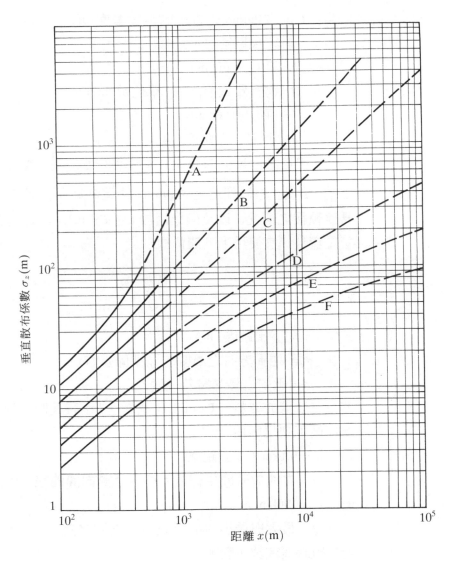

圖 5-8　垂直散布係數 (σ_z) 與距離之關係

Pasquill (1961、 1962、 1965) 獨自導出預測氣雲散布的模式稱為 Pasquill 模式。地面 (ground level) 連續點發生源的公式：

$$C_0 = \frac{2.8 \times 10^{-3}Q}{Udh\theta} \qquad (5-22)$$

式中，C_0=在 Plume 之軸上的地面濃度（單位數 /m³）

　　　d=下風距離（km）

　　　h=垂直分布（m）

　　　Q=物質質量洩出率（單位數 /min）

　　　U= 平均風速（m/s）

　　　θ= 側邊分布角度（度）

h 和 Q 表示氣雲的幅員。h 為地面值之 $\frac{1}{10}$ 濃度。Q 為軸向值之 $\frac{1}{10}$ 濃度。兩濃度值是為 plume 涵蓋的範圍。式 5–22 應用於風向轉變較緩之情況，以及僅應用於 $t \geq d \times 10^3/u$。此式之 Q，若有合適之資料，宜使用下列關係式：

$$\sigma_\theta \simeq \sigma_y / x \qquad\qquad (5-23)$$

$$Q = 4.3\sigma_\theta \qquad\qquad (5-24)$$

式中，x= 下風距離（m）

　　　σ_y= 逆風方向之濃度的標準離差（m）

　　　σ_θ=風向之標準離差（度）

若沒有合適的資料，Pasquill 建議對 $\geq$ 1 小時長時間洩放的 Q，可由風向循下列規則估計。

若　$d = 0.1$km（下風距離）

　　Q =在洩放時間中，最大與最小風向間的差（側邊分布角度）

若　$d = 100$km

　　Q =最大與最小的平均 15 分風向間之差

至於短時間洩放（歷數分之久），估計 θ 可參見表 5–3；而長時間洩放，UKAEA（1963）建議：

$$d=0.1\text{km}, \quad \theta = 30°$$

$$d=100\text{km}, \quad \theta = 15°$$

表 5-3　Pasquill 公式的氣象參數

穩定性 分　類	d = 0.1km θ （deg）	d = 100km
A	60	(20)
B	45	(20)
C	30	10
D	20	10
E	(15)	(5)
F	(10)	(5)
A	$\log_{10} h = 2.95 + 2.19 \log_{10} d + 0.723(\log_{10} d)^2$	$0.1 < d < 2$
B	$\log_{10} h = 2.36 + 1.05 \log_{10} d + 0.067(\log_{10} d)^2$	$0.1 < d < 10$
C	$\log_{10} h = 2.14 + 0.919 \log_{10} d - 0.017(\log_{10} d)^2$	$0.1 < d < 30$
D_1	$\log_{10} h = 1.85 + 0.835 \log_{10} d - 0.0097(\log_{10} d)^2$	$0.1 < d < 100$
D_2	$\log_{10} h = 1.83 + 0.754 \log_{10} d - 0.087(\log_{10} d)^2$	$0.1 < d < 100$
E	$\log_{10} h = 1.66 + 0.670 \log_{10} d - 0.100(\log_{10} d)^2$	$0.1 < d < 100$
F	$\log_{10} h = 1.48 + 0.656 \log_{10} d - 0.122(\log_{10} d)^2$	$0.1 < d < 100$

這是取中性氣候，D 穩定度，風向變化少而來。但也可適用於風向變化略大的穩定度 F。

預估較高處點發生源的公式，則將式 5-22 略予修正而成

$$C_e = \frac{2.8 \times 10^{-3} Q F_1}{U dh Q} \tag{5-25}$$

式中，$F_1 = \exp\left[-2.303\left(\frac{H}{h}\right)^2\right]$ $\qquad$ （5-26）

C_e＝較高處點發生源 Plume 軸上地面濃度（單位數 /m³）

H＝煙囪高度

若 Plume 在 Plume 軸之外，則使用修正係數 F_2

$$F_2 = \exp\left[-2.303\left(\frac{2\alpha}{Q}\right)^2\right] \tag{5-27}$$

式中，$\alpha = $ 距 Plume 軸的偏離角度（度），則式 5–25 變成

$$C = \frac{2.8 \times 10^{-3} QF_1F_2}{Udh\theta} \qquad (5-28)$$

$C = $ 地面濃度（單位數/m³）

參數 θ 和 h 是距離 d 的函數。由 $d = 0.1$、1、10 和 100km 先以圖表求 C_0 或 C_e 值，再用內插法求其他值較為方便。以 C 之濃度值，由式 5–28 求相等濃度線，再決定相對應的 d 和偏離角度 α。下例（表 5–4）為計算連續點發生源在地面及地面高處長時間洩放時，在地面的濃度（Pasquill, 1961、1962）。

【例題六】（AIChem, CPQRA, 1989）

Cl_2 自地面上高一公尺處以洩出率 0.3kg/s 洩放至下風 120 公尺，逆風 10 公尺，垂直高度 2 公尺的地方，試求 Cl_2 在該處的濃度。

已知：① 風穩定度 $= D$

② 風速（在 10 公尺高）$= 5$m/s

③ ρ（大氣係數）$= 0.25$（式 5–17 的指數）

④ 周圍溫度，$T_a = 20°C（293°K）$；壓力 $P = 1$atm, abs

⑤ 氣體常數，$R = 0.082$m³, atm/kg–mol/°K

⑥ Cl_2 分子量，$m = 71$

【解】

由式 5–17

$$U_z = U_r \left(\frac{Z}{Z_r}\right)^\rho = 5 \left(\frac{2}{10}\right)^{0.25} = 3.3\text{m/s}$$

由表 5–2

$$\sigma_y = 0.16(1 + 0.04x)^{-0.5} = 18.8\text{m}$$

$$\sigma_z = 0.14(1 + 0.003x)^{-0.5} = 16.5\text{m}$$

表5-4　以 Pasquill 公式計算連續點發生源應用例(1961)

A. 問題

　(1)高處點發生源有效高度 $H = 100\text{m}$

　(2)大氣穩定度 $= B \sim C$

　(3)地面風速 $= 4\text{m/s}$

　(4)地面風向 $= 275°$

　(5)地球自轉風速 $= 8\text{m/s}$

　(6)地球自轉風向 $= 325°$

　(7)對流垂直範圍 $= 1000\text{m}$

　(8)點發生源強度 $= 1$ 單位／分

B. 解答

　　垂直分布 h 等於對流垂直範圍 h' 之距離 $= 5.5\text{km}$

　1. 地面點發生源

(1)距離 $d =$	0.1	1	10	100	（km）
(2)有效風速 $U =$	4	4	6	6	（m/s）
(3)有效風向 $=$	275	275	290	290	（度）
(4)側邊分布 $\theta =$	120	93	67	40	（度）
(5)有效垂直分布 $h =$	20	170	2000	2000	（m）
(6)軸上的濃渡 $C_0 =$	2.9×10^{-6}	4.4×10^{-8}	3.5×10^{-10}	5.8×10^{-11}	（單位次 /m³）

　2. 高處點發生源

(1)對應值：$h/H =$	$\frac{1}{2}$	$\frac{2}{3}$	$\frac{4}{5}$	1	$1\frac{1}{2}$	2	4	
(2)有效垂直分布 $h =$	50	67	80	100	150	200	400	（m）
(3)距離 $d =$	0.28	0.37	0.46	0.59	0.86	1.15	2.20	（km）
(4)軸上的濃度 $C_0 =$	4600	2700	1800	1200	580	330	82	$\times 10^{-10}$ 單位數 /m³
(5)煙囪修正係數 $F_1 =$	10^{-4}	5.6×10^{-3}	0.027	0.10	0.36	0.56	0.87	
(6)$C_e =$	0.46	15	49	120	210	185	71	$\times 10^{-10}$ 單位數 /m³

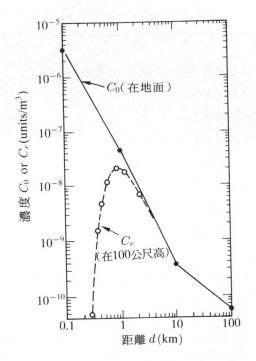

圖 5-9　地面及高處連續點發生源之地面濃度

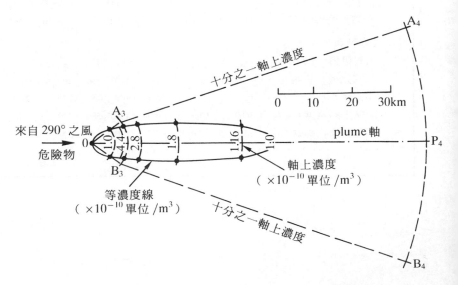

圖 5-10　地面上連續點發生源之地面濃度

由式 5-20 計算 C

$$C(x, y, z)$$

$$=\frac{G}{2\pi\sigma_y\sigma_z U}\exp\left(\frac{-y^2}{2\sigma_y^2}\right)\left[\exp\frac{-(Z-H)^2}{2\sigma_z^2} + \exp\frac{-(Z+H)^2}{2\sigma_z^2}\right]$$

$$=\frac{0.3}{2\pi(18.8)(16.5)(3.3)}\exp\left(\frac{-10^2}{2(18.8)^2}\right)\left[\exp\frac{-(2-1)^2}{2(16.5)^2} + \exp\frac{-(2+1)^2}{2(16.5)^2}\right]$$

$$=8.827\times 10^{-5}\text{kg/m}^3$$

設 Plume 的周圍溫度 $T_a = 20℃(293°\text{K})$，將上式所得濃度改成 ppm(vol)。

$$C_{\text{ppm}}=C\frac{RT_a}{PM}\times 10^6$$

$$=(8.827\times 10^{-5})\frac{(0.082)(293)}{(1)(71)}\times 10^6$$

$$=30\text{ppm}$$

實際情況發生的氣雲散布常與上述的 Puff 或 Plume 模式一樣，而傾向接近於兩者之間。對此問題解決之道，乃同時使用兩種模式分別計算，再取情況較劣者。

另一種權宜之計是依下列方法選用估計模式：

㈠當 $Ut_e < 2\sigma_x$，使用 Puff 模式 ⎫ t_e 是氣體全部汽化或洩放之時間
㈡當 $Ut_e > 5\sigma_x$，使用 Plume 模式 ⎭

㈢ $2\sigma_x < Ut_e < 5\sigma_x$，沒有一個現有模式完全適用

此外，風速低於 2m/s 時，亦不適於使用 Plume 模式。

5-1-1-3-2　沈重氣體的散布模式

1970 年代初期，對於沈重氣體（dense or heavy gas）的散布模式預估，仍然以惰性中性浮力氣雲視之。1974 年，A. P. Van Ulden（1974）實驗發現沈重氣體形成的氣雲散布行為與前述氣體形成的氣雲

大不相同，在洩出後有沈降的現象發生。這些沈重氣體又屬常見的危險氣體，如 Cl_2、NH_3、LNG 等，在風險評估中占重要地位，不可小覷。沈重氣體在剛洩出後會有沈降現象，未必只是因它比空氣重，尚有其他因素存在。有些氣體（如 NH_3）本身比空氣輕（NH_3 分子量 = 17，空氣分子量 = 28.9），但因洩出時溫度甚低，且因擾動氣流而捲入不少霧滴，使其沈降。總括沈重氣體形成的因素至少有四：(1)氣體的分子量；(2)氣體洩出時的溫度；(3)洩出口四周的溫、溼度；(4)有無噴射（spray）現象。

Cl_2（分子量 = 71）比空氣重，洩放初期，自然沈降。但 CH_4（分子量 = 16）或 LNG（分子量 > 16，常含 80～90%以上的 CH_4）比空氣輕，因洩出時汽化的溫度（CH_4 沸點 = -161.5℃，LNG 在 1atm 的沸點 = -161℃）太低，使附近的空氣冷凝而形成霧氣。Cl_2 與 NH_3 皆有此種現象（Cl_2 沸點 = -34℃，NH_3 沸點 = -33℃）。

這些經過加壓液化的氣體在噴洩出來汽化之時，常含有不少量的小液滴，加以洩出口附近被溫度甚低的氣體冷凝之潮溼空氣而生的小水珠，一起混雜在蒸氣雲之中，致使氣雲重力沈降，飄浮近於地面。

沈重氣體在洩放後的行為可分三個階段（圖 5–11 AIChem E, CPQRA, p. 81, Fig. 2–8）：(1)初期的混合：有加速度噴洩，捲入四周被冷凝的小水珠，擴散稀釋之現象；(2)重力沈降；(3)回復中性浮力氣雲情況。

沈重氣體在第一階段 — 初期的混合階段較難以預測的是：(1)噴出多少小液滴；(2)捲入或帶走多少四周的小水珠。在第三階段有關非沈重氣體的散布模式，前已述及，不再贅述。在第二階段中，氣雲本身的質量或其密度與空氣密度差決定重力沈降。應用伯努利（Bernoulli）定理，可得：

$$\frac{2R}{2K} = K \left(\frac{\Delta\rho}{\rho_a} \right)^{\frac{1}{2}} gH \qquad (5-29)$$

式中，R＝蒸氣雲半徑（m）

$\quad K=1\sim2$

$\quad \Delta\rho$＝氣雲與空氣間之密度差（kg/m³）

$\quad \rho_a$＝空氣的密度（kg/m³）

$\quad g$＝重力常數

$\quad H$＝蒸氣雲的高度（m）

　　現今已發表的沈重氣體氣雲散布模式約有45種左右，可分為三大類：⑴箱形模式（box model）或板狀模式（slab model）（亦有稱為top-hat模式者）；⑵K–理論（漩渦擴散性）模式（K–theory model）；⑶物理（physical或scale）模式。

　　物理（或scale）模式採用風洞或水槽試驗，模擬沈重氣體散布情況，特別是氣雲遇到障礙物或不規則地形地勢之情況。由於大氣穩定度和風速分布模擬不易，在製程風險評估中，甚少應用此一模式。

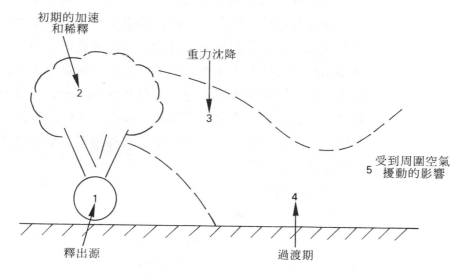

圖5–11　沈重氣雲散布後的各階段

箱形模式和 K-理論模式都是數學模式。這些模式都或多或少設定一些假設，常見的假設是：

㈠散布的氣雲在平坦的地形或水面上移動。

㈡地面或水面的起伏程度（roughness）一致不變。

㈢地面或水面的熱性質一致不變。

㈣在風或氣雲移動的途徑中沒有障礙物，如護牆、儲槽、建物等。

㈤在散布的過程中，氣雲未發生化學性或物理性變化或反應。

㈥氣雲在飄飛路線上，在各地點的濃度之差異不予預測。

此外，箱形理論中有些模式又假設：⑴氣雲的上端是平坦的；⑵氣雲的速度或濃度在假設的圓柱形或箱形模型內是一致不變的；⑶以「重力 intrusion」描述氣雲沈降速度。

箱形理論假設氣雲的上端平坦；這一假設影響不小。因爲沈重氣雲比周圍冷，會吸熱，氣雲的密度因而變稀，若其上端平坦，則周圍空氣化成小水珠之機會減低，加速其轉變成爲中浮力氣雲。

箱形模式估計氣雲半徑、平均高度、平均溫度等，其缺點是⑴未考慮建築物以及地形的效應；⑵不能估計出尖峰濃度與平均濃度間的關係；⑶未考慮洩出物質隨時間而變化的性質，而且，真正的氣雲很少是圓柱形或上端平坦的。但它考慮重力沈降、空氣被氣雲揉雜、熱力學過程等重要特性，是其優點。箱形理論對提供災變之觀察、探討，或以真實氣體實驗之規畫，或對收集來的資料作比較分析，或將小規模現場試驗所得資料外推至大型假設性洩放等，皆提供系統性的基礎，甚有助益。

與箱形模式比較起來，K-理論模式就複雜多了。K-理論模式以質量不滅定律爲基礎，以二次方或三次方的公式表示質量、動量與能量關係。常包含一些非線性偏微分公式，使用電腦解決問題，有時更使用有限元素法。其結果以三度空間的圖形顯示。此模式不需作地面平坦及無障礙物等之假設，因它能考量地形、地勢的效應，並描繪建物四周的氣流流動情況。它假設質量轉移與濃度升降

率成正比，且與漩渦擴散（eddy diffusion）成正比關係。K–理論模式因較繁瑣，現已被開發的模式在數量上比箱形模式少了許多，有效的數據（data）尚不足以證實其預估價值。特別是有一些數值上的問題〔如擬散布（pseudodispersion）和濃度不連續性方面〕尚待解決。

實施沈重氣雲模式預測，所需的基本資料和輸入參數包括：

㈠敘述釋出率、油池分布（spread）和汽化所需的資料

(1)外洩危險物質的物理性質：如分子量、密度、溫度、沸點、汽化潛熱等。

(2)與危險物質接觸的地面之物理性質：如熱容、熱傳導度等。

(3)洩放之性質：如型式（瞬間、連續性或隨時間而變化）、大小（體積或體積率）、發生源（點、線、油池、較高處）、釋出種類〔動量噴口（jet）、浮力 plume、flash 汽化等〕、洩出時之初態（與空氣稀釋、小液滴）。

㈡氣雲散布模式所需的資料

(1)地形、地勢、地面溫度、水珠進入氣雲之情況。

(2)氣象資料：如風速、風向、大氣穩定度、空氣溫度、溼度、氣壓等。

㈢模式的參數

(1)在 y 和 z 方向的擴散係數（K–理論模式用之）。若是瞬間洩放則需 x 方向擴散係數。

(2)蒸氣發生率和發生源（source）半徑。

(3)重力分布常數。

(4)空氣被帶走的（entrainment）係數（板狀模式用之）。

(5)氣雲邊緣和上端表面的形狀和大小範圍。

(6)強力（forced）和自由（free）對流熱轉移係數。

使用沈重氣雲模式主要預估氣雲的半徑、濃度、飄飛到某一地點的時間以及氣雲的危害範圍（hazard range）。氣雲的危害範圍是危險的外洩物質在達到其燃燒（或爆炸）下限（LFL or LEL）以上

的下風範圍。但有些模式在估計氣雲自點發生源至易燃易爆濃度距離之時，卻採取至 $\frac{1}{2}$LFL 濃度距離，而不採取至 LFL 距離。若使用 $\frac{1}{2}$LFL 作為預估基礎，則氣雲的危害範圍有高估約 15～20% 的距離（HSE, 1981）。也許個別的易燃物會在 $\frac{1}{2}$LFL 距離被引燃（例如氣雲某部分濃度特別高，高於時間平均濃度或發火源強烈之時），但整個氣雲未必會在此濃度引燃或爆炸，這對曠野中未密閉氣雲爆炸（unconfined vapor cloud explosion, UVCE）的評估有相當的影響。

除涉及等濃度距離的預估造成偏頗之外，對於氣雲中易燃物的質量（亦即在 LFL 濃度以上者），若以 $\frac{1}{2}$LFL 等濃度為估計基準，亦發生高估現象。以箱形散布模式的 puff 外洩為例，氣雲中易燃物質的質量維持不變（基於前述箱形模式的假設，氣雲內之物質不流洩出去，雖然氣雲的體積及質量會因稀釋過程而增加）。在 $\frac{1}{2}$LFL 濃度時，並非所有的氣雲質量都能被引燃，若此以 $\frac{1}{2}$LFL 濃度為估算氣雲易燃質量，則顯然被高估。對於 UVCE 的危害範圍亦因此而高估。UVCE 的危害範圍，通常以時間平均濃度在 LFL 時作為評估的基準。

以上討論箱形模式和 K-理論模式，其考慮的因素甚多，不易計算。尤其是 K-理論模式在操作電腦所費的人力、時間甚鉅。這些模式預測的結果彼此不同，有時甚至相反，差異頗大。大規模現場試驗相當缺乏，不足以獲得可靠的數據。這仍將是一個有待研究的課題。有一個比較簡便的預估方法稱為比例定律（scaling law）：

$$氣雲的半徑 = 常數 \times (氣雲的質量)^{\frac{1}{3}} \qquad (5\text{--}30)$$

式中常數是依氣體的物理性質及氣候狀況而定。式（5-30）未考量風及其他效應。這是氣雲質量和自氣雲中心至某一濃度距離之最簡單的關係式。英國 Canvey Island 報告書（HSE, 1981）使用下式計算蒸氣

雲的半徑:

$$r = 30 \times M^{\frac{1}{3}}$$　　　　　　（5−31）

式中,　r＝氣雲的半徑

　　　M＝氣雲的質量

此式是假設氣雲的半徑與其高度之比爲5:1。這一比例與1974年英國環己烷大爆炸案的氣雲相吻合（Lees, 1980）。英國政府衛生安全署（HSE）使用電腦程式DENZ,　利用下式取得10～1000公噸物質外洩的下風距離:

$$R = K \times (質量)^{0.4}$$　　　　　　（5−32）

而經過多種現場試驗與一些預估模式迴歸分析之後,　下式的可靠度更高,　尤其外洩量在50公噸之內者更爲適用。事實上,　一般氣雲的質量少有超過50公噸者。

$$R = a \times M^{0.42}$$　　　　　　（5−33）

式中,　R＝氣雲的危害範圍（＝氣雲的直徑）（km）

　　　a＝常數,　依氣體的物理性質及氣候狀況而定

　　　M＝外洩量（公噸）

a值是以LNG在D_5大氣穩定度與風向（5m/sec）爲基準導出來的。在D_5狀況時,　LNG的$a = 0.095$。丙烷的$a = 0.15$,　氯的$a = 0.28$,　氨的$a = 0.14$（表5-5）。

表 5-5 以比例定律估計氣體散布危害範圍

性質	氨	氯	丙烷	LNG	丁烷
氣體密度	0.68	2.49	1.5	0.55	2.0
沸點（℃）	−33	−35	−45	−161	−2.0
flash 百分比	15	18	28	58	10
蒸氣重（kg）	m	m	m	m	0.8m
加入的空氣	9.6m	4m	11.2m	13.0m	2.8m
氣雲重量	10.6m	5m	12.2m	14.0m	3.6m
氣雲（kg/m^3）	1.68	1.71	1.41	1.52	1.64
氣雲（m^3）	6.63	2.92	8.65	9.21	2.19
LFL/LC$_{50}$	1.0%	0.05%	2.1%	5.8%	1.8%
（30公尺高）					
最大 R 之風速	2.3m/s	2.5m/s	1.9m/s	2.3m/s	2.4m/s
C_5 之 a	0.1	0.2	0.1	0.07	0.09
D_5 之 a	0.14	0.28	0.15	0.09	0.12
D_2 之 a	0.17	0.26	0.2	0.11	0.11
E_2 之 a	0.2	0.31	0.24	0.13	0.13
F_2 之 a	0.23	0.36	0.29	0.15	0.15

圖 5-12 氣雲散布試驗

5-1-2 損傷模式

效應模式未考慮到事故發生後所造成的傷害或損毀。損傷模式則評估危險物質外洩後，發生火災、爆炸、對人的傷害，或對建築

物、設備的損毀，以及人的中毒傷害。

5-1-2-1　火災、爆炸的種類

易燃易爆物質自容器或管路等設備洩出後，所形成的火災或爆炸有下列數種：

㈠油池(或池潭)火災(pool fire)

㈡噴出口火災(jet fire)

㈢BLEVE(即滾沸液體膨脹蒸氣爆炸)和火球(fire ball)

㈣UVCE(即未密閉蒸氣雲爆炸)和閃火(flash fire)

以上四種皆屬化學性火災或爆炸。所謂化學性火災或爆炸，是可燃性或易燃性物質與空氣的混合氣體或蒸氣遇發火源(如電氣火花、爐火、靜電火花)，混合氣體達到自燃溫度以上或其濃度在燃燒下限(LFL or LEL)以上而發生的燃燒爆炸。粉塵爆炸亦屬化學性爆炸的一種，常發生於密閉或半密閉空間之內。另有一種不涉及易燃易爆危險化學品或粉塵的爆炸，是為物理性爆炸。如高溫(通常在1000℃以上)的金屬接觸水而生蒸氣爆炸，或極低溫的物質(如LNG)流落在海面上而生蒸氣爆炸，或鍋爐爐胴內壓力過大，衝破爐體而爆炸皆屬物理性爆炸，或稱為無焰爆炸(flameless explosion)。

5-1-2-1-1　油池火災

油池火災是一種由容器或其他設備流洩出去的易(可)燃物，在地面上或水面上形成油池而被引燃的火災。當然這種火災也可能在容器之內發生(如儲槽火災)，但這是廠內的風險，在風險評估中常不予預估。油池火災屬於一種擴散火災(diffusion fire)，燃燒速度不高，其主要危害來自輻射熱。我們常以下列變數考量油池火災的熱危害。

㈠燃燒率

易燃物質油池的燃燒率(burning rate)可由燃燒熱與汽化潛熱求

出（Lees, 1980）：

$$V = V_\infty [1 - \exp(-K_1 d)] \qquad (5-34)$$

$$V_\infty = K_2 \frac{(-\Delta H_c)}{\Delta H_v} \qquad (5-35)$$

式中，$V=$ 液體燃燒率（cm/min）

$V_\infty=$ 無限直徑油池的液體燃燒率（cm/min）

$K_1=$ 常數（如 LNG$= 0.03$，丁烷 $= 0.027$），$K_2 = 0.0076$

$d=$ 油池直徑（cm）

$\Delta H_c=$ 燃燒熱（kJ/mol）

$\Delta H_v=$ 汽化熱（kJ/mol）

藉由燃燒率，可求出每單位面積放出的熱通量和燃燒時間。

㈁油池大小與火焰高度

油池的大小可由其直徑估計。但油池未必是圓形，有時是不規則形。爲計算方便，常假設其爲圓形。因此油池若是其他形狀，需轉化成圓形。

爲估計油池火災產生的輻射熱強度，有必要知道火焰的幾何形狀。一般皆假設火焰是向上的圓筒形，其高度是直徑的 2 倍或3倍。式 5–36是應用最廣的關係式（Thomas, 1963）：

$$\frac{H}{D} = 42 \left(\frac{M_b}{\rho_a \sqrt{gD}} \right)^{0.6} \qquad (5-36)$$

式中，$H=$ 火焰在油池上的高度（m）

$D=$ 油池直徑（m）

$M_b=$ 燃料質量燃燒率（kg/m²s）

$\rho_a=$ 周圍空氣密度（$=1.2$kg/m³）

$g=$ 重力加速度（$=9.81$m/s²）

㈢火焰的傾斜或吹曳關係式

火焰常受到風的強度和方向而影響其對某受熱面的輻射熱。

量化風險分析時依實際情況，考量是否需評估火焰的傾斜（flame tilt）或吹曳（drag or trailing）。若是人或物恰在火焰旁邊，則火焰傾斜或下斜皆可能造成不良熱效應。火焰傾斜角度依風的強度和火的大小而定。Welker 和 Sliepcevich（1966）發展的關係式如下：

$$\frac{\tan\theta}{\cos\theta} = 3.2 \left(\frac{DU\rho_a}{\mu_a}\right)^{0.07} \left(\frac{U^2}{Dg}\right)^{0.7} \left(\frac{\rho_g}{\rho_a}\right)^{-0.6} \tag{5-37}$$

式中， $D=$ 油池的直徑（m）

$\quad\quad U=$ 風速（m/s）

$\quad\quad \theta=$ 火焰傾斜角（度）

$\quad\quad \rho_a=$ 空氣密度（kg/m³）

$\quad\quad \rho_g=$ 沸點時燃料蒸氣密度（kg/m³）

$\quad\quad \mu_a=$ 空氣黏度（kg/m·s）

$\quad\quad g=$ 重力加速度（$=9.81$ m/s²）

㈣表面輻射熱

計算由油池表面輻射出去的熱通量有多種方法。若計算大型火災（如50公噸 LPG fire），可使用下式（Wesson and Welker, 1975）：

$$Q = Q_\infty [1 - \exp(-K_5 d)] \tag{5-38}$$

式中， $Q=$ 來自表面的熱通量（Btu/h ft²）

$\quad\quad Q_\infty=$ 大型火災表面的熱通量（Btu/h ft²）（參考表 5-6）

$\quad\quad K_5=$ 常數（ft⁻¹）（若 $Q_\infty = 45000, K_5 = 0.055$）

$\quad\quad d=$ 油池直徑（ft）

表5-6是大型 LNG 火災輻射出來的熱通量。其值有高達 200kw/m² 以上者，比其他易燃性碳氫化合物（如 LPG、煤油）產生的熱通量高些。這是因為 LNG 燃燒時，不會產生濃煙遮蔽其火焰，而 LPG 或煤油等碳氫化合物則不然，彼等產生大量黑煙。直徑越大的火，煙越多。故其熱通量常低於 170kw/m² 以下。

表 5-6　LNG 大火表面輻射熱

油池直徑（m）	表面輻射熱（kw/m²）	
	寬　角	狹　角
6.1	143	69～150
9–15	210	185～224
20	153	219
30	203	（未測知）

（取自 P. P. K. Raj 等人，1974、1979）

　　油池火災燃燒的熱能只有一部分以輻射的方式出來，通常不超過 50％，例如 $H_2 = 0.25$，丁烷＝0.27，苯＝0.36，LNG＝0.23。

㈤幾何視係數

　　兩平面之間的幾何視係數（geometrical view factor）有時稱爲幾何結構（configuration）係數、形狀（shape）係數或角度（angle）係數，爲輻射面投射到受熱面的角度。視係數的大小取決於火焰投射面與受熱面之間的大小、形狀、方向和距離。各種火災的視係數皆各不相同，選擇時宜謹愼。

　　最簡單的視係數是使用點源模式（point source model）。這是假設輻射源爲一點，向四面八方輻射出去，而受熱面則垂直於火焰輻射線。則點源視係數爲

$$F_p = \frac{1}{4\pi x^2} \qquad (5-39)$$

式中，F_p＝點源視係數（m^{-2}）

　　　　x＝點源至受熱物體的距離（m）

　　式 5-39 用於計算全部熱通量，而非僅用於單位面積的熱通量。此外，對距火源太近時，將低估熱通量。

㈥大氣傳輸係數（atmospheric transmission coefficient）

　　大氣吸收的熱輻射量是依火焰性質、大氣狀況，及傳輸路徑的長度而定。空氣中的粉塵或水分子亦分散輻射熱，但此情況若屬

小區域的火災危害，則可以忽略，因傳輸路徑太短。大氣吸收熱輻射，主要是由水蒸氣吸收，CO_2次之。在100公尺內大氣吸收或分散輻射熱的20%～40%。下列關係式可用以估計大氣傳輸程度。

$$\tau = 2.02(P_w X)^{-0.09} \qquad (5-40)$$

式中，τ＝大氣傳輸係數（0～1）

$\quad$ P_w＝水分壓（N/m^2）

$\quad$ X＝大氣傳輸路徑長度，從火源表面至受熱面的距離（m）

㈦受熱物體接收的熱通量

油池火災的火焰輻射出去，到達受熱物體（人或物），此物體接收的熱通量，可假設是來自於一個圓柱體、球體或圓錐體的表面放射出去的（圖5-13）。

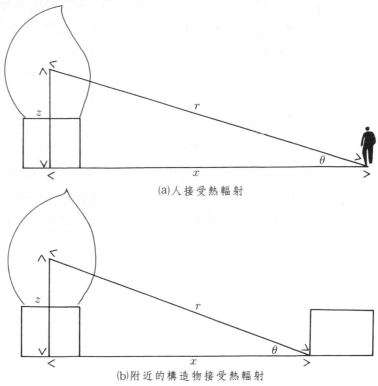

(a)人接受熱輻射

(b)附近的構造物接受熱輻射

圖 5-13　儲槽火災產生的熱輻射

$$Q_x = \tau E F_a \qquad\qquad (5-41)$$

或

$$Q_x = \frac{Q_R \cos\theta}{4\pi r^2} \qquad\qquad (5-42)$$

式中，Q_x＝距離 x 接收的熱通量（kW/m^2）

τ＝大氣傳輸係數

E＝每單位面積放射出去的輻射熱（kW/m^2）

Q_R＝輻射出去全部的熱（kW）

θ＝輻射線與水平線間的角度（度）

$\dfrac{1}{4\pi r^2}$＝點源視係數（m^{-2}）

5-1-2-1-2　Jet火災

從破裂的開口（如法蘭）或管路噴射出易燃性液體或氣體而被引燃的火災，即是 Jet fire。由於上下游壓力差不小，故噴出的火焰長度較長。與油池火災不同者，此類火焰較不受風的影響。其燃燒時間取決於燃料的多少及燃料的釋出率。燃料若是液體或是氣-液兩相，則部分液體會流洩為油池火災。

㈠火焰的大小和形狀

jet 火焰的長度與開口（orifice）直徑的比取決於幾個因素，包括流體的物理狀態。其比例可能超過 300/1，若驅動壓力增加，此比例也增加。低速火焰會受風些微影響而有偏斜壓短現象，但高壓下的火焰在音速情況則不受風影響。jet 火焰可以圓柱形表示之。

㈡點源模式

預估熱輻射通量的方法不少，較廣為應用的方法可見於美國石油協會（API 521, 1982）文獻。最簡單的關係式起於廢棄燃燒塔的研究，得到火焰長度與燃燒塔全部釋熱率的關係式。

5-1-2-1-3　BLEVE和火球

BLEVE 為滾沸液體膨脹蒸氣爆炸（boiling liquid expanding vapor

explosion）的縮寫。 BLEVE 發生在裝液化氣體，加壓容器之內。容器外若有火焰加諸於液面之上，立即使液體汽化，容器內壓力隨之升高而啓開釋壓閥。但若外面的火焰仍不停地燃燒，此時液面逐漸下降，容器的金屬外殼因不再有液體來移除熱，將承受不了而變脆弱。最後金屬疲勞使得內部壓力超過金屬破壞強度，容器因而爆炸，殘留的液體及氣體強力釋出，金屬外殼碎片能飛到數百公尺甚至 1000 公尺遠的地方。容器內的加壓液化氣體若是易燃性物質，則上飄成火球。這類的事故最有名的當屬 1984 年發生於墨西哥市的 LPG 儲存區大爆炸案（詳見附錄五）。

火球中的易燃性物質在引燃之前，尙未與空氣充分混合，屬於擴散性的燃燒。其燃燒行爲首先是外洩後迅速膨脹，產生動能，接著藉由浮力引起亂流而與空氣混合。混合氣體若被引燃（常立即被引燃），由於熱膨脹而增加其浮力，略成球形的火體乃猛然垂直上衝，被捲入的空氣加劇，火球更形膨脹擴大，直到燃料燒盡爲止。

當然火球未必全都是球形，有時是半球體，常在地面形成，這不是 BLEVE 造成的，而是較接近地面的大量易燃物洩漏的結果。也有成圓柱形，此與外洩時之壓力與方式有關，例如大型容器破裂洩出有此可能。這些火焰形體較爲少見，但也見於墨西哥市 LPG 人爆炸現場。

比之於油池火災，至今對火球的研究仍然有限。較理想的火球燃燒模式應能預測受熱物體的熱輻射強度，並考慮：(1)易燃物的性質及其種類；(2)依時間而變化的火球形狀；(3)受熱面的方向（角度）、位置。現今並沒有如此完整的預估模式，僅能以較簡略方式說明之。

用於 BLEVE 火球的危害評估公式似乎不少。下列關係式可供參考：

火球的最大直徑 $D_{max}(\text{m}) = 3.86M^{0.32}$ (5–43)

或

　　火球的最大直徑 D_{max}（m）$= 6.48M^{0.325}$ $\qquad$（5-44）

或

　　火球的最大直徑 D_{max}（m）$= 5.8M^{1/3}$ $\qquad$（5-45）

　　火球維持的時間 t（s）$= 0.825M^{0.26}$ $\qquad$（5-46）

或

　　火球維持的時間 t（s）$= 0.45M^{1/3}$（用於燃料超過 30 噸）（5-47）

　　火球維持的時間 t（s）$= 2.6M^{1/6}$（用於燃料少於 30 噸）（5-48）

　　火球維持的時間 t（s）$= 0.299M^{0.32}$（用於燃料大於 10 公斤者）

$\qquad$（5-49）

　　火球中心高度 H（m）$= 0.75D_{max}$ $\qquad$（5-50）

或

　　火球中心高度 H（m）$= 0.5D_{max}$ $\qquad$（5-51）

　　上列關係式中 $M =$ 燃燒反應物的質量（公斤）。一般而言，若是氣態外洩物，常使用外洩質量的全部；若是液態外洩物，則使用液態物質量的兩倍計之。

　　BLEVE 產生輻射熱在受熱面的熱通量是

$$Q_R = \tau E F_{21} \qquad （5-52）$$

式中，$Q_R =$ 黑體受熱物接收的熱通量（kW/m²）

　　　　$\tau =$ 大氣傳輸係數（無單位）

　　　　$E =$ 火球射出的熱通量（kW/m²）

　　　　$F_{21} =$ 幾何視係數（無單位）

大氣傳輸係數可以下式（即式 5-40）計算，

$$\tau = 2.02(P_w X)^{-0.09} \qquad （5-53）$$

式中，$\tau =$ 大氣傳輸係數（能量傳輸部分：0～1）

　　　　$P_w =$ 水的分壓（N/m²）

　　　　$X =$ 傳輸路徑長度，從火焰表面到受熱物的距離（m）

BLEVE火球射出的熱通量常在200～350kW/m² 之間，比油池火災產生的熱通量(185～224kW/m²)大得多。式 5–52 的 E 以下式計算，但需注意由此式求出的 E 值，其不確定性相當大。

$$E = \frac{F_{rad}MH_c}{\pi(D_{max})^2 t} \qquad (5-54)$$

式中，E=火球射出的熱通量(kW/m²)

$\quad\quad M$=LPG在BLEVE的質量(kg)

$\quad\quad H_c$=燃燒熱(kJ/kg)

$\quad\quad D_{max}$=火球的最大直徑(m)

$\quad\quad F_{rad}$=輻射百分比(0.25～0.4)

$\quad\quad t$=火球維持的時間(s)

又式 5–52 的幾何視係數

$$F_{21} = \frac{D^2}{4x^2} \qquad (5-55)$$

式中，F_{21}=火球與受熱物體表面之間的幾何視係數

$\quad\quad D$=火球的最大直徑(m)

$\quad\quad x$=火球中心至受熱物體間的距離(m)

BLEVE的危害除火球的熱危害之外，尚有壓力波及碎片的損毀。壓力容器破裂釋出的壓力為

$$E = 1.43 \times 10^{-6} \frac{(P_2 - P_1)V}{r - 1} \qquad (5-56)$$

式中，E=TNT等量(噸)

$\quad\quad P_2$=壓力容器尚未破裂前的壓力(kPa)

$\quad\quad P_1$=外在壓力(大氣壓力)(kPa)

$\quad\quad r$=比熱率

$\quad\quad V$=壓力容器體積(m³)

BLEVE火球邊緣的壓力大約有 14～21kPa(2～3psi)。這種壓力產生的壓力波實在不大。因為液體汽化的過程不很激烈，壓力上升

有限。如果在容器爆開之瞬間能知道液面上蒸氣的空間的體積，則可估計出最大壓力波強度。BLEVE的壓力波對鄰近的危險物品儲存容器有連鎖效應，對廠外社區的傷害較微。

BLEVE後容器的碎片對其他附近的人或設備所造成的傷害不小。碎片未必四面八方平均飛散，在容器兩端的軸向，碎片較多，80%碎片落在距容器300公尺範圍內。碎片的總數大約是容器大小的函數：

$$碎片總數 = -3.77 + 0.0096 \times （容器容量在 700{\sim}2500m^3）\quad (5-57)$$

碎片在容器爆炸後獲得初速之後，其飛行受到地心引力和流體動力的影響。流體動力則與碎片的形狀及移動方向有關。碎片飛行速度約為340m/s。

5-1-2-1-4　未密閉蒸氣雲爆炸與閃火

大量且易揮發的易燃性物質迅速洩漏到大氣之中，此時會形成蒸氣雲。若此蒸氣雲的質量不足，或發火源的能量不高，則會產生閃火（flash fire）。閃火是蒸氣雲的低速燃燒，在其焰鋒前後沒有顯著超壓存在。其危害僅限於熱效應而已。如果在空曠地區（即未密閉空間），蒸氣雲的質量夠多，發火源的引燃能量夠強，則可能發生爆炸現象，稱為未密閉蒸氣雲爆炸（unconfined vapor cloud explosion, 簡稱 UVCE），有超壓（或壓力波）產生。至於由閃火進而發展至UVCE的最小蒸氣雲爆炸質量，仍未可知。有數十或數百公斤重量即爆炸者，有需數千公斤以上才能爆炸者，此與物質的爆炸敏感度有關，各物質皆不相同。

英國HSE（1981）以蒸氣雲的質量估計其爆炸機率為

蒸氣雲 <10公噸 ⋯⋯⋯⋯⋯⋯⋯⋯⋯ 0

蒸氣雲 10~100公噸 ⋯⋯⋯⋯⋯⋯⋯⋯0.01~0.1（LNG 0.01）

蒸氣雲 100~1000公噸 ⋯⋯⋯⋯⋯⋯0.1~0.9

蒸氣雲 >1000公噸 ⋯⋯⋯⋯⋯⋯⋯⋯1

　　然而，這只是專家的判斷值，缺乏客觀的實證性。較客觀的機率，可能需更多實際發生的事故資料所推論的統計值。事實上，曾有30kg的氫氣發生爆炸現象者。乙炔也有氫氣的易爆性質。

　　一般而言，爆炸在密閉的空間較易遂行，在空曠平坦的地面不易發生。但地面上若有障礙物，如施工架、間距小的廠房、管線、棧橋、矮樹叢，或其他建築物，則一般只有10或 20m/s的火焰速度〔爆燃(deflagrations)的最高速度〕會有顯著加速現象。這好像是半密閉的空間，有可能使引燃的蒸氣雲爆炸。

　　爆燃與爆轟(detonation)發生於化學性的爆炸之中，不會發生於物理性爆炸環境，但兩者顯然有別。爆燃是一種迅速燃燒，其焰鋒由一弱小的震波前導，從燃燒中的氣體傳播到未反應的(unreacted)物料。其火焰速度不高，約在1～20m/s之間。這種燃燒產生的大火所具有的輻射熱危害以及由壓力波造成的損毀，僅限於蒸氣雲涵蓋的範圍之內。爆轟是極高速度 (2000～3000m/s)的燃燒爆炸，其焰鋒與震波並行，以高速通過蒸氣雲。其火焰速度大大超過未反應物釋出時的音速(330m/s)。氣體爆轟產生的側邊壓力(side-on pressure)約為爆燃的2倍，且反射(reflected)壓力又是2倍於側邊壓力，故爆轟對構造物的總合壓力是爆燃的4倍以上。由爆燃轉移到爆轟，需要提高焰鋒加速度，在易燃物質的管路中較易發生，而於容器內則是不可能之事。在此管路中若被引燃，管路的一端釋出能量，被燃燒的氣體熱膨脹，此時爆燃焰鋒移動速度是燃燒速度與被燃燒氣體熱膨脹之和。若焰鋒移動速度未減弱，則會產生壓力擾動(disturbance)，震波於是形成，若此震波壓縮與溫度持續增強，則爆燃變成爆轟，以超音速通過未燃燒的氣體，擴大其威力。

　　根據統計(Davenport, 1977)，43次發生超壓的UVCE之中，32次在工廠，8次在危險物品運輸途中，3次在其他地方發生。工廠發生的32次事故中，8次發生在煉油廠，24次在石油化學工廠。危險物質外洩主要來自製程單元，而外洩的原因，40%來自設備故

障，60%來自人爲失誤。

蒸氣雲自外洩成雲之後多久才被引燃? 自是依當時周圍環境是否有發火源而定。有時是數秒鐘之內即行發生的早期引燃，有時長達15分鐘之後才發生的晚期引燃。早期引燃時，因蒸氣雲尙未完全成型，可能僅有閃火或小型UVCE。晚期引燃，則蒸氣雲洩漏量較大，較易引發後果嚴重的 UVCE，如英國在 1974 年的環己烷（30噸）大爆炸案，其爆炸威力約等於16噸TNT。

蒸氣雲的引燃，較常發生在氣雲的邊緣。若就風險評估言之，可以表5–7（HSE, 1981）說明氣雲的位置及其引燃機率。

表5-7 引燃的情況與引燃的機率（HSE, 1981）

引　　燃　　的　　情　　況	引燃機率
氣雲邊緣接近人口區的邊緣	0.7
氣　雲　在　人　口　區　的　上　空	0.2
不　　　　引　　　　燃	0.1

考量 UVCE爆炸威力之時，需考量爆炸效率（explosion efficiency），以 η 表示。UVCE爆風波（blast wave）只有全部燃料燃燒能量的一小部分而已。UVCE真正釋出的能量與理論上有的能量（此能量來自燃料全部燃燒的能量）之比，稱爲爆炸效率，不少人認爲其值在0.01～0.1 之間。美國礦物局認爲爆炸效率等於 0.1，也有人認爲可達 0.2，甚至是 0.4，真正的值仍不確知。

UVCE在風險評估的估計模式不少，主要有三大類:
㈠高度爆炸性物質等量模式（如 TNT等量模式）。
㈡與觀察 UVCE有關的模式（如 TNO模式）。
㈢理想化氣體動力模式（如聲音學模式）。
其中TNT等量模式最爲簡便。計算式如下:

$$W = \frac{\eta M E_c}{E_{cTNT}} \tag{5–58}$$

式中， W=TNT等量（kg）

M= 易燃性物質外洩量（kg）

η= 爆炸效率（=爆風波的能量／燃燒熱的能量 =0.01〜0.1）

E_c= 氣雲燃燒熱（kJ/kg）

E_{cTNT}=TNT（$C_7H_5O_6N_3$）燃燒熱（TNT在沒有空氣時之爆炸能量
    實驗值是 4437〜4765kJ/kg）

另有一種簡單的方法可估計蒸氣雲之TNT等量。其方法是將下列
三個值相乘即得

㈠估計外洩物質的重量。

㈡能量比=每單位外洩物質重量的能量／每單位TNT重量的能量
    （表5-8）。

㈢爆炸效率（係數），表5-8。

表5-8 TNT等量建議值（IChem E, 1989）

物 質	TNT等量係數	爆炸效率係數	能量比
乙 烯	0.6	0.06	−
其他碳氫化合物	0.4	0.04	10
環 氧 乙 烷	0.6	0.1	6
環 氧 丙 烷	0.4	0.06	−
氯 乙 烯	0.2	0.04	4.2
methyl chloride	0.1	0.04	−
acetylene oxide	0.4	0.06	6.9

例如100公噸的液態丙烷自失效的儲槽外洩而出，其中因噴
射而只有64公噸的丙烷形成蒸氣雲。則64公噸 ×10×0.042〜27公噸
TNT等量。可以看出TNT等量約等於蒸氣雲的一半。這種方法對廠
內爆炸後果而言，是一保守的估計，而在室外未密閉蒸氣雲飄到廠
外時才爆炸之情況， TNT等量應較低，可能在1〜50%之間。

據估計，氣雲體積只有15%會落在爆炸範圍之內，且只有此

15%會形成超壓和造成壓力波之損毀。從現場實驗以及已發生的事故中，氣雲所產生的超壓很少超過 1.5bar（15psig）（HSE, 1979）。

閃火有兩種：一種是擴散閃火（diffusion flash fire），另一種是預混合閃火（premixed flash fire）。擴散閃火是氣雲在尚未與空氣充分混合之前，即被引燃，其危害範圍先估計受熱物體的熱通量（Q_T）

$$Q_T = FQ_s \tag{5-59}$$

式中，　Q_T＝受熱物體（人或物）接收的熱通量（kW/m^2）

　　　　　F＝幾何視係數（若 $Q_T = 8.5kW/m^2$，則 $F = 0.05$）

　　　　　Q_s＝氣雲的熱通量（kW/m^2）（$= 170kW/m^2$）

$Q_T = 8.5kW/m^2$，可使人在暴露此熱通量 15 秒之後，皮膚起泡。

若半徑 r（設氣雲的高度與直徑之比為 1 比 5）的氣雲發生擴散閃火，其危害範圍可達 $3r$。

預混合閃火是氣雲已與空氣充分混合之後才被引燃，其勢甚猛，火焰速度可達每秒數十公尺（即爆燃），比擴散閃火既快且烈。

因其火焰迅速通過氣雲，故為期甚短。蒸氣雲的危害範圍可達 $2r$。

閃火的預估模式至今尚未充分發展，Eisenberg 等人（1975）曾嘗試之。閃火之有效熱輻射可以下式計算：

$$Q = \sigma(T_g^4 - T_a^4) \tag{5-60}$$

式中，　Q＝閃火熱輻射強度（w/m^2）

　　　　　σ＝Stefan-Boltzmann 常數（$= 5.67 \times 10^{-8}$）（w/m^2K^4）

　　　　　T_g＝熱氣絕對溫度（K）

　　　　　T_a＝環境絕對溫度（K）

5-1-2-1-5　粉塵爆炸與密閉容器內的爆炸

世上會爆炸的粉塵達三、四百種。較常見的爆炸性粉塵是煤粉、無機粉塵（如硫磺、碳、矽化鈣等）、金屬粉塵（如鋁、鎂、鈣

等）、合成物品的粉塵（如染料中間物粉末、塑膠粉、合成洗滌劑粉末等）、纖維粉塵（如木粉、紙粉等）……等。粉塵的粒子，其較小者浮游在空氣中；其較大者沈積在附近結構體的表面。浮游在空中者，與周圍的空氣接觸而生熱分解，產生極細小的粒子，散發於粒子的四周。這些細微粒子與空氣混合而成爆炸性的混合氣體。因此在本質上，粉塵爆炸與易燃性物質（如甲烷）的化學性爆炸無異。

然而要使粉塵爆炸的最小著火能（MIE）較易燃性物質爲高。粉塵的燃燒速度亦不及易燃性物質。但粉塵爆炸產生的能量較大，爲易燃性物質的數倍，破壞力較強，溫度可上升至 $2000 \sim 3000°C$。

粉塵爆炸時，先產生壓力波向外擴散前導，0.1 或 0.2 秒之後，火焰隨之而至。火焰的初期速度爲 $2 \sim 3m/s$。

粉塵燃燒起來的火焰隨處飛散，可能對人或機器造成危害。初爆產生的壓力波（即爆轟波，其壓力可達大氣壓力的 4 倍）將使附近更多的粉塵揚起、擴散，火焰或高溫的粉塵再度引燃粉塵雲而發生第二次爆炸，以及接二連三的續爆，造成更大的破壞。

而且，由於不完全的粉塵燃燒，在燃燒廢氣中含大量的一氧化碳，很可能產生一氧化碳中毒。密閉空間內的氧氣又大量在燃燒過程中消耗，亦易於使人缺氧。

粉塵的最大爆炸壓力（p_{max}）與最大壓力上升率 $(dp/dt)_{max}$，與粉塵的種類、粒徑、濃度、環境中的含氧量、惰性物質的含量、塵粒的含水量、發火源的種類等有關。根據實驗，在下列情況下，粉塵的最大爆炸壓力與壓力上升率愈大：

㈠粉塵粒徑愈小者。

㈡粉塵的濃度皆接近其爆炸範圍之中央值時。

㈢氧氣濃度愈高時。

㈣惰性物質（如在玉米粉中添加碳酸鈣、白土、硼砂等）愈少時。

㈤粉塵的粒子中含水量愈低時。

粉塵常依其危險性而予以分級（表 5–9）。粉塵的危險性指標爲

表 5-9   粉塵爆炸等級 (發火源: 10kJ, 試驗容器: 1m³)

爆炸等級	K_{st} (bar · m/s)	爆炸強度
S+0	0	無爆炸
S+1	0~200	弱
S+2	200~300	強
S+3	>300	極強

K_{st} , 係一常數, 定義如下:

$$\left(\frac{dp}{dt}\right)_{max} V^{\frac{1}{3}} = K_{st} \qquad (5-61)$$

(dp/dt)$_{max}$ 是在試驗儀器中測得的最大壓力上升率, 並由壓力一時間曲線決定之。最大壓力上升率依粉塵粒徑、濃度、擾動程度、散布情況、發火源的強度和位置, 以及建物或容器的體積或形狀而定。若粉塵雲的擾動未影響焰鋒, 容器夠大, 其長度與直徑比近於 1, 其他情況不變, 則最大壓升率與容器體積的關係式被稱為「立方根定律」, 即式 5-61。K_{st} 為決定洩爆口面積的重要參數, 並作為爆炸威力的分類指標。

製程容器或管路內易燃性氣體混合物的爆炸可能是爆燃, 也可能是爆轟。爆燃的最大爆炸壓力和最大壓升率是

$$\frac{P_{2(max)}}{P_1} = \frac{n_2 T_2}{n_1 T_1} \qquad (5-62)$$

$$= \frac{M_1 T_2}{M_2 T_1} \qquad (5-63)$$

$$P_2 = K P_1 \frac{S_u^3 t^3}{V} + P_1 \qquad (5-64)$$

式中, M = 氣體混合物的分子量

n = 氣體混合物的摩爾數

P = 絕對壓力

$T=$ 氣相的絕對溫度

$S_u=$ 基本燃燒速度

$t=$ 時間

$V=$ 容器的體積

$K=$ 常數

$1=$ 初態

$2=$ 終態

式 5–64 代表壓力隨時間而增加的立方定律。

易燃的碳氫化合物在爆燃時的最大壓力上升率是

$$\frac{P_2}{P_1} \simeq 8（碳氫化合物—空氣混合物）\qquad (5-65)$$

$$\frac{P_2}{P_1} \simeq 16（碳氫化合物—氧混合物）\qquad (5-66)$$

上兩式適用於初絕對壓力 1～40bar，初溫 0～300℃ 及體積較小的容器。

易燃性碳氫化合物若含有三鍵或其燃燒（爆炸）範圍大者，較有爆轟的傾向，如乙炔、苯、三氯化碳、環己烷等。在密閉容器內發生爆轟的最大壓力約是初壓（大氣壓力）的 20 倍，即

$$\frac{P_2}{P_1} \simeq 20 \qquad (5-67)$$

安全工程上常見設計洩爆板或洩爆口以緊急洩放圍阻體內強大的壓力。這種安全設計對爆轟不具效用，但對爆燃產生的壓力則有防止設備損毀的效果。

設計規格符合 ASME 規章的壓力容器，其破壞壓力（bursting pressure），P_b 與最大容許工作壓力（MAWP）之比約為 4 或 5 倍。

$$\frac{P_b}{P_{(\text{MAWP})}} \simeq 4 \sim 5 \qquad (5-68)$$

因此在沒有洩爆裝置時，碳氫化合物與空氣的混合氣體的爆炸

很容易將壓力容器爆開。若洩爆裝置效果不錯，則將在1秒內洩放超壓。

前述的粉塵爆炸有連鎖爆炸的現象。爆炸時，一個空間的壓力上升，也會引發另一相通空間的壓力上升。此現象稱為壓力堆積（pressure piling）。所謂壓力堆積，係在某一系統內有互通的空間，設某一空間發生爆炸，壓力上升，會促使在另一相通的空間內之未燃燒氣體壓力上升，而引發另一次爆炸，成為另一處爆炸的起動壓力（圖5-14）。

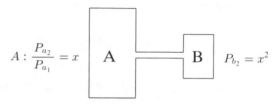

$$A : \frac{P_{a_2}}{P_{a_1}} = x \qquad A \qquad B \qquad P_{b_2} = x^2$$

說明：若 A 處發生初爆，造成 B 處爆炸。若 A 處終壓 P_{a_2} 是初壓 P_{a_1} 的 x 倍，則 B 處的終壓 P_{b_2} 是 AB 兩處初壓的 x^2 倍。

圖5-14 壓力堆積效應

5-1-2-1-6 物理性爆炸

爆炸有三類：(1)化學性爆炸；(2)物理性爆炸；(3)原子能爆炸。原子核分裂或核融合的爆炸不在工業安全研討範圍之內。化學性爆炸前已述及。物理性爆炸不涉及易燃易爆物質的化學反應，常見於(1)兩種溫差甚大的液體劇烈混合，或極高溫固態物迅速與其溫差大的液體接觸，較低溫的液體急速汽化膨脹，而產生壓力波，這種純粹與蒸汽有關的爆炸常被稱為蒸氣爆炸；(2)容器內的液體（水或易燃品，如丙烷、丁烷等）過熱，自高壓容器噴射而出，高壓容器爆開，產生壓力波及碎片危害。容器通常因釋壓裝置故障，或器壁因腐蝕、侵蝕變薄，或其強度減弱（因過熱、構造材料本身有缺陷、應力腐蝕裂痕等）。

當容器內的壓力達到或接近容器操作壓力時，容器內槽壁已

薄或強度已弱而破裂；壓力更高時，釋壓裝置無能爲力才使容器爆炸。破裂的容器釋出的能量加諸於：(1)震波；(2)碎片；(3)加熱周圍的空氣；(4)容器金屬的彈性應變（vessel elastic strain）。其中以供給震波和碎片所需的能量爲主要。若不論(3)及(4)項能量供給，則能量分布如表 5–10。

表 5-10　破裂容器爆炸能量分布（Cox and Saville, 1975）

	震波能量	碎片動能
容器脆變而起的完全破碎	$0.8E_s$	$0.2E_s$
容器主要部分（如端板）的噴射	$0.4E_s$	$0.6E_s$

註：E_s 是容器爆炸時的總能量。

第一種物理性爆炸因兩種物質溫度差所引致的蒸氣爆炸，可以較熱的物質所釋出的總熱量 Q，估計爆炸時的總能量（Anderson and Armstrong, 1974）E_s。

$$Q = M[C_{pf}(\theta_{in} - \theta_f) + h_{gf} + C_{ps}(\theta_f - \theta_{fin})] \qquad (5-69)$$

式中，　M＝較熱物質（液態）的質量（kg）

C_{pf}＝較熱液體的比熱（J/g）

C_{ps}＝較熱固體的比熱（J/g）

θ_{in}＝較熱物質的初溫（K）

θ_{fin}＝較冷流體的終溫（K）

θ_f＝較熱物質凝固溫度（K）

h_{gf}＝較熱物質的熔熱

上式爲兩種物質溫度達於平衡能的變化。

第二種物理性爆炸是壓力容器的爆炸。其釋出的能量，可以 TNT 等量的公式求出（Brown, 1985）：

$$W = 1.4 \times 10^{-6}V(P_1/P_0)(T_0/T_1)RT_1\ln(P_1/P_2) \qquad (5-70)$$

式中，W=TNT 等量（lb），求壓力波危害效應

　　　　V＝內為壓縮氣體的容器體積（ft^3）

　　　　P_1＝壓縮氣體的初壓（psia）

　　　　P_2＝膨脹氣體的終壓（psia）

　　　　P_0＝標準壓力（14.7psia）

　　　　T_1＝壓縮氣體的溫度（°R）

　　　　T_0＝標準溫度（492°R）

　　　　R＝氣體常數 $\dfrac{1.987\text{Btu}}{\text{lb mol} - °\text{R}}$

1.4×10^{-6}＝變量係數（此係數假設 1 磅 TNT＝2000Btu）

藉此公式估算所得等量 TNT 的爆炸能量，可估計震波的超壓及其傷損效應。但以 TNT 等量估算值，皆不適用於估計近距離超壓。Prugh（1988）以下式（5–71）修正距爆炸發生源較近距離的壓力波威力。

$$P_b = P_s\{1 - [3.5(r-1)(P_s-1)] \big/ [(rT/M)(1 + 5.9P_s)]^{0.5}\}^{\frac{-2r}{r-1}} \quad (5–71)$$

式中，P_s＝壓力容器表面的壓力（bara）

　　　　P_b＝壓力容器破壞壓力（bara）

　　　　r＝比熱率（ratio），C_p/C_v（無單位）

　　　　T＝絕對溫度（K）

　　　　M＝氣體分子量（1b/1b mole）

式 5–71 假設外洩氣體在 1atm，25℃下膨脹。P_s 不太明確，需嘗試錯誤後方予確定。算出 P_s 之後，由圖 5–15，可求出相對的比例（scaled）距離 Z。不少壓力容器安裝在地面上，因此圖 5–15 可適用。如果壓力容器在較高位置，則以使用圖 5–16 較適當。

式中，Z＝scaled 距離（m）

　　　　R＝自爆炸中心的距離（m）

　　　　W＝TNT 等量（kg）

$$Z = R/W^{\frac{1}{3}} \qquad\qquad (5-72)$$

式 5-72 為廣為應用的立方根定律。其涵意為兩種相同的爆炸性物質，量雖各不相同，但若在相同的大氣之中爆炸，會在相同的 scaled 距離產生相似的震波。W 可由式 5-58 求得。以 R 減掉自壓力容器中心點至其自身表面的距離之後，再以該距離代入式 5-72。

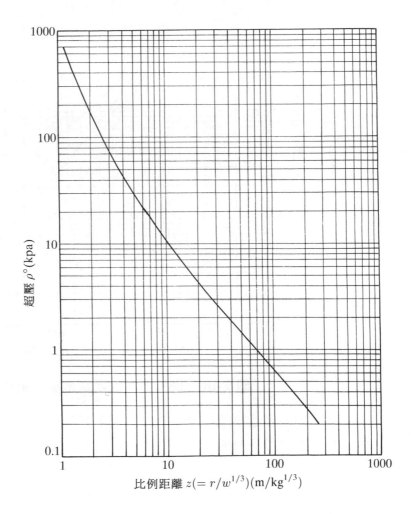

圖 5-15　TNT 爆轟波之超壓與比例距離

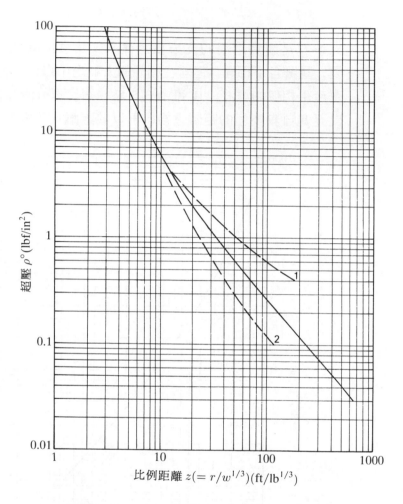

圖 5-16　TNT 爆轟波之超壓與比例距離

　　壓力容器物理性爆炸的危害主要有兩種根源：⑴壓力波；⑵碎片。壓力容器內儲存的能量甚大時，壓力波傷損的力道才夠強勁。如果壓力容器內能量不大，則主要危害多是碎片造成的。考量碎片的危害，需估計碎片的大小、形狀、對人或物體的穿透能力、飛行速度、飛行距離等。

依據 Baker et al.（1983），預估圓柱形或圓形壓力容器爆炸時碎裂成大小相等的碎片之初速，需知(1)容器內壓 P；(2)容器內容積 V_0；(3)容器質量 M_c；(4)比熱率（ratio）r；(5)調整成某一氣體的理想氣體常數（R_m）；(6)爆裂時氣體的絕對溫度 T_0。

表 5–11　**各種氣體的比熱率與理想氣體常數**

氣體	比熱率 $r,\ c_p/c_v$	理想氣體常數 R_m $m^2/sec^2 \cdot K$
H_2	1.4	4124
空氣	1.4	287
Ar	1.67	208.1
Hc	1.67	2078
CO_2	1.225	188.9

其估算程序是先使用式 5–73 估計壓力部分，再使用式 5–74 估計速度部分。

$$\frac{(P - P_0)V_0}{M_c r R_m T_0} \tag{5–73}$$

$$\frac{U}{K\sqrt{r R_m T_0}} \tag{5–74}$$

式 5–73 中，P_0 為容器爆裂後之壓力，U 為碎片的速度。容器碎裂成相等碎片時，$K = 1$。估計碎片速度的方法不少，其中較簡便的方法是

$$U = 2.05(PD^3/W)^{0.5} \tag{5–75}$$

式中，$U =$ 初速（m/s）

$\quad\quad P =$ 容器破壞壓力（kg/cm^2）

$\quad\quad D =$ 碎片直徑（cm）

$\quad\quad W =$ 碎片重量（kg）

由式 5–75 求得的碎片速度未將空氣阻力納入考慮，因此得估計碎片

在空氣中上揚／拖曳比（lift/drag ratio）$C_L A_L / C_D A_D$。碎片形狀若是短而厚，則可設 $C_L A_L / C_D A_D = 0$（大多數碎片呈短而厚形狀）。C_L 和 C_D 分別是上揚與拖曳係數（表 5–12），取決於碎片的形狀、風向和風速。A_L 和 A_D 分別為碎片的上揚面積和拖曳面積。

　　估計碎片飛行距離（fragment range）的步驟如下：

㈠計算碎片上揚／拖曳比 $= C_L A_L / C_D A_D$。

㈡計算碎片的速度使用 $\rho_0 C_D A_D U^2 / Mg$，式中 $\rho_0 =$ 空氣的密度，$U =$ 碎片的速度，$M =$ 碎片的質量，$g =$ 重力加速度（9.8m/s²）。

㈢自圖 5–17 中選取 $C_L A_L / C_D A_D$ 比之曲線。取水平軸上的速度值；取相對應的 $\rho_0 C_D A_D R / M$，再求 range 值 R。

在圖 5–17 上並無 $C_L A_L / C_D A_D$。再用內插法自圖上曲線上求之。

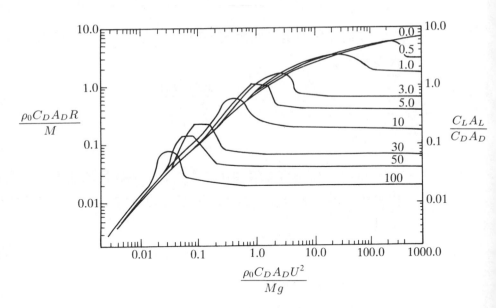

圖 5–17　預測 scaled 碎片飛行範圍曲線圖

表5-12　各種飛行物體的形狀及其拖曳係數（Baker et al., 1983）

形狀	圖式	C_D
長圓柱（側擊）		1.20
球形		0.47
長圓柱（端擊）		0.82
盤形（正面衝擊）	or	1.17
立體（正面衝擊）		1.05
立體（稜邊衝擊）		0.80
長方形柱（正面衝擊）		2.05
長方形柱（側擊）		1.55
狹長板（正面衝擊）		1.98

5-1-2-2 火災傷損模式

火災造成傷亡與建築物或其他財物損毀的主要原因，是燃燒時產生的火焰和輻射熱。就廠外的風險分析言之，比較值得注意的是沈重氣雲飄到廠外，發生閃火（flash fire）或爆炸性的火球。人在室外空地，受到火焰的灼傷程度（分一級、二級、三級），隨暴露熱輻射的強度、時間，與火源的距離而定。傷亡機率可以下式估計：

$$P_r = a + b \log I^n t \qquad\qquad (5\text{--}76)$$

式中，P_r＝傷亡機率（probit）

  a、b＝常數

  I＝熱輻射強度（kW/m^2）

  n＝4/3

  t＝時間（秒）

式 5-76 是個機率單位（probability unit，簡寫為 probit）關係式，由 Finney（1971）首先提出，而由 Eisenberg 等人（1975）大量應用於工業安全衛生的傷損估計。probit Y 與機率 P（%）的關係如表 5-13 所示。

表 5-13　百分比與 probit 互換表

%	0	1	2	3	4	5	6	7	8	9
0	–	2.67	2.95	3.12	3.25	3.36	3.45	3.52	3.59	3.66
10	3.72	3.77	3.82	3.87	3.92	3.96	4.01	4.05	4.08	4.12
20	4.16	4.19	4.23	4.26	4.29	4.33	4.36	4.39	4.42	4.45
30	4.48	4.50	4.53	4.56	4.59	4.61	4.64	4.67	4.69	4.72
40	4.75	4.77	4.80	4.82	4.85	4.87	4.90	4.92	4.95	4.97
50	5.00	5.03	5.05	5.08	5.10	5.13	5.15	5.18	5.20	5.23
60	5.25	5.28	5.31	5.33	5.36	5.39	5.41	5.44	5.47	5.50
70	5.52	5.55	5.58	5.61	5.64	5.67	5.71	5.74	5.77	5.81
80	5.84	5.88	5.92	5.95	5.99	6.04	6.08	6.13	6.18	6.23
90	6.28	6.34	6.41	6.48	6.55	6.64	6.75	6.88	7.05	7.33
–	0.0	0.1	0.2	0.3	0.4	0.5	0.6	0.7	0.8	0.9
99	7.33	7.37	7.41	7.46	7.51	7.58	7.65	7.75	7.88	8.09

probit函數的一般式是

$$Y = K_1 + K_2 \ln V \qquad (5-77)$$

式中，Y＝probit（機率單位）

　K_1與K_2＝參數

　　　V＝變數（指熱輻射強度、爆炸壓力，或毒性物質的濃度等）

　　Eisenberg等人（1975）運用probit發展出不少評估傷損的模式（表5-14）。這些模式相當新近，應用時仍需謹慎，或予修正。

$$V = tI^{4/3} \times 10^{-4} \qquad (5-78)$$

式中，V＝獨立變數

　　　t＝時間（秒）

　　　I＝熱輻射（W/m^2）

在致死限值（＝1%致死）時，熱輻射強度、時間、劑量如下：

時間（秒）	I（W/m^2）	劑量 $tI^{4/3}[S(\text{W/m}^2)^{4/3}]$
1.43	146000	1099×10^4
10.1	33100	1073×10^4
45.2	10200	1000×10^4

　　50%與99%致死劑量也可依相同方法得之。熱輻射致死的probit公式是

$$Y = -14.9 + 2.56 \ln(tI^{4/3} \times 10^{-4}) \qquad (5-79)$$

式中，Y＝probit

此式可應用於大型油池火災或閃火。

　　估計非致死的灼傷，則使用其他公式，如估計第一級灼傷，使用

$$tI^{1.15} = 550000(\text{W/m}^2) \qquad (5-80)$$

表5-14　重大危害評估的 probit 公式（Eisenberg, 1975）

危害的種類及傷損	獨立變數 V	公式參數 K_1	K_2	%	變數值	%	變數值	%	變數值
火災：									
閃火火災致死	$t_e I_e^{4/3}/10^4$	−14.9	2.56	1	1099	50	2417	99	7008
				1	1073	50	2264	99	6546
				1	1000	50	2210	99	6149
油池火災致死	$tI^{4/3}/10^4$	−14.9	2.56	1	1099	50	2417	99	7008
				1	1073	50	2264	99	6546
				1	1000	50	2210	99	6149
爆炸：									
肺部出血致死	$p°$	−77.1	6.91	1	1.00×10^5	50	1.41×10^5	99	2.00×10^5
				10	1.20×10^5	90	1.76×10^5		
耳鼓破裂	$p°$	−15.6	1.93	1	16.5×10^3	50	43.5×10^3		
				10	19.3×10^3	90	84.3×10^3		
衝擊致死	J	−46.1	4.82	0	18.0×10^3	31	37.3×10^3	96	49.7×10^3
				8	28.6×10^3	63	45.2×10^3	100	60.7×10^3
衝擊受傷	J	−39.1	4.45	1	13×10^3	90	28×10^3		
				50	20×10^3				
碎片致傷	J	−27.1	4.26	1	1024	50	1877	99	3071
構造物損毀	$p°$	−23.8	2.92	1	6.2×10^3	99	34.5×10^3		
				50	20.7×10^3				
玻璃破裂	$p°$	−18.1	2.79	1	1700	90	6200		
毒氣外洩：									
氯氣死亡	$\sum C^{2.75}T$	−17.1	1.69	3	14.1×10^4	50	34.05×10^4	97	105.8×10^4
				3	17.0×10^4	50	47.0×10^4	97	129.4×10^4
				3	21.5×10^4	50	64.7×10^4		
氯氣傷害	C	−2.40	2.90	1	6	50	13		
				25	10	90	20		
氨氣死亡	$\sum C^{2.75}T$	−30.57	1.385	3	37.3	50	74.6	99	411.8
				3	90.9	50	204.6	99	334.4
				3	44.6	50	148.6		

註：　t_e ＝ 有效期間（秒）　　　　　　　　$p°$ ＝ 尖峰超壓（N/m²）
　　　I_e ＝ 有效輻射強度（W/m²）　　　　J ＝ 衝壓／秒（Ns/m²）
　　　t ＝ 油池燃燒時間（秒）　　　　　　C ＝ 濃度（ppm）
　　　I ＝ 油池燃燒輻射強度（W/m²）　　T ＝ 時間間隔（分）

凡 $tI^{1.15}$ 超過 550000 者，皆屬一級灼傷。圖 5–18 為造成灼傷與致死的熱輻射強度。表 5–15 為人的皮膚在暴露熱輻射之下感到疼痛的時間。表 5–16 為各種熱輻射量對人的影響。

密閉容器破裂之後產生 BLEVE 之火球，對人體皮膚的病理效應，亦與大型油池火災或閃火（flash fire）類似。估計 LPG 火球熱輻射量造成 1% 致死機率與熱接收者的距離，可依下式：

$$q = \frac{3.5 \times 10^3 \times R \times G \times e^{-KL}}{L^2} \qquad (5-81)$$

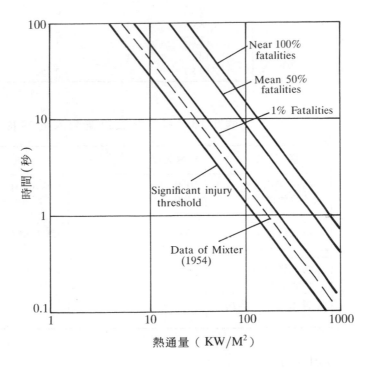

圖 5–18 熱通量與嚴重灼傷或致死程度的關係（Mudan, 1984）

表 5-15　達到疼痛限值所需的暴露時間

輻射強度 kW/m²	疼痛限值所需的時間（秒）
1.74	60
2.33	40
2.90	30
4.73	16
4.2	13
5.2	10
6.94	9
6.3	8
9.46	6
8.4	5.5
11.67	4
14.5	3
19.87	2

表 5-16　不同熱輻射量對人的不良影響

基　準	熱輻射量 $\frac{sec(W/m^2)^{4/3}}{10^4}$	說　明
1%致死機率 50%致死機率	1060 2300	Eisenburg 等人（1975）採用廣島與長崎原子彈爆炸傷亡資料發展出的 probit 公式
皮膚二級以上灼傷 （>0.1mm深度）	1200~2600	1200 熱輻射量約等於上述之1%致死機率
皮膚三級灼傷 （2mm深度）	2600	2600 熱輻射量約等於上述之50%致死機率
皮膚起泡或二級灼傷之下限值	210~700	

式中，q=熱通量（W/m²）

　　　R=燃燒熱輻射百分比（= 0.4, LPG）

　　　G=LPG 燃燒率（kg/sec）

　　　K=大氣衰減係數（設 $K = 0$）

　　　L=火源與受熱者的距離

【例題七】

已知10公噸LPG火球，維持2秒，1%致死機率熱輻射量為 1050 $\dfrac{\sec(\text{W/m}^2)^{4/3}}{10^4}$，求受熱者距火球中心的距離。（設 $K = 0$）

【解】

$$V = \frac{t(I)^{4/3}}{10^4} = \frac{2(I)^{4/3}}{10^4} = 1050,$$

則

$$I = 110\text{kW/m}^2$$

使用式 5–81

$$110 = 3.5 \times 10^3 \times 0.4 \times \frac{10000}{10} \times E$$
$$E = 7.857 \times 10^{-5} = \frac{e^{-KL}}{L^2}$$

因

$$K = 0$$

則

$$L = 113 公尺$$

【例題八】

已知10公噸LPG火球，維持4秒，50%致死機率熱輻射量為2300 $\dfrac{\sec(\text{W/m}^2)^{4/3}}{10^4}$，求受熱者距火球中心的距離。（設 $K = 0$）

【解】

$$V = \frac{t(I)^{4/3}}{10^4} = \frac{4(I)^{4/3}}{10^4} = 2300,$$

則

$$I = 117\text{kW/m}^2$$

使用式 5–81

$$117 = 3.5 \times 10^3 \times 0.4 \times \frac{10^4}{10} \times E$$

$$E = \frac{e^{-KL}}{L^2} = 8.357 \times 10^{-5}$$

則

$$L = 109 \text{公尺}$$

【例題九】

設熱通量 $V = 4000(tI^{4/3} \times 10^{-4})$，試用 Eisenberg（1975）probit 公式求受熱者之致死機率。$K_1 = -14.9$，$K_2 = 2.56$。

【解】

$$Y = -14.9 + 2.56\ln 4000$$

$$= 6.33$$

由表

$$Y = 6.33, \quad P = 90\%$$

即受熱者有 90% 致死機率。

　　火災對建築物或其他財物損毀常來自於火焰直接接觸這些物料，或室內對流熱以及輻射熱引起的引燃。這些被引燃的物料，有些是達到其自燃溫度而自行燃燒，有些則是接收火災的熱源而起火燃燒。可燃材料自燃的臨界熱輻射強度關係式是

$$(I - I_s)t^{4/5} = K_1 \tag{5–82}$$

式中，I＝熱輻射強度（W/m²）

　　　I_s＝自燃的臨界強度（W/m²）

　　　t＝時間（s）

　　　K_1＝常數（J/m² sec $^{1/5}$）

此式可作爲油池火災被引燃的參考依據。當 $I > I_s$ 之時，油池被引燃，且燃燒時間超過 t。而以火災作爲發火源，非自燃性質的臨界熱輻射強度關係式是

$$(I - I_p)t^{\frac{2}{3}} = K_2 \qquad\qquad (5-83)$$

式中，　I＝熱輻射強度（W/m²）

I_p＝ 13400 W/m²，臨界強度

K_2＝ 8050（J/m² S$^{1/3}$）

此式可作爲閃火（flash fire）被引燃的參考依據。當 $I > I_p$，閃火發生，且燃燒時間超過 t。

5-1-2-3　爆炸傷損模式

化學性爆炸常產生火焰及其輻射熱、碎片（fragments or missiles）和超壓；而物理性爆炸則僅產生碎片和超壓。超壓較少直接造成死亡，但可能造成內傷（肺出血）而致命，非致命性傷害是耳膜破裂。爆炸時產生的爆風波（blast wave）會將儲存容器的碎片送到相當遠的距離，造成直接傷亡（primary casualties，或稱一次傷亡），或者爆風颳起行經路線上的碎片，擊中人而造成間接傷亡（secondary casualties，或稱二次傷亡）。間接傷亡尙包括牆壁、天花板因被爆風推倒塌下壓死，或樓板崩塌而墜落致死傷，以及爆炸所帶來的火焰燃燒而致窒息或傷亡者。

爆炸時隨爆風波而來的火焰及輻射熱所造成的傷害，已如上節所述。

估計爆炸時爆風波造成的傷損，得先估計爆炸時間（通常在一秒之內）和爆風波的超壓，進而估計爆炸物的質量以及爆炸源與受害者之間的距離。超壓是爆炸物質量與距離的函數（圖5-19）。

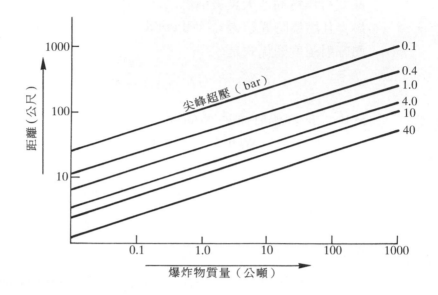

圖 5-19　超壓是爆炸物質量與距離的函數

I.直接傷亡模式

人之傷亡來自於人身體固定時，直接受爆風波衝擊或被爆炸所生的碎片擊中，或爆風波、碎片使人撞擊硬物而致傷亡皆屬直接傷亡。從美國在這方面的動物實驗研究與圖 5-19，可導出下式：

$$d = d_r \times W^{0.4} \tag{5-84}$$

式中，d= 50% 傷亡的距離（m）

　　　d_r= 1 千噸爆炸的距離（m）

　　　W= 爆炸物的質量（千噸）

或以下式表示 50% 直接致命曲線（圖 5-20）

$$L = \frac{2 \times 10^{-2} \times T^{1/3}}{[1 + (20/T)^2]^{1/6}}$$

式中，L= 距離（km）

　　　T= 爆炸物的質量（噸）

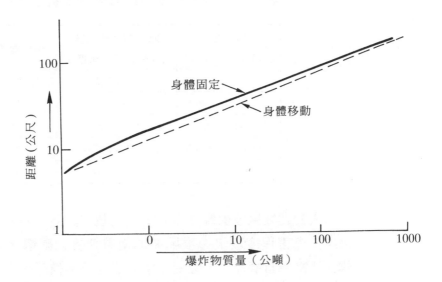

圖 5-20　　體重 70 公斤男性爆風波直接造成 50% 致死曲線

若以 probit 公式估計超壓造成的致死機率，則參見表 5-14。簡單的估計是

致死機率（%）	尖峰超壓（psi）
1	35～45
50	45～55
99	55～65

如果估計超壓造成的死亡和重傷害時的機率，可參考下表（表 5-17）。

表5-17　超壓之危害範圍與傷亡機率的關係

超　　壓		危　害　範　圍	傷亡機率
kPa	psi	(R是氣雲的半徑)	
<7	<1	>4.25R	0
7～21	1～3	2～4.25R	0.10
21～34	3～5	1.35～2R	0.25
34～48	5～7	1.1～1.35R	0.70
>48	>7	<1.1 R	0.95

　　人體在爆風波衝擊之下，會產生位移，若不意衝擊硬物，則致傷亡。傷害程度取決於爆風波的衝擊速度、衝擊後人體的移動距離、硬物表面情況、人體受撞擊的部位及面積等因素。表5-18僅考慮頭顱被撞擊與衝擊速度之關係。若是全身受撞擊，其影響則如表5-19。

表5-18　頭被撞擊與衝擊速度的不良效應

大部分頭殼破裂程度	衝擊速度（m/s）
大部分安全	3.05
下限	3.96
50%	5.49
近100%	7.01

表5-19　全身傷害程度與衝擊速度

全身傷害程度	衝擊速度（m/s）
大部分安全	3.05
致死下限	6.40
50%致死	16.46
近100%致死	42.06

爆炸時產生碎片對人的不良效應，需考慮碎片的穿透性、重量和衝擊速度。Eisenberg(1975)根據美國陸軍部一些資料，導出碎片對人造成重傷的 probit 公式:

$$Y = -27.1 + 4.26\ln J \qquad (5-85)$$

式中，Y = probit

J = 爆風波脈衝(blast impulse)(psi ms)(N s/m²)

$= S_0^{td} p(t)dt$ 〔式中 p = 超壓(N/m²)，td = 持續時間(s)〕

此式是假設不在建物內的人，恰在強勁的爆風波通過的路徑，遭受碎裂物傷害。飛行碎裂物的密度與人體的目標面積(例如又高又胖的人目標面積大)等兩因素未予考慮在此傷害機率之中。因此，此公式高估飛行碎裂物所造成的傷害，可作爲傷害上限。

而因爆風波致全身位移所引致之傷亡，在表 5-14 已列出，不再贅述。

以上所述爲爆風波及碎片對人的傷亡模式。至於對建築物的損毀，由表 5-20 可知爆風波的破壞能力。500公噸 TNT 等量爆炸對構造物的損毀尖峰超壓是

構造物的損毀	尖峰超壓	
(%)	(psi)	(N/m²)
1(下限值)	0.9	6200
50	3.0	20700
99	5.0	34500

由此資料可得超壓與構造物損毀的關係式:

$$Y = -23.8 + 2.92\ln p^0 \qquad (5-86)$$

表 5-20　爆風波的破壞〔Clancey（1972）〕

壓　力（Pa）	破　壞　程　度
1.4×10^2	低周波數時（10~15cps）有噪音（137dB）
2×10^2	有應變的大窗玻璃有時破壞
2.8×10^2	大音響、音爆（sonic boom）（超音速飛行）（衝擊波）造成玻璃破壞
6.9×10^2	有應變的小窗玻璃破壞 典型的玻璃破壞壓力
2×10^3	安全距離（機率 0.05，在此值無重大損害） 飛彈界限 民房屋頂損害，10% 窗玻璃破壞
2.8×10^3	構造物有不重大的有限的損傷
$3.5 - 6.9 \times 10^3$	大小窗都粉碎，有時窗框也損害
5×10^3	家屋構造稍有損害
6.9×10^3	家屋一部分破壞，不能居住
$6.9 \sim 13.8 \times 10^3$	石棉波形板粉碎 波形鋼板、鋁板彎曲，鎖緊具破壞，木板（普通家屋）的鎖緊具破壞、吹散
9×10^3	包覆建物的金屬框稍彎曲
$1.4 \sim 2 \times 10^4$	鋼筋以外的混凝土、輕量鐵筋磚粉碎
1.6×10^4	超此以上時，構造物有重大損害
1.7×10^4	磚造房子半數倒塌
2×10^4	工業用建造物中的重機械（3000磅）稍有損害 鋼架建物彎曲，從地基拉離
$2 \sim 2.8 \times 10^4$	無骨架或鋼板式自己骨架 建物破壞 石油貯藏槽破裂
2.8×10^4	輕量工業用建造物的包覆金屬破裂
3.5×10^4	公共木柱（電信用等）折斷，建物內部的高水壓機稍損傷
$3.5 \sim 5 \times 10^4$	家屋幾乎完全倒塌
5×10^4	載有貨物的貨車滾翻
$5 \sim 5.5 \times 10^4$	無鋼筋補強的 8~12 吋磚壁因剪斷或撓曲而破壞
6.2×10^4	載貨的箱型車輛完全破壞
6.9×10^4	建造物可能完全破壞 重機械（7000磅）移動而大損傷 很重的機械（12000磅）無事
2×10^6	彈坑（crater）發生邊緣的界限壓

II.間接傷亡模式

間接傷亡與人所居處的建築物或構造物之倒塌有關。就廠外風險評估而言，若能估計爆炸物質的量，並預估其 TNT 等量，能摧毀多少家屋，朝此方向推估亦不失爲可行之道。但爆炸物重量與家居損毀之間的關係，存有不小的變數，例如：

㈠各種爆炸所生的爆風波之超壓不同。

㈡由於地形地勢之不同，或障礙物之有無，來自點源的爆風波未必向四面八方輻射。

㈢人所處的建物及其構造亦不同。

然而，可將民房住家依其損毀的嚴重性實施分類。若想由爆炸性物質的重量估計 50% 民房住家受損的範圍，可以下式計算：

$$L = \frac{13.2 \times 10^{-2} \times T^{1/3}}{[1 + (3.175/T)^2]^{\frac{1}{6}}} \qquad (5\text{--}87)$$

式中，$L=$ 與爆炸源的距離（m）

$T=$ 爆炸物的質量（公噸）

由式 5–87 所得的等距曲線，即是 50% 住家損毀曲線。由此可估計損毀住家數目。就工業化學爆炸案件言之，可假設每 10 戶受損住家有 1 人死亡。每 1 人死亡，有 10 人受傷。

在 45° 扇形區間內傷亡人數以下式估計：

$$V = \pi R^2 \qquad (5\text{--}88)$$

式中，$V=$ 45° 扇形區面積（m²）

$R=$ 爆炸源至人口區界線之距離（m）

$$q = \frac{(x - v)}{8} \qquad (5\text{--}89)$$

$$S = \frac{(z - v)}{8} \qquad (5\text{--}90)$$

式中, $x=$ 直接傷亡區（m^2）

$z=$ 間接傷亡區（m^2）

$$n = D \times \left(q + \frac{s}{25}\right) \tag{5-91}$$

式中, $n=$ 死亡人數

$D=$ 人口密度

　　由墨西哥市 LPG 大爆炸案可知，爆炸所生的爆風波造成的損毀較輕微，較嚴重的損毀主要來自火災與室內 LPG 之爆炸。從儲存區到民房被毀地區之最遠距離約 300 公尺，從儲存區之邊緣到最近之民房相距 100 公尺。在此寬 100 公尺環狀地帶，約有 500 人死亡，7000 人受傷。大多數死者在睡夢中蒙主恩召。這些罹難者直接被火焰燒死，或因熱、燻煙、缺氧而離開人世。估計火球半徑為 300 公尺（TNO, 1985, 參見附錄五）。

5-1-2-4　中毒傷亡模式

　　毒性物質外洩後，人中毒傷亡的風險較火災、爆炸傷亡的風險不易估計，究其原因在於人中毒的科學實證缺乏，雖有不少實驗來自動物，但人與動物對毒物的反應差異甚大。一旦將動物實驗得來的致死效應延用之於人類時，問題叢生。通常人比任何常見的實驗動物（如鼠、狗、貓、兔、幾內亞豬等）對毒性物質的急性中毒效應更為敏感。因此採取最敏感的動物之實驗結果，以代表人類的毒性效應，應是較適宜作危害評估的。

　　其次，在重大危害的風險分析中，毒性物質暴露與實驗室的暴露方式不同。實驗室動物中毒常經由消化器官，而重大危害中，如印度 Bhopal 災變，毒性物質則經由呼吸系統、眼、皮膚等處進入人體。因進入人體的方式不同，吸收率亦不同，對身體組織器官的危害自不相同。因此現今使用的毒性危害指標，如 LD_{50} 或 LC_{50}（皆由動物實驗而來，非人直接中毒效應）需予修正，方能應用。此外，

人在重大危害中，持續毒物暴露常不到 4 小時之久。而 LC_{50} 係指暴露時間長達 4 小時之後，預期 50% 實驗動物之致死濃度。若使用 LC_{50} 以估計暴露時間不長的中毒效應，似是高估了。因此有必要作一些修正。

　　第三，若已知某化學物質的 LD_{50} 或 LC_{50}，用之以求 LD_1 或 LC_1 則不適宜。因為 LD_{50} 與 LD_1 兩值之間，或 LC_{50} 與 LC_1 兩值之間，沒有固定不變的關係。表示劑量和致死效應之間關係的圖上斜線，各個化學物質都各不相同。例如有一些殺蟲劑的 LD_{50}/LD_1，可改變 70 倍以上。如果僅有某物質的 LD_{50} 或 LC_{50}，而以 LD_{50}（或 LC_{50}）× 0.02，得 LD_1（或 LC_1）是不足取的。

　　第四，個人因素呈現各自不同的中毒反應。年齡、性別、血統、健康情況、食物等因素影響中毒效應。即使是在非常相似的情況下一再地實施 LD_{50} 試驗，不同的生物個體產生不同的反應。

　　第五，外洩的毒性物質，常不只有單一成分。各種成分之間的中毒效應有時是加成的，有時是互為消減的，有時可能再分解或再反應而成另一化合物，其毒性效應變得難以評估。

　　以上係就毒性物質對人的急性致死效應而言，但急性的非致死效應亦需予以考慮。因有些化學品會導致某些細胞 DNA 的傷害，而將此傷害遺傳到下一代，增加突變性。在重大事故中，人的眼若受到嚴重刺激，則發生逃生路線辨認困難，無法迅速離開感染地區；若皮膚受到嚴重刺激，則影響觸覺取得資訊的能力。

　　此外，就慢性效應而言，亦不易評估。現今一些能使人致癌、畸形，或敏感的化學品，其實驗所得的結論大多經由消化器官吸收而來。而災變中短暫大量的暴露與這些實驗的暴露方式差異頗大。

　　現今評估人中毒效應的模式有數種，諸如：

㈠美國工業衛生協會（AIHA）的空氣汙染物「緊急應變規畫準則」（ERPG）。依暴露濃度之不同分成三種不同的中毒效應。

㈡美國職業安全衛生研究所（NIOSH）建立「生命或健康立即危險

濃度」（IDLH）。IDLH是一個健康的男性工人在暴露毒性物質
30分鐘之後，仍能安全逃生或組織器官無不可逆反應的最大濃
度。IDLH值也考慮非致命急性中毒效應，如嚴重眼睛刺激等。

(三)ACGIH的「容許暴露濃度限值」（PEL）、「短期暴露限值」（ST-
EL）、「最高限值」（CL）等皆可作為評估中毒效應的基準。

(四)新澤西州環境保護部「急性中毒濃度」（ATC）是專用於重大災
害中毒性物質外洩的風險評估。ATC係指毒性物質的氣體或蒸
氣濃度會造成受害人口在經歷1小時暴露期間，遭致急性健康效
應，並約有5%的人口致命。ATC值係依據下列之一的最低限值
而來：

(1)動物實驗資料之最低報告致死濃度（LC_{Lo}）

(2)動物實驗資料之平均 $LC_{50} \times 0.1$

(3) IDLH 值

(五)probit公式，

$$P_r = K_1 + K_2 \ln(C^n t) \text{（表 5--21）} \tag{5--92}$$

式中，　P_r=probit

　　　C=濃度（ppm）

　　　t=暴露時間（分）

　　　K_1, K_2, n 為常數

Cl_2 致死的 probit 公式是

$$P_r = -8.29 + 0.92 \ln C^2 t \text{（Lees, 1985）} \tag{5--93}$$

Cl_2 傷害的 probit 公式是

$$P_r = -2.4 + 2.9 \ln C \tag{5--94}$$

NH_3 致死的 probit 公式是

$$P_r = -35.9 + 1.85 \ln C^2 t \text{（CPQRA, 1989）} \tag{5--95}$$

由 probit 公式可算傷亡的人口百分比及傷亡人數。但應用時需注意
probit 公式乃根據動物實驗資料而來，故有不確定區間存在。

表 5-21　毒性物質致死 probit 公式的常數

物　　　質	a（ppm）	b（ppm）	n（min）
Acrolein（丙烯醛）	−9.931	2.049	1
Acrylonitrile（丙烯腈）	−29.42	3.008	1.43
Ammonia（氨）	−35.9	1.85	2
Benzene（苯）	−109.78	5.3	2
Bromine（溴）	−9.04	0.92	2
Carbon monoxide（一氧化碳）	−37.98	3.7	1
Carbon tetrachloride（四氯化碳）	−6.29	0.408	2.50
Chlorine（氯）	−8.29	0.92	2
Formaldehyde（甲醛）	−12.24	1.3	2
Hydrogen chloride（氯化氫）	−16.85	2.00	1.00
Hydrogen cyanide（氰化氫）	−29.42	3.008	1.43
Hydrogen fluoride（氟化氫）	−35.87	3.354	1.00
Hydrogen sulfide（硫化氫）	−31.42	3.008	1.43
Methyl bromide（溴甲烷）	−56.81	5.27	1.00
Methyl isocyanate（異氰酸甲脂）	−5.642	1.637	0.653
Nitrogen dioxide（二氧化氮）	−13.79	1.4	2
Phosgene（磷）	−19.27	3.686	1
Propylene oxide（環氧丙烷）	−7.415	0.509	2.00
Sulfur dioxide（二氧化硫）	−15.67	2.10	1.00
Toluene（甲苯）	−6.794	0.408	2.50

【例題十】

試求廠外某社區人口在暴露 500ppm Cl_2 約 20 分鐘的致死百分比。以
probit 公式 $P_r = -8.29 + 0.92\ln(C^2 t)$ 求之。

【解】

$$P_r = -8.29 + 0.92\ln(500)^2(20)$$
$$= 5.9$$

$P_r = 5.9$，換成百分比 $= 81.6\%$，廠外人口之 81.6% 致死。

【例題十一】

運用 TNT 等量模式，估計丙烷 100公噸發生 UVCE，產生 1.5bar 的超壓所達到的距離，以式(5–58) $W = \dfrac{\eta M E_c}{E_{c\text{TNT}}}$ 求之。

【解】

已知　　　$W = $ TNT 等量

　　　　　$M = 100$ 公噸

　　　　　$\eta = 0.04$（表 5–8）

　　　　　$E_c = 46350$ kJ/kg

　　　$E_{c\text{TNT}} = 4500$ kJ/kg

則　　　　$W = 0.04 \times 100000 \times \dfrac{46350}{4500}$

　　　　　　$= 41200$ kgTNT 等量

由圖 5–15 可知比例距離是 7.5 m/kg$^{1/3}$。由比例距離轉換成真正距離：

$$r = 7.5 \times (41200)^{1/3}$$
$$= 259 公尺$$

【例題十二】

6立方呎高壓球形槽在 15℃，546bara 時破裂，試計算在距球槽 25呎和 50呎處的側邊（side-on）超壓。以式 $W = 1.4 \times 10^{-6} V(P_1/P_0)(T_0/T_1) RT_1\ln(P_1/P_2)$，求之。

【解】

已知 $P_1 = 7917$psia

　　　$P_2 = 14.7$psia

　　　$P_0 = 14.7$psia

$V = 6\text{ft}^3$

$R = 1.987\text{BTU/lb mol }°\text{R}$

$T_1 = 288 \times 1.8 = 518°\text{R}$

$T_0 = 492°\text{R}$

$W = ?$（lb TNT）

則　　$W = 1.4 \times 10^{-6}(6)(7917/14.7)(492/518)[1.987(518)]\ln(7917/14.7)$

$\quad\quad = 27.8 \text{ lb TNT}$

容器表面的壓力 P_s，可由下式求得

$$P_b = P_s\{1 - [3.5(r-1)(P_s-1)]/[(rT/M)(1+5.9P_s)]^{0.5}\}^{-2r/(r-1)}$$

已知 $P_b =$ 容器之破壞壓力 $= 546$ bara

$r = 1.4$

$T = 288°\text{K}$

$M = 28.9$ lb/lb mole

$P_s = 9.993$ bara $= 144.9$ psia（130 psig）

　　若容器在地面上，壓力波將呈半球形。由圖 5–16 可求出 $Z = 3.1\text{ft/lb}^{1/3}$（$P = 130\text{psig}, W = 27.8$ lb TNT，$r = 9.4$ ft計之）。球槽半徑約為 1.1ft，此 9.4ft 需扣除 1.1ft 方為真正的距離，故 $9.4 - 1.1 = 8.3\text{ft}$。

　　距球槽中心 25ft 處之爆風壓力為

　　　$Z = 33.3/27.8^{1/3} = 11\text{ft/lb}^{1/3}$，產生 8 psig 的爆風壓力。

　　距球槽中心 50ft 處之爆風壓力為

　　　$Z = 58.3/27.8^{1/3} = 19.2\text{ft/lb}^{1/3}$，產生 3.1psig 的爆風壓力。

【例題十三】

有一 200 立方公尺（10 萬）的丙烷槽發生 BLEVE，試估計距儲槽 200 公尺處火球的大小、持續時間、熱通量。

【解】

火球的直徑 $D_{\max} = 6.48M^{0.325} = 6.48 \times 100000^{0.325} = 273\text{m}$

火球的持續時間 $= 0.825M^{0.26} = 0.825 \times 100000^{0.26} = 16.5$ 秒

火球中心的高度 $= 0.75D_{max} = 0.75 \times 273m = 204m$

火球初期半球直徑 $D = 1.3D_{max} = 1.3 \times 273m = 354m$

輻射百分比 $F_{rad} = 0.25$

視係數（在 200m ）$F_{21} = \dfrac{D_{max}^2}{4r^2} = \dfrac{273^2}{4 \times 200^2} = 0.47$

傳輸路徑長度＝直角三角形斜邊 −BLEVE半徑

$$= (204^2 + 200^2)^{0.5} - 0.5 \times 273$$

$$= 150m$$

大氣傳輸係數 $T = 2.02 \times (P_w \times 傳輸路徑長度)^{-0.09}$

$$= 2.02 \times (2820 \times 150)^{-0.09}$$

$$= 0.63$$

儲槽表面輻射出去的熱通量

$$E = \frac{F_{rad}MH_c}{\pi D_{max}^2 t} = \frac{0.25 \times 100000kg \times 46350kJ/kg}{\pi \times 273^2 m^2 \times 10.5秒}$$

$$= 300kW/m^2$$

則距儲槽 200公尺處受熱面的熱通量

$$Q_R = \tau EF_{21}$$

$$= 0.63 \times 300kW/m^2 \times 0.47$$

$$= 89kW/m^2$$

【例題十四】

今有直徑為 15公尺的球形槽，內含丙烷。設有火焰接近槽邊，使槽內蒸氣壓逐漸升高，至 25kg/cm² 時發生 BLEVE。試估計(1)儲槽破裂後碎片的數目；(2)碎片飛行的速度；(3)碎片飛行的最大距離。

【解】

(1)欲求儲槽的碎片數目，得先算出儲槽的體積

$$V = \frac{\pi(D)^3}{6} = \frac{3.1416 \times (15)^3}{6} = 1767\text{m}^3$$

則碎片總數 $= -3.77 + 0.096 \times 1767 = 13$

(2)碎片飛行速度，可使用 $U = 2.05(PD^3/W)^{0.5}$。儲槽表面積

$$A = \pi D^2 = 3.1416 \times (15)^2 = 707\text{m}^2$$

碎片平均面積 $= 707\text{m}^2 \div 13 = 54\text{m}^2$

碎片平均直徑 $= 4.1\text{m} = 410\text{cm}$

設碎片的平均重量為 8000kg，則

$$U = 2.05[(25)(410)^3/8000]^{0.5}$$

$$= 464\text{m/s}$$

(3)估計碎片飛行的範圍

$$\rho_0 = 1.293\text{kg/m}^3（空氣密度）$$

$$m = 8000\text{kg}$$

$$A_D = 54\text{m}^2$$

$$C_D = 0.47（參見圖 5-17）$$

計算圖5-17

$$\rho_0 C_D A_D U^2/\text{m}g = (1.293)(0.47)(54)(464)^2/(8000)(9.8)$$

$$= 90$$

若碎片短且厚，則

$$\frac{C_L A_L}{C_D A_D} = 0$$

則由圖 5–17 可知

$$\frac{\rho_0 C_D A_D R}{M} = 5$$

$$R = \frac{(5)(8000)}{(1.293)(0.47)(54)}$$

$$= 1219\text{m}$$

【例題十五】

一油罐車內含 68 公噸的丙烷在高速公路發生 BLEVE,試估計火球的直徑與其維持的時間。

【解】

(1)火球的直徑 $D = 3.86 M^{0.32} = 3.86(6.8 \times 10^4 \text{kg}) = 136\text{m}$

(2)火球維持的時間 $t = 0.299 M^{0.32} = 0.299(6.8 \times 10^4) = 10.5$ sec

但以上之 D 與 t 是假設 TNT 等物質在較高溫度(約 3600°K)爆炸時的數值。而丙烷爆炸時的溫度約只有 1350°K。故上列數值需予換算

$$D = \frac{136\text{m}}{\left(\dfrac{1350}{3600}\right)^{1/3}} = 189\text{m}(丙烷 \text{ BLEVE})$$

$$t = \frac{10.5\text{sec}}{\left(\dfrac{1350}{3600}\right)^{10/3}} = 276\text{sec}(丙烷 \text{ BLEVE})$$

5–2　個人風險與社區風險的表示法

本書 2–4 節已討論個人風險(簡稱 IR)與社區風險(簡稱 SR)。簡言之,個人風險係指某一群體中個人成員的風險;社區風險則指重大事故發生後廠外(或事業單位以外)一般民眾多人死亡的機率。本節將討論個人風險和社區風險如何以圖表顯示出來。

5-2-1　個人風險表示法

工廠（或事業單位）具重大危害者，需自行評估其風險，並將評估的結果，以簡明易曉的方式顯示訊息給接收者。個人風險又可分廠內及廠外兩種。廠內個人風險係指工廠內員工個人可能面臨的風險，但因廠內員工由於工作性質不同，個人風險難以一簡明方式表示，故常常將「廠內員工」特指實際負操作任務的作業員，而不計一般辦公室的人員（office staff）。又因是估計重大危害的風險，故凡與墜落、感電、機器捲挾的死亡有關的風險，皆不予納入。

廠內員工個人風險常以 FAR（即 fatal accident rate，過去曾寫為 fatal accident frequency rate，簡稱 FAFR，累贅矣）表示之。FAR 係指工人在某種危害的工作中暴露 10^8 小時，曾經或預期發生的死亡人數。10^8 小時是 1000 名工人一生的工作時間（設每天工作 8 小時，每週工作 5 天，一年工作 50 週，則每名工人每年工作 2000 小時，每人一生平均工作 50 年）。表 5-22 是各國石化工業的 FAR。

$$FAR = \frac{死亡人數 \times 10^8}{總經歷工時}$$

表 5-22　各國石化工業的 FAR

臺 灣	10.8
法 國	8.5
西 德	5
英 國	5
美 國	5

註：國內資料來自黃清賢（1987）
國外資料來自 Kletz（1976）

FAR 是以暴露於某一種活動的單位時間中有多少人死亡作為比較風險的指數。

　　風險指數尚有多種，例如⑴本書第二章曾討論「生命預期損失」值（loss of life expectancy）；⑵個人危害指數（individual hazard index, 簡稱 IHI, Helmers and Schaller, 1982）是一種變相的 FAR，估計尖峰風險；⑶平均死亡率（average rate of death, Lees, 1980）；⑷相等社會成本指數（the equivalent social cost index, Okrent, 1981）；⑸致命指數（mortality index, Marshall, 1987），用以表示儲存的毒性物質的潛在危害，此指數導自過去發生的紀錄案件，但此指數因未考量外洩事故發生頻率，故不是風險指數。

　　廠外大眾成員個人的風險常以一代表機率的數值表示之，如 5×10^{-4}／年，係表示在廠外某人位於某區域，距工廠多遠之某處，一旦發生火災、爆炸、毒氣外洩事件，某人死亡的機率是 5×10^{-4}／年。這種表示方法，常以圖形說明之。最常使用的是⑴等風險線圖（risk contour plot），如圖 5–21；⑵風險距離關係圖（individual risk

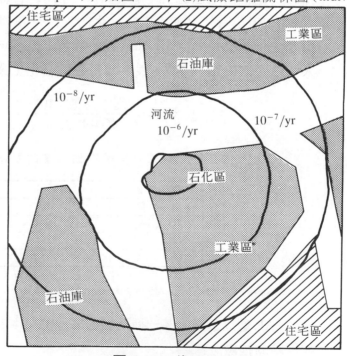

圖 5–21　等風險線圖

profile），如圖 5-22。

　　等風險線圖類如地圖的等高線圖，係將工廠及廠外社區繪成位置關係圖，風險相等的地點連成一條封閉曲線，顯示該區域的個人風險。一般而言，近工廠處風險較大，遠工廠處風險逐漸降低。

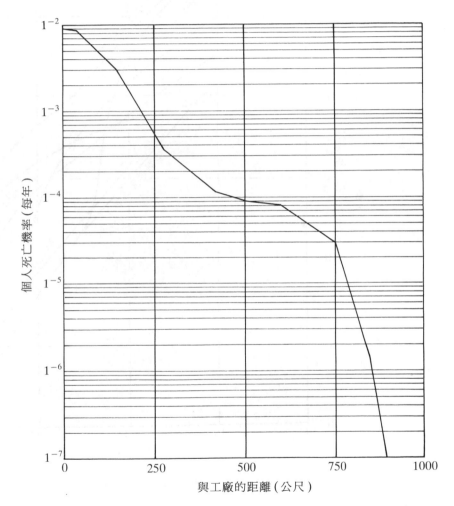

圖 5-22　風險距離關係圖

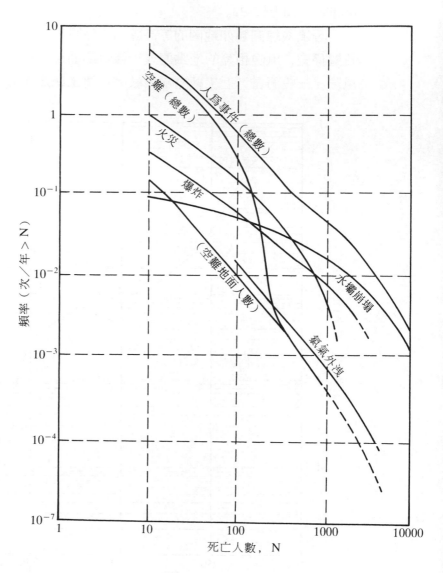

圖 5-23　*f–N* 曲線

　　風險距離關係圖顯示某人距風險發生源（如毒性物質或易燃易爆物儲槽）多遠時的風險。這種圖形假設距離與風險的比例關係，風險源對等距離之各點的風險是相同的。

5-2-2　社區風險表示法

　　社區風險常將傷亡人數大於或等於 N 人的累積機率（f）以圖或表格表示之（圖 5-23）。另一種表示社區風險的方法是代表傷亡人數的積分值，且其機率是以每年平均死傷人數表示之。累積的 $f-N$ 曲線圖以下列方法畫成（如圖 5-24 所示）：

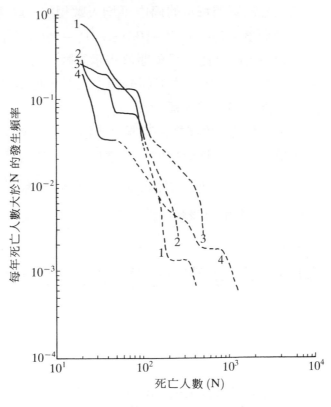

圖 5-24　$f-N$ 曲線

㈠將圖分成數個區間，每個區間表示不同的傷亡情形。

㈡自傷亡最高的區間開始，然後依每一區間 i

(1)決定傷亡數目的平均數（mean）n_i

(2)選取相關的累積機率 P_i

(3)選取第 $(i+1)$ 個區間的平均傷亡相對應的累積機率 P_{i+1}（第 i 個區間是傷亡人數中最高時，P_{i+1} 將等於 0）

(4)在第 i 個區間中造成傷亡人數的事故機率就是 $P_i - P_{i+1}$

(5)因此在該區間，每年平均傷亡人數是

$$\int_a^b P_a \doteqdot (P_i - P_{i+1}) \times n_i, \quad 式中 a \le n_i < b$$

㈢將全部的區間每年的傷亡平均人數相加，以達到預期值，如

預期值 $= P_3 n_3 + (P_2 - P_3)n_2 + (P_1 - P_2)n_1$，傷亡數／年

要注意的是此種用預期值表示風險的方式，在顯示社區風險中喪失不少訊息，因它未能區分傷亡人數低但事故頻率高與傷亡人數高但事故頻率低這兩種情況。

不少學者專家建議：若要以「相等社會成本」的形式表示 SR 以判斷風險之可被接受程度，宜應用下列方式表示：

$$相等社會成本 = 頻率 \times (後果)^n$$

式中 $n > 1$ 表示對該風險的厭惡

5-3　個人風險與社區風險的估計

5-3-1　估計廠外個人風險

估計某事故發生後，廠外某人在某處承受的風險，需先估計下列各種機率：

P_E＝某事件發生的機率

P_Z＝個人在某位置的機率

P_C＝個人因某事故而傷亡的機率

P_{WD}＝吹某風向的機率（一旦發生事故，後果依風向而定）

P_W＝某大氣情況的機率（依當地大氣穩定度資料）

$$個人風險（\text{IR}）= P_E \times P_Z \times P_C \times P_{WD} \times P_W \qquad (5\text{--}96)$$

以上各種機率的估計，再申論如下：

㈠ P_E ＝某事件發生的機率

欲求某事件發生的機率，可由一些工程資料大略估計，例如一般認為儲槽若依 ASME 規範建造者，其故障率是 $\leq 10^{-5}$／年；或由一些前述的公式估計，如式 5-77 估計；或由失誤樹或事件樹估計得之。

㈡ P_Z ＝個人在某位置的機率

此時最好實施廠外的人口結構調查分析，調查廠外人口兩公里內的分布情況。又將廠外的社區分成 12 個扇形區（sectors）。每個扇形區又依距離工廠之遠近分成數個環帶（圖 5-25）。估計每一扇形區或環帶的機率。

㈢ P_C ＝個人因某事故而傷亡的機率

前述的 probit 公式可求出某事故（如 LNG 輸氣管洩出 LNG 而被灼傷致死機率）。傷亡機率亦可由一些過去的統計資料得知，或由易燃易爆物的量得知（參見 5-1-2-3 節）。

㈣ P_{WD} ＝吹某風向的機率

某一地區吹拂某一風向，可參考當地的氣象資料，例如圖 5-26 為高雄縣興達地區全年風向分區及分布率，為根據氣象資料計算得來（黃清賢，1991）。

㈤ P_W = 某大氣情況的機率

廠外地區的大氣情況, 需參考該地區氣象資料中之大氣穩定度與風速。為求有害氣雲吹拂的危害範圍, 需先知道大氣穩定度與風速, 例如興達地區大氣穩定度 E 的年發生頻率為 8.62%, 風速為 2.2m/sec。

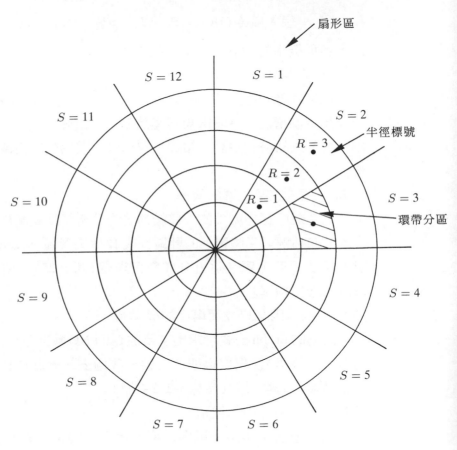

圖 5-25 扇形區與環帶

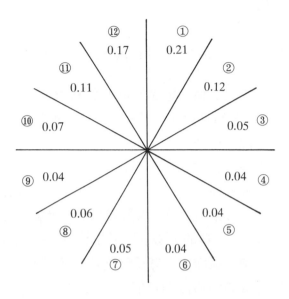

圖 5-26　興達地區全年風向分區及分布率

5-3-2　估計廠內員工個人風險

廠內員工的個人風險有兩種估計方法：

㈠若已知某工廠該年重大危害引起的死亡人數 n，則廠內員工每人的 IR= $n \times 10^{-8}$ 小時 × 2500 小時／年〔假設每名工人每年暴露於重大危害 2500 小時（2000 小時再加上加班時數）。若暴露時數為 2000 小時，則 IR= $n \times 10^{-8}$ 小時× 2000 小時／年〕。若已知 FAR，亦以同方法求 IR，例如假設國內化工廠 FAR= 10，每名工人每年的暴露時間是 2000hr，則 IR= $10 \times 10^{-8} \times 2000 = 2 \times 10^{-4}$／年。

㈡若已知 IR，求 FAR，使用⑴ FAR=IR $\times 4 \times 10^{4}$（設工人每人每年暴露 2500 小時）；⑵ FAR=IR $\times 5 \times 10^{4}$（設工人每人每年暴露 2000 小

時）。

5-3-3 估計社區風險

使用於估計社區風險的資料有：

㈠P_E（某事件發生的機率）$\times P_{WD}$（某風向的發生機率）$\times P_W$（某大氣
　情況的機率）

㈡各扇形區的人口分布和密度

㈢廠外社區的人口結構〔包括社區中夜晚住的人數，白天人數的變
　動、較易受傷者（如傷殘病患、年紀大於 65 歲、年紀小於 5 歲的
　人）、失業的人數、出外工作者……等，參見表5-23〕

㈣風速、風向、大氣穩定度等氣象資料

㈤計算各種事故的可能死亡人數

㈥估計死亡人數 $\geq N$ 的 SR。N 值分別取 10, 1000, 3000, 4500 等人
　今再就上列㈡、㈢、㈤、㈥各項詳論之：

I.廠外社區人口估計

要估計社區的人口，最直接了當的方法，就是實施人口普查，
挨家挨戶統計。但一般研究者憚於此法費時費力，多避免此地毯式
的人口訪查。權宜之計，乃詳細訪查距工廠兩公里之內的人口。因
為外洩出廠外的危險物質的危害性隨距離而迅速衰減，兩公里以外
的區域傷害較小，詳細人口數字不很重要，可採用行政機構公布的
縣市平均人口密度估計之。

II.廠外社區人口結構調查

重大危害若演變成重大災害，擴及廠外社區，則風險評估需
估算社區中受影響的人口。為求準確估算，宜實施人口結構調查，
調查項目如表 5-23 所示。表中所謂「白天出外工作人數」，係指日

間不在廠外社區工作者；「未工作的人數」係指未被僱用從事工作的人數；「白天在家人口數」係指平常在住家或住家附近活動的人數。

表5-23　中油公司永安廠鄰近住家人口結構調查表

計畫執行機構：國立成功大學

委託調查負責人：嘉南藥專工業安全衛生科副教授黃清賢

調　查　區　域：高雄縣永安鄉永安村、永華村、新港村及彌陀鄉舊港村

每戶調查項目

1.夜間人口總數	2.白天出外工作人數
3.未工作的人數	4.疾病或行動不便人數
5.五歲以下小孩人數	6.六十五歲以上老年人數
7.國小學生人數	8.國中學生人數
9.高中和大學學生人數	10.白天在家人口數

受訪者地址：

受訪者簽章：

（LNG接收站環境影響評估之安全評估部分）

一般而言，人口估計可以夜間人口為基礎。根據英國HSE的估計(1976)，全天的人口數大約是夜間人口的80～85%。有些危害的機率是白天時段的函數，有必要分別室內或室外的風險。而一些易受傷害之人口（如老、幼、病、殘）亦需考慮。根據筆者之調查，白天的人口平均是夜間人口的一半，與英國HSE的調查相同（黃清賢，1992）。

III.估計死亡人數

就火災、爆炸的死亡人數估計，可依下列步驟實施之。

㈠從正北方開始，逐一計算每一扇形區的最大下風範圍。

㈡假設 < 20% 之外洩量將在爆炸上下限之內，且由於分布效應，最大的氣雲量在 50 公噸以下。

㈢若僅發生火災（未發生爆炸），致人於死的熱輻射量是 12.6kW/m^2。

㈣計算僅由爆炸所造成的死亡人數（可使用 probit 公式）。

㈤某一質量的外洩危險物每年致死人數 = 外洩頻率 × 火災或爆炸機率 × 大氣狀況的頻率 × 每次外洩的死亡人數。

若已知某地區的人口密度、外洩物的質量、距爆炸點的距離（半徑），則可依下式估計一次傷亡和二次傷亡的死亡人數：

$$N = \pi R_{50}^2 DC$$

式中，　N = 死亡人數

R_{50} = 50% 死亡機率半徑（公尺）

D = 人口密度（由普查人口得知）

$C = \exp(2\sigma^2/\text{m}^2)$（常設定為 1）

σ = 對數分配之參數

R_{50} 可由圖 5–27 求之。而圖 5–27 的縱軸（距離）又可由下兩式求之。

式 5 – a 求一次傷亡的距離。式 5 – b 求二次傷亡的距離。

$$L = \frac{2 \times 10^{-2} \times T^{1/3}}{[1 + (20/T)^2]^{1/6}} \tag{5–97}$$

$$L = \frac{13.2 \times 10^{-2} \times T^{1/3}}{[1 + (3.175/T)^2]^{1/6}} \tag{5–98}$$

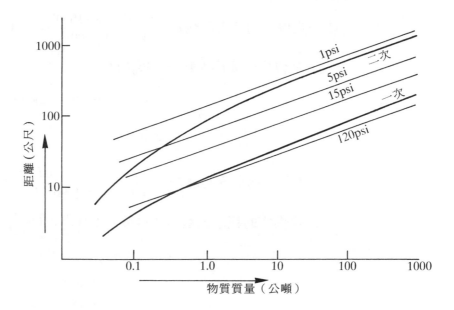

圖 5-27　一次與二次傷亡之爆炸與距離關係曲線

IV. 估計受傷人數

　　雖說風險評估過去常以死亡人數表示之，但畢竟傷者不少，往往是死亡者的數倍。 Canvey 報告(1978、 1981)稱：大略言之，死亡約占全部傷亡之半，但仍依事故的性質而定。 WASH 1400(1976)卻認爲死亡與重傷人數之比爲 1:30。印度 Bhopal 毒氣外洩事故，死亡者 2500 人，重傷者 2 萬人，死傷比爲 1:8。這些藉由事故而觀察得到的傷亡人數比例，難有定論。筆者在進行永安液化天然氣接收站風險之時，則採取 1:10。

【例題十六】

設某石化工廠液化石油氣(LPG)儲槽洩漏出 1000 公噸，廠外社區的人口密度爲 4000 人／平方公里，試求一次傷亡和二次傷亡的死亡人數。

【解】

(1)一次傷亡的危害距離$L = \dfrac{2 \times 10^{-2} \times (1000)^{1/3}}{[1 + (20/1000)^2]^{1/6}} = 0.17$公里

一次傷亡的死亡人數 $= \pi R_{50}^2 DC$

$= 3.1416 \times (0.17)^2 \times 4000$人／平方公里

$= 363$人

(2)二次傷亡的危害距離$L = \dfrac{13.2 \times 10^{-2} \times (1000)^{1/3}}{[1 + (3.175/1000)^2]^{1/6}} = 1.31$公里

二次傷亡的死亡人數 $= 3.1416 \times (1.31)^2 \times 4000$人／平方公里

$= 862$人

5-4 風險評估中的不確定性

5-4-1 不確定性因素

在風險評估的整個過程中，特別是量化分析部分，常常不可避免地採用一些不很可靠的數據（data），估計出來的風險程度必然存在著某程度的不確定性（uncertainty）。決策者面對風險評估報告時，對所估計的風險程度的精確性需戒慎小心，以免判斷錯誤而作出偏差的決策。

造成風險評估不確定性的根源可分三大類（Baybutt, 1986）：(1)分析模式的不確定性；(2)基本數據的不確定性；(3)一般分析評估品質的不確定性。

首先，就分析模式的不確定性而言，常見某些模式無法全盤反

映或模擬真實的情況，例如顯示火災輻射的點源模式或說明氣雲散布的箱形模式（box model），未必是實況之倒影。幾乎每一模式都先設定一些假設條件。

　　其次，是使用於風險評估的一些基本數據本身就充滿不確定性，例如廠外人口資料，有時使用一般人口普查數據，未必就是災害發生時的受影響人口。其他如設備的故障率或人為失誤率亦存在著相當的不確定性。

　　第三，一般分析評估品質的不確定性牽涉到分析評估的完整性與全面性的問題。例如分析者對於事故的因果關係完完全全都考慮到了嗎？有沒有考慮共因故障（common-cause failures）？對於操作程序每一環節皆予考慮？讀者請參見表5-24。有關化工製程的不確定性來源，參見表5-25（CPQRA、AIChE, 1989）。下列這些影響風險評估結果不確定性的因素有些在表5-25已列出，有些則無：

表5-24　風險評估不確定性的根源（NUREG, 1983）

不 確 定 性 根 源	考　　　　　慮
(1)模　　式	① 模式充分足夠嗎？例如：事件樹或失誤樹足以代表製程？ ② 數學或數值約略值有無產生不確定性？ ③ 若模式在某一範圍內有效，有無用於超過該範圍之情況？
(2)輸入之基本數據	① 數據也許不完全或偏頗。是否已考慮所有相關設備的故障率？ ② 現有的數據是否應用到某一情況？ ③ 數據分析方法效用性如何？
(3)品　　質	①實施之分析深度是否足夠？ ②都已考慮人為失誤和共因故障？ ③都已處理重要的製程？ ④都已考慮重要的事件順序？

表 5-25　化工製程量化風險評估的不確定性根源（AIChE, 1989）

1.**系統說明**
　(1)製程說明或圖表不正確或陳舊過時;
　(2)程序未反映真實操作情況;
　(3)現場位置圖和人口數據不正確或過時;
　(4)現有之最靠近工廠的地區氣象資料不適合。

2.**危害分析**
　(1)重大危害的認知未必完全;
　(2)用於未來評價用的, 選出危害的篩選技術也許漏掉重要危害情況。

3.**後果分析技術**
　(1)模式的不確定性:
　　①選擇的模式不適當;
　　②模式的基礎不正確或不足夠;
　　③有效性不足;
　　④模式的參數不正確。
　(2)模式的數據不確定性:
　　①輸入數據（溫度、壓力等）;
　　②氣雲擴散分布的危險物。
　(3)效應模式不確定性:
　　①火災、爆炸、毒性等對人的效應有些來自動物實驗數據;
　　②遺漏一些減低危害效應的因素。

4.**估計事件頻率技術**
　(1)模式的不確定性:
　　①由歷史紀錄數據延伸用於大規模的實際情況, 也許忽略一些危害;
　　②失誤樹理論需要使被分析的系統簡化;
　　③失誤樹和事件樹分析的不完整性。
　(2)數據的不確定性:
　　①數據也許不正確、不完全, 或不適當;
　　②某活動（作業）的數據未必能直接應用於要分析的情況;
　　③來自專家判斷所得的數據未必正確。

5.**風險估計**
　(1)對稱性之假設:
　　①各地風向未必一致;
　　②引燃源未必一致;
　　③各種事故之單點源未必正確。
　(2)減少處理（應對）深度之假設:
　　①風速與大氣穩定度的單一狀況也許太少見;
　　②僅限於少數幾種引燃情況會降低正確性。

㈠天氣的穩定性與風速分布。

㈡各種安全管理策略、措施的變化：如雇主或管理階層對安全活動執行的意願，檢查，工人對操作程序的遵守與否等。

㈢工廠附近人口的變化：如醫院病人的多少、學校的上課與下課，以及其他一般人口的流動性。

㈣地理狀況之變化：廠外地理狀況的變化較小，但偶有變化，如建築物的增減。

㈤毒氣外洩量及外洩時間的變化。

㈥火災爆炸時，引燃的快慢以及氣雲飄送的遠近等。

㈦其他與逃生避難有關者：⑴緊急應變計畫的實效性，如民眾反應是否正確、急救醫療是否充分供應等；⑵人口的流通性；⑶住家窗戶的透氣程度；⑷逃生避難者的生理狀況。

　　在整個風險評估的過程中，幾乎每一步驟皆隱含著程度不等的不確定性。因此之故，不同的評估者，雖然評估的對象相同，但評估的結果卻不盡一致。不論是評估者或決策者，宜注意下列事情：

㈠謹慎使用現有的故障率資料。尤其對於評估對象的現狀不易取得故障率時。有時需修改現有的故障率，以適用於評估的情況，此時需具備良好的判斷和經驗。

㈡在評估事故後果的嚴重性時，需考慮某些情況，如是否及時逃生避難等。

㈢有關研究機構宜再提高資料庫中故障率的可靠度。

㈣決策者宜注意評估結果的不穩定性程度，需判斷是否具代表性的意外事件已列入評估之中，評估結果的可信度如何等。

5-4-2　不確定性分析

　　由於風險評估中隱藏不少不確定性因素，風險分析者有必要告知評估報告的讀者或決策者，其分析評估結果的不確定程度或可能

低估或高估的程度。例如英國 Canvey 報告認為其評估的風險過於保守，可能高估 2～3 倍，但不可能高達 10 倍之多。分析評估者至少能說明其評估的風險的可信度，最好能列出下列數值：

㈠估算的風險的上下限；

㈡估算的風險的標準離差；

㈢估算的風險的可信區間；

㈣機率分配函數。

參考文獻

1. AIChE, CPQRA, New York, 1989.

2. Directorate-General of Labor, Methods for Estimating the Physical Effects of the Escape of Dangerous Materials, The Netherlands, 1979.

3. HSE, Canvey First Report, England, 1976.

4. Lees, Loss Prevention in the Process Industries, Butterworth & Co., London, 1986.

5. Kletz, T. A., Unconfined Vapor Explosions, Loss Prevention Symp. Vol. 11, AIChE, 1977.

6. Clancey, V. J., The Evaporation and Dispersion of Flammable Liquid Spillages, In Chemical Process Hazards, Vol. 5, p. 80, 1974.

7. Davenport, J. A., A Study of Vapour Cloud Incidents–An Update, IChem E, 1983.

8. Roberts, O. F. T., The Theoretical Scattering of Smoke in a Turbulent Atmosphere, Proc. Roy. Soc. A 104, 640, 1923.

9. Sutton, O. G., Micrometeorology, McGraw-Hill Co., New York, 1953.

10. Pasquill, F., The Estimation of the Dispersion of Windborne Materials, Met. Magazine 90(1063), 33, 1961.

11.Pasquill, F., Atmospheric Diffusion, Van Nostrand, London, 1962.

12.Pasquill, F., Meteorological Aspects of the Spread of Windborne Contaminants, WHO Conference, 1965.

13.Van Ulden, A. P., On the Spreading of Heavy Gas Released Near the Ground, in Proceedings of Loss Prevention and Safety Promotion, The Netherlands, 1974.

14.HSE, Canvey Third Report, England, 1981.

15.Thomas, P. H., The Size of Flames from Natural Fires, in 9th Intnl Symp. on Combustion, Academic Press, New York, p. 894, 1963.

16.Welker, J. R., and C. M. Sliepcevich, Bending of Wind Blown Flames from Liquid Pools, Fire Technology, 2, 127, 1966.

17.Raj, P. P. K., and K. Atallah, Thermal Radiation from LNG Fires, in Advances in Cryogenic Engineering, 20, 143, 1974.

18.Raj, P. P. K., et al., Experiments Involving Pool and Vapour Fires from Spills of LNG on Water, A. D. Little report to US Loast Guard, No.CG–D55, 1979.

19.API, API Recommended Practice 521, 2th ed., Sept. 1982.

20.Davenport, J. A., Study of Vapor Cloud Incidents, Chemical Engineering Progress 73, 54~63, Sept., 1977.

21.IChem E, Overpressure Monograph, p. 15, England, 1989.

22.Eisenberg, N. A., et al.,Vulnerability Model, NTIS. AD–A015–245, Spring- field, Va., 1975.

23.Cox, B. G., and G. Saville, High Pressure Safety Code, London, 1975.

24.Anderson, R. P., and D. R. Armstrong, Comparison between Vapor Explosions Models and Recent Experimental Results, AIChem E, New York, 1974.

25.Brown, S. J., Energy Release Protection for Pressurized Systems, in Applied Mechanics Reviews 38, 1625–1651, Dec. 1985.

26.Prugh, R. W., Quantitative Evaluation of BLEVE Hazards, AIChE Loss Prevention Symposium, paper No. 74, New Orleans, March 1988.

27.Baker, W. E., et al., Explosion Hazards and Evaluation, Elsevier, The Netherland, 1983.

28.Finney, D. J., Probit Analysis, Cambridge University Press. Cambridge, 1971.

29.TNO, Analysis of LPG Incident, Mexico City, Report 8727–13325, 1985.

30.Kletz, T. A., The Application of Hazard Analysis to Risk to the Public at Large, World Congress Chemical Engineering, Amsterdam, 1976.

31.黃清賢，〈重大危害之風險評估中使用的基準〉，《嘉南學報》，第 13 期， 1987。

32.Helmers, E. N., and L. C. Schaller, Calculated Process Risks and Hazards Management, Plant Operations Progress, 1（3），190, 1982.

33.Okrent, D., The Assessment and Perception of Risk, Proceeding of Royal Society, A 376, 133～49, London, 1981.

34.Marshall, V. C., Major Chemical Hazards, Halsted Press, New York, 1987.

35.黃清賢，〈永安液化天然氣接收站的量化風險分析〉，《嘉南學報》，第 17 期， 1991。

36.黃清賢、李清泉，〈永安液化天然氣接收站鄰近村莊人口結構調查分析〉，《嘉南學報》，第 18 期， 1992。

37.Baybutt, P. Uncertainty in Risk Analysis, Conference on Mathematics in Major Accident Risk Assessment, University of Oxford, UK, 1986.

38.NUREG, PRA Procedures Guide, 2 vols., NUREG/CR–2300, USNRC, Washington, D.C., 1983.

習 題

1. 風險評估之主要工作為何？有何功用？

2. 重大危害的後果分析包括那兩大模式？

3. 何謂效應模式和損傷模式？

4. 危險物質自容器洩放出來，紋述洩放模式和散布模式。

5. 危險物質自容器洩出，會發生蒸騰（flash）現象和汽化情形，試比較說明之。

6. 若某一儲槽內有 50 公噸的危險物質，一旦發生洩漏（假設全部外流），試求洩放而出的機率如何？（提示：以式 5-16 求之）

7. 假設第 6 題的危險物質分別是 (1)LNG (2)丙烷（液化石油氣），試求自儲槽洩放後形成氣雲的直徑？（提示：以式 5-33 求之）

8. 若 50 公噸的丙烷在槽運車發生 BLEVE，產生火球的最大直徑大約多大？（提示：使用式 5-43 或式 5-44 求之）

9. 第 8 題求出的火球燃燒時間持續多少秒？（提示：以式 5-46 或式 5-47 求之）

10. 若已知丙烷的燃燒熱（Hc）是 46013 kJ/kg，輻射百分比（Frad）是 0.25，則 50 公噸的丙烷發生 BLEVE 之後，射出的熱通量是多少？（提示：由式 5-54 求之）

11. 50 公噸的丙烷自容器外洩後估計是多少 TNT 等量？

12. 該第 11 題之 50 公噸丙烷儲槽外洩而爆炸，則距爆炸地點 300 公尺處，可能達到多少超壓？（提示：先以式 5-72 求 scaled 距離，再由圖 5-15 求超壓）

13. 何謂擴散閃火？何謂預混合閃火？

14. 影響粉塵爆炸的因素有那些？

15. 說明與粉塵爆炸有關的立方根定律。

16.粉塵爆炸時有所謂壓力堆積（pressure piling）現象，試說明之。

17.舉例說明化學性和物理性爆炸的不同。

18.有一易燃性液體儲槽的人孔蓋重 200kg，在儲槽爆炸時飛行的初速是 150m/s，空氣密度（ρ_0）$= 1.293$kg/m^3，$C_L = 0.42$，$C_D = 0.0375$，$A_D = 0.08$m^2，$A_L = 0.0144$m^2。人孔蓋的直徑為 80cm，厚度為 5cm。試求其飛行的距離。

19.某石化工廠現場操作工人工作時間是 5×10^6 小時，在此期間有一人死亡，求其FAR。

20.如何估計個人風險？

21.如何估計社區風險？

22.實施風險評估有那些不確定性因素需予注意？如何避免這些不確定因素的不良影響？

第六章

What-If 分析
與檢查表

　　工業安全界使用檢查表以檢知作業場所的危害由來已久。譬如 1974 年在荷蘭海牙召開的第一屆國際損失防止研討會，即有人討論設計和建造化工廠時應考慮安全有關的事項，並由來自化工界的專家組成一個檢查表委員會，列出十大檢查項目（Buschmann, 1974）：

㈠廠址的選擇、狀況與規畫。

㈡製程所需的物料與製造的物料。

㈢反應、製程狀況與異常或緊急狀況分析。

㈣設備。

㈤危險物質的儲運。

㈥危險廢棄物的運輸與處置。

㈦公共工程方面。

㈧危險作業場所電氣設備分區。

㈨防火防爆。

㈩全廠性緊急應變計畫。

每一大項之下又分幾個小項。這種檢查表使用上相當方便，用者甚夥。另一方面，近年來也有事業單位使用「萬一……該怎麼辦」（What-If）的腦力激盪法，以員工共同參與的方式尋找較佳的安全對策。美國職業安全衛生署（OSHA）要求事業單位從事製程安全管理時，可採用「What-If／檢查表分析」，作為認知、評估、控制危害的方法之一。

　　本章先討論檢查表，再及於 What-If 分析。

6-1　檢查表

　　檢查表上條列不少檢查項目，繁簡不一，其目的在於確認硬體系統，或作業方式或物質的危害、設計缺失、操作失誤或潛在的危

險情況。這些受檢項目在製成檢查表之前，都已參考廠內外業界常遵行的標準、規章、基準等。它可在系統壽命週期的各個階段實施之。它是經驗累積的成果，涵容不少個人的經驗與知識，又可使缺乏經驗的操作者或管理者迅速熟知一些安全設計與管理。

執行檢查表工作的順序包括三個主要步驟：

(一)選擇已製成的檢查表或自行製作檢查表。

(二)實施檢查。

(三)處理檢查結果。

6-1-1 選擇已製成的檢查表或自行製作檢查表

或許受檢查的設備或操作程序與前人製作的檢查表受檢對象完全相同。此時，可拿一份現成的檢查表（如表6-1）查對。但時、地或其他因素（如氣象）有時不同，需略作修正，譬如在海邊與在內陸的工廠雖然製程設備、物料、操作方式皆同，但在海邊的工廠勢必要特別注意腐蝕防範的檢查。

若無現成的檢查表可資取用，則分析者必需依據自己的經驗，並多方面參考專業性書籍期刊等資料，自製檢查表。為避免檢查表常見的掛一漏萬的缺憾，宜參照主要基本項目：(1)物料；(2)流程；(3)廠區選定和規畫；(4)壓力和真空釋壓閥；(5)管路和閥；(6)泵浦；(7)壓縮機；(8)反應器；(9)容器（儲槽、塔槽等）；(10)熱交換器；(11)加熱爐和鍋爐；(12)儀錶；(13)電力設備；(14)其他設備；(15)操作；(16)維護；(17)建築物結構、作業場所、倉儲區等安全問題；(18)消防；(19)環境保護；(20)管理和政策問題。

表 6-1　T-101 儲槽及周邊設備每月保養檢查表

日期：　　年　　月　　日

設備名稱	檢　查　保　養　項　目	保　養　結　果
儲　槽 及 周邊設備	⑴一級泵空氣吊車上加油器（杯）內之油是否充分？	正常
	⑵一級泵空氣吊車 No.2 動作、剎車限制是否正常？	已測試正常
	⑶一級泵空氣吊車 No.1 動作、剎車限制是否正常？	已測試正常
	⑷儲槽地下水泵空氣吊車動作是否正常？	0
	⑸空氣吊車保養（含空氣設備）。	已保養
	⑹每月爲期更換循環水泵及地下抽水泵運轉使用。	0
	⑺儲槽夾層取樣分析（配合技術課取樣）。	已聯絡技術課
	⑻手動閥旋轉測試，並加黃油（機油）。	加黃油保養
	⑼測試閥桿、儀錶、管線附近瓦斯含量。	NG 含量 0%
	⑽氣動閥蓄壓槽檢查排水。（五座）	OK
	⑾儀器、儀錶擦拭核對及補漆（鏽蝕）。	除鏽保養
	⑿槽頂安全閥、真空閥外觀檢查。鉛封良好。	OK
	⒀儲槽出入配管及人孔外觀檢查有無洩漏、結冰、保冷材破損。	OK
	⒁防凍循環水管線手動閥保養加黃油及補漆。	除鏽、加黃油
	⒂HV1010/11/12 蓄壓槽檢查排水。	正常
	⒃側壁及底部土壤溫度是否正常？每月印表保存。	正常
	⒄周邊監視用攝影機鏡頭（外部）擦拭。	OK
	⒅20 磅乾粉滅火機檢查簽名。	OK
	⒆LNG 一級泵浦運轉時數 P-101A/B/C	A2980 B3158 C2593
	⒇集液坑 A 及抽水泵檢查保養。	正常
	(21)循環水槽 T-211 液位（%）。	63%
	(22)每月測試低液位是否正常。	正常
	(23)LNG 泵浦、循環水泵浦、抽水泵浦有無異音振動洩漏。	正常
	(24)側壁排水溝有無裂、變形，管線平臺有無變形異常。	OK
	備註：	
	操作主管　　　　　工程師　　　　　檢查員	

6-1-2　實施檢查

備妥詳細完整的檢查表之後，檢查人員就到現場實施檢查工作。檢查人員也許是一人或多人。然而最有效的檢查應是由對製程設備、操作程序、危險物質、規章標準各有所專的人員組成的小組所共同實施的檢查。這種萬箭齊發式的檢查，比較能面面俱到，支支中的，切入核心。

在檢查過程中，檢查者從現場設備、設備的文件或圖表，與有關員工的談話，逐一參照檢查項目，即可發現缺失。如果檢查工作是在建廠之前為之，則審查小組僅就 P & I 圖或相關圖表討論即可。

6-1-3　處理檢查結果

檢查人員或檢查小組將所發現的缺失綜合整理成一份報告。報告後面附上檢查時所使用的檢查表。對於每一項缺失皆提出建議改善事項，並加註說明。

6-1-4　檢查表應用的利弊

檢查表是前人經驗的精髓，眾人智慧的結晶，為最基本的危害分析方法，不可輕廢。運用檢查表針砭臧弊良窳，其成敗全在該檢查表的詳盡程度。掛一漏萬的情形所在多有。漏列項目可能成為某一重大事故的重要起因。這可能是檢查表最嚴重的缺點。因此，檢查表不宜單獨使用，應輔之以其他危害分析方法，如 HAZOP 或 ETA 等。

事實上檢查表上的檢查項目，難得鉅細靡遺，它常漏列一些危

害，例如共因故障或操作程序上的問題。鑑於檢查表有「見樹不見林」之弊，宜與較系統化的危害分析方法併用。

6–2　What-If 分析

基本上，What-If 分析是一種腦力激盪分析法，其目的在於確認製程或操作上的危害。分析小組常由一些熟悉製程，富經驗人士組成，在研討會中作創造性思考，以「What-If…」（萬一……）提出問題。經由此一發問程序，小組成員指認可能發生的事故情況、事故結果、現有的安全措施，建議新的替代方法或改善措施。

What-If 分析法可應用於突發事故之防範規畫或事故分析。常應用於任一作業或系統製程，諸如：建築物構造，動力系統，原料、產品、物料儲運，廠內環境，操作程序，工作方法，管理措施等。What-If 分析也可針對某一可能之後果實施分析，如員工安全、公共安全、環境安全。

分析小組檢討製程從原料開始，依製程順序，直到產品整個過程。每一步驟都提問：「萬一……該怎麼辦？」以找出程序上的失誤、硬體故障和軟體錯誤。例如有分析者問道：

「萬一原料的濃度錯了，該怎麼辦？」

小組成員即思考此一問題，而發現其後果是：

如果濃度加倍，製程單元可能無法控制而發生迅速放熱反應。

小組成員認爲現有的設備或操作方法不能控制原料的濃度，也不能控制過量的放熱反應，因此建議進料時節制原料的濃度，或安裝緊急停機裝置。此分析方法雖僅是一問一答，但其結果則表列危害的

狀況，其後果、安全防護、改善對策等（如表6–2）。

表6–2　What-If 分析表

製程編號＿＿＿＿＿＿＿＿＿　　製程名稱＿＿＿＿＿＿＿＿＿

所屬單位＿＿＿＿＿＿＿＿＿　　檢討日期＿＿＿＿＿＿＿＿＿

報告編號＿＿＿＿＿＿＿＿＿　　小組成員＿＿＿＿＿＿＿＿＿

萬　　　一	後　　　果	現有保護措施	改善對策	補充說明

　　實施 What-If 分析的程序包括：⑴分析前的準備工作；⑵進行分析；⑶處理分析結果。

6–2–1　分析前的準備工作

　　正如實施任一種危害分析之前一樣，首先需界定所要分析的系統或子系統的範圍。換言之，分析的對象需先予界定，並考量各子系統之間可能的互動關係。其次，各種危害造成的後果（表6–2，第二欄）可分：⑴對廠內員工的傷害；⑵對廠內機器設備的損毀；⑶對廠內外人員、環境或其他財物的傷害破壞。

　　危害分析之前，需成立分析評估小組。簡單的製程，可由 2 或 3 人組成小組；較複雜的製程，則由多人組成，將製程再細分成數區，每一分區有一小組實施分析。依據美國 OSHA 製程安全管理規章要求，小組成員至少兩人：其中一人對製程有相當經驗與知識，另一人對分析方法瞭如指掌。其餘成員可由基層之製造、操作、維護、工程之主管擔任之。

　　最重要的是分析所需的資料（如表6–3所示）應充分取得。分析的對象若是操作中的工廠，則除了書面資料之外，小組成員宜到現場訪視，詢問負責操作、維護保養，或管理人員，以求進一步瞭解。並將所見所聞衍化成 What-If 的問題。小組成員在集會討論之前最主要的工作便是動腦筋想一想「萬一……」式的假設性問題了。

表 6–3　實施 What-If 分析所需資料（AIChE, 1985）

1.製程流程圖
　(1)操作狀況:
　　①使用的製程原料（MSDS）。
　(2)設備說明。
2.建廠計畫
3.製程和儀表圖
　(1)控制器:
　　①連續性監控裝置;
　　②警報系統。
　(2)儀錶:
　　①圖表;
　　②錶（指示計）;
　　③檢知器。
4.操作
　(1)操作人員的職責;
　(2)通訊連絡系統;
　(3)程序:
　　①預防性維護;
　　②動火作業許可證;
　　③進入儲槽;
　　④閉鎖／掛籤;
　　⑤緊急應變。

6-2-2 進行分析

分析會議開始之時，可由廠內工業安全主管就安全設施、措施、管理及所要分析的設備、作業向小組成員報告。然後成員開始提出問題。依序自輸入原料至產品輸出逐項檢討。「萬一」式的問題常不侷限於事先擬好的，有時吉光片羽忽焉閃過腦際，常帶給大家一些靈感。當然，分析的成敗，與專業知識、經驗及警覺性有密切關係，但意外飛來的靈感則錦上添花，增加分析的效果。

分析工作宜按部就班，毋需操之過急，每天工作 4 至 6 小時為宜（午前午後各 2 ～ 3 小時）。每兩天開會一次。依分析對象決定所需完成的時間。

會議之進行有兩種方式：其一是先在白板上寫出各種安全問題，再仔細思考之。其二是每一次僅思考一個問題，待解決此一問題之後再探討下一個問題。兩種方法皆可行，依實施之成效任擇其一。

6-2-3 處理分析結果

將分析的結果依公司規定的格式紀錄下來。其中最重要的是以類如表 6-2 的格式呈現。表格中的文字常較精簡，有時需以圖表或文字說明之。將建議分送有關的個人或單位，特別是生產線的主管，並依規定實施後續追蹤改善程序。

6-2-4 What-If 分析應用的利弊

What-If 分析方法簡便，經濟有效，尤其是小組成員富專業知識與經驗又饒想像力之時。但這種方法結構性（structured）不足，

對付較簡單的系統可以，對付較龐雜的系統就顯得左支右絀、力有
未逮之感。

6-2-5　What-If 分析案例

　　今有一 DAP（diammonium phosphate）製程（圖6-1）。 DAP 是
由氨與磷酸反應而成。 DAP 自反應器流向開放式槽頂儲槽。儲槽
上有釋壓閥。What-If 分析小組現在就此一製程提出「萬一……」
式問題（如表6-4），以針砭可能的危害。表6-5 是此項分析的部
分成果。

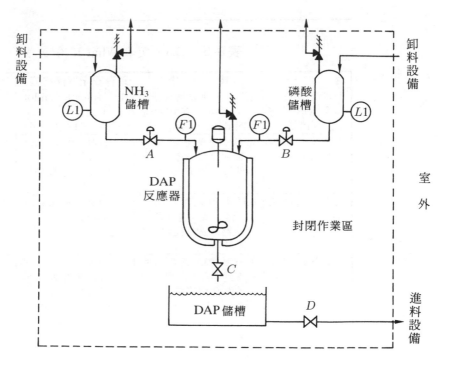

圖6-1　What-If 分析的 DAP 製程略圖（AIChE, 1992）

表6-4　DAP 製程 What-If 問題

萬一：

　　1.磷酸以外的其他原料飼入反應器

　　2.磷酸的濃度太低了

　　3.磷酸受汙染（不純了）

　　4.閥 B 關閉或阻塞

　　5.太多氨流入反應器

　　6.反應器攪動停止了

　　7.閥 C 關閉或阻塞

表6-5　DAP 製程 What-If 分析表

萬　　　　一	後　　　　果	現有安全保護措施	改　善　措　施
1.磷酸以外的其他原料飼入反應器	1.氨與其他物質反應，反應後生成物不是設計中的產品	1.① reliable vendor（歧管） ②物料輸送程序	1.確認原料的輸送和進料程序
2.磷酸的濃度太低了	2.未反應的氨殘留物流到DAP 儲槽，再外洩到作業區	2.① reliable vendor（歧管） ②氨偵測器和警報器	2.在填充儲槽之前確認磷酸濃度
3.磷酸受汙染（成分不純）	3.磷酸或氨與汙染物反應，或反應後的生成物不是設計中的產品	3.① reliable vendor（歧管） ②物料輸送程序	3.確認原料的輸送和進料程序
4.閥 B關閉或阻塞	4.未反應的氨殘留物流到 DAP 儲槽，再外洩到作業區	4.①定期維護 ②氨偵測器和警報器 ③磷酸管上的流量指示計	4.一旦流過閥B的量低時，閥A的氨應發出警報或關閉
5.太多的氨流入反應器	5.未反應的氨殘留物流到DAP 儲槽，再外洩到作業區	5.①氨管上的流量指示計 ②氨偵測器和警報器	5.一旦流過閥A的量高時，閥A的氨應發生警報或關閉

6–3　What-If／檢查表分析

　　將本章前述兩種方法合併運用，就成了 What-If／檢查表分析。實施之方法，仍然是先選定分析的對象，再成立分析小組。小組成員先運用 What-If 方法，對可能發生的事故來個腦力激盪，以明事故因果關係，再輔之以檢查表，以彌補 What-If 之百慮一疏。但在此應用檢查表的方法，與傳統方法略有差異。傳統的方法是詳細列出系統在設計、程序、操作方面應檢查項目，但在 What-If／檢查表分析中則較具一般性，集中在危害發生源與可能的事故之上。此檢查表的功用乃在激發小組成員創造性思考有關於製程的危害來源和危害種類。

　　合併使用這兩種方法，乃在強化彼等所各具有的特色（亦即 What-If 分析之創造性與檢查表之以經驗為基礎的透徹完整性）。如此可互補兩種方法各行其是之不足。如果現今某一小組成員對分析的製程所知有限，自不能冀望小組能對製程的設計、程序、操作等各方面提出深具經驗的安全檢查項目出來。何況 What-If 分析法本身就不是一個多有系統、詳盡、全盤性的系統分析方法（一如 HAZOP 或 FTA 一般），故對於一些較簡單的設備，又從成本效益的觀點來看，把這兩種方法合併應用，可達互生互補之效。

　　What-If／檢查表可使用於製程之任一階段（亦即設計、建造、試俥、操作和停機五大階段）。以下略予細分並略述應用範圍：

㈠設計：設計指引，設計檢討。

㈡建造：查審自動工至完成建物各階段。

㈢試俥：審查操作程序與熱試俥前的演練。

㈣正常操作。

㈤非正常操作：審查在操作範圍外所採取的行動。

㈥緊急狀況操作: 如火災、爆炸、毒氣外洩、停電等情況。

㈦廢棄物管理: 運輸、處理。

㈧預防性維護。

㈨停機: 包括維修, 停工、操作之停機。

㈩消毒: 針對汙染物。

　　實施 What-If／檢查表的程序依序是:

㈠分析前的準備工作。

㈡臚列 What-If 問題的清單。

㈢完成檢查表。

㈣實施分析。

㈤處理分析結果。

　　執行這些工作, 與 6–1、6–2 所述者相同, 不再贅述。

6–4　實施 What-If／檢查表分析案例

　　A 化學公司是生產氯乙烯單體（VCM）的事業單位, 過去數十年來獲利可觀。但其中 B 廠是個老廠, 設備陳舊, 效率不彰。A 公司釐定逐步拆廠計畫, 先拆除 B 廠運轉的其中一具加熱爐 4 爐。為避免可能的危害, 乃實施 What-If／檢查表分析。

6–4–1　分析前的準備工作

　　B 廠中並無人對 What-If／檢查表分析方法深入瞭解。在報告 A 公司之後, A 公司乃指派陳萬檢先生負責 D 爐拆除危害分析工作。陳萬檢先生根據其經驗, 乃蒐集下列相關資料:

㈠加熱爐 P&ID 圖。

㈡加熱爐設計規範。

㈢製程流程圖（圖6–2, AIChE, 1992）。

㈣操作程序和操作紀錄。

㈤維修程序和紀錄。

㈥事故紀錄。

㈦危害分析檔案。

㈧MSDS。

㈨其他（如法規、拆除計畫書）。

並成立危害分析評估小組，其成員基於各方面考慮，包括:

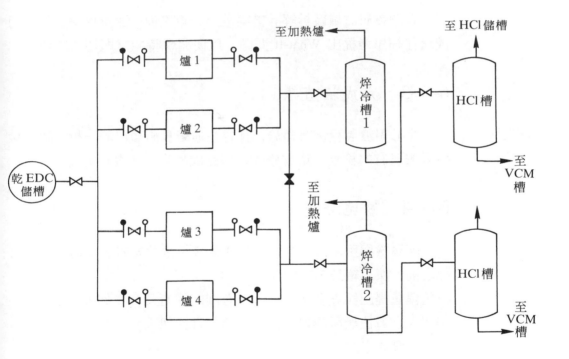

圖6–2　VCM 加熱爐區的製程流程圖（AIChE, 1992）

　　　　甲先生 ── 製程工程師

　　　　乙先生 ── 維修工程師

　　　　丙先生 ── 環保工程師

　　陳萬檢整理數份資料（其中包括加熱爐區設備圖、拆解計畫、What-If／檢查表分析方法）分送小組成員研參。數天後，他召集其他三名成員一起訪視現場、瞭解現場情況，或詢問現場員工。

6-4-2　臚列 What-If 問題清單

　　在開會研討爐區拆解計畫案危害分析之前，陳萬檢請三位小組成員仔細思考提出 What-If 問題，以便開會時能立即切入主題。

6-4-3　完成檢查表

　　由於對於製程富有經驗，且曾在他廠實施類似的分析，陳萬檢將過去已有的檢查表略加修改，即完成檢查表（表 6-6）。

6-4-4　實施分析

　　陳萬檢與甲、乙、丙三人在 B 廠會議室共同研討。進入正式議程之前，陳小組長先說明開會規則：

㈠請儘量提出與安全衛生、環保有關的問題及發表個人看法。

㈡個人之看法無所謂對或錯，故請勿批評他人。

㈢研討會的目的在於指認危害之所在，若不能提出對策亦無妨，提出對策更佳。

㈣討論的範圍不侷限於檢查表上或白板上列出的問題。

㈤一次開會時間以 3 小時為原則。

（以下會議進行情形省略）

6-4-5　處理分析的結果

此次危害分析指出一些安全上應注意防範事項，並提出對策或建議。陳萬檢先生將分析結果整理列表，呈送 B 廠廠長審閱。廠長接納彼等之建議，並指派丁先生協助執行 4 爐拆除安全工作。

表6-6　拆除加熱爐檢查表

1.停機與隔離

　(1) a.是否有停機程序?

　　 b.操作員工是否熟知停機程序?

　　 c.此製程單元曾否停機過?

　　 d.操作員警覺到是拆除工作?

　(2) a.是否有拆除程序?

　　 b.此拆除程序是否曾作技術性審查?

　(3) a.在製程的文件中是否反映製程單元變更或修改情況?

　　 b.這些變更對維修作業的影響已經檢討?

　(4) a.水電等設備將與製程單元分離?

　　 b.是否有閉鎖或安全掛鎖實施程序?

　　 c.設備間的分離是永遠的嗎?

　　 d.此分離作業是否影響其他製程單元?

　(5) a.任何安全或控制裝置是否是暫時性或永遠性不能作用?

　　 b.上一情況如何影響其他操作中的設備?

　　 c.會引致停機嗎?

　(6) a.廠內有人熟悉拆除計畫中尚有緊急情況?

　　 b.是否釐定緊急應變計畫?

　(7)在執行拆除作業中是否需要任何特別醫療管理?

　(8)拆除作業中是否也有拆除消防設備?

　(9)設備都是電氣接地?

　(10) a.如何將製程單元之管路與廠內其他設備隔絕?

　　 b.是否事先確認此項隔絕作業?

⑾ a. 是否全部被隔斷的儲存容器具備足夠的釋壓能力?

　　b. 在拆除作業中，釋壓路線通行無礙，操作無妨?

⑿ a. 在拆除作業中，儲存容器都需要真空保護措施?

　　b. 在拆除作業中，儲存容器需予冷卻?

2.洩放

⑴是否備有製程物料洩放製程單元的操作程序?

⑵是否備有洩放操作所需的防護性裝置?

⑶ a. 管線是否需予拆解以便洩放物料?

　　b. 是否有足夠的措施以確保很熱，很冷，高壓物料不在管線之內?

　　c. 是否有足夠的措施以防範毒性物質或易燃性物質外洩?

　　d. 是否需要申請動火作業或管線切割工作許可證?

⑷ a. 如何處置排放出去的物料?

　　b. 容器內是否含有不相容的物料?

⑸ a. 萬一發生危險物料噴濺情事，是否有適當的通風?

　　b. 排放是否適當?

　　c. 防火設施足以應付?

⑹洩放時，進入該洩放區是否受限制?

⑺ a. 洩放區有無引燃源?

　　b. 洩放區有無可燃性物質?

⑻用於洩放的設備與此製程的物料相容?

⑼ a. 洩放物料是否需進入密閉空間?

　　b. 是否取得進入密閉空間許可證?

⑽洩放管內是否可能發生逆流情事?

3.清除

⑴洩放後，製程內的設備是否清理乾淨?

⑵ a. 用於清除的物質（清潔劑）是否可能與任何製程物料發生反應?

　　b. 能否使用不危險的物料?

⑶ a. 清潔是否需要特別搬運?

　　b. 是否需穿戴個人保護裝備?

⑷錯誤的清潔劑是否可能被意外使用?

⑸如何處理廢棄的清潔劑?

⑹若清潔是可燃物，是否採取消防措施?

⑺在清除之後，是否注意到留下殘餘物？

4.**拆解**

　⑴a.是否使用重機械（如起重機）拆解製程單元？

　　b.現場是否有措施監控重機械運轉？

　　c.是否需檢查起重設備？

　　d.照明是否足夠？

　⑵a.現場是否有可能外洩之危害性物質？

　　b.是否備有安全防範措施？

　⑶a.製程內的設備是否再被使用？

　　b.若再被使用，是否設計上無問題？

　⑷設備是否標識良好？

　⑸a.拆解下來的設備儲放何處？

　　b.是否有特別的儲放條件？

　⑹是否符合環保法規？

　⑺現場其他製程單元，管線是否會被拆解用的機械撞擊？

參 考 文 獻

1.Buschmann, C. H., ed., Loss Prevention and Safety Promotion in the Process Industries, the Hague/Delft, the Netherlands, 1974.

2.AIChE, *Guidelines for Hazard Evaluation Procedures,* 1st edition, 1985.

3.AIChE, *Guidelines for Hazard Evaluation Procedures,* 2nd edition, 1992.

習　　題

1.化工廠在設計和建造時，需注意考慮那些安全衛生的因素？

2.如何利用檢查表實施自動檢查？

3.檢查表的優點和缺點是什麼？

4.何謂 What-If 分析？應用於那些作業或製程？

5.寫出 What-If 分析表。

6.如何實施 What-If 分析？

7.What-If 分析小組在實施製程分析之前，需蒐集那些資料？

8.What-If 分析的優點和缺點是什麼？

9.如何實施 What-If／檢查表分析？

第七章

初步危害分析(PHA)

　　美國陸軍首先發展並運用的初步危害分析（preliminary hazard analysis，簡稱 PHA）常在系統生命週期中的概念階段或設計階段，甚至在初期的發展階段時實施之。雖名之爲「初步」分析，但絕非暗示作草率、粗略的分析。「初步」一辭僅指出此分析係對系統做第一次的危害分析研討。它注意的是對系統有全面性重大影響者，以便決定該系統是否需要進一步實施更廣泛或更深入的分析，所謂見林不見樹的巨觀手法是也。

　　對石化工業或核電廠而言，PHA 自應用於最初的概念階段，或設計之初，廠址選擇的階段，以便一開始即可消滅可能存在的危害。其優點有二：

㈠預先指出危害，以最小的成本和干擾達成控制危害的目的。

㈡協助發展小組（development team）建構操作基準或準則。

　　事實上，對已建廠的設備亦可使用 PHA 作概略性的分析工具。

　　實施 PHA 的小組至少應執行下列事項：

㈠回顧安全方面過去累積下來有用的經驗或查閱相關資料。

㈡分門別類各種主要能源。

㈢審查各種能源，以決定控制這些能源的方法。

㈣設法符合法規及其他安全條件，以確保作業員工的安全，防止環境及有害物質的危害。

　　PHA 之實施可由一人或兩人，甚至是一個小組完成。實施者宜具備製程安全基礎，富經驗者較佳，因爲此項分析需作一些判斷。

　　PHA 進行的主要步驟有三：⑴分析前的準備工作；⑵進行 PHA；⑶將分析的結果建檔與處理。

7-1　分析前的準備工作

　　分析者在實際進行 PHA 之前，應收集所要分析系統或製程的資料，或者收集廠房或設備或使用的物料相同的相關資料。若同樣的製程或設備曾實施危害分析的資料，或操作經驗或檢核表，皆可取為借鏡。

　　因係在系統壽命週期之初即進行危害分析，縱使有資料或經驗可資參酌，可用性未必很高，分析者最重要的是對所要分析的製程有徹底瞭解。除了瞭解設備的危害性之外，對於使用的化學品、反應型式、製程參數（如壓力、溫度等）亦需詳細研究。此外，操作目的、操作環境，也需留意。

7-2　進行 PHA

　　通常使用 PHA 表格（如表 7-1）進行分析。其格式隨分析者的喜好及依分析的系統而略有差異。有的較簡單，有的較複雜（如表7-1）。但每一欄中的文字以簡潔扼要為原則。

表 7-1　初步危害分析（PHA）表

計畫＿＿＿＿＿系統＿＿＿＿＿契約號碼＿＿＿＿＿分析者＿＿＿＿＿

受影響的組件或子系統	操作型式	故障型式	估計的機率	危害之說明	危害的影響	嚴重性分類	建議的控制措施	補充說明

　　PHA 的成敗取決於分析者的專業知識與經驗。PHA 表的內容可說是分析者對系統與操作環境安全、專業知識、經驗和想像力的大結合。沒有一套邏輯程序或方法保證每個分析者將所有的危害都一網打盡。

　　表 7-1 各欄再略述如下:

㈠寫出零組件或子系統的名稱，以便於辨認。PHA 主要係針對硬體組件進行分析。若不是分析零組件，則寫所要分析的程序名稱。

㈡寫出危害發生時的操作型式。相同的零組件或子系統當其操作型式不同時，危害亦可能不同。

㈢零組件之某種故障型式發生，致生危害。有時故障的種類非只一種，則一一陳列。

㈣某故障發生的機率有數種寫法。有的是定性法，如自高機率至低機率依序為: 高度可能（highly probable）、相當可能（considerably probable）、可能性小（remotely probable）、很不可能（improbable）。或者以定量的數值表示故障率，如 10^{-6}/hr。無論是定性或定量方法，對於這些名詞或數值皆需定義清楚。

㈤說明危害的種類、型態，例如可燃性液體洩漏，引發燃燒或爆炸，可能如何發生的途徑。

㈥危害對人或對財物（如設備、設施）的不良影響有那些，逐一說明。例如對人造成中毒或碎片擊傷等。

㈦危害的嚴重性一般分成四級或依需要而分級。常用者如分: 安全或可忽視（safe or negligible）、安全邊緣（safety marginal）、危險（critical）、災變（catastrophic）。每一級的定義應附加說明，便於瞭解。（再參見 FMECA 章）

㈧提出建議，以便有效控制危害。建議宜具體可行，並考量成本效益。

㈨若對作業型式、估計的機率、危害之發生或任何前述項目有必要

補充說明的，寫在最後一行。

　　PHA 應考慮下列系統設計的範圍，以便適當地認知危害：

㈠作為能量來源的危險物品或設備：如易燃易爆物、加熱爐、高壓設備、使用易燃品為燃料的設備等。

㈡介面安全有關的問題：如物料的共容性、電磁干擾（interference）、意外啟動、火災爆炸的起始與蔓延、控制／停機系統等。

㈢會影響廠房設備和危險物品的環境因素：如地震、震動、振動、極高或極低溫、噪音、靜電、輻射等。

㈣作業、試驗、維護，或其他程序上的問題：如人為失誤，要完成的操作員的功能、設備規劃和易接近性（accessability），緊急避難設備設施等。

㈤支援性設施：如儲存、測試用的設備、訓練及其他設施。

㈥安全裝置或設備：如複聯系統、消防設備、個人保護裝備及一些減少災害損失的設備。

　　上述第一項所謂能量的來源（energy sources），係指在工作場所中，會產生能量的物質或設備、工具等，共有五種能量的來源：⑴機械能；⑵電能；⑶熱能；⑷化學能；⑸輻射能。

7-3　將分析的結果建檔與處理

　　PHA 的分析結果，以表 7-1 呈現即可。但因表 7-1 所填寫的內容也許稍為簡單扼要，也許可再就表 7-1 另外加以補充。

　　將分析好的 PHA 表送交負責執行改善措施的單位或個人。負責追蹤的主管亦存檔備查。

7–4　PHA 案例分析㈠

今有一設備概念是：將氯氣從鋼瓶飼入某一製程單元。在此概念階段，PHA 分析者僅知用於此製程的物料，其餘一概不知。分析者鑑於氯氣是毒性物質，且可能自下列情況中洩出：

㈠加壓儲存的鋼瓶洩漏。

㈡製程未完全吸收氯氣。

㈢氯氣輸送管洩漏。

㈣氯氣鋼瓶與製程單元間的接合處洩漏。

這四種是故障的型式，可能發生於試俥時、維修中、測試時、作業中等操作型式。故障機率可查製造商提供的資料或專業書籍。危害之說明在此則說明發生事故的經過，例如氯氣輸送管意外被衝擊，接合處斷裂，高壓的 Cl_2 大量外洩，噴濺在附近的兩名工人。危害的影響有二：⑴兩名工人中毒昏迷，雖迅速急救送醫，但仍發生一死一重傷慘劇；⑵財產損失輕微。嚴重性分類在此情況為「災變」。建議的控制措施也許可考慮使用毒性較低的物質作 Cl_2 的替代品，或安裝氣體洩漏警報裝置，或減量儲存或設置水泥柵欄、水泥陡坡等以阻擋車輛接近等。PHA 結果如表 7–2。

7–5　PHA 案例分析㈡

本案例所要分析的主要子系統為供迫淨用的高壓氮氣儲槽。相關設備如圖 7–1 所示。讀者試作 PHA。

表 7-2　Cl₂ 鋼瓶 PHA 表

設備地點：A 廠 B 區　　　　設備名稱：Cl₂ 飼入系統　　相關設備名稱：A 反應槽
分 析 者：X 君與 Y 君　　　分析日期：1994.9.10

受影響的組件或次系統	作業型式	故 障型 式	估 計機 率	危害之說 明	危害之影 響	嚴重性分 類	建 議 的控制措施	補 充說 明
連接管線	試俥	管線被車輛衝撞後洩漏	10^{-5}/時	連接 Cl₂ 鋼瓶與 A 反應槽的輸送管被倒車的貨運車撞斷	①在附近工作的兩名工人中毒，一死一重傷 ②A 槽部分物料損失	災 變	①尋求 Cl₂ 代替品 ②安裝測漏警報裝置 ③Cl₂ 減量儲存 ④設置障礙物	教導貨運車司機勿開車接近操作設備

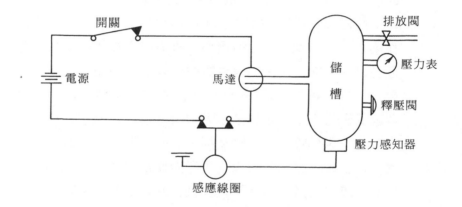

圖 7-1　高壓氮氣儲槽及相關設備

習　題

1. 初步危害分析（PHA）的特點是什麼？

2. 如何實施初步危害分析？

3. 列出初步危害分析使用的表格。

4. 列出本章 7-5 PHA 案例分析之 PHA 表格。

第八章

危害與操作性研究

英國 ICI 公司為解決除草劑製造過程中的危害，於 1960 年代發展一套引導詞（guide words）為軸心的分析方法，檢視設計的安全性以及危害的因果機轉。此項努力持續到 1970 年代初期，創造出定性危害分析的新技術 —— 危害與操作性研究（Hazard and Operability Studies，簡稱 HAZOP）（Lawley, 1974）。其後經 ICI 公司和英國化學工業協會（CIA, 1977）之推廣，由歐陸傳播至北美、日本及沙烏地阿拉伯。在國內方面，筆者於 1987 年在《工業安全衛生季刊》撰文引介（黃清賢，1987）。翌年，臺灣塑膠公司仁武廠成立 HAZOP 小組活動推行輔導委員會，積極在廠內實施應用，成效卓著。中鼎等工程顧問公司亦在石化工廠使用 HAZOP 實施危害分析。近年來，國內化工界工安專業人員對此系統性與高度結構性的前瞻性利器，已青睞有加了。

8–1　什麼是 HAZOP

從某一角度看來，HAZOP 類如 What-If 分析，是一種強調腦力激盪，集眾智產生新認識、新觀念的分析方法。不同於 What-If 的是 HAZOP 跨越 What-If 分析結構鬆散的門檻，藉著引導詞與製程參數的組合明燈，登堂入室探索製程設計與操作程序內無意中擺設的隱秘陷阱。

因為是集體創造，HAZOP 必需鳩集各種不同經驗、知識，和專業訓練的人在小組會議中相互研討設計及操作上的問題。這些問題通常是與設計的預期目標發生歧異之情事。分析小組設法找出偏差或偏離（deviation）的原因，以及其可能造成的後果。藉由危害之後果的評估，可進一步實施量化風險分析。但量化風險分析不是 HAZOP 小組的工作。HAZOP 僅是定性地搜尋危害發生源而已，並建議改善對策。HAZOP 之成敗，常取決於：

㈠分析研究所依據的製程圖表或其他數據。

㈡小組成員的專業技術和洞察能力。

㈢小組成員運用此方法襄助其想像偏離、原因和後果的透視能力。

㈣小組成員具備比例感的能力，尤其是對已指認出的危害，在評估其嚴重性之時。所謂「比例感」係指小組成員對危害的嚴重性之大小，具有衡量其輕重之感知。

8-2 HAZOP 使用的引導詞及術語

HAZOP 小組成員主要憑藉引導詞馳騁其想像力，揉和其經驗和專業知識，挖掘系統中存在的缺失。所謂引導詞係指單一的字或詞，藉以定性或量化設計的意願，並引導分析者思考方向者。CIA 起初使用的引導詞（表 8-1）諸如：無（none, no, not）、相反（reverse）、較多（高）（more of）、部分（part of）、多於（more than）、較少（低）（less of）、除此之外，又（as well as）、除……之外（other than）。近人常依分析時之需要，略予變化，如：較高（higher）、較低（lower）、太多（too much）、太少（too little）、太長（too long）、增加（increased）、減少（reduced）、錯誤（wrong）……等。若再加上與製程有關的參數，如流動、溫度、壓力……等（表 8-2），則可形成多種組合偏離正常情況（表 8-3），類如：

引　導　詞	製　程　參　數	偏　離　情　況
no	flow	＝no flow
part of	pressure	＝less pressure
more than	composition (ex, water)	＝more water
wrong	material	＝wrong material

表 8-1　引導詞的意義與偏離情況

引　導　詞	意　義　與　偏　離　情　況
無 （none, no, not）	應有向前流動的情形，卻沒有流動。
相　反 （reverse）	應向前流動，卻倒流。
較多（高） （more of）	任何有關的物理性質比應當有的情況還多，例如較高的流動（流速或整個流量）、較高的溫度、壓力、黏度等。
較少（低） （less of）	任何有關的物理性質比應當有的情況還少，例如較少的流量、較低的溫度、壓力等。
部　分 （part of）	系統的組成與其應有的情形發生差異，例如組件部分改變、組件缺失等。
多　於 （more than）	系統中存在比其應有的成分更多的物質，如出現其他的相面（蒸氣、固體）、出現不潔物（空氣、水、酸、腐蝕物）等。
除此之外，又 （as well as）	設計的意願達成之外，又多加一些物料、活動或其他事情發生，如反應器應只輸入 A 物料，但同時又輸入 B 物料，而 B 物料非設計之本意。
除……之外 （other than）	除了正常的操作之外，還有那些事件會發生，如起動、停機、加速、低速運轉、其他的作業方式、維護不良、觸媒改變等。

表 8-2　HAZOP 分析常見的製程參數

流　動	濃度	溫度	壓力	液位
相	黏度	反應	顏色	電力
組　成	體積	pH值	速度	分離
添加物	混合	汙染	頻率	時間

表 8-3　引導詞與變數偏離矩陣

變數 ＼ 引導詞	無 none	相反 reverse	較多 more of	較少 less of	部分 part of	多於 more than	除此之外,又 as well as	除……之外 other than
流　量	無	逆流	高	低	濃度錯誤	汙染	汙染	物質錯誤
壓　力	真空		高	低				
溫　度			高	低				
混　合	無混合		過度	不足		汙染	起泡沫	
液　位	無		高	低				
反　應	無反應	逆反應	高速率	低速率	反應不完全		副反應	反應錯誤
時　間			太久	太短				時間錯誤
程　序	無步驟	無步驟	太遲	太早	缺乏部分步驟		有多餘動作	措施錯誤

　　看起來引導詞與製程參數可組合不少偏離情況,而事實上,有些組合無什意義,例如相反(reverse)溫度;有些組合可能另有所指,例如相反壓力,可能意指「真空」。一般言之,製程基本參數主要是流動、壓力和溫度三者,有時再加上一個參數 —— 時間。時間對批次作業是不可或缺的。其他一些參數其實導源於上述幾個基本參數,例如高黏度也許肇因於低溫,因此分別討論似無必要。同理,液位(level)起因於容器內外流進或流出的流體量,液位實際上不是一個獨立變數。簡而言之,HAZOP 偏離情況,基本上僅有下列數種: (1)高流(動)量; (2)高溫; (3)高壓; (4)低流(動)量; (5)不流動; (6)低溫; (7)低壓; (8)倒流; (9)錯誤的相(wrong phase); (10)錯誤的物料; (11)其他。「其他」不是一種偏離情況。在此僅表示上述 10 項以外,某一種特定的偏離情況。

　　使用 HAZOP 的術語中,常見者尚有:

㈠分析點(node): 係指管線儀表圖(P & ID)上的重要製程位置。它代表具有明確界限的某一製程部分,如兩容器間的管路,或某一容器,控制循環,或甚至是操作程序,在此之內,逐一檢討製

程參數之偏離情況。

(二)期望或意向(intention)：為某製程部分預期操作的方式，而沒有偏離情況發生。或是分析點的預期操作狀況。可以多種形式表示，有時是製程敘述說明，有時是圖示說明（如流程圖、管路圖、P & IDs 等）。

(三)製程參數：為與製程有關的物理或化學性質，包括一般性的性質，如：反應、混合、濃度、pH 值，和特別的性質，如：溫度、壓力、相和流動。

(四)偏離(deviation)：係指有系統的應用引導詞之後所發現與設計預期目的歧異之處。通常都是異常狀況。

(五)原因：係指偏離何以發生的可能理由。一旦某偏離情況顯現其原因，即具有分析的意義。這些原因包括：硬體設備故障、人為失誤、未預期的製程狀態（如組成改變）、外在的干擾（如電力喪失）等。

(六)後果：係指偏離情況若發生之後所生的結果，如毒性物質外洩。

8-3　成立分析研究小組

在廠房設計階段，亦即管線與設備圖、設備細部與排列布置皆為已知的情況，並在確定分析研究的範圍之後，即可成立 HAZOP 分析研究小組。以下的小組成員是以化工廠為考慮基礎。

對新的廠房或設備而言，研究小組的成員約包括：

(一)專案工程師 — 可由機械工程師擔任。在設計階段，他負責控制經費在核准的預算之內，希望減少變更，同時寧願今日而不是日後又發現危害或作業上的問題。

(二)製程工程師 — 就化工廠的 HAZOP 小組而言，自然是化學工程師，他起草流程圖。

㈢儀器設備設計工程師 ── 因化工廠的控制與掣動系統相當繁雜。

㈣化學研究員 ── 如果有新的化學品。

㈤獨立的小組主持人 ── 他是 HAZOP 技術的專家，未必是廠內的
人。他的工作是引導這個小組並達成任務。

對現有的廠房或設備而言，研究小組的成員宜包括：

㈠基層主管 ── 負責工廠的作業。

㈡領班 ── 能夠真正曉得會發生什麼事，而不是可能會發生什麼
事。

㈢維護工程師 ── 負責機械維護，曉得許多發生的故障或失誤。

㈣儀器設備工程師 ── 負責儀器設備的維護，包括警報系統和掣動
系統的測試。

㈤製程工程師（主管） ── 負責調查技術問題，並將實驗結果轉移
應用於工廠操作。

㈥獨立的小組主持人 ── 與新廠房之小組主持人一樣。

除了這五、六名成員之外，每一組若配置一名技術秘書，將使分析
工作事半功倍。技術秘書的職責是做正確且完整的會議紀錄。在小
組會議中若有疑問，應隨時廓清，避免令人混淆誤解。他也可加入
討論，因為他本身具有工程背景。

小組成員不必一定限於上述人員，工安、環工人員，甚至是已
退休但經驗豐富的操作員或主管皆可召回廠內，再貢獻其專長經
驗。

HAZOP 小組長無疑是小組的靈魂人物。他本身是工程師，具
備 HAZOP 實際經驗，並有廣博的化工背景。他應能獨立作主、客
觀分析、判斷情況，沒有先入為主的偏見。他對所分析的製程未必
熟稔，事實上，對所分析的製程太熟悉了，反而磨鈍其研析批判的
銳度。他應如居高臨下，隔岸觀火的將軍，以巨鷹之眼，俯視整個
沙場，提出尖銳的問題，刺激其成員思考對陣雙方的漏洞所在，尋
求克敵致勝之道。他最好不是該廠的人。他可能是該廠外總公司的

人員，也可能是工程顧問公司的人，如此，才能建立其獨立性、客觀性，和距離感，免受該廠的牽絆。

當然，如何使小組會議順利進行，達成預期的目標才是HAZOP小組長最主要的任務。他引導小組成員充分發言，營造討論氣氛，但切不可主宰或評判成員發言，或干涉小組的判斷或決定，即使他私下不贊同該項判斷或決定。會議進行之中，小組長應注意會議進行的速度，掌控討論的時間，否則將使成員有沈悶、冗長之感，影響會議的績效。小組長對於一些關鍵問題，應能提醒成員思考，例如製程的接頭、倒流，單一動作即可造成重大事故者，臨時使用的接管……等，這些問題有時會被熟悉製程的資深員工視而不見，聽而不聞。

一般而言，研究小組的成員約5～8人，依需要而定，人數不宜太多，否則影響分析進度。這些成員未必對HAZOP都相當瞭解，僅需短時間（10分鐘亦可）的解說，或以實例說明即可。他們將一面分析，一面學習。HAZOP 小組主持人外，所有的成員對操作程序或設備皆應瞭如指掌，至少有1～2年的現場經驗。

HAZOP 之成功與否，得仰仗研究小組各成員之間的合作無間，協調一致。

8-4 實施 HAZOP 所需的時間

在程序和儀器設備圖表已完成之後，即可實施HAZOP，此時作業和維護程序、安全與訓練守則尚未擬定。如果要分析研究現有的工廠，第一步應查對管線圖表是不是最新的。如果不是最新的，可能有缺漏，而在有缺漏的管線圖表上從事HAZOP 則完全無用。

對於現有的製程，分析每一主要的設備（如烘烤爐、反應器、加熱器等）約需一個半小時，而對於新的製程，則需三小時。

　　為管制研究進度與提高研究成果，增強切磋與腦力激盪，研究小組宜每週聚會兩、三次。每次在三小時以下，以便讓小組成員可以做研究以外的工作，且一個人的想像力在三小時的運用之後將較為遲鈍。

　　使用 HAZOP 分析一件大計畫或全廠，可能歷時數月，縱使有二、三個研究小組同時對不同的作業區進行分析亦然。此時有兩種選擇：⑴在 HAZOP 完成之後再進行設備的設計與建造；⑵允許細部的設計與建造事先進行，但在 HAZOP 分析以後發現有危害存在，則需要修改設計，甚至改變全廠的風險。比較理想的做法，應是採取第一種步驟，而如果建廠或擴建甚為急切才採取第二種步驟。採取第二種步驟時，可在細部設計之前在流程圖上做初步的 HAZOP，其所費的時間將較完全徹底的 HAZOP 為少。

8–5　實施 HAZOP 的理由

　　為什麼要做 HAZOP？這麼小又簡單的企劃案（例如一個液氨儲槽及其管路的裝置工程計畫）何必勞師動眾？而且，我們的工程師學養經驗俱豐，何需一位局外人來指出設計上的缺失?!

　　當然，HAZOP 不等於知識與經驗，也不能代替知識與經驗，它只不過是以系統的、共同協調一致的方法來強化研究小組成員的知識與經驗。由於高科技工業之工廠設計極為繁雜，設計小組未必能全然應用其知識與經驗，特別是安全的知識與經驗。所謂百密有一疏，而此一疏可釀成巨禍。反過來說，如果研究小組的成員不具備製程的知識與經驗，則 HAZOP 亦無用武之地。

　　負責策劃或維護、測試的各個工程師，有時單刀獨鬥。HAZOP 則促使這些工程師的知識與經驗交融在一起，集思廣益，各盡所長。

　　也許策劃或設計人員仍然認爲一些不起眼的工程計畫沒有實施 HAZOP 的必要，但且試一試 HAZOP，小組聚會討論幾次，恐怕不得不承認 HAZOP 有其必要。

　　曾有某工廠的設計小組勉爲其難地對圖 8-1 的管線設備實施 HAZOP，結果再發現十二項當初設計時疏忽的地方。以下僅是其中四項:

㈠如果泵停止，將發生倒流。因此在管路的下游需安裝逆止閥。

㈡如果泵停止，可能發生倒流，流經起動管路(start up line)。是否該起動管路上裝設逆止閥?

㈢在倒流管路上的節流板(restriction plate)或許可以制流器(flow controller)代替，以節省動力。

㈣由於對盲板沒有任何規定，因此在維護時，泵不能以盲板隔離。

這個設計小組方才體認 HAZOP 的妙用，才同意對其他設備實施 HAZOP。

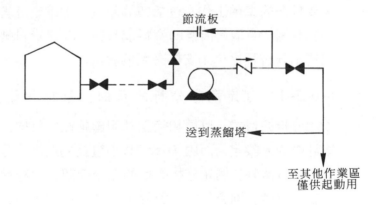

圖 8-1　儲槽、泵浦與管路圖

8-6 實施 HAZOP 的程序

HAZOP 實施的程序包括下列三大步驟:
(一)分析前的準備工作。
(二)實際實施製程 HAZOP 分析(參見圖 8-2)。
(三)分析成果報告。

8-6-1 分析前的準備工作

任何危害分析工作正式展開之前,都需要做好事前的準備工作,HAZOP 自不例外。準備工作量視所要分析的製程大小和複雜程度而定。最簡單的製程,只需幾個人一起研究一張簡單的流程圖,費幾個小時的時間,即可完成 HAZOP。然而,正式的 HAZOP,需要較多的準備工作,包括四個階段: (1)確定危害分析的目的、目標和範圍; (2)取得所需的資料或數據; (3)將資料轉變成適當的形式並規劃分析程序; (4)安排必要的會議。

8-6-1-1 確定危害分析的目的、目標和範圍

分析的目的、目標和範圍越明確越佳。目標常由負責廠房或專案計畫的人設定,而由 HAZOP 小組長協助之。分析的重點何在,必需考慮清楚。例如分析的目的在於確認新建廠房對四周社區居民的影響程度,則分析時,對於可能產生嚴重火災、爆炸、大量毒氣外洩的重大危害,應予特別注意。而對於那些災害範圍僅波及廠界之內者,顯然不是此次 HAZOP 的焦點。

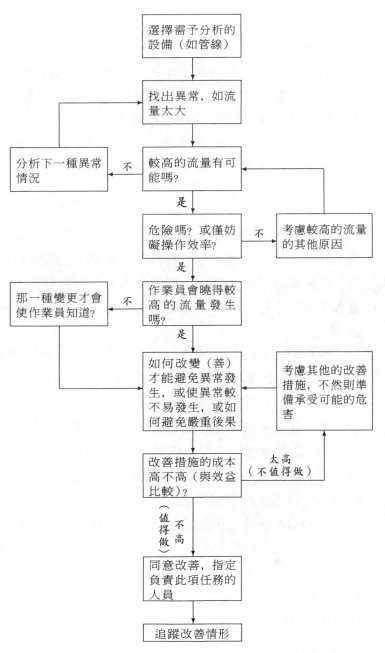

圖 8-2　HAZOP 的分析程序流程圖

8-6-1-2　取得所需的資料或數據

分析用的資料或數據不少，如各種不同的圖表（P & IDs、流程圖、廠區配置圖、操作手冊、儀表程序控制圖、計算機程式等）。偶而可能需要工廠手冊和設備製造商手冊。

數據需先予檢視是否過時，是否涵蓋所要分析的製程單元，若有歧義不清之處應先予釐清。

8-6-1-3　將資料轉變成適當的形式並規劃分析程序

在此階段的工作量依製程的種類而定。對於連續性的製程，準備工作可能不多。現有的流程圖、P & IDs 上的資料已足供研析之用。會議開始之前，發給小組成員各人一份資料即可。分析程序亦直截了當，小組成員自製程的起點開始，依循操作程序往下逐次研討。

對於批次（batch）操作的製程，由於較繁雜的操作和程序（例如在步驟 3，反應器需加熱，而在步驟 8，反應器需冷卻），準備工作包羅雜沓，除了需準備流程圖、P & IDs 之外，尚需操作程序說明書。在某些情況（譬如同時處理兩個或兩個批次以上的物料之時），則需準備每一製程步驟各槽現況的顯示圖。若操作員實際參與製程（譬如不僅是簡單控制製程而已，而是填充物料），則他們的動作也需以流程圖顯示之。

HAZOP 小組長在會議之前，常需先考量研討的順序，參酌操作程序、方法，擬定分析研究計畫。這樣的分析研究計畫未必一蹴可幾，或許需費不少時間蒐集設備製造商的資料（此資料未必適合研析，需經選別），並和專案工程師研究，或與小組成員討論如何進行 HAZOP。

8-6-1-4　安排必要的會議

　　上述三個步驟完成之後，小組長即進行會議時間的排定工作。本章 8-4 已略述實施 HAZOP 所耗的時間。今再詳而言之，對於每一分析點（node）── 即一段管路或一件主要製程設備（如儲槽），分析的時間約為 15～30 分。因此若有一儲槽，有兩條入口管，二條出口管，一條排放管，則共需 1.5～3 小時。

　　所以，由計算分析點（node）之數目，可預估分析所需的時間。另一粗略的估計方法，是估計每一容器需花 2.5 小時。至於操作程序中每一簡單的口述，如「啓動（switch on）輸送皮帶」、「馬達啓動（starts）」、「輸送皮帶開動（starts）」，則配給 15 分鐘。

　　除了時間的安排之外，就是開會地點的選擇。開會場所不受干擾，安靜舒適為原則。會議桌寬敞，可供各種圖表攤開置放。

　　有時專案工程相當鉅大，此時一個 7～8 人的小組勢必無法在有限的時間內單獨完成分析工作。因此需依各廠區分設幾個小組，並推舉其中一個小組長作為召集人，負責協調事宜。

8-6-2　實際實施製程單元 HAZOP 分析

　　準備工作完成之後，小組長依排定的時間表實施製程單元分析。分析的程序如圖 8-2 所示。首先是選定分析之製程單元 ── 假設是某儲槽有管路通往進料泵，再連接第一座進料加熱器。小組成員在明瞭分析的對象、該製程之功用、使用何種物料等之後，從第一個引導詞：無（none, no），先開始考量下列問題：

㈠可能會發生不流動的情形嗎？

㈡如果不流動發生，為何會發生呢？

㈢發生不流動，將造成那些後果？

㈣這些後果有危險嗎？或僅妨礙生產效率？

㈤如果有危害或妨礙生產效率，能夠藉著設計或操作方法的變更來避免不流動發生（或防止不良後果）嗎?

㈥如果可以變更，則危害或風險（事故發生機率乘以事故之後果）的幅度大到應該做安全投資嗎（即安全成本效益的考慮）?

以上 6 個問題一樣應用第二個引導詞「倒流」（reverse）來考量這條管路。例如分析者問: 可能會發生倒流的情形嗎? 爲何會發生倒流? ……等等問題。同樣的問題再考慮「更高的流量」，使用第三個引導詞「較多（高）」（more of）。如此逐一運用各個引導詞繼續分析下去。

在分析的過程之中，分析者會發現一些偏離情況的原因，及可能的後果。小組成員也許可立即提出改善對策，也許需要更充分的資料之後才能提出對策，此時可留待下次會議再予思考。無論有無立即改善方案出現，小組成員的意見都需整合並紀錄下來。小組長在每次使用某一引導詞分析完成之後，需作結論。然後再運用下一個引導詞繼續分析。

改善對策有幾個方向可供思考: (1)變更製程（如製造方法、物料等）; (2)變更製程狀況（如壓力、溫度等）; (3)變更設計（硬體設備之變更）; (4)變更操作方法。

但改善對策的提出，未必全部是小組成員的責任。小組成員或許可提出一些建議對策方案。然而在會議進行之中有限的時間之內，未必浮現最佳改善對策。有時一些技術上的問題（如泵浦軸封技術），小組成員未必專精，此時需請教學有專長的人協助。況且小組成員大都長於硬體工程技術，絀於安全管理技術（譬如人爲失誤的形成與防範），因此他們提出的安全對策常傾向變更設計，而變更設計常是費時費事的。

總而言之，HAZOP 小組的主要責任是探尋製程中的危害，而不是提出改善對策。小組也許可提出改善的方向，但最適當的對策留待最適當的個人或部門去做。

8-6-3　分析成果報告

　　平時，技術秘書（或稱紀錄員）在每次會議之後，即行整理會議紀錄，在下次開會之時或之前供小組成員閱覽，查看有無紀錄錯誤之處。待整個製程分析任務完成之後，小組長或技術秘書需將分析的結果彙整成一份可讀性高的期末報告。

　　在編寫報告之前，得考慮報告的讀者及其用途。一般而言，報告的讀者可分：(1)有工程技術背景者，如現場員工；(2)無工程技術背景者，如一些幕僚管理者。一份報告最好皆能合乎兩種讀者閱讀需求。HAZOP 報告的目的有二：(1)提供管理階層有關於製程單元安全的訊息；(2)說服管理階層作危害控制所必要的投資。因此報告格式需妥為編排。若僅是輕描淡寫一張 HAZOP 分析表（如表8-4），似不足以達成此二目標。較完整、正式的報告大綱，應如表8-5。報告中最具吸引力的部分大概是建議或對策。大部分的讀者會去探究某些製程或操作方法如何改善，因此報告中的建議或對策在編寫時格外重要。編寫原則如下：

表 8-4　HAZOP 分析表

小 組 長： 小組成員：	分析日期：分析製程單元：相關設備：修正日期：

設備	引導詞	偏離的原因	偏離的後果	安全防護裝置	防範對策	備註

表 8-5　HAZOP 報告書大綱

1.(1)摘要
　(2)主要建議或對策
　(3)結論
2.(1) HAZOP 分析方法
　(2)建議或對策（詳細說明）
　(3)會議討論摘要
3.(1)小組長及成員
　(2)開會時間、地點
　(3)補充
4.名詞解釋或索引

㈠建議或對策應自成一體。換言之，應說明相關的製程單元、可能
　的危害、可能的不良後果、作此建議之理由以及重要性等級。使
　讀者不必自己再尋找相關資料即可瞭解。
㈡建議或對策應依分析順序編號。

8-7　實施 HAZOP 的益處和注意事項

　　本章 8-5 論及 HAZOP 實施的理由，似不能道盡HAZOP 優異之
處，今再討論 HAZOP 尚有那些值得稱許之處，以及為發揮 HAZOP
之功用所必需注意的事情。

　　HAZOP 的邊際效益尚有：
㈠將不合時宜的圖表、操作程序汰舊換新
　　前已言及，實施 HAZOP 必需使用最新的圖表方能找出真正的
危害，否則將徒勞無功，空忙一場。對於舊廠而言，P & IDs 等圖表
大多過時陳舊，操作方法、維修程序亦然，恰好利用實施 HAZOP
時期重整翻新。

㈡訓練

　　無論是新進或資深員工，HAZOP 對於員工都是良好的訓練工具。

　　就新進員工而言，可在小組會議當中在一旁學習。他未必要提出建言，最重要的是他可瞭解每一製程的構造、目的，廓清誤解。

　　就富饒經驗的員工而言，讓他瞭解製程異常模式及應變之道，且獲得新的思考方法。

㈢提供廠內各部門之間的討論途徑

　　類似各部門資深工程師在 HAZOP 會議上討論同一製程的機會，顯然不多。說不定各部門之間在工作上有所齟齬，例如操作部門與維修部門未必合作無間，協調一致。這種資深員工的互動聯繫對工廠安全不無助益。

㈣促進工業安全

　　一旦廠內員工知道製程設備將在 HAZOP 小組嚴格的危害分析之下，必定會激勵員工的安全意識，提升操作安全。

　　然而，HAZOP 不是自動萬能鑰，它畢竟只是個分析工具而已，何況它本身也有其限制，譬如 HAZOP 不具量化分析功能。此外，尚有一些應注意事項：

㈠討論過程沈悶、無聊

　　由於每每出現類似的討論形式，有時會使人感到無聊。例如某一管路流量過大的原因與下一截要分析的管路流量過大的原因相同。這種重複性的情況多了，會使人生乏味無趣之感。因此小組長需防範這種情況發生。

㈡「強人」性格的人

　　小組中若某君才高膽大，個性好強，有主宰討論會之傾向，宜防範此君對其他組員的不良影響。小組長要使其他組員有充分發言的機會。

㈢思考方式不當的人

　　有些組員對製程相當熟稔，但對 HAZOP 的思考方式不太瞭解，似乎切入問題的角度偏差，往往無法得到預期的效果。此時需藉一些簡單的製程演練 HAZOP 的思維模式。

㈣時間上的衝突

　　富饒經驗的工程師在會議中有時被傳喚去處理另一件急事，而使得整個排定的議程被迫中途取消。原則上，HAZOP 小組成員不允許在中途離席，去接電話或使用無線電對講機與人聯繫業務。

㈤組織不明確

　　HAZOP 小組的組織必需明確。小組長的權責應清楚明白，充分授權。技術祕書簿記速度應能配合討論的速度。開會的時間、地點、會期長短，應讓組員瞭解，且保證會議當中不被干擾。

㈥訓練不足

　　小組成員一開始對 HAZOP 大多不知如何運作。因此在首次實施分析之時，宜再花個 10 分鐘講解一遍。先從一些大家較熟悉、簡單、重要性又低的製程開始實施。進入情況之後，再實施繁複的製程。

㈦HAZOP 不適用於複雜的邏輯系統和多故障系統

　　有些系統包含複雜的邏輯系統。事故發生時，涉及多種不同系統的交互作用，例如使用分配控制系統（DCS）的工廠，若發生故障，涉及製程和儀電糾葛問題，不適於 HAZOP 之分析。HAZOP 對單項或兩項故障模式之分析，譬如控制閥若未打開則可能發生逆流之異常情況，較有用武之地。

8-8　實例說明

　　今假設對一新設置的易燃性物質儲槽和進料泵實施 HAZOP。研究分析範圍是要認知此相關設備和管線（見圖 8-3）可能造成的

危害。此易燃性物質從儲運車卸下，在低正壓下以液體狀態儲存。泵爲用來將此易燃性物質餵送到現有的反應器之中。

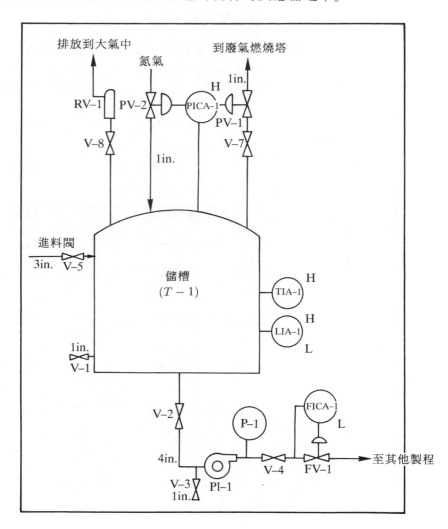

圖8-3　易燃性液體儲槽及相關管路、儀表圖

　　我們可先將此系統分成兩部分來分析：⑴儲槽（T–1）；⑵泵（P–1）與餵料管路。運用表 8–1 的引導用術語，先從 T–1 開始分析，再及於 P–1。分析結果如表 8–6。

表 8–6　運用引導術語在設備管路圖上所得的結果

設備 A	異常（偏差）B	為何產生異常 C	發生異常的後果 D_1	發生異常的進一步後果 D_2	指示器 E	備　註 T
儲槽 T–1	液位低於（less of）	1.儲槽變乾	泵 cavitates	泵受損	LIA–1 FICA–1	泵過熱會使液體反應或爆炸嗎？
		2.裂開 4 吋	液體釋出（流）	可能發生火災	LIA–1 FICA–1	計算釋出量，考慮 LALL 停止泵（LL 表示第二低位警報）
		3.V–3 打開或損壞	液體釋出	可能發生火災	LIA–1	
		4.V–1 打開或損壞	液體釋出	可能發生火災	LIA–1	
		5.儲槽裂開	液體釋出	可能發生火災	LIA–1	能造成儲槽裂開的外在因素是什麼？
	高　於（more of）	6.儲運車卸料太多	槽內液體外溢	液體經由 RV–1 洩出	LIA–1	能否設計RV–1 填充速率排放液體
	無（none）	7.從製程方向倒流	槽內液體外溢	液體經由 RV–1 洩出	LIA–1	考慮在泵排放口安裝逆止閥（check valve）
	較　多（more than）	8.液體中有不潔物	如果揮發，在反應器中可能超壓			在儲運車上還運送其他物料？同的卸料接管可能有那些不物？
	此　外（other than）	9.不正確的液體	有反應的可能性	可能使儲槽破裂		卸料前是否在運車上取樣
儲槽 T–1	壓力低於（less of）	10.到擴張管之 1 吋管路或 1 吋氮氣管損壞	液體洩出	可能發生火災	PICA–1	考慮到 PICA–1 上裝設 PAL

		11.氮氣損失	儲槽內爆炸	液體洩出	PICA–1	儲槽的真空設計是什麼?
		12.PV–2 故障而關閉	儲槽內爆炸	液體洩出	PICA–1	
		13.PICA–1 故障，關閉 PV–1	儲槽內爆炸	液體洩出	PICA–1	
	多　　於（more of）	14.PICA–1 故障，關閉 PV–1	液體經由 RV–1 洩出	若 RV–1 故障儲槽破裂	PICA–1	PV–1 和 RV–1 的容量（負荷）是多少?
		15.PV–1 故障而關閉	液體經由 RV–1 洩出	若 RV–1 故障儲槽破裂	PICA–1	
		16.V–7 關閉	液體經由 RV–1 洩出	若 RV–1 故障儲槽破裂	PICA–1	V–7打開嗎?V–8打開嗎?
		17.儲槽填充太滿	液體外溢	若 RV–1 故障儲槽破裂	PICA–1	
		18.入口的溫度太高	液體經由 RV–1 外溢	若 RV–1 故障儲槽破裂	PICA–1	什麼可防止入口溫度太高?
		19.火炬集管(flare header)	液體經由 RV–1 外溢	若 RV–1 故障儲槽破裂	PICA–1	火炬集管的壓力能否高於儲槽設計壓力?
		20.餵料時有蒸發的不潔物	液體經由 RV–1 外溢	若 RV–1 故障儲槽破裂	PICA–1	考慮安裝獨立的 PAH
儲槽T–1	溫度低於	21.入口的溫度太低	可能造成真空	在儲槽上形成熱應力(stress)		儲槽的溫度上下限是什麼?
		22.儲槽低壓	（與 10 ～ 13 同）	在儲槽上形成熱應力		
		23.入口的溫度太高	（與 18 同）	在儲槽上形成熱應力		
		24.槽外的火焰	儲槽損毀	液體裂出		為何會產生火焰? 防火性能如何?
餵料泵P–1	流　　動（flow）少於	25. V–2 關閉	泵 cavitates	泵受損	FICA–1	（與 1同）
		26. V–4 關閉	deadhead 泵	泵受損	FICA–1	
		27.管路阻塞	泵 cavitates	泵受損	FICA–1	（與 1同）
		28.FV–1 故障而關閉	deadhead 泵	泵受損	FICA–1	（與 26同）
		29.FICA–1 故障，關閉 FV–1	deadhead 泵	泵受損		（與 26同）
		30.V–3 開啟	液體洩出		FICA–1	

	多於	31.FV–1 故障 而打開	upset in 反應 器	液體外洩	FICA–1	反應器可能有[題
		32.FICA–1 故障，打開 FV–1	upset in 反應 器	液體外洩		
餵料泵 P–1	壓力高於	33.V–4 關閉	deadhead 泵	泵受損	PI–1 FICA–1	（與26同）
		34.FV–1 故障 而關閉	deadhead 泵	泵受損	PI–1 FICA–1	（與26同）
		35.FICA–1 故障，關閉 FV–1	deadhead 泵	泵受損	PI–1	（與26同）
		36.V–2 及 V–4 關閉	deadhead 泵	泵或管路超壓	PI–1	評估液壓釋壓
	低於	37.V–2 關閉	泵 cavitates	泵受損	PI–1 FICA–1	（與1同）
		38.V–3 開啟	液體洩出		PI–1	（與3同）
餵料泵 P–1	溫度高於	39.V–4 關閉	deadhead 泵	泵受損		（與26同）
		40.FV–1 故障 而關閉	deadhead 泵	泵受損		（與26同）
		41.FICA–1 故障，關閉 FVC–1	deadhead 泵	泵受損		（與26同）

8-9 使用定量分析方法可提高HAZOP 之分析效果

　　定量分析方法，如 FTA 或 ETA 若與 HAZOP 之分析結果併行，可提高危害分析之整體效果，增加說服力。圖 8-4 是圖 8-3 的失誤樹。失誤樹中各基元事件（即圓形符號內的事件或菱形內的事件）各有其發生機率。這些機率是由相關的故障率資料得來。事件發生機率的高低乘以事件發生的後果（如造成傷亡與物料設備損毀），可計算意外事故之每一主要促成因素（在失誤樹分析中，造成儲存液體外洩之主要促成因素是卸料與裝填不當、外在因素造成儲槽破

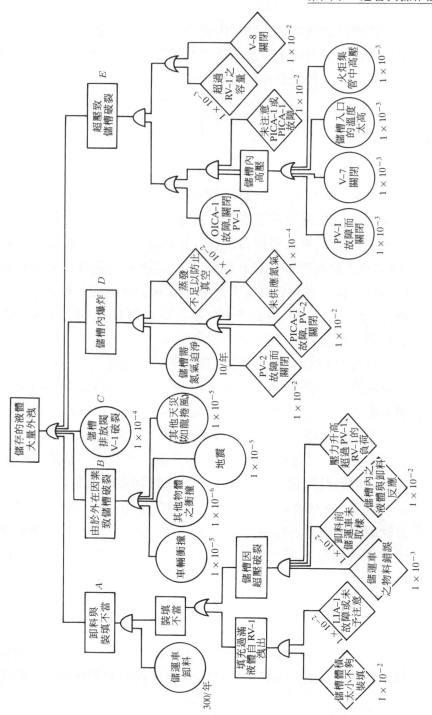

圖 8-4　為圖 8-3 管路圖的失誤樹

裂、儲槽排放閥破損、儲槽內爆炸、壓力過高致使儲槽破裂等）的
風險程度，從而決定改善措施之先後緩急。再考慮各種改善措施的
成本效益，可決定最佳的投資策略。

8-10 結語

　　HAZOP 基本上是一種定性危害分析方法，在系統的初期認定
作業程序或設備中的危害，特別適用於前所未有的新製程設備或
尚未明瞭的反應或製程情況。在歐洲迄今約有半數的新工廠實施
HAZOP。對現有的工廠，則依其複雜性與危害性、風險程度，擇
而施行。譬如具有公共危害的石化工廠、煉油廠、核電廠等。一般
而言，現有的工廠，每1.5～5 年之間宜作HAZOP。HAZOP 的應
用正逐漸增加。

　　實施HAZOP 宜自設備與管路圖繪出之後開始，亦可自製造流
程圖決定之後先實施初步的HAZOP。因為有些設計小組常因設備
與管路既定之後，覺得作設備變更計畫為時已晚，不想作任何變
更，而只想用增加安全防護設備來解決問題。

　　此後，在試俥和運轉期若發現作業上的問題，亦宜實施HAZOP，
其實施間隔時間依設備與作業的危害性與風險而定。

　　實施HAZOP 之後若能再做定量的危害分析，將有助於設計小
組對問題的瞭解，提高分析的說服力，也可化解設計小組成員之間
因立場或觀點不同而產生的歧見（例如專案經理或專案工程師為
控制成本，可能不同意試俥工程師（commissioning engineer）提出再
增加一套獨立的掣動系統來關閉設備，以便在高液位掣動系統故
障時，能發揮作用）。對改善措施之優劣，經濟效益之得失，皆較
能洞悉，有助於決策思考。但使用定量分析之時，對人為之致災因
素，需特別審慎，因有關人為因素的失誤率的變化很大，特別是在

緊急情況時，人的可靠度很難預測。

　　本文內所舉的研究分析實例（圖 8-3 及表 8-6），無論如何僅是一個例子，讀者絕不可視之為正確無誤的分析結果。此實例之分析，也許有過或不及之處。但讀者可取之作為敲門磚或踏腳石，作為深入堂奧的起點。危害分析方法的研究正方興未艾，值得安全工程師鑽研。

　　HAZOP 可能是目前最佳的定性危害分析方法。印度的波布爾（Bhopal）大慘劇若事先實施 HAZOP，災禍或許可免。但假使廠方管理能力低劣，員工作業與維護未依規定程序，安全防護設施未定期檢查測試或修理，忽視基本的安全要求，則不論是定性或定量危害分析，皆徒然浪費時間金錢，無效益可言。管理階層應有此項基本認識。

8-11 練習應用例

　　讀者試對下列製程單元（圖 8-5，環保署，1990）實施 HAZOP。氯化甲烷反應器主要的反應為：

$$CH_3OH + HCl \xrightarrow[\text{放熱}]{\Delta} CH_3Cl + H_2O$$

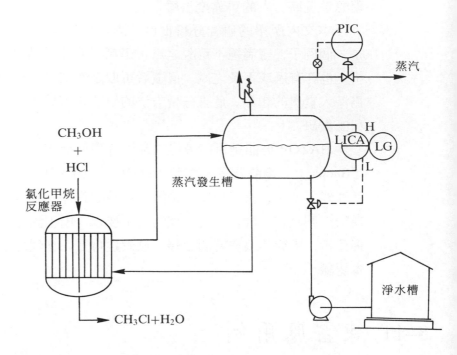

圖 8-5　HAZOP 分析圖例（行政院環保署，1990）

參考文獻

1.Lawley, H. G., Loss Prevention: Operability Studies and Hazard Analysis, Chemical Engineering Progress, 70, 4, 1974.

2.CIA, A Guide to Hazard and Operability Studies, London, 1977.

3.黃清賢，〈危害與作業性研究〉，《工業安全衛生季刊》， 1987。

4.行政院環保署，《化學災害防止技術研討會會議專輯》，高雄醫學院， 1990。

習　題

1.危害與操作性研究（HAZOP）的特點是什麼？

2.HAZOP 的成敗，取決於那些條件？

3.寫出使用於 HAZOP 的五個引導詞（guide words），並舉例說明其意義與偏離情況。

4.HAZOP 分析研究小組成員宜包括那些成員？

5.敍述實施 HAZOP 的程序。

6.假設你使用引導詞 more of，製程參數 flow，則對某製程進行 HAZOP 分析時，你將逐一考量那些問題？

7.實施 HAZOP 有何益處？

8.較完整的 HAZOP 報告書包括那些內容？

9.寫出 HAZOP 分析表格。

10.實施 HAZOP 時應注意那些事項？

11.回答本章 8–11 練習應用例之 HAZOP 分析結果表格。

第九章

道氏與邦德指數

　　危害分析技術中常見所謂的相對的等級（relative ranking）技術。這種技術是比較廠區內各種不同的設備或操作之危害，依估計所得的風險逐一排比，以供安全投資策略之參考。憑藉風險之大小，並考量成本效益，從而實施安全措施或進一步實施其他的危害分析或風險評估，是爲其最終目的。本章所要介紹的道氏指數（Dow Index）、邦德指數（Mond Index）是其中較著聞者。

　　在危害分析與風險評估中，道氏化學公司（Dow Chemical Company）最大的貢獻是在 1964 年研究發展道氏火災與爆炸指數（Dow Fire & Explosion Index，簡稱Dow F & EI）。此一作爲化學工廠防範火災與爆炸參考之用的指數，是從美國工廠互保公司（Factory Mutual Company）的「化工廠的分類」（Chemical Occupancy Classification）發展而來。但初版僅有三個指數，不敷應用，未能清楚地指認化工設施的風險程度。

　　第二版在1966年發行，增加一些安全防範措施。隨後第三版、第四版相繼在 1972 年及 1976 年出版，迭有增刪，譬如增加危險物質的物質係數（Material Factor），對一般製程危害（General Process Hazards）和特殊製程危害（Special Process Hazards）中每一種化學反應或狀況，皆賦予一個數值代表其安全性，稱爲危害點數（penalty）。凡危害性高者，點數亦較高。對於各種安全防範措施，也建立其信用係數（credit factors）。

　　1981 年，第五版出刊，提出風險評估的表格。並由物質係數、製程溫度、壓力，與燃料的量等四個因素，發展暴露半徑（exposure radius），損失控制信用係數亦分成三類：製程控制、物料隔絕與防火三部分。且從最大可能的財產損失（Maximum Probable Property Damage，簡稱 MPPD），利用圖表求得設備停機日數（Maximum Probable Days Outage，簡稱 MPDO），最後算出生產停頓的損失。

　　6 年後（即1987 年第六版），道氏化學公司在應用第五版的指數之後，獲得實際經驗，爲更符合實況，乃略有增刪，主要包括：

⑴改變氣體與液體閃火點的範圍以決定物質係數（MF）。⑵在特殊製程危害部分增加毒性物質的危害點數。⑶簡化信用係數的算法。⑷提供保險公司的彙整資料，其中含廠內風險分析的各種資料。

直至今日，最新版（1994 年出版第七版）的道氏指數仍襲舊風，逐次改訂，降低風險估計的不確定性，以吻合製程實情。

Dow F & EI 僅適用於化學製程單元（process units）。所謂製程單元係指製程設備的主要機件，如馬達、壓縮機、反應器、攪拌機、熔爐、蒸發器、儲槽、乾燥機等。至於產生動力的設備、水處理系統、控制室和辦公大樓等設備設施皆不適用。

此外，邦德指數（Mond Fire, Explosion and Toxicity Index）是由英國的 ICI， Mond Division 研究員 David J. Lewis 發展道氏指數而來。1979 年，Lewis 在美國德州發表這項指數。Lewis 分析不少已發生的火災、爆炸事故，又在應用道氏指數時發現一些不足之處，乃發展邦德指數（1979）。

9-1 危害分析的計算程序

危害分析是風險保險計畫的一部分。保險費率是從估計之可能的損失而來。保險公司用兩種方法來計算估計之可能的損失：⑴過去損失的資料；⑵由蒸氣雲爆炸造成的損失。

有關 Dow F & EI 及 MPPD， MPDO 的計算程序，參見圖 9-1。

在從事石化工廠危害分析之前需先具備的資料，包括：⑴廠區詳細配置圖；⑵製程流程圖；⑶F & EI 表格（如表 9-1）；⑷損失控制信用係數表（如表 9-2）；⑸風險分析摘要（如表 9-3）；⑹製程安裝設備之成本資料。

有了上述資料，危害分析工程師再依下列程序計算 MPPD、MPDO 等。

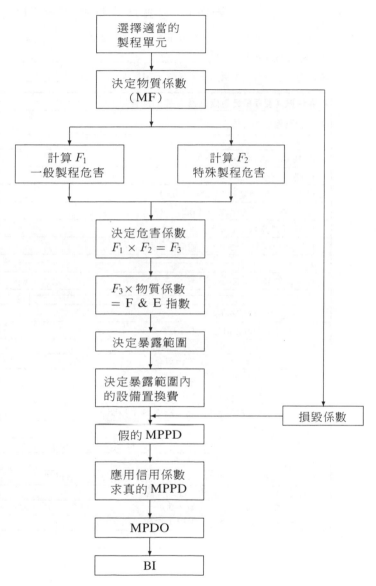

圖9-1　實施道氏指數危害與風險分析的程序

表 9-1　火災爆炸指數（F & EI）

廠址＿＿＿＿＿廠名＿＿＿＿＿製程單元＿＿＿＿＿分析者＿＿＿＿＿審查者＿＿＿＿＿＿＿＿

使用危險物或有害物＿＿＿＿＿＿＿＿＿＿＿＿＿＿＿＿＿＿＿＿＿＿＿＿＿＿＿＿＿＿＿＿

操作狀況□啟動□停機□正常操作　MF 的危險物＿＿＿＿＿＿＿＿＿＿＿＿＿＿＿＿＿＿

物質係數（製程單元溫度超過60°C則需要之）	危害點數	使用的危害點數
1.一般製程危害（F_1）		
基數	1.0	1.0
A.放熱反應（0.3～1.25）		
B.吸熱反應（0.2～0.4）		
C.物料搬運與輸送（0.25～1.05）		
D.封閉或室內製程單元（0.25～0.9）		
E.接近製程單元（0.35）		
F.排放（0.25～0.5）＿＿加侖		
F_1		
2.特殊製程危害（F_2）		
基數	1.0	1.0
A.毒性物質（0.2～0.8）		
B.低壓（＜500mmHg）（0.5）		
C.在易燃性範圍或接近易燃性範圍操作		
□惰氣化　　□未惰氣化		
(1)儲存易燃性液體的槽區（0.5）		
(2)製程失控或迫淨失效（0.3）		
(3)經常處於或接近於易燃性範圍操作（0.8）		
D.粉塵爆炸（0.25～2）		
E.壓力（圖9-3）操作壓力＿＿psig，釋放壓力＿＿psig		
F.低溫（0.2～0.3）		
G.易燃物或不穩定物質的量：＿＿磅，$H_C =$＿＿BTU/lb		
(1)製程內液體、氣體和反應物（圖9-4）		
(2)儲槽內液體或氣體（圖9-5）		
(3)儲槽內固體可燃物，製程中粉塵（圖9-6）		
H.腐蝕與侵蝕（0.1～0.75）		
I.洩漏 —— 接合處與包裝（0.1～1.5）		
J.使用火焰加熱器（圖9-7）		
K.熱油熱交換系統（0.15～1.15）		
L.旋轉的設備（0.5）		
F_2		
製程單元危害係數（$F_3 = F_1 \times F_2$）		
F & EI（$= F_3 \times$ MF）		

表9-2　損失控制信用係數

I. 製程控制（C_1）

(1)緊急電（動）力——— 0.98　　　　(5)電腦控制——————— 0.93～0.99

(2)冷卻———————— 0.97～0.99　(6)惰性氣體——————— 0.94～0.96

(3)爆炸控制————— 0.84～0.98　(7)操作教導或程序——— 0.91～0.99

(4)緊急停俥————— 0.96～0.99　(8)查核反應性化學品— 0.91～0.98

C_1 總數＿＿＿＿＿＿

II. 物料隔斷（C_2）

(1)遙控閥—————— 0.96～0.98　(3)平時排放————— 0.91～0.97

(2)緊急洩放或排放— 0.96～0.98　(4)聯鎖———————— 0.98

C_2 總數＿＿＿＿＿＿

III. 防火（C_3）

(1)偵漏——————— 0.94～0.98　(6)自動灑水系統——— 0.74～0.97

(2)結構鋼—————— 0.95～0.98　(7)水簾——————— 0.97～0.98

(3)地下儲槽與地上雙壁式儲槽　　(8)泡沫滅火系統——— 0.92～0.97

　　　　　　　　 0.84～0.91

(4)水源——————— 0.94～0.97　(9)手提式滅火器——— 0.95～0.98

(5)防火偵測系統等— 0.91　　　　(10)電路防護————— 0.94～0.98

C_3 總數＿＿＿＿＿＿

信用係數 ＝ $C_1 \times C_2 \times C_3 =$ ＿＿＿＿＿＿（填入下列 D 項）

製程單元分析提要

A–1	F & EI	＿＿＿＿＿＿
A–2	暴露半徑	＿＿＿＿＿＿
A–3	暴露範圍	＿＿＿＿＿＿
B	損毀係數	＿＿＿＿＿＿
C	假的（base）MPPD（A–3 × B）	$＿＿＿＿＿＿
D	信用係數	＿＿＿＿＿＿
E	真的 MPPD（C × D）	$＿＿＿＿＿＿
F	MPDO	＿＿＿＿＿＿
G	BI（生產停頓損失）	$＿＿＿＿＿＿

表9-3 工廠風險分析摘要

城　鎮:高　雄　　　部　門:危害分析小組　　　分析日期:3/3/1994
廠　名:A　廠　　　置換費:$50MM　　　　分析者:張耀西

製程單元	MF	F & EI	暴露面積內設備價值	Base MPPD $MM	真的 MPPD $MM	MPDO	BI$MM
反應器	29	174	15	13	6.4	40〜110	10
熔　爐	16	96	12	7	4	28〜90	7
壓縮機	24	143	15	12.5	5.7	35〜110	9

㈠認定計畫書中的製程單元。這些單元在遭受火災、爆炸時能造成最大的傷亡或損毀。計算 F & EI 時,會用到這些單元。

㈡決定每一單元的物質係數(簡稱為MF)。

㈢評估每個在 F & EI 表上列出的危害促成因素(Contributing Hazard Factors),並應用適當的 penalty。

㈣將一般危害係數(General Hazard Factor)乘以特殊危害係數(Special Hazard Factor),可得單元危害係數(Unit Hazard Factor)。由此測出單元危害的暴露程度。單元危害係數與 MF 可共同決定損毀係數(Damage Factor),以表示損失的程度。

㈤單元危害係數與MF 之積是為 F & EI。F & EI 可決定危害暴露區域。

㈥估計在危害暴露區域內全部設備的價格。並以此求假的最大可能的財產損失(Base MPPD)。

㈦應用各種信用係數或將在危害暴露區外的高價值設備重新配置,可簡化成真正的(Actual)MPPD。

㈧用 Actual MPPD 求 MPDO。由此資料可估計生產停頓損失(Business Interruption Loss,簡稱 BI)。

　　以上僅是計算程序的大要,以下各節再分別詳述。

9-2　選擇適當的製程單元

　　道氏指數爲評估製程單元風險的估算工具。本章一開始已定義製程單元。除上述所言之反應器、攪拌器等之外，一些 VCM/ EDC 廠的預熱器、EDC 蒸發器、冷卻塔等皆屬製程單元。倉庫亦可視爲製程單元，因其內儲有不少危險物品，會造成重大災害。

　　選擇適當的製程單元的重要決定因素是：⑴潛在的化學能量；⑵危險物質的存量；⑶每平方面積單位的價值（即資本密度）；⑷製程壓力與溫度；⑸過去發生火災爆炸的紀錄或可能性。上列因素幅度越大者，愈需予以評估。

9-3　決定物質係數（MF）

　　物質係數是測定化合物、混合物或純物質釋放能量強度的數字，也是計算 F & EI 的第一步。MF 是考慮物質的兩種危害而決定的：⑴易燃性(N_f)；⑵反應性(N_r)，以 1～ 40 表示。

　　若危險物質有美國防火協會(NFPA)的易燃性分級 N_f 及反應性分級 N_r，其 MF 可從下面簡表求出：

	N_r 0	1	2	3	4
N_f					
0	0	14	24	29	40
1	4	14	24	29	40
2	10	14	24	29	40
3	16	16	24	29	40
4	21	21	24	29	40

對環氧乙烷而言，其 $N_f = 4$，$N_r = 3$，MF= 29。

下表（表9–4）爲 MF 決定準則。主要物質的 MF，詳見附錄。

表9–4　MF 決定準則表

易燃性或可燃性的液體和氣體	NFPA 325M or 49	反 應 性 或 不 穩 定 性				
		$N_r = 0$	$N_r = 1$	$N_r = 2$	$N_r = 3$	$N_r = 4$
非可燃性	$N_f = 0$	1	14	24	29	40
F.P.>200°F	$N_f = 1$	4	14	24	29	40
F.P.≥100°F <200°F	$N_f = 2$	10	14	24	29	40
F.P.<100°F B.P.≥100°F	$N_f = 3$	16	16	24	29	40
F.P.<73°F B.P.<100°F	$N_f = 4$	21	21	24	29	40
可燃性粉塵或霧滴						
St–1($K_{St} \leq 200$ bar m/sec)		16	16	24	29	40
St–2($K_{St} = 201 - 300$ bar m/sec)		21	21	24	29	40
St–3($K_{St} > 300$ bar m/sec)		24	24	24	29	40
可燃性的固體						
[4]Dense>40mm thick	$N_f = 1$	4	14	24	29	40
[5]Open<40mm thick	$N_f = 2$	10	14	24	29	40
塑膠泡、塑膠、粉末	$N_f = 3$	16	16	24	29	40

但是某些物質沒有NFPA的 N_f、N_r，此時，則運用下列方法求之。

易燃性分級 N_f 是從物質的閃火點導出，或者當閃火點低於100°F時，從沸點導出，或者從 H_{CV} 導出。H_{CV} 是燃燒熱與80°F（atm）蒸氣壓的乘積。凡沸點低於80°F者，取其蒸氣壓爲1。

而反應性分級 N_r 是從分解溫度T_d 導出。T_d 是由計算化學結構熱資料（thermal data）而得。應用的關係是：

閃火點（°F）	H_{CV}	N_f	T_d（K）	N_r
無	$< 10^{-5}$	0	<830	0
>200	$10^{-5} \sim 0.6$	1	$830 \sim 935$	1
$100 \sim 200$	$0.6 \sim 10$	2	$935 \sim 1010$	2
$0 \sim 100$	$10 \sim 150$	3	$1010 \sim 1080$	3
<0	>150	4	>1080	4

今舉一例說明此方法的應用：

【例】

氧化丙烯

分子量　　　　　　　　58

閃火點　　　　　　　　< -20°F

蒸氣壓（27℃）　　　　566mmHg

燃燒熱　　　　　　　　13200BTU/lb

分解溫度　　　　　　　675℃

則因閃火點 < -20°F，$N_f = 4$，$H_{CV} = 316$，$T_d = 948$K（675℃ +273℃），

$N_r = 2$

因此其 MF= 24

其次，粉塵的 MF 是以另一種方法求出。此種方法的基礎建立在粉塵爆炸的嚴重性。而爆炸嚴重性依粉塵爆炸時產生的最大壓力與最大壓升率而定。以煤塵而言，其

$$最大壓力　　=90psi$$

$$最大壓升率=2300psi/s$$

$$因此其MF　=10$$

或者由圖 9-2 可求各類粉塵的 MF。

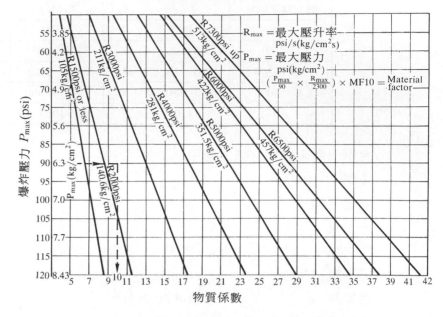

圖 9-2　求粉塵的物質係數

9-4　一般製程危害

　　一般製程危害係指影響損毀事故之大小幅度的重要因素。包括下列六大因素。每一因素之各項各賦予危害點數。點數越大者，表示越危險。

I.放熱反應

㈠輕度放熱反應，其危害點數是 0.3，例如：⑴氫化；⑵水解；⑶異構化；⑷與硫酸反應；⑸中和。

㈡中度放熱反應，其危害點數是 0.5，例如：⑴烷化；⑵酯化；⑶加成反應 —— 無機酸與不飽和碳氫化合物的反應。若此無機酸是強反應劑，則危害點數變成 0.75；⑷氧化（若使用強氧化劑，如氯

酸鹽、硝酸鹽等,則危害點數變成1.0);(5)聚合;(6)縮合。

㈢高度危害的放熱反應,其危害點數是1.0,例如:鹵化反應。

㈣特殊敏感的放熱反應,其危害點數是1.25,例如:硝化反應。

II. 吸熱反應

反應器內之吸熱反應的危害點數是0.2。注意:此危害點數僅適用於反應器。但是由固體、液體、氣體燃料的燃燒供給吸熱反應所需的能量之時,危害點數變成0.4,例如:(1)鍛燒(危害點數是0.4);(2)電解(危害點數是0.2);(3)熱分解或裂解(危害點數是0.2,但若是直接火焰加熱改成0.4)。

III. 物料搬運與輸送

㈠經由輸送管線裝卸第一類易燃物料(即閃火點低於37.8℃的液體)或LPG者,危害點數是0.5。

㈡使用離心機、批式反應器或混合機者,危害點數是0.5。

㈢儲存於倉庫或倉儲區的火災危險物料,依其危害性高低,使用0.25~0.85 危害點數。(1) $N_f = 3$ 或 $N_f = 4$ 的易燃性液體或氣體,危害點數0.85。(2) $N_f = 3$ 可燃性固體,危害點數0.65。(3) $N_f = 2$ 可燃性固體,危害點數0.4。(4)閃火點在37.8~60℃的可燃性液體,危害點數0.25。

以上物質儲存在沒有安裝自動灑水系統的儲架上之時,增加0.2危害點數。

IV. 密閉或室內製程單元

處理易燃性液體或氣體的工作場所宜維持開放、通風良好的建物情況,裨便於將釋出的蒸氣迅速消散,減免製程爆炸的危險。集塵器和濾塵設備也應設置於開放的場所,遠離其他製程。

所謂密閉場所係指上有屋頂,下有多於三面牆的場所,或者是

上無屋頂，下面四周有牆圍繞的場所。

　　設計良好的機械通風系統，其效率不及開放性結構，但是如果機械通風系統能將易燃性物質全部收集起來並予散布，則危害點數可以減少。

　　危害點數的分類如下：

㈠在密閉場所之內安裝集塵和濾塵設備，危害點數是 0.5。

㈡在密閉場所內處理的易燃液體，其溫度高於其閃火點，危害點數是 0.3。若此液體之量超過 10000 磅（≈ 1000 加侖），危害點數是 0.45。

㈢在密閉場所內處理 LPG 或任何易燃性液體，其溫度高於其沸點，則危害點數是 0.6。若其量超過 10000 磅（≈ 1000 加侖），危害點數是 0.9。

㈣若安裝設計良好的機械通風系統，上列第一項和第三項的危害點數可減少 50%。

V. 接近製程單元（緊急救援時）

　　緊急設備應隨時可接近製程單元。最低標準是至少從兩邊接近製程單元。位於密閉場所的製程單元在賦予危害點數之時，應特別考慮這項設施。

　　自道路至少可通向製程單元的一邊。監控火災爆炸用的噴槍口，易於取用者，可視為第二個接近製程單元的方法。

　　凡是接近不易、製程面積超過 925 平方公尺（10000 平方呎）者，危害點數是 0.35。

　　凡是接近不易、倉庫面積超過 2312 平方公尺（25000 平方呎）者，危害點數是 0.35。

　　對於小於上列面積的製程，在評估能否易於接近之時，需加以判斷。若經由準確的工程判斷顯示因製程不易接近，有難以控制火災之嫌，則對此較小面積的製程，賦予 0.2 危害點數。

VI. 排放和溢流控制

　　下列危害點數僅適用於製程單元內危險物之閃火點低於 60℃ 者，或適用於危險物被處理時高於其閃火點者。

　　欲評估排放和溢流控制是否足夠，有必要估計易燃物或可燃物以及消防水之總體積。消防水爲用於實際事故中安全沖除危險溢流物之消防用水。

㈠ F & EI 估計排放量依下列原則:

　　⑴對製程單元，使用單元容量之 100%，對儲槽區，使用最大儲槽之全量。

　　⑵假設消防水 30 分鐘之流量。

　　將⑴和⑵項相加，填入表 9–1，F_1 之 F 項。

㈡選擇危害點數:

　　⑴使用護牆，將危險溢流物圍堵在護牆之內，配以危險點數 0.5。

　　⑵製程單元四周有平坦區域，使得溢流外洩物蔓延，萬一引燃溢流物而燃燒這一大片區域，危險點數是 0.5。

　　⑶在符合下列基準的情況下，製程單元的三面設置護牆，且將溢流物引至集液池或非外露之排放溝渠，則無危害點數:

　　　①伸向集液池或暗溝之斜率在土質表面至少 2% 以上，在硬質表面至少 1% 以上。

　　　②從製程單元至集液池或暗溝最短距離在 15 公尺以上，或大垂直儲槽的直徑以上距離（製程單元是大型垂直槽之時）。

　　　③集液池之容量至少等於上列㈠之⑴、⑵兩項之和。

　　　若僅部分符合上列基準，則使用危害點數 0.25。

　　⑷若集液池或暗溝使公用設施管路外露，或未符合上述距離規定，則使用危害點數 0.5。

　　　簡而言之，若排放設施優良才可免除危害點數。

9–5 特殊製程危害

特殊製程危害係指影響損毀事故之發生機率的重要因素。

I. 毒性物質

毒性物質的危害點數係以 NFPA 704 識別系統中 N_h（健康危害，health hazard）為基準，使用 $N_h \times 0.2$ 作為某毒性物質的危害點數。混合物的危害點數則以 N_h 最高的組成物質為準。

N_h 值自 0 至 4。其意義如下：

$N_h = 0$，暴露在著火狀況下也不生危險，但普通可燃物除外。

$N_h = 1$，會造成刺激性，即使不加治療也僅有很小的後遺性傷害，這種物質僅需戴用合格的濾罐式面罩即可防範。

$N_h = 2$，在強烈或連續的暴露下，除非迅速就醫，否則會造成臨時性工作能力的喪失或後遺性傷害。

$N_h = 3$，經過短暫暴露，即使迅速就醫，也會造成嚴重之暫時或後遺性傷害。

$N_h = 4$，經過短暫暴露也會造成死亡，或者，即使迅速就醫也會有後遺症。

II. 低壓（低於一大氣壓力）

凡是一個系統中有空氣洩漏會造成危害的製程狀況皆適用之。其危害是起因於空氣與對溼氣敏感或對氧敏感的物質接觸，或者起因於空氣之介入而形成易燃性混合氣體。此危害點數（0.5）僅適用於絕對壓力低於 500mmHg 之情況。

III.操作於或近於易燃性範圍

這是會使空氣被引入系統的操作情況。因空氣之介入而形成易燃性混合氣體，易生危險。包括下列情況：

㈠儲存 $N_f = 3$ 或 $N_f = 4$ 易燃性液體的儲槽，在泵出液體或突然冷卻之時，空氣會被吸入而進入儲槽。危害點數是 0.5。

壓力真空釋壓系統具洩放口或無惰性氣體者，危害點數是 0.5。

儲存可燃性液體的溫度高於其閃火點而無惰性氣體充入者，危害點數是 0.5。

若充入惰性氣體，使用密閉的蒸氣回收系統，氣密又能確保，則無危害點數。

㈡只有在儀器或設備故障之時，製程設備或儲槽才可能處於或接近於易燃性範圍，此時危害點數是 0.3。凡是藉助於惰性氣體迫淨（purging）才脫離易燃性範圍的製程單元，其危害點數是 0.3。充填絕緣材料的（padded）貨船或槽車亦適用之。上列 II 項「低壓」已採計者，不再加計此危害點數（即 0.3）。

㈢製程或操作經常處於或接近於燃燒範圍，不論是無法迫淨或不予迫淨，其危害點數是 0.8。

IV.粉塵爆炸

粉塵產生的最大壓力上升率和最大壓力受到其粒徑很大的影響。一般言之，粉塵粒徑愈小，爆炸威力愈大。此處所列的危害點數，對於涉及粉塵之操作的製程單元，皆適用之。

任何粉塵皆有其粒徑。在決定危害點數（參見表9-5），使用粒徑的 10%；亦即粉塵之 90% 粒徑較粗，而其餘 10% 粒徑較細。

表 9-5　塵爆危害點數

粒徑（微米）	通過 Tyler 篩網號數	危害點數
175 以上	60～80	0.25
150～175	80～100	0.5
100～150	100～150	0.75
75～100	150～200	1.25
75 以下	200 以上	2.0
若操作環境內填充惰性氣體，危害點數可減半。		

V. 釋放壓力

操作壓力若高於大氣壓力，外洩率將增高。

操作壓力高於 210 kg/cm^2（＝ 3000 psig）的系統超出標準規章範圍之外（ASME 規章）。對於這些操作壓力較高的製程，以圖9-3 計其危害點數。凡閃火點低於 60℃（140℉）的易燃性與可燃性液體可直接引用圖9-3的危害點數。至於其他物質，則依下列規則修正之：

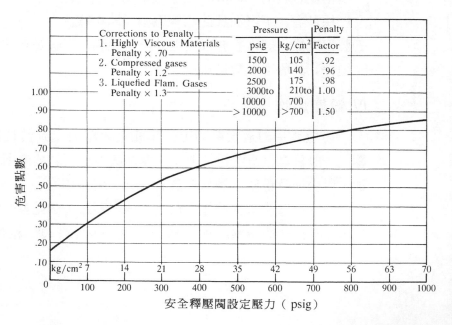

圖 9-3　壓力 —— 易燃性與可燃性液體之釋壓閥設定壓力

㈠高黏度物質，例如焦油、瀝青、潤滑油、柏油，危害點數乘以 0.7。

㈡單獨使用之壓縮氣體或加壓至 15psig 以上之易燃性液體，危害點數乘以 1.2。

㈢液化之易燃性氣體（包括所有儲存在高於其沸點之其他易燃性物質），危害點數乘以 1.3。

挤壓（extrusion）或鑄造（moulding）操作不適用之。

VI. 低溫

　　此處對碳鋼或其他金屬暴露於或低於可延展或易碎之轉移溫度（transition temperature）時，可能碎裂而給予適當的危害點數。若經由審慎的評估，正常或異常操作狀況皆不致出現低於此一轉移溫度，則無需記以危害點數。

　　下列情況應使用危害點數:

㈠使用碳鋼結構的製程，在於或低於展延或易碎轉移溫度下操作，危害點數是 0.3。若無 資料數據可循，則假設轉移溫度 10℃（50℉）。

㈡碳鋼以外的材料，操作溫度在於或低於轉移溫度的製程，危害點數是 0.2。

VII. 易燃性和不穩定物質的量

　　本條款考量製程單元中易燃性和不穩定物質的量增加時，對某區域的暴露危害亦增加。此處共有三種不同的情況，各以圖 9–4、圖 9–5、圖 9–6 估計其危害點數。

㈠製程中的液體或氣體 —— 使用圖 9–4

　　本情況適用於溢流之物質，其量有火災危害，或一旦引燃，會起反應性化學事件者。危害點數適用於任一製程，包括泵入承受槽（holding tanks）。下列作為 MF 的物質皆適用之:

　　(1)閃火點低於 60℃的易燃性和可燃性液體。

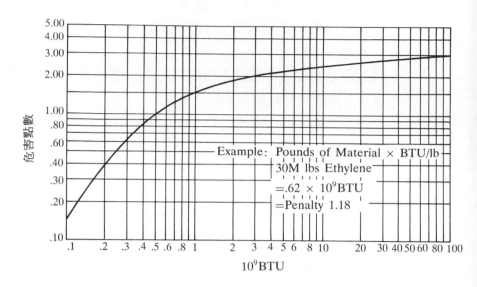

圖 9-4 製程中的液體或氣體

(2)易燃性氣體。

(3)液化易燃性氣體。

(4)閃火點高於 60℃的可燃性液體，且製程溫度高於閃火點者。

(5)不論其易燃性如何（$N_r = 2$、3 或 4）之反應性化學物質。

運用此危害點數，首先需決定製程內這些危險物的量。

危害點數係根據製程內或連接管路中 10 分鐘釋出之產生火災的燃料量。至於有多少物質會釋出，則以常識判斷之。根據經驗顯示此一數量可取下列較大者合理估計之：①製程內危險物之量。②最大的相連製程單元內危險物之量。

但在緊急情況下，相連接的製程單元若可由遙控閥隔斷者，則不予考慮。

在使用圖 9-4 之前，需先將製程中危險物的磅數乘以危險物的燃燒熱（H_c，單位為 BTU/磅，附錄一 MF 表得之或參閱相關化學品資料），看得到多少 BTU×10^9。再由圖 9-4，即可知危害點數。

　　不穩定物質 $(N_r \geq 2)$ 的 H_c 是(1)其分解熱的 6 倍；(2)取 H_c 較大者（若不穩定物質有多種）。

㈡儲存中的液體或氣體（在製程區之外）── 使用圖 9–5

　　此處之危害點數適用於易燃性和可燃性液體、氣體、液化氣體。因不在製程區內，其危害點數較低。

　　估計危害點數，係應用圖 9–5，先計算總 $BTU \times 10^9$ 是多少（即儲存危險品量乘以 H_c）。

　　若在一個普通的護牆內有 2 個或 2 個以上的儲槽，且在 30 分鐘內無法宣洩到容量足夠的集液池，則使用護牆內各儲槽危險物總 BTU，由圖 9–5 求其危害點數。

　　不穩定物質求取危害點數的方法與上列㈠項相同。

　　圖 9–5 中，曲線 A 用於液化氣體，曲線 B 用於第一類易燃液體〔閃火點 <37.8℃（100°F）〕，曲線 C 用於第二類可燃性液體 (37.8℃ ≤閃火點 <60℃)。

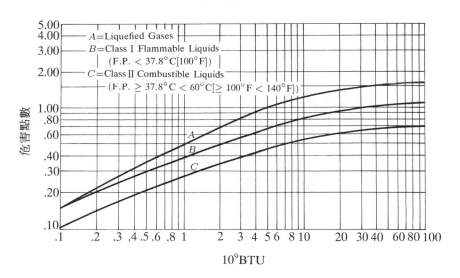

圖 9–5　儲存的液體或氣體

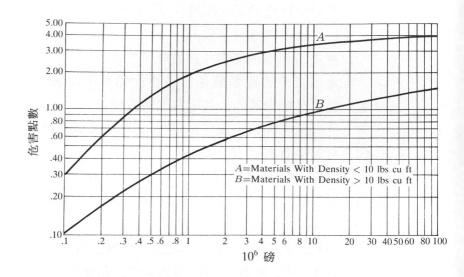

圖 9-6　儲存的可燃性固體或製程中有粉塵

　　若危險物有多種，算其總 BTU 是多少，由圖 9-5 求危害點數。

(三)儲存的易燃性固體或製程中的粉塵 ── 使用圖 9-6

　　此處係依儲存之固體量或製程中的粉塵量，再依危險物的密度、引燃難易程度和維持火焰的能力，而使用圖 9-6 求取危害點數。若物質密度低於 10 lbs/ft^3，使用曲線 A；大於 10 lbs/ft^3 者，使用曲線 B。

　　至於不穩定物質 $(N_r \geq 2)$，取製程單元中物質量的 6 倍，再使用曲線 A 求危害點數。

VIII. 腐蝕與侵蝕

　　下列這些情況會造成製程內在或外在的腐蝕:

(一)製程流體中含不潔物。

(二)油漆脫落。

(三)作保護用的襯墊、襯裡，如塑膠、磚等在隙縫、接合處脫落。

　　下列危害點數適用於:

㈠具有形成凹洞或局部侵蝕之風險，腐蝕率小於 0.5mm/年者，危害
　點數是 0.1。

㈡腐蝕率在 0.5mm/年～ 1.0mm/年者，危害點數是 0.2。

㈢腐蝕率大於 1mm/年，危害點數是 0.5。

㈣若有應力腐蝕發生裂痕風險者，危害點數是 0.75。

㈤需用襯裡防範腐蝕之處，危害點數是 0.2。若襯裡僅用來保護產
　品以防產生顏色，不需危害點數。

IX. 洩漏 ── 接合處和包裝

　　墊圈、接合處或軸心的密封填料和包裝，會成爲危險物洩漏之
源，特別是在有溫度、壓力循環存在之處。危害點數是依製程單元
的設計與物料之使用而有所不同。下列危害點數適用於：

㈠泵浦和活塞桿的密封填料可能會有輕微洩漏，危害點數是 0.1。

㈡製程在泵浦、壓縮機和法蘭接頭常有規則性的洩漏問題，危害點
　數是 0.3。

㈢發生溫度和壓力循環的製程，危害點數是 0.3。

㈣製程單元內的危險物具有滲透性，或者是一種具有磨損力的稀泥
　物，造成密封問題，以及製程單元使用旋轉軸封或包裝，危害點
　數是 0.4。

㈤具備視玻璃、風箱組合系統和膨脹接頭的製程單元，危害點數是
　1.5。

X. 使用火焰加熱器 ── 使用圖 9-7

　　製程內若存有加熱設備，一旦易燃性液體、蒸氣或可燃性粉塵
外洩出來，則增加引燃的機率。

　　此處之危害點數，有兩種方法可資應用：(1)對火焰加熱器本身
而言，火焰加熱器就是 F & EI 計算中的製程單元；(2)對火焰加熱
器鄰近的各種製程單元而言，距火焰加熱器空氣入口到製程單元潛

在洩漏點的距離；此距離即爲圖 9-7 橫軸之距離。

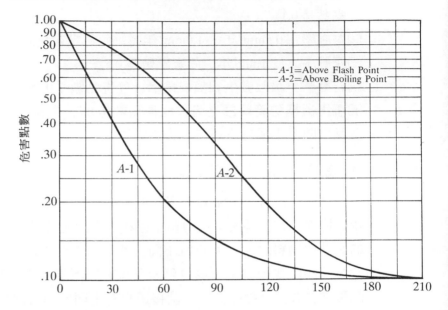

圖 9-7　火焰設備危害點數（位於製程廠區內）

㈠使用曲線 A-1 之時機：⑴製程單元內危險外洩物高於其閃火點；
　⑵製程單元內危險外洩物是可燃性粉塵。

㈡使用曲線 A-2 之時機：製程單元內危險外洩物高於其沸點。

　　若火焰加熱器本身是被評估的製程單元，則距可能的洩漏源之
距離變成零。

　　若加熱器加熱的危險物是易燃性或可燃性，則危害點數是 1.0，
縱使被加熱的物料未達其閃火點之上。

　　若被處理的危險物未達到其閃火點之上，則不適用危害點數。

　　若某火焰設備位於製程區之內，製程單元的危險物被選作MF，
且有可能外洩，高於其閃火點之上，危害點數最少是0.1，不論距離
多少。

　　火焰設備的空氣入口距地面 3 公尺以上，其上方又無危險物外

洩之虞，本身又具有「壓力燃燒器」（pressure burner）設計，則危害點數僅取標準燃燒器之 50% 即可。但火焰設備本身若是被評估的製程單元則不適用。

XI. 熱油熱交換系統

由於大多數熱交換流體都會燃燒，且常使用於高於其閃火點或沸點之上，這對製程單元而言增加其危險性。熱交換流體的量及操作溫度決定其危害點數。

僅在製程單元使用熱油交換系統才應用危害點數。

以表 9-6 決定危害點數之時，選用下列兩者較少之一項：

㈠製程單元管線破裂達 15 分鐘洩流者。

㈡在循環的熱油系統內之油量。

若熱油交換系統本身是被評估的製程單元，不給予危害點數。

表 9-6　熱油熱交換系統危害點數

量（加侖）	在閃火點之上（危害點數）	在於或高於沸點之上（危害點數）
< 5000	0.15	0.25
5000～10000	0.30	0.45
10000～25000	0.50	0.75
> 25000	0.75	1.15

XII. 旋轉的設備

泵浦與壓縮機大於某一尺寸者會產生危險。以下各製程單元配以 0.5 危害點數：

㈠超過 600 馬力的壓縮機。

㈡超過 75 馬力的泵浦。

㈢混合機和循環泵浦因缺乏冷卻劑而使製程生熱。

㈣其他大型高速旋轉設備，曾發生事故者，如離心機。

9-6 決定單元危害係數（Unit Hazard Factor）

單元危害係數（以 F_3 表示）是一般製程係數（F_1）與特殊製程係數（F_2）的乘積。而 F_1 是 GPH 中各危害點數之和加上 1；F_2 是各 SPH 中各危害點數之和加上 1。

F_3 的範圍在 1～8 之間（如圖 9-8），圖 9-8 中的損毀係數（Damage Factor）表示損毀暴露程度的大小。MF 和 F_3 增加時，損毀係數將自 0.01 增至 1.00。F_3 代表由各種促成因素引起的燃料或反應性能量外洩造成的火災與爆轟波損毀的全部情況。

此外，F_3 可用來決定 F & EI。F_3 與 MF 的乘積即是 F & EI。

9-7 決定火災爆炸指數（F & EI）

由上節已知 F_3 與 MF 的乘積等於 F & EI。設有兩個單元 A 與 B，其 F_3 皆等於 4，單元 A 的 MF = 16，單元 B 的 MF = 24，由圖 9-8 可知單元 A 的損毀係數等於 0.45，單元 B 的損毀係數等於 0.74，則單元 A 及單元 B 的 F & EI 分別是 64 與 96。今分列如下：

單元 A	單元 B
$F_3 = 4.0$	$F_3 = 4.0$
MF = 16	MF = 24
損毀係數 = 0.45	損毀係數 = 0.74
F & EI = 64	F & EI = 96
暴露半徑 = 55 呎（17 公尺）	暴露半徑 = 80 呎（24 公尺）

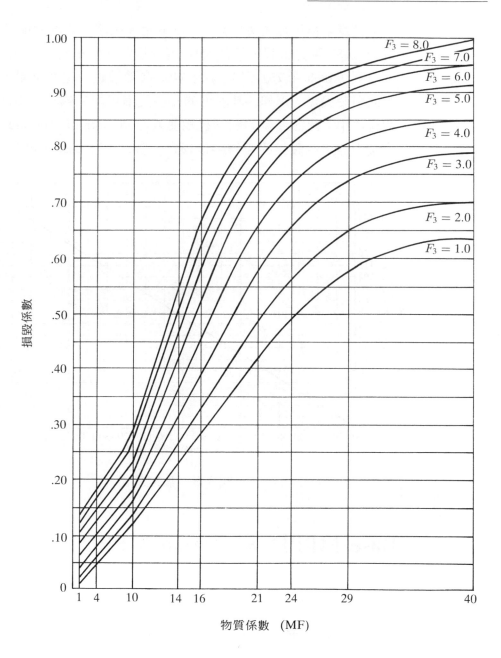

圖 9–8　損毀係數

暴露半徑可從圖 9-9 求出。以單元 A 來說，其周圍地區 9503 平方呎（883 平方公尺）可能 45% 遭受損毀，而單元 B 之周圍 2010 平方呎（1868 平方公尺）可能 74% 遭受損毀。在某單元因燃料外洩而引發火災、爆炸，其附近的一些設備可能暴露在火災、爆炸的危害之中，此被波及的範圍是為暴露範圍（area of exposure）。暴露範圍內的這些設備的價錢乘以損毀係數，可得 Base MPPD。

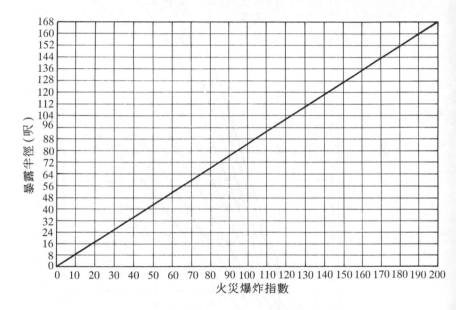

圖 9-9　暴露範圍

9-8　Base MPPD 與 Actual MPPD

假的（Base）MPPD 是從暴露範圍內的設備之置換費得來。

置換費 = 原來的價格 × 0.82 × 通貨膨脹係數

設備的置換費可從目前的會計紀錄，或在暴露半徑內之設備、

建物的成本估計得來。將估計所得的設備價錢乘以損毀係數，即得 Base MPPD。

Base MPPD 表示發生事故後，在毫無安全防範設施或措施之下，工廠所可能遭受的最大損毀。但現今在廠房設計建造之初，即已考慮安全問題，以期減少災害發生的機率，並縮小暴露範圍。道氏化學公司認為化工廠可採取三種安全措施或設施：

(一)製程控制(C_1)：

如裝設緊急應變裝置、防爆抑爆系統、完善的作業程序教導與說明書、審查各種化學製程及其變更情形、物料的儲運等。

(二)物料隔絕(C_2)：

如遙控隔絕閥、排放設施、聯鎖等。

(三)防火設施(C_3)：

如安裝氣體偵測器、足夠的消防用水源、各種防火偵測及滅火系統等。

有了這些安全措施或設施，Base MPPD 可降低至真的（Actual）MPPD。其降低方法是將 C_1、C_2、C_3 的損失控制信用係數（參見表 9–2）相乘（即 $C_1 \times C_2 \times C_3$），再利用圖9–10 轉換成信用係數（Credit Factor）。Base MPPD 與信用係數的乘積，是為 Actual MPPD。

9–9 最大可能停機日數（MPDO）與生產停頓損失（BI）

發生火災、爆炸事故後，機器損毀或故障，必需停機維修，維修期間造成生產停頓的損失。因此事故所造成的損失，除人員傷亡之外，尚有(1)財產損失（包括維修費用）；(2)生產停頓無法供應買主。

參考圖 9-11 Actual MPPD，可算出 MPDO，再由下式計算BI。

$$\$BI = \frac{MPDO}{30} \times \text{所製造產品的價值（\$VPM）} \times 0.70$$

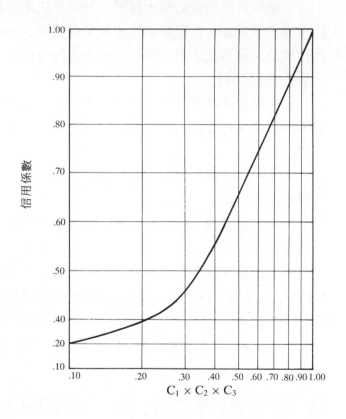

圖 9-10　信用係數

9-10　邦德指數（Mond FE & T Index）

與道氏指數比較起來，Mond Index 新的發展，主要在於：(1
能探討更多的製程及儲存設備；(2)可以評估危險物品的毒性；(3)對

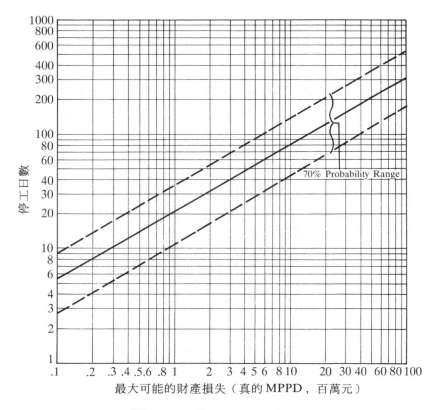

圖9-11　最大可能的停工日數

不同種類的潛在危害（如火災、爆炸、毒氣外洩等）予以分析，並分別將這些危害程度與可接受的風險基準相互比較；(4)提出設備或設施之間的適當安全距離（不適用於重大危害評估）。

9-10-1　一般製程危害（GPH）

在 GPH 方面，Mond Index 與 Dow Index 不同者有二：
㈠對於拆解管路的風險之處理，以及在單元設備中依反應方式之不同而分別地移送液態化學品。

㈡考慮在使用運送危險品的容器（如高壓冷凍儲槽），運槽車可能
發生的危害。

對於有彈性的管路（pipework）或者有關於連結或拆解管路的作
業，使用危害係數 25。

在使用可移動的或有彈性的管路作爲運送液體化學品時，也同
時需要排氣或以惰性氣體迫淨，因其危害性較高，此種作業的危害
點數是 50。

Mond Index 運用適當的危害係數表示運輸危險品容器的危害，
例如公路上的運槽車的危害點數是 100，而鐵路運送的運槽車的危
害點數是 75。

9–10–2　特殊製程危害（SPH）

Mond Index 在 SPH 方面增加了一些新的危害係數，略述如下：

㈠低壓作業：例如含有易燃性物質，以高度真空（600mmHg 分壓
以上）作業的製程，危害點數爲 75。

㈡高壓作業：所估計的壓力可達 10000psig。若壓力在 10000psig 以
上，每增加 2500psi，則增加危害點數10。

㈢低溫作業：以碳鋼作爲設備構造材料，正常作業溫度在 $-10°C \sim$
$10°C$ 之間，其危害點數是 15。

㈣高溫作業：例如對於製程單元內含易燃性液體或固體物質在其閃
火點以上，危害點數是 20。

㈤腐蝕危害：腐蝕率在 0.1mm/年者，危害點數是 0，而在腐蝕率大
於 1mm/年而無沖蝕效應者，危害點數是 50。

㈥接合處與包裝危害：製程單元中含有接合處或軸桿者，如法蘭接
頭會產生輕微洩漏者，危害點數是 30。

㈦振動、荷重循環疲勞危害或支撐物的運動：例如容器是安裝在
load cells 上，一旦旁邊道路運動，會導致容器不穩，其危害點數

為 50。

⑻難以控制的製程或反應：如製程的正常作業溫度是 20℃ 以下，其危害點數是 100。

⑼接近或在爆炸範圍內作業：裝過易燃性物質的空的容器，卻未完全迫淨者，危害點數是 150。

⑽粉塵或霧滴危害：在形成粉塵或霧滴危害常常存在的製程，危害點數是 50～70。

⑾使用氣態的氧化劑的製程：例如使用氧作氧化劑的製程，危害點數是 300。

⑿製程引燃敏感度：例如高濃度的 O_2、N_2O，或 NO 作為氧化劑的製程，危害點數是 50。

⒀靜電危害：例如在有高速氣體（如 CO_2、溼蒸氣、含固體粒子的氣體等）噴射的地方，危害點數是 10～50。

9–10–3　量危害（quantity hazard）

在使用大量可燃性、易燃性、爆炸性等物質時，需予危害點數。這些危險物質的量不論是氣體、液體或固體，皆以其重量計算之。由物質的重量（噸數），使用圖 9–12、9–13、9–14，可求出危害點數。

9–10–4　廠房規劃

製程單元規劃因單元設備本身的高度及其內的易燃品之量又不少，底部（base）又小（如獨立的反應設備），容易發生傾倒崩塌的危害，且可能引發骨牌效應，乃給予某一危害係數值。例如 7 公尺以上高度的開放式（open）製程，內含至少 1 公噸的易燃性物品，其危害係數是 15。對於更高的製程單元，其底部小，因易生骨牌效

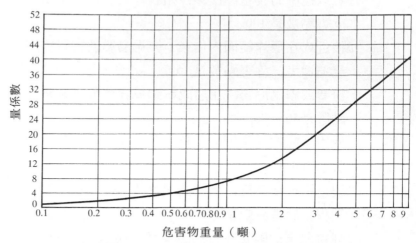

圖9-12 量係數與危害物重量關係(1)

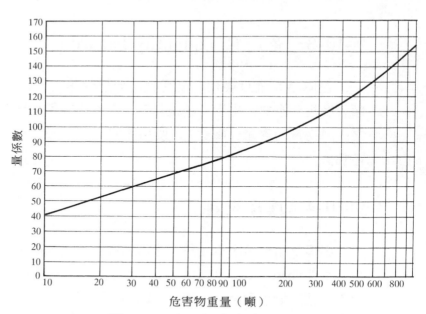

圖9-13 量係數與危害物重量關係(2)

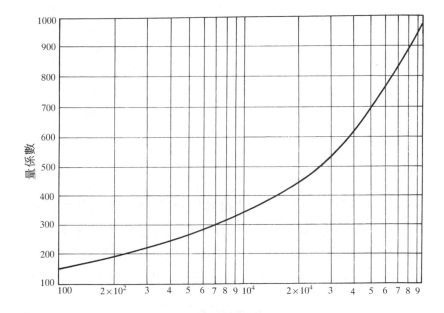

圖 9-14　量係數與危害物重量關係⑶

應，給予的危害點數就大一些，例如高度在 20～ 30 公尺者，危害點數是 20，高度在30～ 40 公尺者，危害點數是 40。

　　有些地下儲存設備亦考慮給予危害點數。

9-10-5　毒性危害

　　Dow Index 未考慮毒氣外洩所造成的危害問題。Mond Index 評估毒性危害的基礎是 TLV–TWA。依有毒物質的 TLV-TWA 分別設定其毒性危害點數：

　　至於有毒物質的短期暴露風險方面，有毒物質的短期暴露限值

TLV（ppm）	危害點數
≤0.001	300
0.001～0.01	200
0.01～0.1	150
0.1～1	100
1～10	75
10～100	50
100～1000	30
1000～10000	10
>10000	0

（TLV–STEL），為連續暴露 15 分鐘而不致忍受刺激性、慢性或不可逆的組織病變，及麻醉程度足以增加發生意外的傾向，減低工人自救能力，或降低工作效率等症狀的最高濃度。Mond Index 依變量係數（excursion factor）之不同，而分別設定危害點數。

變 量 係 數	危 害 點 數
1.25	150
1.25～2	100
2～5	50
5～15	20
15～100	0
>100	−100

按：變量係數是 TLV–STEL 除以 TLV–TWA 而得。

9–10–6　Dow/ICI 總指數的計算

綜合 Dow Index 及 Mond Index 所得 Index，即是 Dow/ ICI 總指數（Overall Index）。對受評估的製程單元的危害程度，分九級如下表（表 9–7）。

表 9–7　Dow/ ICI 總指數

Dow/ICI Overall Index D	總　危　害　程　度
0～20	低　　　　　　微
20～40	輕　　　　　　微
40～60	中　　　　　　等
60～75	略　　嚴　　重
75～90	嚴　　　　　　重
90～115	甚　　嚴　　重
115～150	極　　嚴　　重
150～200	可　能　有　大　災　變
>200	甚可能有大災變

9–10–7　火災可能性的評估

評估火災發生的可能性的方法，Mond Index 係取每平方呎面積內，可燃物產生的 BTU 之火量（fire load）F，分類其危害程度，如下表（表 9–8）。

表 9–8　火量分類

火量 F（正常工作每平方呎面積之BTU）	分　類	預期燃燒時數	說　明
0～5×10^4	輕　微	$\frac{1}{4} \sim \frac{1}{2}$	
$5 \times 10^4 \sim 10^5$	低　度	$\frac{1}{2} \sim 1$	住　　家
$10^5 \sim 2 \times 10^5$	中　度	1～2	工　　廠
$2 \times 10^5 \sim 4 \times 10^5$	高　度	2～4	工　　廠
$4 \times 10^5 \sim 1 \times 10^6$	甚　高	4～10	住家的極限
$1 \times 10^6 \sim 2 \times 10^6$	強　烈	10～20	橡膠、倉儲處
$2 \times 10^6 \sim 5 \times 10^6$	極　烈	20～50	
$5 \times 10^6 \sim 1 \times 10^7$	極強烈	50～100	

9–10–8 爆炸可能性的評估

評估製程單元的爆炸可能性可分兩方面：(1)內部爆炸；(2)氣態（aerial）爆炸。內部爆炸指數 E 及其危害程度分類如下：

內 部 爆 炸 指 數 E	危害程度分類
0〜1	輕 微
1〜2.5	低 度
2.5〜4	中 度
4〜6	高 度
6 以上	甚 高

氣態爆炸指數 A 及其危害程度分類如下：

氣 態 爆 炸 指 數 A	危害程度分類
0〜10	輕 微
10〜30	低 度
30〜100	中 度
100〜500	高 度
500 以上	甚 高

9–10–9 毒性危害評估

評估製程單元的毒性，係利用單元毒性指數 U，又由單元毒性指數 U 乘以量係數 Q，可得重大（Major）中毒事故指數 C。

單 元 毒 性 指 數 U	重大中毒事故指數 C	分　　類
0〜1	0〜20	輕 微
1〜3	20〜50	低 度
3〜6	50〜200	中 度
6〜10	200〜500	高 度
10以上	500 以上	甚 高

9–10–10 應用 Mond Index 於廠房間隔距離

凡具有危害的風險的工廠，廠內設施、設備的配置，需考慮一旦某一製程單元發生災害，易生骨牌效應，而波及鄰近的設施、設備。因此，若能在廠房設計規劃之初，先瞭解各種設備的危害性，依危害性的大小，合理地規劃廠區，從而決定各種設施、設備之間的距離，萬一大火災、爆炸、毒性外洩發生之際，期能保持結構、重要設備的完整性與人員的安全。以下五個表（表 9–9～表 9–13）為對於石油化學工廠內相關設備設施的建議。

表 9–9 process unit 之間的距離（註）

Offset Overall 危害 Rating R_2 之 Process Unit A	與 Unit B (R_2) 之最小距離（公尺）						
	mild 輕微	low 低度	moderate 中　度	high 高度	very high 很　高	extreme 特　高	very extreme 極　高
mild	0	6	9	12	17	20	30
low	6	8	10	15	20	25	40
moderate	9	10	15	18	25	30	50
high	12	15	18	20	30	40	60
very high	17	20	25	30	40	50	80
extreme	20	25	30	40	50	65	100
very extreme	30	40	50	60	80	100	150

註：process unit 包括儲運車（船）或儲桶的裝卸料作業，和主要的高架管線或（cross-country）輸送管的幹線。間隔距離是兩個 unit（unit A 與 unit B）之 R_2 值之函數。

表9-10 process unit 與廠界、發火源與有員工在內的建築物之間的距離最小間距（公尺）

process unit R_2	works 外圍（界限）	廠界或 works 通道或鐵路	控制室	辦公室會客室 workshops 實驗室等	電氣 switchgear 儀器室	電力線與變壓器	加熱設備與類似的發火源	冷卻
mild	20	15	9	12	5	0	7	1(
low	27	20	10	15	10	5	12	1
moderate	35	27	15	20	15	10	17	2
high	50	35	18	27	20	15	25	30
very high	70	50	25	40	25	20	30	3
extreme	120	75	30	60	30	25	40	4(
very extreme	200	100	50	75	40	30	60	5(

表 9-11 儲槽與 process unit 的間距

儲槽（R_2）	到 process unit（R_2）之最小距離（公尺）						
到護牆	mild	low	moderate	high	very high	extreme	very extreme
mild	2	3	4	5	5	6	7
low	3	4	6	7	7	7	9
moderate	5	6	7	7	7	10	12
high	7	7	7	7	10	15	20
very high	7	7	7	7	10	15	20
extreme	7	7	10	10	10	20	25
very extreme	7	7	10	10	15	20	25
到槽壁							
mild	4	5	6	7	8	10	15
low	5	6	7	9	10	15	20
moderate	6	7	9	12	15	20	30
high	7	10	15	18	20	30	45
very high	10	15	20	25	30	40	60
extreme	15	20	25	35	45	55	75
very extreme	20	25	35	50	65	85	110

註： 對地下儲槽而言，與槽壁的距離，是從計畫中的儲槽的外緣量起。儲槽位於距地面 10 公尺之內的地方。地下 10 公尺以上深度的儲槽，距離是從計畫中的人孔和地面管線連接處量起，或距地面 10 公尺之內的地方量起。

表9-12 儲槽之間的距離

儲槽A R_2	到儲槽 B 的最小間距（測量兩槽壁間之距離，公尺計）						
	mild	low	moderate	high	very high	extreme	very extreme
mild	2	4	6	7	9	12	15
low	4	5	7	9	12	15	20
moderate	6	7	9	12	15	15	20
high	7	9	12	12	15	20	25
very high	9	12	15	15	15	20	30
extreme	12	15	15	20	20	20	30
very extreme	15	20	20	25	30	20	30

表9-13 儲槽至廠界、發火源，和有人工作的建築物之距離

儲 槽 (R_2) 到護牆	到 Process Unit 的最小距離（公尺）			
	工場 外圍	廠界或 工廠大道 或鐵路	控制室 辦公室 會客室 實驗室	加熱爐發火源 電氣 switchgear 變壓器與儀器室
mild	5	2	4	2
low	6	3	5	3
moderate	6	3	7	4
high	7	5	7	5
very high	7	5	10	7
extreme	10	7	15	10
very extreme	12	10	20	15
到槽壁				
mild	8	5	10	4
low	10	6	12	6
moderate	12	7	15	8
high	15	10	15	10
very high	20	15	20	15
extreme	25	20	25	20
very extreme	30	25	30	25

在應用這五張表所列出的間隔距離時，宜彈性運用，毋需固守不可。例如依製程單元的高度，結構體的圍阻效率，防火滅火設備安裝的多少，適度調整表列的間隔距離，以不會對鄰近的設施設備

產生骨牌效應為原則。

參考文獻

1.AIChE, Fire & Explosion Index, Hazard Classification Guide, 5th and 6th ed., New York, 1981 and 1987.

2.Lewis, D. J., The Mond Fire, Explosion and Toxicity Index–A Devel opment of the Dow Index, ICI, 1979.

習 題

1.道氏指數僅適用於化學製程單元。什麼是製程單元？

2.道氏指數與邦德指數之間有何關係？有何異同？

3.如何實施道氏指數的危害分析？

4.道氏指數中所謂一般製程危害（GPH）包括那六類情況？

5.研究為何鹵化反應比氫化反應危險？為何硝化反應又比鹵化反應危險？

6.比較易燃物儲槽之護牆與集液池之安全防護功能。

7.道氏指數中所謂特殊製程危害（SPH）包括那些危害情況？

8.某重量之危險物求得其燃燒熱是 $3BTU \times 10^9$，試問其危害點數？

9.造成製程腐蝕的情況有那些？

10.某製程的火災爆炸指數是150，求其暴露範圍。

11.Mond Index 建議之設備設施間隔距離不適用於重大危害分析評估之中，試比較國內外設備設施間隔距離（或安全距離）。

12.Mond Index 如何實施危險物質之毒性危害？

第十章

故障型式，影響及嚴重度分析

與失誤樹分析一樣，故障型式影響及嚴重度分析（failure modes，effects and criticality analysis，簡稱 FMECA），首先在美國國防科技中研究發展，且在國防部各機構中普遍應用（DOD, 1980），後來逐漸應用於工業界。在核能、化工、石化、海上鑽油等高風險工業中，自不例外。工業界的設計工程師與可靠度（reliability）工程師常運用 FMECA 以預測複雜的產品的可靠度，預估一件產品的零件在某特定的時間及情況下，如何失去其功能，故障的次數是多少，故障之後對其他零件或對整個系統會產生怎樣的影響等。FMECA 的功用不止於可靠度一端，其分析所得的資料，尚可作下列用途：

㈠協助評估所設計的裝置，如複聯系統（redundancy）、故障偵測，以及 fail-safe 特性等。

㈡對測試、採購（procurement）、檢查、改善措施等提供先後順序的參考資料。

㈢提供失誤隔絕（fault isolation）及維護性（maintainability）分析的參考資料。

㈣提供系統安全分析（如失誤樹分析）所需的硬體資料。

　　FMECA 可在系統週期的任一階段中，依計畫內容之需要，以不同深淺程度實施，但在設計階段的初期，一旦所需的設備確定之後，即應實施。FMECA 的對象是系統或子系統中的零組件，尤其對於複雜的系統中的設備零件，最能發揮其故障針砭的功效，此為其他系統安全分析技術不能望其項背之處。但因其分析對象大多限於硬體，故對於人為因素和作業環境因素較少納入分析考慮範圍。因此，如果能將 FMECA 與失誤樹分析合併使用，必更能瞭解整個作業系統的危害，進而防範事故發生。

　　FMECA 是⑴FMEA（故障型式及其影響分析）；⑵CA（Criticality Analysis，嚴重度分析）兩種分析技術的總稱。本文將分別討論這兩種分析技術，並舉例說明。在正式討論之前，先定義有關的常用術語。

10–1 定義

今將有關的常用術語定義如下。

㈠故障: 零組件在特定的限制條件內未能完成其所需要的功能。

㈡故障型式: 係指具體地描述故障發生的方式, 如裂開、洩漏、變形、折斷等。

㈢嚴重度: 爲故障型式發生的頻率及其發生後後果(consequences)的一種相對的度量(relative measure)。

㈣嚴重性(severity): 係指故障型式的後果而言。一旦故障型式存在, 其可能造成最嚴重的後果, 依傷亡程度、財產損失或系統損毀而定其嚴重程度大小。

㈤故障率(failure rate): 故障率係指產品, 或零組件, 或子系統在每單位壽命度量(如時間、週期數等)故障的次數。

10–2 FMEA 的程序

FMEA 應在系統設計的初期開始實施, 並在以後系統各階段隨時反映設計上的變更。此項分析應用於評估風險較高的設備, 也用來界定特殊的測試問題、品質檢驗、預防性維護措施、作業上的限制因素等。實施 FMEA 宜依下列步驟進行:

㈠建立基本規範: FMEA 通常由幾個人, 各具不同專業領域的小組共同實施。爲保持步調一致, 不疏不漏, 需有一套完整的基本規範(ground rules)讓這些實施者共同遵行。 FMEA 所需的基本規範包括: ⑴作業的與環境的要求條件; ⑵要分析的硬體之最低程度是什麼。此處係就硬體的複雜程度而言, 通常分析之最低程度

是零組件（piece part level）；　(3)辨識系統。

㈡確定所要分析的系統，並加以描述：所要分析的系統、子系統及
　組立（合）（assembly）的功能皆予認定。系統的使用限制條件，
　故障型式亦需敘明。說明系統的功能應包括所要完成的工作任
　務、作業模式、作業環境情況、預期的任務次數等。有助於說明
　的圖表宜予列出。

㈢畫方塊圖：說明系統內各組件的作業、功能上的相互關係，互依
　（interdependencies）情況的方塊圖，應予建立，並指出系統內外的
　介面。每一作業面或作業模式宜各有其方塊圖。

㈣認定故障型式及其原因：指出各零組件的介面故障模式及其故障
　原因。每一故障型式的原因也許不僅有一種，因此需把相關的原
　因一一列出。FMEA 僅在有功能的複聯（redundancy）和（或）零
　組件的複聯時才考慮多重（multiple）故障。複聯內之介面和用於
　複聯零件之隔離（isolation）技術亦予分析。例如分析者考慮正常
　關閉的閥的故障型式，共有以下可能情況：⑴閥被堵塞，在需用
　時未能打開；⑵閥意外自行打開；⑶閥洩漏（到外在環境）；⑷
　閥內部洩漏；⑸閥體裂開。

　　每一零組件或子系統的故障模式都需列出。表 10-1 為用於設
備故障的一些例子。

㈤認定故障的影響：每一零組件在作業、功能，所造成的影響，應
　予認定、評估，並紀錄。影響的層面有其大小，因此需考慮發生
　故障的零組件本身的影響，以及對其他零組件、子系統，或整個
　系統的不同影響。

㈥說明故障偵測裝置：作業員用來偵測故障型式發生的裝置需予說
　明。故障偵測裝置，如視覺或聽覺警告裝置、自動感知裝置、感
　知儀器等皆予列出。這些裝置應能使作業員立即察覺故障發生，
　而採取適當的補救措施。

表 10-1 用於 FMEA 的設備故障模式

設備及說明	故 障 模 式
泵浦，正常運轉	(1)需停止時未能停止。 (2)需運轉時卻停止。 (3)封箱洩漏或破裂。 (4)泵外殼洩漏或破裂。
熱交換器，管路側高壓	(1)管路側到外殼側有洩漏或破裂。 (2)外殼側到外在環境有洩漏或破裂。 (3)管路側被塞住。 (4)外殼側被塞住。 (5)阻塞。

(七)補救措施：一旦故障發生，為了消除或減輕故障的不良影響，可經由設計本身或由作業員採取補救措施。

設計本身的補救措施包括安裝用於複聯系統的零組件，使得作業繼續安全進行，或者安裝安全裝置或副機（standby items）。

(八)嚴重性分類：評估每一種故障型式，依其發生後可能產生的最嚴重結果，賦予一個嚴重性分類。可靠度工程師將此項分類分成四級，而安全工程師自安全觀點，將每一級的含義略予變更，分類如下：

1. 安全（safe）或稱微不足道（negligible）：故障發生時，不會改變系統的正常功能，且不會造成系統的傷害或損毀系統的功用，或產生系統的危害，或造成人員傷亡或顯著的財產損失。

2. 安全邊緣（safety marginal）：故障發生時，多少會影響系統的正常功能但不會造成系統的傷亡、人員傷害或顯著的財產損失，只要調整或修理即可恢復正常作業。

3. 危急（critical）：故障發生時，會影響系統的正常功能，對於系統及人員、財產會造成損傷，需立即採取補救措施。

4. 災變（Catastrophic）：故障發生時，會使整個系統嚴重損毀而失

去功能，造成至少一人死亡或多人重傷。

㈨提出改善措施以便消除故障或控制危害。

㈩備註或說明：FMEA 分析單上各欄中有需要說明的地方，可在最後一欄敘述。在此欄中亦可談到一些不正常的情況、redundant 零組件的故障影響、特別重要的設計問題等。

　　圖 10–1 是 FMEA 程序流程圖；表 10–2 是 FMEA 的分析單，各欄可視需要而略有變化，未必要依照本分析單。

表 10–2　故障型式及影響分析單（FMEA）

系　　統＿＿＿＿＿＿＿　　　　　　　　　　日　　期＿＿＿＿＿＿＿

零組件＿＿＿＿＿＿＿　　　　　　　　　　分析者＿＿＿＿＿＿＿

任　　務＿＿＿＿＿＿＿　　　　　　　　　　審核者＿＿＿＿＿＿＿

編號	零組件名　稱	功能	故障型式	故障原因	作業模式	故障造成的影響			故障偵測裝置	補救措施	嚴重性分　類	備註或說　明
						對零組件本身	對其他零　件	對整個系　統				

　　如果分析方式是依照上述的步驟進行，則稱硬體法（hardware approach）。硬體零組件若能從設計圖案和其他設計資料清楚確認之時，才使用硬體法。硬體法分析過程常自簡單的零組件往上而達到較複雜的系統，因此又稱為由下往上法（bottom-up approach）。

　　反過來說，硬體零組件若未能個別確認，或當系統較複雜時，則可採用功能法（functional approach）。功能法分析過程可從較複雜的系統，向下直到簡單的零組件，因此又稱由上往下法（top-down approach）。功能法是先列出零組件的功能，再分析其故障型式。

　　對於複雜的系統而言，可考慮同時採用硬體法與功能法。然而，對任何硬體而言，不論採用那一種分析方法，其結果並無不同。

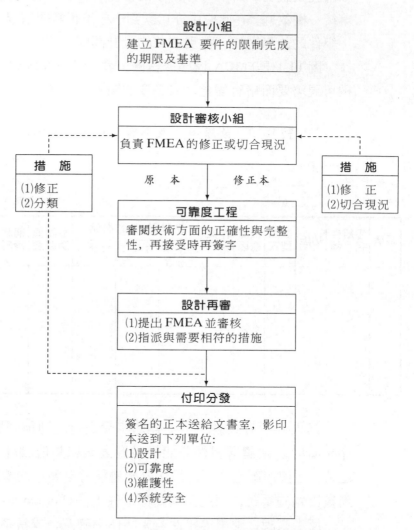

圖 10–1　FMEA 程序流程圖

表 10-3 爲 FMEA 分析單的簡例。

表 10-3　馬達相關的 FMEA 分析單

(1)子系統＿＿＿＿＿＿　　(2)分析者＿＿＿＿＿＿　　(3)審核者＿＿＿＿＿＿　　(4)日期＿＿＿＿＿＿

零 組 件 名 稱	故障 型式	故　障　原　因	故障造成 的 影 響	發生機率	嚴　重　性	補　救　措　施
馬達外殼	裂開	(1)工人的技術不佳 (2)材料有缺失 (3)搬運輸送時受損 (4)超壓	馬達破裂 後碎片造 成的破壞	0.0006	危　　急 （Critical）	製造過程中嚴格 控制以確保產品 符 合 既 定 的 標準。基本材料 之嚴格品管，減 少缺失。對完成 的外殼實施檢查 和壓力試驗。做 好適當的包裝， 以便保護搬運過 程中的馬達。

10-3　FMEA 的利弊

　　FMEA 技術的優點是：(1)對於硬體設備的檢核相當徹底。FMEA 兼具 what-If 分析因果的優點。就硬體設備的分析而言，FMEA 可 能是最佳方法之一；(2)是複雜的系統的利器；(3)易於實施。大部分 採用定性分析，小部分做量化分析（如發生機率或故障率），具有 半量化功能。

　　FMEA 技術的缺點：(1)很少分析人爲失誤；(2)耗時費力；(3)分 析者未察覺多重故障情況。

10-4　CA 的程序

　　CA 的目的是將 FMEA 中故障型式依其發生頻率與嚴重性分類

　　予以分級，以利於決定改善的先後順序。因此 CA 僅是 FMEA 的左右手，不能沒有 FMEA 而獨立存在。

　　實施CA，有兩種方法可循，依故障率（failure rate）資料和特定的零件結構（configuration）資料之有無而定。

　　若缺乏故障率資料，則採用定性法（qualitative approach），反之，若能取得可信度的故障率，則採用定量法（quantitative approach）。既無故障率，乃將零組件發生故障的機率概分為四種：

㈠有可能：作業時間不及一萬小時發生一次故障（即 $> 10^{-4}/hr$）。

㈡有些可能：作業時間在一萬小時至十萬小時之間，發生一次故障（即 $10^{-4} \sim 10^{-5}/hr$）。

㈢可能性小：作業時間在十萬小時至千萬小時之間，發生一次故障（即 $10^{-5} \sim 10^{-7}/hr$）。

㈣很不可能：作業時間超過一千萬小時以上發生一次故障（即 $< 10^{-7}/hr$）。

　　美國國防部則將故障機率概分為五種：

㈠常常（frequent）：在零組件作業時間的區間中，具有高度的發生機率。單一故障型式發生機率若大於全部故障機率的 0.2，則屬於高機率。

㈡有些可能（probable）：在零組件作業時間的區間中，具有中度的發生機率。單一故障型式發生機率若小於全部故障機率的 0.2 而大於 0.1，則屬於中度機率。

㈢偶然發生（occasional）：在零組件作業時間的區間中，有時會發生。單一故障型式發生機率若小於全部故障機率的 0.1 而大於 0.01，則屬之。

㈣可能性小（remote）：在零組件作業時間的區間中，少有可能發生。單一故障型式發生機率若小於全部故障機率的 0.01 而大於 0.001，則屬之。

㈤極不可能（improbable）：在零組件作業時間的區間中，極不可能

發生故障，其機率近於 0。凡單一故障型式發生機率小於全部故
障機率的 0.001 者皆屬之。

　　以上為定性法所採用的故障率分類方式。而定量法因為有可靠
的故障率可資運用，故直接從有關的故障率資料庫求取即可。

　　製作 CA 分析單（如表 10-4），可依下列步驟進行：

㈠編號、零組件名稱、功能、故障型式及其原因、作業模式和嚴重
　性分類等各欄由 FMEA 表移入。

㈡故障機率或故障率資料：若使用故障機率，如上述的㈠有可能，
　㈡有些可能，㈢可能性小，㈣很不可能，則以下各欄並不需要填
　寫，逕行做嚴重度矩陣。若使用故障率資料，則直接取自相關資
　料庫，再逐一填寫下列各欄所需資料。

㈢故障影響機率（failure effect probability，以 β 表示）：β 值是條件
　機率，為在故障型式發生後，故障的影響將造成某種嚴重度分類
　的機率。β 值代表分析者對不良後果發生之條件機率的判斷，常
　依下列不良後果計量：

故障影響	β 值
實際的損失	1.00
較可能有的損失	0.10～1.00
可能有的損失	0～0.10
沒有影響	0

㈣故障型式率（failure mode ratio，以 α 表示）：故障型式的零件故
　障率百分比（λp）應由分析者予以評估。故障型式率 α 是零件在
　某故障型式中的機率，以百分比表示。若某一零件的各種故障型
　式皆予列出，α 值的和將等於1。

㈤零件故障率（part failure rate，以 λp 表示）：零件故障率（λp）是
　來自可靠度預測，亦可計算出來。有時也許需要應用係數（app-
　lication factors，以 πA 表示）、環境係數（以 πE 表示），及其

他 π- 係數等應用於基本故障率（base failure rate，以 λb 表示），
以調整作業壓力（stresses）之差異。用來計算 λp 的 π- 係數亦應列
出。

㈥作業時間(t)：作業時間以小時數計算，或以零件在每一任務（mission）的作業週期數計算，皆依據系統的定義而來。

㈦故障型式嚴重度數（failure mode criticality number，以 C_m 表示）：
C_m 是零件嚴重度數的一部分。某一種故障型式的 C_m 可依下式
求出：

$$C_m = \beta\alpha\lambda pt$$

式中，　$C_m=$ 某一種故障型式的嚴重度數

　　　　$\beta=$ 任務損失（即不良後果）的條件機率

　　　　$\alpha=$ 故障型式率

　　　　$\lambda p=$ 零件故障率

　　　　$t=$ 作業時間

㈧零件嚴重度數(C_r)：零件嚴重度數是由於零件故障型式而預期
的某種系統故障的次數。某種系統故障是以零件故障型式的嚴重
性分類來表示。對某種嚴重性分類和作業方式，零件的 C_r 是 C_m
的和，亦可由下式計算：

$$C_r = \sum_{n=1}^{j} (\beta\alpha\lambda pt)_n \quad n = 1, 2, 3, \cdots, j$$

式中，　$C_r=$ 零件嚴重度數

　　　　$n=$ 在某一種嚴重度分類之零件的故障型式

　　　　$j=$ 嚴重度分類中零件的最後一種故障型式

㈨備註或說明。

表 10-4　嚴重度分析單（CA）

系　　統＿＿＿＿＿＿＿　　　　　　　　日　　期＿＿＿＿＿＿＿
零組件＿＿＿＿＿＿＿　　　　　　　　分析者＿＿＿＿＿＿＿
任　　務＿＿＿＿＿＿＿　　　　　　　　審核者＿＿＿＿＿＿＿

編號	零組件名稱	功能	故障型式	故障原因	作業模式	嚴重性分類	故障機率故障率	β	α	λp	t	C_m	C_r	備註或說明

10-5　嚴重度矩陣（criticality matrix）

　　一旦各種故障型式分析其嚴重性與嚴重度之後，可利用嚴重度矩陣（圖 10-2）比較他們之間的嚴重度。將零件故障型式的代號

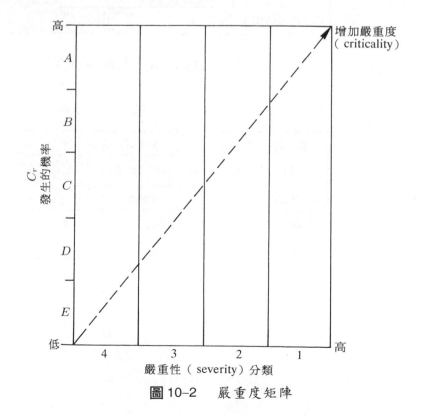

圖 10-2　嚴重度矩陣

分別由其嚴重性與嚴重度數（或發生機率）填入矩陣空格中。居於
矩陣圖右上方的故障型式，其嚴重度愈高，改善措施需先予考慮實
施；而居於矩陣圖左下方者，其嚴重度較低，可隨後再予改善。

　　嚴重度矩陣或稱風險指數，為比較風險大小的簡單方法。矩陣
的圖示有多種，圖 10–3 是另一種。表 10–5 為說明風險的可接受程
度。

故障機率	災害		嚴重性	
	Catastrophic 1	Critical 2	Marginal 3	Negligible 4
FREQUENT　A	1A	2A	3A	4A
PROBABLE　B	1B	2B	3B	4B
OCCASIONAL　C	1C	2C	3C	4C
REMOTE　D	1D	2D	3D	4D
IMPROBABLE　E	1E	2E	3E	4E

圖 10–3　風險矩陣

表 10–5　風險評估基準

風　險　指　數	風險可接受性	改　善　措　施
1A,1B,1C,2A,2B	不可接受	實施強制性的改善，或控制措施
1D,2C,3A	不被期待	設法改善或控制
1E,2D,3B,3C	可接受	適當警覺，需予稽查
2E,3D,3E,4A,4B,4C,4D,4E	可接受	不需特別注意或稽查

10–6　FMEA 與 FTA

在系統安全分析方法之中, FMEA 與 FTA 是兩大主要方法。若比較兩種分析方法, 可得下表（表 10–6）中各具有的特色：

表 10–6　FMEA 與 FTA 的比較

特　　　　點	FMEA	FTA
1.使用歸納法	✓	
2.使用演繹法	✓	✓
3.最適宜作單點故障分析	✓	
4.最適宜作多點故障分析		✓
5.可應用於設計階段	✓	✓
6.使用表格形式	✓	
7.使用邏輯樹圖形		✓
8.指出人為失誤		✓
9.指出不良外在環境		✓
10.使用布林代數估計機率		✓
11.最適於分析高風險, 高能量系統	✓	✓
12.可作為輔助性分析方法	✓	✓

FMEA 與 FTA 可相輔相成。兩者可擇機並用。例如在設計階段初期, 硬體設備未細節規劃之時, 可使用 FTA 探討設計中系統可能發生的意外事件。一旦硬體設備進入細節規劃設計之時, FMEA 可用來探討系統的單點故障。FMEA 與 FTA 亦可併用來檢驗硬體或軟體間的相互關係。表 10–7 和圖 10–4 分別以 FMEA 和 FTA 分析高壓蒸煮鍋的危害性。若比較兩者使用的時機, FMEA 宜用於：(1) 非電氣設備的設計評估。(2)系統內含新的或非傳統的硬體設備, 且此硬體一旦發生故障, 其後果或影響仍不為人知。(3)系統內甚少或

表 10-7　高壓蒸煮鍋 FMEA

FMEA 號碼_____							頁_____		
計畫案分碼_____							日期_____		
系　　統　高壓蒸煮鍋							分析者_____		
子系統_____							審訂者_____		

編號	零組件名稱	功能	故障型式	故障原因	故障影響	故障偵測方法	嚴重性	故障機率	改善措施
1001	安全閥	釋壓	跳開	彈簧裂斷	(1)蒸氣燙傷操作員 (2)生產時間延長	觀察	II	D	預防性維修
			關閉	(1)腐蝕 (2)阻塞 (3)製造不良	無立即效應	無	III	B	檢查保養
1002	溫度計	控制溫度	開啓	製造不良	影響蒸煮	觀察	III	C	預防性維修
			關閉	製造不良 銲接不良	(1)閥打開 (2)系統超壓	觀察	II	C	(1)預防性維修 (2)常常檢查

註：II 表示 critical。III 表示 safety marginal。

沒有複聯組件，或副件。(4)確認單點故障（single point failure，或稱一元故障）及其影響。(5)以表格或陳述較能被人瞭解之時。(6)比之於 FTA，分析者對 FMEA 較嫺熟時。(7)有需要依需不需要複聯裝置，fail-safe 設計和安全問題，故障偵測系統，選擇高可靠度零組件，進一步降低額定負荷（derating）幾方面評價設計之完整性時。

　　按：所謂 derating 係指利用降低零組件負荷係數、降溫、降熱等方法，以減少加諸於零組件上的應力（stress），而達到降低零組件故障率，增加其壽命的目的。

　　FTA 宜用於：(1)對整個系統作宏觀的危害分析；(2)系統內含有不少複聯裝置、副件等；(3)欲一併分析人為操作失誤之時；(4)以邏輯樹圖形較易為人瞭解之時；(5)比之於 FMEA，分析者對 FTA 較

嫻熟時；(6)有需要評價設計的一致性與可靠度，判斷替代方案，決定風險的重要性或成本效益的評估時。

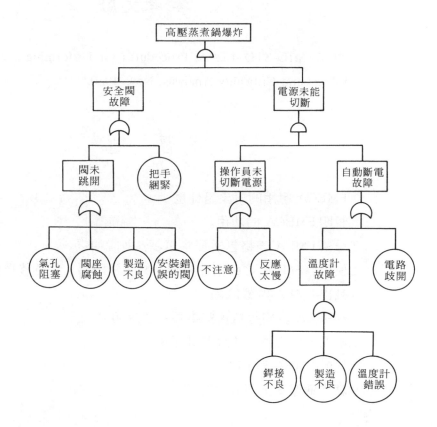

圖 10–4　高壓蒸煮鍋 FTA

【練習題】

1.試作鍋爐安全閥故障的 FMEA。

2.試作家庭用高壓蒸煮鍋故障的 FMEA。

3.試作汽車冷卻水箱的 FMEA。

參考文獻

1.DOD, MIL–STD–1629A, Procedures for Performing a Failure Mode Effects and Criticality Analysis, Nov. 1980.

習　題

1.FMECA 應用的對象是什麼?

2.說明 FMECA 的功用。

3.一張 FMEA 表格包括那些事項? 並說明之。

4.使用於FMEA 之嚴重性分類, 共分那四類? 其意義爲何?

5.列出 FMEA 的優缺點。

6.一張 CA 表格包括那些事項? 並說明之。

7.說明風險矩陣, 並說明其用處。

8.比較 FMEA 與 FTA。

9.試作鍋爐安全閥故障的 FMEA。

第十一章

失誤樹分析

11-1 失誤樹分析的發展

　　航空工業及國防工業因屢生事故，美國空軍乃商請著名的貝爾實驗室研究一套追尋事故前因後果的方法，在事故發生之前，預先知道失誤的所在及其發生的機率。1961年，H. A. Watson、A. B. Mearns（1965）研究出一種邏輯圖形的方法，以追溯系統中所有可能導致不幸結果的失誤。由於分析出來的圖形如樹，因此稱之爲失誤樹。

　　這種系統安全分析的方法經波音公司（Boeing Company）及美國國防部與航空太空總署（NASA）分別應用於飛機及飛彈武器系統與後來的太空船之後，證明其有效性甚高，此後即廣泛應用於航空與國防方面。

　　失誤樹分析既可用以探究意外事故發生的原因，並就每一促成因素發生的機率，瞭解各因素間的相互關係，故有些安全工程師使用它來做爲意外事故防止的分析工具，或在事故發生後的調查方法之一。又由於在1964年，R. E. Vesely在愛達荷核子公司（Idaho Nuclear Corporation）開創使用電腦處理FTA的先河（Vesely, 1970），此後，使得FTA能處理複雜的定性與定量分析。

　　1960及1970年代，不少新方法應用在複雜系統的分析之中。D. F. Haasl（1965）、Lambert（1975）、Fussell（1975）等人皆有功於FTA的發展。

11-2 失誤樹分析的意義

　　爲何失誤樹分析使用較通俗的字眼「失誤」（fault），而不使用

較專業的用語「故障」（failure）？其原因是這兩個名詞的意義不盡相同，有必要分辨清楚。故障是指系統或零組件未能完成其功能的狀態，而失誤卻未必喪失完成功能的能力，但是在完成功能的進行過程中卻有時機（timing）不當的情形發生。以下文 11-3 定義事件（event）時所舉的例子為例，定溫型火警探測器若未在中國國家標準規定的 7 分鐘之內發出警報，即屬失誤，但卻不算是故障，因探測器尚能完成其既定的功能，只是未在既定的條件（時間或環境等）下完成。若火警探測器不論在何種情況下皆不能發出警報，此時才稱之為故障。因此，簡而言之，所有的故障皆屬失誤，但並非所有的失誤都是故障。失誤之所以發生是至少一個故障發生所造成的結果。

從上述的解析來看，若將 FTA 譯為故障樹分析，顯然是觀念不清所致。

此外，為何稱之為「樹」而不稱之為圖或其他名詞？上文已提到因分析出來的圖形如樹，而稱之為失誤樹，此話雖真，似乎尚言不盡其意，今再申論如下。

自圖形（graph）的觀念而言，樹是圖的一種特殊表示方法。圖的觀念自 1730 年代即有數學家予以定義。圖是由點連接而成，點與點之間的連線稱為分枝（branches），如圖 11-1。

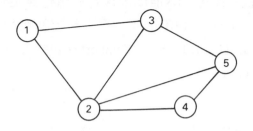

圖 11-1　連接線而成的圖

　　圖中的分枝與分枝之間的方向若是一定，則稱爲路徑（path），如圖11-1，由分枝（1,2）與分枝（2,4）兩分枝的流向若是① → ② → ④，則① → ② → ④稱爲路徑。

　　由分枝連接而成的圖要變成樹，有兩個要件：⑴方向性；⑵開放性。所謂方向性，是每一分枝有其流向，不論是輸出或輸入，其方向一致。所謂開放性，係指從出發點出去之後，不能再回到出發點。如果從出發點出去之後，能夠再回到出發點，則此圖形變成網路（network），如公共汽車的行駛路線圖一樣，亦即所謂的交通網。

　　那麼，何以稱之爲「失誤樹」呢？可分兩點說明之：⑴失誤樹分析，主要是分析失誤的情形。⑵樹之最上端的事件爲樹之根，最下端的事件爲樹之末梢，其流向是從末梢流向上端，與自然界樹木內的液體流動方向相反，違反自然律，故失誤樹，換言之，就是「有病的樹」。FTA 就是分析有毛病的樹。

11-3　失誤樹分析使用的術語與符號

　　失誤樹分析使用某些術語與符號，皆代表特定的意義。這些術語與符號必須徹底瞭解，否則分析的結果必會混淆不清。

事件（event）

　　在系統中一個已經很明確或特殊的事情。在本質上，這些事件有兩種可能的情況：發生或不發生，而且只有這兩種情況。每一事件，未必造成失誤：可能只是系統中的某一正常功能，例如電氣開關，當不能產生開關的正常功能時，才算失誤。失誤時，這事件稱爲失誤事件（fault event）；否則即屬正常事件（normal event）。在論及事件的失誤或正常，有一重要因素介入其中，即事件發生的時機（timing）。有些事件的是否正常或失誤，得考慮發生的時機。例

如，自動火災警報系統中，中國國家標準規定，定溫型的探測器的
動作試驗，不論探測器的標定溫度如何，當室溫達攝氏零度時，或
探測器放置處溫度較標定溫度高 30% 時，探測器必須在兩分鐘內
開始作用。探測器若在該情況下，如我們所預期的發生作用，即屬
正常，否則即屬失誤。

應予強調的是 —— 事件的正常與失誤，兩者之間是互斥（mutu-
ally exclusive）且包含全部（all-encompassing）。換句話說，兩者不能
同時發生或並存。

基元事件（basic event）

不論是失誤或正常，發生在系統中最細小的單元層次的事件，
稱為基元事件。例如在我們計算系統中事件發生的失誤率（failure
rate）時，這些納入失誤率計算的各個事件，皆屬基元事件。一般而
言，系統分析到基元事件即可，沒有必要再分析下去。

根本事件或稱一次事件（primary event or fault）

由於其自身內在的功能失調而發生的事件稱為根本事件。例
如，電燈泡的鎢絲燒斷，致使燈泡不能發光，或工人手摸電源而致
感電，此類事件即是。

次要事件或稱二次事件（secondary event or fault）

由於外在的因素而發生的事件，稱為次要事件。例如電壓遞
低，燈泡不能發光，或工人為墜落的電線電擊，此類事件即是。

控制失誤（command fault）

雖然零組件本身無缺陷（亦即沒有 primary fault or secondary
fault），但由於操作或控制時間或地點不當，而引起失誤。例如火
警偵測器裝置地點因靠近加熱設備而產生假警報。

頂上事件（head event or top event）

　　爲失誤樹分析中位置在最上面的事件。這些事件通常爲我們不希望發生的意外事故。

被動事件（passive event）

　　爲在正常操作中非主動的失誤事件。所謂非主動係因應系統的要求而操作。大多數安全裝置之操作（如釋壓閥之跳脫）歸於這一類，而操作員之反應（如液位警報器響起而去動作）亦是。被動事件的失誤率 λ 如下式：

$$\lambda = \frac{MDT}{(MTBI/2) + MDT} \qquad (11-1)$$

式中，$MDT=$ 平均停機時間

　　　　$MTBI=$ 兩次檢查間的平均時間

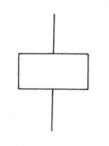

　　長方形符號，代表一特定的事件。常常表示 AND gate 或 OR gate 的輸入（input）或輸出（output）。進一步的分析是可能的。

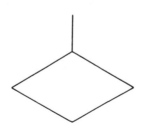

　　菱形符號，代表事件的發展由於資料的缺乏而中止，沒有充分的資料支持下一層次的推理是合理的。但若有充分的資料出現時，進一步的推理仍然可行。這是一個發展未完全的事件（undeveloped or incomplete event）。

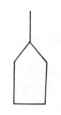

屋形符號，代表在正常的情況下，會發生的事件。但有失誤發生時，則不會發生。

圓形符號，代表系統中的某一基元事件，無需加以進一步的分析。這些基元事件也許是電路故障或失去功能。

邏輯閘（Logic Gate）

在失誤樹中，爲了要確定基元事件或輸入事件與輸出事件之間的關係，常以邏輯 gate 的圖形符號表示。邏輯 gate 有多種，此處介紹九種，其中和閘（AND gate）和或閘（OR gate）爲最常使用的兩種。

（一）AND gate

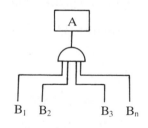

鐘罩形符號，稱爲 AND gate。其意義爲只有 B_1、B_2、$B_3 \cdots B_n$ 同時存在（出現）時，A 才會存在。假若其中一個 B_1 不存在，A 即不可能存在。

（二）OR gate

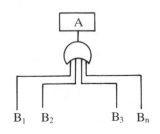

盔形符號，稱爲 OR gate。代表 B_1、B_2、$B_3 \cdots B_n$ 中任一個或一個以上存在時，A 即存在，假若 B_1 存在，A 即存在。

（三）限制閘（Inhibit gate）

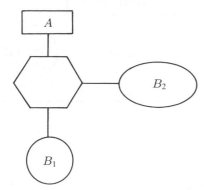

　　六邊形符號，代表限制 gate。必須輸入（input）事件（即 B_1）滿足這些限制條件（即 B_2）之後，方能導致輸出 （ouput）事件（即 A）的發生。這些限制條件有時是發生次序或發生時機，有時與物理或化學狀況有關。此限定條件不存在之時，輸出事件未必發生。

（四）優先（priority）AND gate

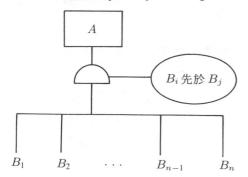

　　優先 AND gate，是在 AND gate 旁邊多了一個限定條件（以橢圓形表示）。此限定條件說明 B_1、B_2 … B_n 發生的先後順序。與常用的 AND gate 相同的是，gate 下的輸入事件 B_1、B_2 … B_n 需共同存在，才能使頂上事件 A 發生。

　　優先 AND gate 可分兩種情況討論。

1.有順序的優先 AND gate：如圖 11–2 所示。

　　有順序的（sequential）優先 AND gate 係在限制條件中說明輸入事件發生的先後次序。圖 11–2 的例子中，因火警偵測器在火災發生前即已發生失誤，乃由星星之火釀成大火，灼傷工人。

2.組合的優先 AND gate：另有一種情況是輸入事件中有幾個事件先同時發生，才使頂上事件發生。如圖 11–3 所示。

　　在圖 11–3，n 個輸入事件中只要任何兩個同時存在且比其他的事件先發生，A 才發生。這種 gate 可稱組合的（combinatorial）優先 AND gate。

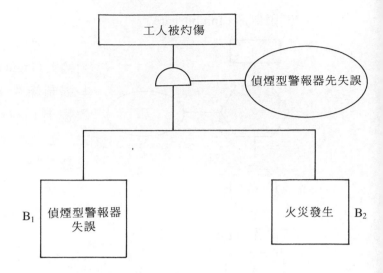

圖 11-2　有順序的優先 AND gate

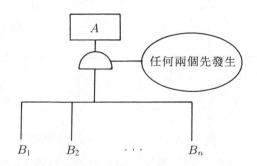

圖 11-3　組合的優先 AND gate

㈤唯一的（Exclusive）OR gate

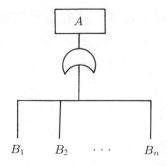

唯一的(exclusive)OR gate 表示輸入事件中只有一個事件發生,才使輸出事件發生。若兩個以上輸入事件同時發生,輸出事件不會發生。

圖11-4 為交通系統中有兩個對稱的推進器共同推動系統。其中只有一個推進器發生失誤,才使得推進力不對稱。

又如圖 11-5 為操作鑽床的手部危害,B_1 與 B_2 不同時發生,才使 A 發生。

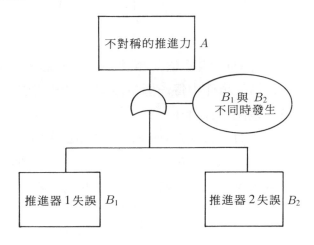

圖 11-4　唯一OR gate 例一

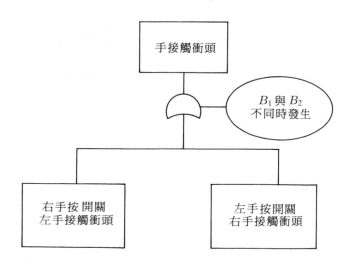

圖 11-5　唯一OR gate 例二

㈥加（summation）gate

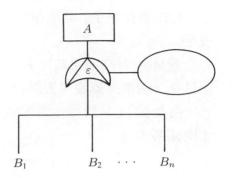

加 gate 表示輸入事件中，每一個事件可使輸出事件發生；或者，輸入事件中每一個事件與其他一個或一個以上的事件組合，亦可使輸出事件發生。

圖 11-6 為有關 smog 形成的加 gate。B_1、B_2 或 B_3 皆可使 A 發生，B_1 與 B_2，B_1 與 B_2、B_3 的組合，亦可使 A 發生。且 B_1 的任何量（如多少 ppm），與 B_2 或 B_3 的任何量皆可組合，而使 A 發生。

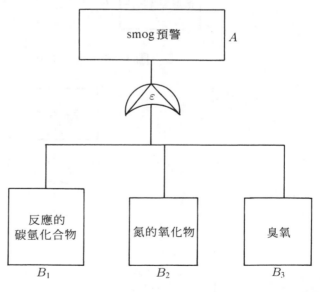

圖 11-6　smog 預警的加 gate

㈦ NOT gate

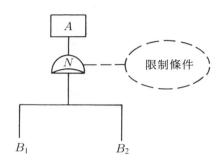

　　NOT gate 表示若且唯若(if and only if) B_1 發生，而非 B_2 發生（寫成 $\overline{B_2}$），A 才發生的情況。 NOT gate 的符號可以看出是 AND gate 與 OR gate 的並用，限制條件之橢圓形符號使用虛線，表示可有可無。

【例】

$A =$ 流行病毒引起的疾病

$B_1 =$ 暴露於病毒

$B_2 =$ 疫苗注射

此例是說 B_1 發生而 B_2 不發生，亦即沒有疫苗注射，使 A 發生。

㈧ Voting gate(或 Sampling gate)

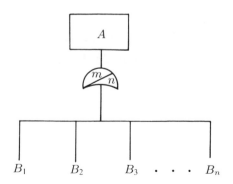

　　Voting gate 係指從 n 個輸入事件 B_1、$B_2 \cdots B_n$ 中取出 m 個事

件來組合，使輸出事件 A 發生。

　　例如，假設某一系統只有兩個（或兩個以上）監控器（monitor
生關閉信號才會關閉。因此，如果整個系統共有 3 個監控器，但者
可能發出假的關閉信號，雖然整個系統處在正常運轉的狀況，但系
統不必要的關閉仍然會發生，如圖 11–7。$P(A) = 1 - [1 - P(B_1)P(B_2)]$
$[1 - P(B_2)P(B_3)][1 - P(B_1)P(B_3)]$。

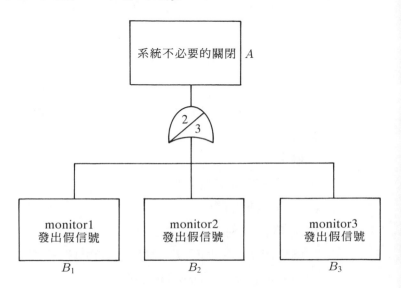

圖 11–7　　Voting gate（或稱 Sampling gate）

㈨矩陣（Matrix）gate

　　有時可用矩陣 gate （圖 11–8）來簡化失誤樹。輸出事件 A 可以
下式代表:

$$A = (B_1 \cap C_1) \cup (B_2 \cap C_2) \cup \cdots (B_n \cap C_n)$$

圖 11–8(a)矩陣 gate 可變成圖 11–8(b)，此兩圖意義相同。

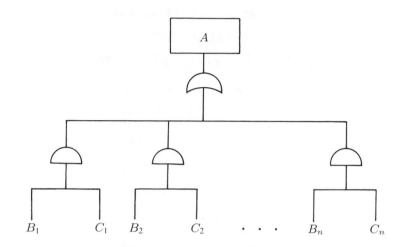

圖 11-8　(a)矩陣 gate

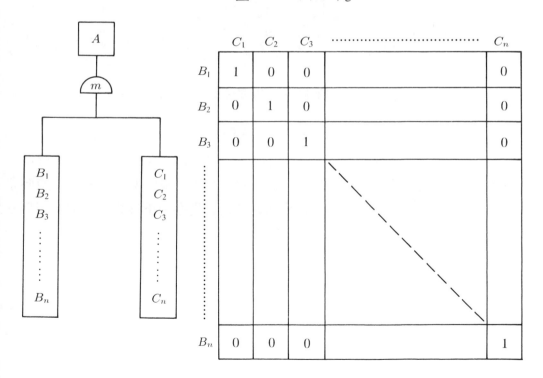

圖 11-8　(b)此兩圖意義相同 gate

下圖(圖11-9)為油壓系統故障的矩陣 gate。此系統故障是由於 3 個次系統的釋壓閥未能關閉，且3 個壓力幫浦皆超壓。每組閥和幫浦的設計皆不相同，以防共因故障（common cause failures）。

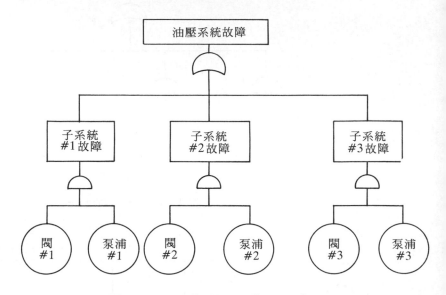

圖 11-9 油壓系統故障的矩陣 gate

轉移符號（Transfer symbol）

畫失誤樹圖形時，有時一面書頁容納不了，為使圖形連續下去，乃使用轉移符號，表示轉移到下一頁的某一分枝上。有時是同一株樹不同分枝上有相同的情況，為避免重複累贅，則使用倒三角形符號。

transfer-in triangle，自三角形的頂端流出來。使用時，此記號的上一層是 gate 與其連接，並指出向樹的另一部分（該部分有 transfer-out 符號）。

transfer-out triangle, 自三角形的一邊之中點指向樹的重複部分。使用時, 自三角形邊之中點出來與 gate 連接。在此 gate 的下方的輸入事件皆為重複部分。

倒正三角形符號, 代表可連接或轉移到同一失誤樹中的同一主要部分。事件的性質相同, 避免重複。

比較下列兩圖（圖 11–10 (a)(b)）其意義相同:

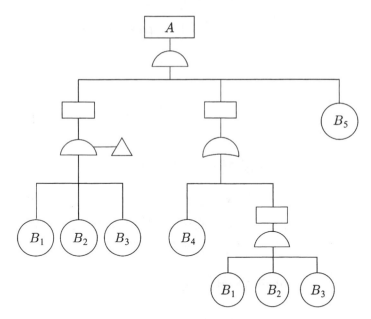

圖 11–10(a)　*未使用轉移符號*

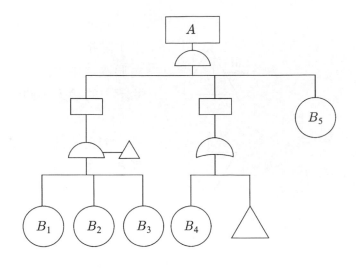

圖11-10(b)　使用轉移符號

11-4　建立失誤樹的程序

I.選擇要分析的事件

從事失誤樹分析，首先選擇一不希望發生的意外事故，而且這件意外事故的嚴重性較高，問題較複雜。一般小傷害或不複雜的事件無失誤樹分析的必要。

II.失誤樹的建立

無論是假設一件我們不希望發生的意外事故或已發生的職業災害，在這一頂上事件選定以後，便由上而下開始分析事故的成因，作為樹枝。一般而言，二個或二個以上的促成因素以 gate （閥）分開。失誤樹最常使用的是 AND gate 和 OR gate。所有的因素同時存在，其上的事件方才會發生時，就使用 AND gate；若只有一個因素

即可促使其上的事件發生，則使用 OR gate。如圖 11-11 所示，整經機女作業員死亡的事故，是由三個因素共同促成的，即不安全的機械設備（整經機安全防護不良）、不安全的工作環境（噪音）、不安全的動作或行為（手或身體接觸運轉中的盤頭），三者之中的任一項因素存在時，並不能造成此死亡事故發生，因此用 AND gate。捲入點無安全防護設備，由兩個因素造成：(1)管理階層根本不知道捲入點應該設置安全防護設備，亦即安全管理的知識缺乏。(2)管理階層知道捲入點應設置安全防護設備，但因無安全管理政策，未訂定及實施安全計畫，故無安全防護。以上兩者之一，皆可造成捲入點無安全防護設備，因此以 OR gate 來表示。

　　在建立失誤樹時，對於一件未發生而可能發生的事故，與對於一件已經發生的事故，其分析方法略有差別。對於前者實施分析時，應儘可能就每一可能促成因素予以分析，愈詳盡愈好；但對於一件已經發生的意外事故，我們僅能就現場概況、作業流程，決定與事故有關的致災因素，而不能隨便將與事故無關的因素拿來搪塞或頂替，否則便不能成為災害調查分析。

III. 事件的因與果

　　意外事故的發生，必有其因果，且此因果關係有脈絡可循。失誤樹分析圖上，下者為因，上者為果，樹的發展自上而下。上下的因果關係必須清楚，不容混淆不清。書寫在記號內的文字必須簡潔明白。每一因果，只要是相關的，必須詳細列出，不宜掛一漏萬，否則分析的結果的可靠性及其價值必然大打折扣。

IV. 失誤樹的完成

　　由上而下的分析過程中，必須儘可能利用已知的資料，發掘新

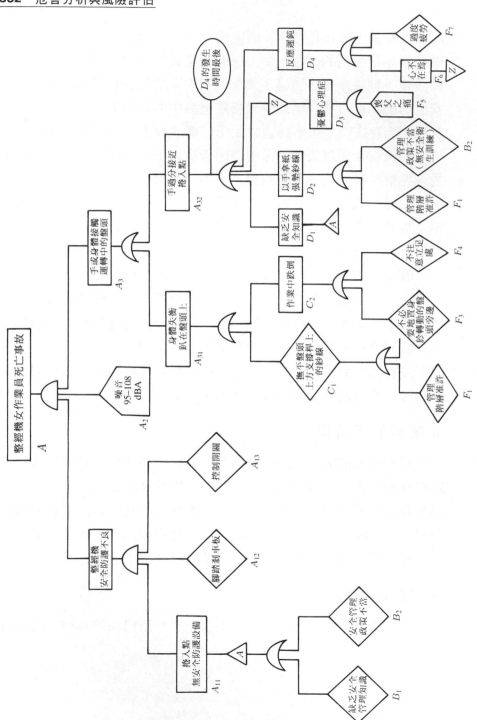

圖 11-11　整經機災害的失誤樹

的資料。即使資料不詳，亦可以推理之，此時得藉助於經驗、知識及想像力。有新的資料出現時，得隨時修正。樹梢枝末的事件，即爲基元事件，俱爲邏輯上的獨立事件。基元事件通常以菱形、圓形符號爲之。

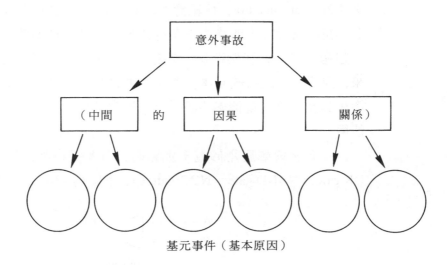

基元事件（基本原因）

11–5　失誤樹的定性分析

失誤樹建立之後，常需做定性與定量分析。定性分析包括：(1)尋找失誤樹的最小切集合（minimum cut set）；(2)基元事件的重要性（importances）；(3)易於演生共因（或共型）故障（common cause or common mode failures）的最小切集合。定量分析則包括(1)切集合和頂上事件的機率；(2)頂上事件的重要性。

在討論失誤樹的定性分析之前，得先瞭解布林代數分析的應用。

11-5-1　布林代數在失誤樹分析的應用

失誤樹分析中使用的符號 AND gate 與 OR gate，源自布林代數（Boolean algelbra，爲紀念 George Boole 在數理邏輯的貢獻，故名）在電路設計上的應用。布林代數爲一種記號邏輯，應用於數值不超過兩者時，特別有用，如是、否；真、僞；開、關；上、下；來、回等。二值系統使操作簡化，失誤減少，故現今廣泛應用於電腦和其他複雜的電機線路設計上。機率分析、安全和流體力學也已使用。

布林邏輯應用於電子網路時，有多種符號，如 AND gate、OR gate、NAND gate、NOR gate 等。下面爲 AND gate 與 OR gate。

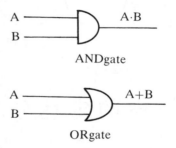

上述的 $A \cdot B$ 即爲集合代數中集合 A 與集合 B 的交集，$A + B$ 即爲集合 A 與集合 B 的聯集。真值表（truth table）中的 0、1，並不是一個真正的數值，而僅用來表示電壓變數的狀態。0、1 爲布林代數僅有的兩個值。因此其（變數）值不是 0，即是 1。下表（表11-1）爲一般使用的相對名詞。

表 11-1　邏輯 0 與 1 的意義

邏　輯　0	邏　輯　1
僞（false）	真（true）
斷，關（off）	通，開（on）
低（low）	高（high）
否（no）	是（yes）
閉（closed）	開（open）

　　OR gate 系統中，事件發生的機率爲 AND gate 系統的3 倍。在失誤樹中，假定各輸入發生的機率相同， AND gate 愈多，即表示發生失誤的機率較小（輸出的機率爲各輸入機率的乘積）； OR gate 愈多，則發生失誤的機率較大（輸出的機率爲各輸入機率的和）。

11-5-2　以布林代數式簡化失誤樹

　　失誤樹中不同分枝（如圖11-13，A_1 與 A_2 爲不同的分枝）的基元事件，有時會相同（如圖11-13，A_1 下的 B 與 A_2 下的 B 相同）。這些相同的基元事件若不刪除，在計算頂上事件發生的機率，將是不正確的。簡化方法，爲應用集合的概念，以簡單的失誤樹圖11-13 及圖11-14 說明。圖11-13，B 同爲 A_1 及 A_2 的基元事件，有

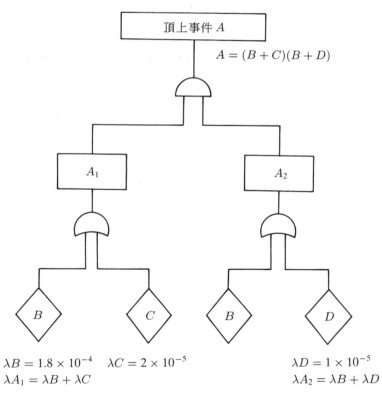

圖 11-13　頂上事件 A

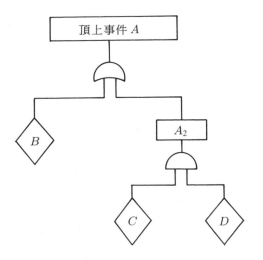

圖11–14　圖11–13之化簡圖

簡化的必要。我們再假設各基元事件 B、C、D 的失誤率（failure rate）各為 1.8×10^{-4}、2×10^{-5}、1×10^{-5}。機器設備及其組成分子的失誤率以 λ 表示，為在某一單位時間內發生故障的頻率。機器設備的可靠度為該設備或零件在一單位時間，一般認可的環境下，完滿達成其既定的功能的機率。以 $R = e^{-\lambda t} = e^{-t/T}$ 表示，$e = 2.718$，t 為操作時間，T 即兩次失誤間的平均時間（mean time between failures, 簡稱 MTBF）。

各種機器設備及其零件的失誤率可由一些專用資料查出，如柴油引擎的失誤率為 $1733.111/10^{6}$hrs，空氣壓縮指示器為 $1.020/10^{6}$hrs，按鈕開關為 $0.270/10^{6}$hrs，釋放閥為 $1.514/10^{6}$hrs。
由圖11–13，可知

$$\lambda A = (\lambda A_1)(\lambda A_2) = (\lambda B + \lambda C)(\lambda B + \lambda D)$$

$$= (1.8 \times 10^{-4} + 2 \times 10^{-5})(1.8 \times 10^{-4} + 1 \times 10^{-5})$$

$$= (2 \times 10^{-4})(1.9 \times 10^{-4})$$

$$= 3.8 \times 10^{-8}$$

由圖 11-13 布林代數式

$$A = A_1 A_2$$

$$= (B + C)(B + D)$$

$$= BB + BD + BC + CD$$

$$= B + BD + BC + CD$$

$$= B(1 + D + C) + CD$$

$$= B + CD$$

$$\therefore A = B + CD, \text{ 圖 11-13 可簡化成圖 11-14。}$$

$$\lambda A = \lambda B + (\lambda C)(\lambda D)$$

$$= 1.8 \times 10^{-4} + (2 \times 10^{-5})(1 \times 10^{-5})$$

$$= 1.8 \times 10^{-4} + 2 \times 10^{-10}$$

$$= 1.800002 \times 10^{-4}$$

由比較圖 11-13 及圖 11-14 所得頂上事件 A 的失誤率，即知圖 11-13 的 λA 有重複計算的錯誤。

表11-2　布林代數的基本原理

1.交換律

　　$1a : A \cdot B = B \cdot A$

　　$1b : A + B = B + A$

2.結合律

　　$2a : A \cdot (B \cdot C) = (A \cdot B) \cdot C$

　　$2b : A + (B + C) = (A + B) + C$

3.分配律

　　$3a : A \cdot (B + C) = A \cdot B + A \cdot C$

　　$3b : A + (B \cdot C) = (A + B) \cdot (A + C)$

4.恆等律（全等性）

　　$4a : A \cdot A = A$

　　$4b : A + A = A$

5.吸收律

　　$5a : A \cdot (A + B) = A$

　　$5b : A + A \cdot B = A$

6.互補律

　　$6a : A \cdot A' = 0$

　　$6b : A + A' = 1$

　　$6c : (A')' = A$

7.狄摩根定理（De Morgan's Theorem）

　　$7a : (A \cdot B)' = A' + B'$

　　$7b : (A + B)' = A'B'$

8.0 與1 的運算

　　$8a : 0 \cdot A = 0$

　　$8b : 1 \cdot A = A$

　　$8c : 0 + A = A$

　　$8d : 1 + A = 1$

　　$8e : 0' = 1$

　　$8f : 1' = 0$

9. 其他

　　$9a : A + A' \cdot B = A + B$

　　$9b : A \cdot (A' + B) = AB$

　　$9c : A' \cdot (A + B') = A' \cdot B' = (A + B)'$

11-5-3　最小切集合（minimum cut set）

從圖 11-13 可以看出，在 OR gate 的情況下，$A_1 = B \cup C$，亦即 $A_1 = B + C$；而在 AND gate 時，$A = A_1 \cap A_2 = A_1 \cdot A_2 = (B+C)(B+D)$。在 $A = (B+C)(B+D)$ 中，$(B+C)$ 與 $(B+D)$ 各皆是切集合（cut sets）。切集合是基元事件的集合；如果這個集合（含一個或一個以上的基元事件）發生，頂上事件一定發生。圖 11-13 的失誤樹是兩個切集合的集合。

但切集合未必是最小切集合，亦即切集合可能是最小切集合，也可能不是最小切集合。圖 11-14 的失誤樹，以布林代數式表示，$A = B + CD$，B 與 CD 各皆是最小切集合。最小切集合是最小的基元事件的集合。如果這個最小的切集合處於失誤狀態，整個系統就處於失誤狀態。因其為最小的切集合，故不能包含其他的最小切集合。某一事故的失誤樹可以此一所有最小切集合的集合來表示。

失誤樹的定性分析是以最小切集合為基礎，以決定那些會促使頂上事件發生的基元事件；共有那些基元事件；就避免頂上事件發生而言，那些基元事件需予特別注意等問題。

最小切集合也許僅含有一個基元事件，也許含有兩個或多個基元事件。含有一個基元事件的最小切集合，稱為一元（one-component）最小切集合。含有兩個基元事件的最小切集合，稱為兩元（two-component）最小切集合。含有 n 個基元事件的最小切集合，稱為 n 元最小切集合。一個 n 元最小切集合必需其所有集合內的基元事件皆發生失誤，才使頂上事件發生。

以最小切集合來表示頂上事件，可以下式代表：

$$A = A_1 + A_2 + \cdots A_k$$

式中 A 為頂上事件，A_1、A_2、$\cdots A_k$ 等皆是最小切集合。每個最小

切集合是各基元事件的集合，因此 n 元最小切集合可以下式表示：

$$A_n = B_1 \cdot B_2 \cdots B_n$$

式中 B_1 或 B_2 是失誤樹的基元事件。

圖 11–14 失誤樹的布林代數式 $A = B + CD$， B 是一元最小切集合， CD 是兩元最小切集合。

11–5–4 決定最小切集合的方法

從失誤樹尋找最小切集合的方法可分三種：(1)觀察法；(2)矩陣法；(3)布林代數法。茲舉例並分別討論如下。

11–5–4–1 觀察法

例如某一失誤樹的其中一部分如下：

先從最底層的基元事件來看，假定 X_4 故障，則 X_4 便向上流動。可是 A_{21A} 的底下是AND gate。

$$A_{21A} = (X_4) \cap (X_5)$$

由此可知單由 X_4 並不能使 A_{21A} 發生。 X_5 亦然。因為 X_4 與 X_5 皆不是一元最小切集合。

再假設 (X_4, X_5) 是個兩元最小切集合。 X_4 與 X_5 可使 A_{21A} 發生。但是往上一層看，因

$$A_{21} = (A_{21A}) \cap (A_{21B})$$

故單由 (X_4, X_5) 並不能使 A_{21} 發生。因此， (X_4, X_5) 也不是兩元最小切集合。

簡言之，這種由下向上的尋找方法如上。依此類推，直到所有的最小切集合找到為止。

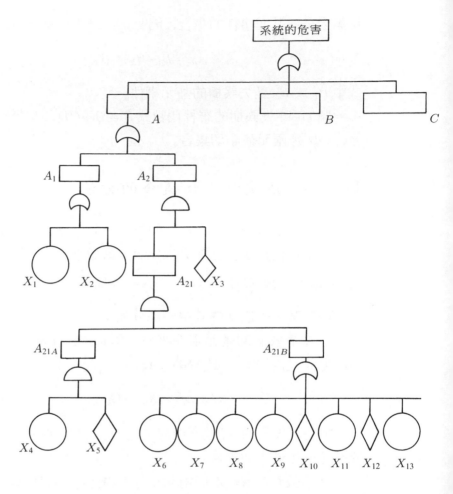

圖 11-15　失誤樹（部分）

【例】

試看 X_1 是否為一元最小切集合。

【解】

因 $A_1 = (X_1) \cup (X_2)$

而且 $A = (A_1) \cup (A_2)$

且頂上事件 $= A \cup B \cup C$

因此 X_1 發生，使頂上事件發生

可以說 X_1 是一元最小切集合。

11-5-4-2 矩 陣 法

例如某一失誤樹的其中一部分如下：

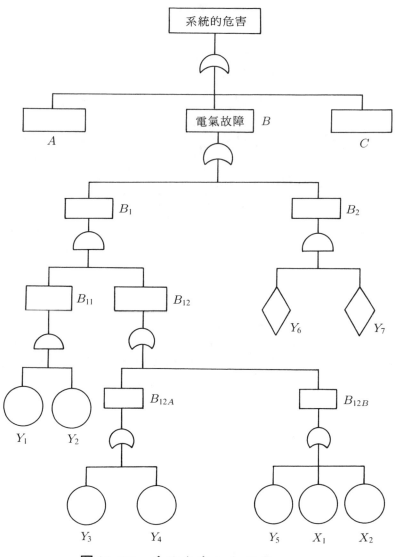

圖 11-16 系統危害之失誤樹

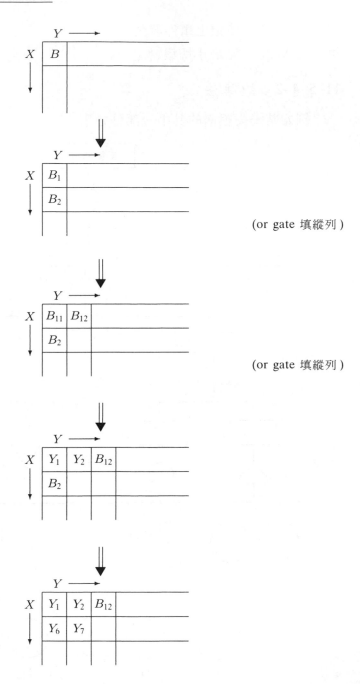

(or gate 填縱列)

(or gate 填縱列)

$Y \longrightarrow$

X

Y_1	Y_2	B_{12A}	
Y_1	Y_2	B_{12B}	
Y_6	Y_7		

$Y \longrightarrow$

X

Y_1	Y_2	Y_3	
Y_1	Y_2	Y_4	
Y_1	Y_2	B_{12B}	
Y_6	Y_7		

$Y \longrightarrow$

X

Y_1	Y_2	Y_3	
Y_1	Y_2	Y_4	
Y_1	Y_2	Y_5	
Y_1	Y_2	X_1	
Y_1	Y_2	X_2	
Y_6	Y_7		

　　上列的矩陣每一橫列皆爲 BICS（Boolean Indicated Cut Sets），
然未必是最小切集合，需再化簡成 BIS（Boolean Indicated Sets），
BIS 等於最小切集合。

　　　由BICS 化簡爲 BIS, 需查看矩陣中是否有下列情形:

㈠每一列的基元事件是否有重複。

㈡任一 BICS 是否爲另一個集合的子集合。

㈢列與列之間是否有重複。

凡是有重複情形或子集合, 皆需去除, 而成 BIS。

　　　由於最後的矩陣中沒有重複的情況, 可知此部分的失誤樹有一個兩元最小切集合, 和五個三元最小切集合。

由 BICS 化簡成 BIS

　　　如果失誤樹運用上述的方法得到下列矩陣:

X		Y ⟶	
	A	B	
	B	B	C
	A	A	D
	B	D	C
	B	C	

首先查看每一列有無重複者, 重複者去掉。

X		Y ⟶	
	A	B	
	B	C	
	A	D	
	B	D	C
	B	C	

再查看有無重複的列，有則去之。

最後除掉超集合（Superset）。因（B,D,C）為（B,D）與（B,C）之交集，可見 （B,D,C）之集合在（B,C）之集合之內，故去掉（B,D,C），否則（B,D,C）重複。

11–5–4–3　布 林 代 數 法

以圖 11–17 的失誤樹為例：

使用布林代數式直接表示失誤樹，並尋求最小切集合的方法，在圖 11–13、圖 11–14 即已略述，今再以圖 11–17 詳述其過程。運用此法求取最小切集合，可自頂上事件 A 開始，稱為由上往下法；亦可由基元事件，如 B_1、B_2、B_3 開始稱為由下往上法。今先使用由上往下法求取。

$$A = A_1 A_2$$

$$A_1 = B_1 + A_3$$

$$A_3 = B_3 + B_2$$

$$A_2 = B_2 + A_4$$

$$A_4 = B_1 B_3$$

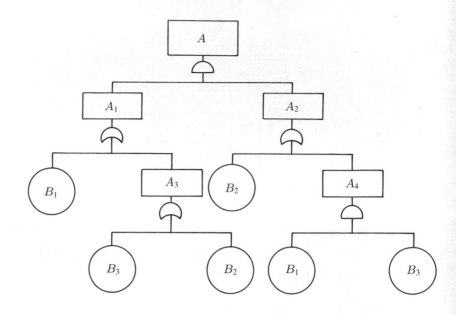

圖 11-17　A 事件失誤樹

將 $A_1 A_2$ 代入，得

$$A=(B_1 + A_3)(B_2 + A_4)$$

$$=(B_1 B_2) + (B_1 A_4) + (A_3 B_2) + (A_3 A_4)$$

代入 A_3，得

$$A=(B_1 B_2) + (B_1 A_4) + (B_3 + B_2)B_2 + (B_3 + B_2)A_4$$

$$=(B_1 B_2) + (B_1 A_4) + (B_2 B_3) + (B_2 B_2) + (B_3 A_4) + (B_2 A_4)$$

運用吸收律及恆等律

$$A=B_2(B_1 + B_3 + 1 + A_4) + B_1 A_4 + B_3 A_4$$

$$=B_2 + B_1 A_4 + B_3 A_4$$

代入 A_4，並運用恆等律

$$A = B_2 + B_1 B_1 B_3 + B_3 B_1 B_3$$

$$A = B_2 + B_1 B_3$$

此 A 事件的最小切集合是 B_2 和 $B_1 B_3$。一個一元最小切集合和另一個兩元最小切集合。圖 11–17 可簡化成圖 11–18。

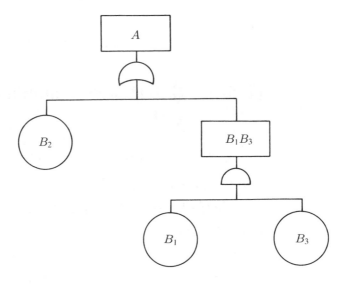

圖 11–18　圖 11–17 之化簡圖

至於由下往上法亦同樣運用布林代數的基本原理，讀者可試做看看能否得到相同的結果。

圖11–18 的失誤樹可以實例水幫浦系統（如圖 11–19）說明。

假設意外事故是「水未流到反應器」，且假設水源充足，不虞缺乏，管路正常，則

$$A = 水未流到反應器$$

$$B_1 = 幫浦 1 未能運轉$$

B_2=控水閥關閉

B_3=幫浦 2 未能運轉

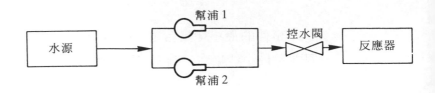

圖 11-19　水幫浦系統

11-5-5　最小徑集合（minimum path sets）及其求法

　　對系統安全工程師而言，比較有興趣的是從失誤樹中找出最小切集合，以決定那些基元事件的改善之道及防範順序。但從可靠度工程師的觀點來看，比較關心的是頂上事件不發生的情況，而不是其發生的情況。失誤樹是表示頂上事件發生的情況，而頂上事件不發生的情況將如何以圖形表現出來？與原來的失誤樹差別何在？

　　欲解決上面這一問題，方法並不困難，只要把原來失誤樹中的 OR gate 改換成AND gate，而將 AND gate 換成 OR gate，且將切集合換成徑集合（path set）即可。徑集合是切集合的反面。若某一切集合是指電路失誤，則其徑集合是指電路正常。而徑集合的集合就是原來失誤樹的反面，亦即「成功樹」（success tree）。同理，最小切集合的反面就是最小徑集合。最小徑集合是基元事件皆不發生的最小集合，使得頂上事件（或系統）不致發生。頂上事件 A 不發生的最小徑集合的集合可以下式表示：

$$A' = A'_1 + A'_2 + \cdots A'_k$$

A' 是 A 不發生的情形。A'_1、A'_2 是失誤樹的最小徑集合。每一最小徑集合若以基元事件表示，則

$$A'_n = B'_1 \cdot B'_2 \cdots B'_n$$

如果已知失誤樹的最小切集合，可利用最小切集合的反面而直接求得最小徑集合。例如，圖 11–18，

$$A = B_2 + B_1 B_3$$

A 之反面 A'

$$A' = (B_2 + B_1 B_3)'$$
$$= B'_2 \cdot (B_1 B_3)' \qquad\qquad （狄摩根定理）$$

使用狄摩根定理及分配律

$$A' = B'_2 \cdot (B'_1 + B'_3)$$
$$= B'_2 B'_1 + B'_2 B'_3$$

因此失誤樹的最小徑集合是 $B'_2 B'_1$ 和 $B'_2 B'_3$。若以圖 11–19 水幫浦系統而言，要使水流到反應器（即 A'），需有下列之一情況：⑴控水閥打開且幫浦 1 正常運轉，或者⑵控水閥打開且幫浦 2 正常運轉。

圖 11–18 的失誤樹變成圖 11–20。

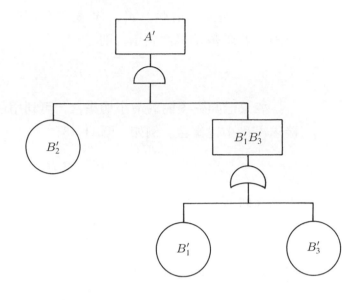

圖 11-20 成功樹

11-5-6 最小切集合的重要性（importance）

　　最小切集合可使系統發生失誤，但每個最小切集合使系統發生失誤的機率未必相同。一般而言，僅含有一個基元事件的最小切集合比含有兩個基元事件的最小切集合，更容易使系統故障；而含有兩個基元事件的最小切集合，又比含有三個基元事件的最小切集合較易於使系統故障。依此類推，最小切集合中所含的基元事件越少，系統愈容易發生失誤。其道理甚為簡單，例如一個基元事件的失誤機率是 10^{-3}，則僅含此基元事件的最小切集合的失誤機率當然也是 10^{-3}，而含有兩個基元事件的失誤機率就是 10^{-6}。

　　以上所言，僅是一個大原則，可適用於大多數情況，但未必適用於所有情況。究竟每個基元事件的失誤機率各不相同，而且有些邏輯 gate 可能有基元事件越多，越容易促使頂上事件發生的情況。

但是這些少數的情況可視爲例外。

　　因此，就促使頂上事件發生的重要性而言，一元最小切集合列在最優先，其次是二元最小切集合，然後是三元最小切集合，依此類推。使用電腦列出最小切集合的重要性亦如此依序排列，但有時基元事件甚多，爲減輕操作負荷，常只取一元、兩元、三元之最小切集合，其餘四元，或多元最小切集合即予省略。

11-5-7　共因或共型故障分析

　　失誤樹的定性分析最後一項工作就是找出共因或共型故障。共因故障可定義如下：

　　系統中許多零組件發生故障，從而使得該系統產生故障，都是由一個狀況或原因而引起。此單一狀況或原因稱爲共因事件。由共因事件所造成的系統故障，稱爲共因故障。

　　顯然共因事件具有不獨立性，換言之，共因事件彼此互依（dependency），使得零組件互相影響，而發生二個或二個以上零組件故障的情形，致使系統不能完成其正常功能。例如電力之中斷而同時使得兩具泵浦不能運轉。

　　要找出共因故障，得先曉得共因類型（common cause categories）。共因類型爲能造成零組件互依的分類範圍。由共同類型，才易於認定演變成共因故障的最小切集合。圖 11-23 爲共因故障的分類。由圖 11-23 可以看出共因故障分屬於(1)工程方面; (2)作業方面兩大類之中。

　　這兩大類別，可再分成一些不同種類的故障原因，稱爲固有（generic）故障原因。固有故障原因是共因事件的結果，例如溫度過高。分析固有故障原因需考慮下列因素：

㈠共同地點: 單一 generic cause 發生的地點能影響在該地點範圍內所有的零組件。

㈡互依情況：最小切集合內的各基元事件互相影響。

㈢演發性（susceptibility）：亦即由於固有故障原因或某種情況，而使基元事件發生的傾向。

今舉一例說明共因故障的影響。假設有兩泵浦具有互輔性質，一旦某一泵浦無法運轉，另一泵浦即行接替操作。圖 11-21 為此系統的簡單失誤樹。兩泵浦同時故障，此系統方才失誤，故用 AND gate。P_1 和 P_2 兩泵浦的故障率是0.001 和 0.002。則系統失誤率是 2×10^{-6}。

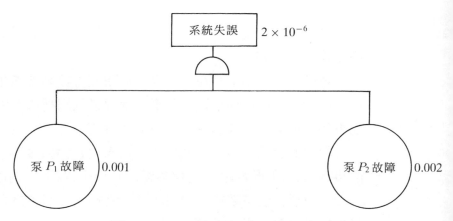

圖 11-21　兩泵浦同時故障的失誤樹

進一步調查發現共因事件是電力中斷。而電力中斷的機率是 0.0005。因此，兩泵浦故障率在不包含電力故障率之情況下，分別是 0.0005 和 0.0015。加上電力系統故障的失誤樹，如圖 11-22。頂上事件的機率變成

$$0.0005 + (0.0005 \times 0.0015) - (0.0005 \times 0.0005 \times 0.0015)$$
$$= 0.00050075 \simeq 0.0005$$

因此，失誤率由原來的 2×10^{-6} 變成 0.0005，增加 250 倍。由此例可知共因事件對系統不可靠度是最大的促成因素。

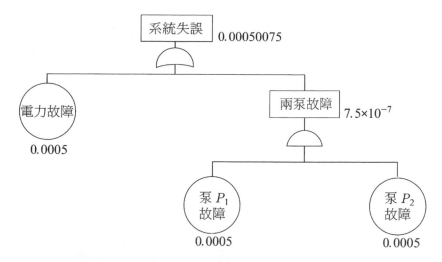

圖11-22 系統（含電力和泵浦故障）的失誤樹

　　共同事件常見於：(1)設施故障，如蒸汽、電力、廠房空氣、氮氣、燃料氣之供應中斷。(2)人為失誤（參見第十四章）。(3)外在環境，如地震、颱風、龍捲風、洪水等天然災害。(4)設備上製造的缺失。同一製造商同時供應同類的一組設備，俱含同一種缺失，則擁有同一種共因故障類型。

　　共因故障分析可依下列程序實施：

㈠決定失誤樹中較值得注意的最小切集合。

㈡使用圖11-23，決定可以應用到系統的故障共同型式。

㈢決定與每一個基元事件有關的零組件的位置。

㈣決定切集合中各個基元事件在每個固有故障原因是否有一共同地點。

㈤尋找最小切集合的共同原因。

㈥由共因事件、共同地點、互依情況等搜尋共同原因。研討系統的設計、作業與環境狀況，以確認每一個共因事件之可能情形。

㈦結論與建議，以防系統發生共因故障，並改進系統設計。

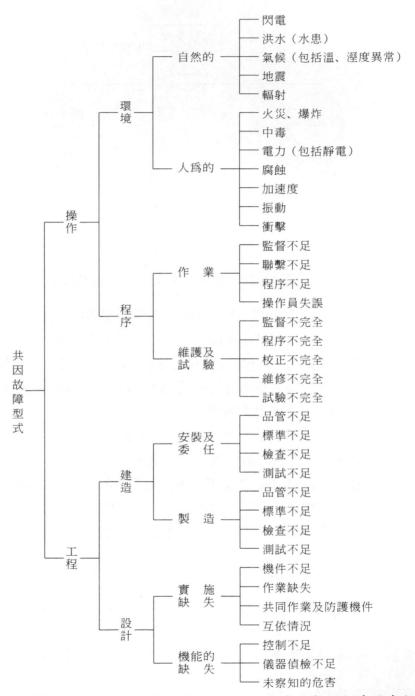

圖 11-23　共因故障型式（Malasky 講義，南加大系圖書館）

11-6　失誤樹的定量分析

從事失誤樹的定量分析，至少需解決兩個問題：(1)切集合和頂上事件的機率；(2)基元事件和切集合的重要性（importance）。

首先就切集合和頂上事件的機率而言，得先曉得基元事件發生的機率，再運用各基元事件本身的性質或彼此間的相互關係，而求出頂上事件的機率。以下逐一討論各基元事件在不同情況時求出頂上事件或系統之機率的方法。

11-6-1　互斥事件

不能同時發生的各個事件，皆是互斥事件。一般而言，數目有限的互斥事件 A_1、A_2、A_3、$\cdots A_n$ 發生的機率為

$$P(A_1 \cup A_2 \cup \cdots \cup A_n)$$
$$= P(A_1) + P(A_2) + \cdots + P(A_n) \tag{11-2}$$

而 $A_i \cap A_j = \phi$（指任兩事件之交集為空集合）。

11-6-2　非互斥事件

若 A 與 B 兩事件能同時發生，則 A 與 B 是為非互斥事件。A 與 B 兩事件同時發生的機率

$$P(A \cup B) = P(A) + P(B) - P(A \cap B)$$

或

$$P(A \cup B) = 1 - P(\overline{A})P(\overline{B}) \qquad (11-3$$

11-6-3 獨立事件

一事件的發生與不發生，並不會影響另一事件將會發生的機率，則稱此兩事件各自獨立。

(一)在 AND gate 下互為獨立事件。

若 B_1、$B_2 \cdots B_n$ 皆是互為獨立事件，則

$$P(A) = P(B_1 \cap B_2 \cap \cdots \cap B_n)$$
$$= P(B_1)P(B_2) \cdots P(B_n)$$
$$= \prod_{i=1}^{n} P(B_i) \qquad (11-4$$

(二)在 OR gate 下互為獨立事件。

則

$$P(A) = P(B_1 \cup B_2 \cup \cdots \cup B_n)$$
$$= 1 - \prod_{i=1}^{n}[1 - P(B_i)] \qquad (11-5$$

11-6-4 不獨立事件

一事件的發生，會影響另一事件將來發生的機率，則此兩事件為不獨立事件。若 A 與 B 兩事件皆為不獨立事件，則 $P(A \cap B) \neq P(A)P(B)$

11–6–5 故障率(failure rate or fault rate)

故障率(λ)是基元事件的失誤(fault)或零組件故障之瞬時率(instantaneous rate)。故障率是時間的函數,以 $\lambda_i(t)$ 表示。故障率是事件(或機件)將在 $t + \Delta t$ 發生,且已知其不在 $0 \sim t$ 之時間內發生的機率。

基元事件的故障率,以 $\lambda_i(t)$ 表示。

切集合的故障率,以 $\wedge_k(t)$ 表示。

頂上事件的故障率,以 $\wedge_T(t)$ 表示。

11–6–6 不可靠度(unreliability)

基元事件的不可靠度係指在 $0 \sim t$ 之時間內,發生事件失誤或機件故障的機率。以 $\bar{r}_i(t)$ 表示。

切集合的不可靠度〔以 $\overline{R}_k(t)$ 表示〕,是在 $0 \sim t$ 之時間內,整個切集合發生失誤的機率。頂上事件的不可靠度〔以 $\overline{R}_T(t)$ 表示〕,是在 $0 \sim t$ 之時間內,整個系統發生失誤的機率。

若不可靠度不隨時間而異,此時,(t) 可不用寫出。亦即寫 r_i 即可。

$$\bar{r}_i = 1 - e^{-\lambda_i t} \tag{11--6}$$

(此為 poisson 分配中至少有一次故障的機率)

基元事件或機件為可修復者(repairable),或為非可修復者(nonrepairable)。

㈠若基元事件為非可修復者,則基元事件及最小切集合的不可靠度各等於其不堪用率(unavailability),亦即:

$$\overline{r}_i = \overline{a}_i \tag{11-7}$$

$$\overline{R}_k = \prod_{i=1}^{n} \overline{r}_i \tag{11-8}$$

$$\overline{R}_k = \overline{A}_k \tag{11-9}$$

(二)可修復的情況:

1.基元事件的不可靠度為

$$\overline{r}_i \leq \lambda_{it} \quad (\lambda_{it} \leq 0.01)$$

2.切集合的不可靠度僅以 $E(f_k)$ 為最高界限。

$$\overline{R}_k \leq E(f_k) \tag{11-10}$$

$E(f_k)$ 是切集合在 $0 \sim t$ 之時間內將會發生故障的平均次數。

$$E\left[\, f_k(t) \,\right] = \int_0^t R f_k(t') dt' \tag{11-11}$$

【例】

下圖為兩元切集合, 在 $0 \sim t$ 之時間內的變化。

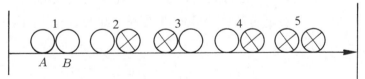

$\bigotimes$: 表故障(失誤)事件
$\bigcirc$: 表正常事件

由上圖可知, 一開始(state 1), A、B 兩事件皆正常作業。

state 2, B 事件故障。

state 3, B 事件已修復, 但 A 事件故障。

state 4, A 事件已修復, 但 B 事件又故障。

state 5, A 事件在 B 事件尚未修復之前又故障。

切集合在 t 時間前形成。切集合這樣形成的機率是為其不可靠度。

3.頂上事件的不可靠度可以下式表示:

$$\overline{R}_T = 1 - \prod_{k=1}^{N} R_k \qquad (11-12)$$

11-6-7　不堪用率（unavailability）

基元事件的不堪用率 $\overline{a}_i(t)$ 係指故障（失誤）的事件在時間 t 時的機率，但在時間 t 之前發生故障又加以修復是可以的。

基元事件的不堪用率以 $\overline{a}_i(t)$ 記之。

切集合的不堪用率以 $\overline{A}_k(t)$ 記之。

頂上事件的不堪用率以 $\overline{A}_T(t)$ 記之。

㈠非可修復的情況

1.如果事件是非可修復者，則事件的不堪用率等於其不可靠度。

$$\overline{r}_i = \overline{a}_i = 1 - e^{-\lambda_i t} \qquad (11-13)$$

2.切集合的不堪用率。

$$\overline{A}_k = \overline{R}_k \qquad (11-14)$$

㈡可修復的情況

若事件為可修復者，則需瞭解平均停機時間（mean down time）的觀念。

一事件或機件的平均故障時間，是當事件失誤之時，不能取用（unavailable）之預期平均時間，或當機件故障之時，仍停留在故障

狀態的平均時間。以 $\mathcal{J}_i$ 表示。

1.假設 λ_i 爲常數，事件皆爲可修復者，其 a_i 等於

$$\overline{a}_i = \frac{\lambda_i \mathcal{J}_i}{1 + \lambda_i \mathcal{J}_i}[1 - e^{-(\lambda_i + i/T_i)^t}] \doteqdot \lambda \mathcal{J} \qquad (11-15)$$

2.切集合的 A_k 等於

$$\overline{A}_k = \prod_{i=1}^{N} \overline{a}_i \qquad (11-16)$$

3.頂上事件的 $\overline{A}_T$ 等於

$$\overline{A}_T \le \sum_{k=1}^{n} \overline{A}_k \qquad (11-17)$$

11–6–8　舉例說明（Roland, 1982）

假設一失誤樹的最小切集合如下：

$C_1 = AB$

$C_2 = BCD$

基元事件	$\lambda /$ 小時	$\mathcal{J}$（小時）
A	$1.2E - 5$	15
B	$4.5E - 6$	20
C	$3.0E - 5$	20
D	$7.1E - 4$	30

又設系統安全工程師要計算 100 小時的任務。若沒有修復時，首先計算系統的 $\overline{r}_i$、$\overline{a}_i$。

$$\bar{r}_i = \bar{a}_i \leq \lambda t \quad (\text{設} \lambda \text{ 為常數})$$

基元事件	$\bar{r}_i ; \bar{a}_i$
A	$1.2E - 5(t)$
B	$4.5E - 6(t)$
C	$3.0E - 5(t)$
D	$7.1E - 4(t)$

切集合	$\bar{R}_k ; \ \bar{A}_k = \displaystyle\prod_{i=1}^{N} \bar{a}_i$
C_1	$5.4E - 11(t^2)$
C_2	$9.6E - 14(t^3)$

$$\bar{R}_T = \bar{A}_T \leq \sum_{k=1}^{N} \bar{A}_k$$

$$\leq 5.4 \times 10^{-11} t^2 + 9.6 \times 10^{-14} t^3$$

$$\leq 5.4 \times 10^{-11} \times 10^4 + 9.6 \times 10^{-4} \times 10^6$$

$$\leq 6.4 \times 10^{-7}$$

$$\leq 6.4E - 7$$

有關於 $\bar{a}_i$ 及 $\bar{A}_k$ 之值如下:

基元事件	$\bar{a}_i \ (\doteqdot \lambda_i \mathcal{J})$
A	$1.8E - 4(\doteqdot 1.2E - 5 \times 15)$
B	$9.0E - 5(\doteqdot 4.5E - 6 \times 20)$
C	$6.0E - 4(\doteqdot 3.0E - 5 \times 20)$
D	$2.1E - 2(\doteqdot 7.1E - 4 \times 30)$

切集合	$\overline{A}_k C = \prod\limits_{i=1}^{N} \overline{a}_i$
C_1	$1.6E-8$
C_2	$1.1E-9$

已知 $\overline{A}_k$，可由公式 $\overline{A}_T \leq \sum\limits_{k=1}^{N} \overline{A}_k$

$$\overline{A}_T \leq 1.6E-8+1.1E-9$$

$$=1.7E-8$$

11-6-9　基元事件與切集合的重要性

失誤樹定量分析所要做的第二個工作就是計算基元事件與切集合的重要性。

所謂重要性（importance）係指促使頂上事件發生的基元事件或切集合所占的影響程度。重要性是時間、故障、修復性和系統構造的函數。重要性分析有利於系統的設計、故障診斷和最適化（optimization）。

重要性分析有多種，如 Barlow-Proschan 法（1974）、 Birnbaum 係數法（1969）、 Fussell-Vesely 法（1973）等，在此僅介紹後面兩種方法。

I.Birnbaum 係數法

計算基元事件的 Birnbaum 係數（factor），是分別計算對應於某基元事件的設備正常運轉時以及失誤時，整個系統的可靠度。若某基元事件對應的設備正常運轉，則其故障機率是 0；然若此一設備故障，其故障率是 1。因此某一零組件的 Birnbaum 係數是

$$B_{f,i} = P_i(1) - P_i(0) \qquad\qquad (11-18)$$

式中，$B_{f,i}$ = 零組件 i 的 Birnbaum 係數

$\qquad$ P_i = 零組件 i 在某一狀態的系統可靠度

每一基元事件都計算其係數。再依係數之大小排列分級（ranking）。

今以下例說明。設有一失誤樹，定量分析的結果包含三個最小切集合：ABC，D 和 AE。其中，A、B、C、D、E 各為基元事件。各基元事件的機率是：

$$P(A)=0.1$$

$$P(B)=0.05$$

$$P(C)=0.2$$

$$P(D)=0.04$$

$$P(E)=0.08$$

則三個最小切集合的機率分別是：

$$P_1=ABC = 0.001$$

$$P_2=D = 0.04$$

$$P_3=AE = 0.008$$

頂上事件的機率 $= 0.001 + 0.04 + 0.008 = 0.049$

以 Birnbaum 法可得表 11-3。再將此係數變成百分比並予排比先後，可得表 11-4。由表 11-4 可知，D 事件對系統可靠度的影響最大，而 A 事件與 E 事件次之，B 和 C 兩者最輕微。

表 11-3　Birnbaum 係數法

基元事件	頂上事件 $(P_i = 1.0)$ 零組件 i 故障	頂上事件 $(P_i = 0)$ 零組件 i 作用	Birnbaum 係　　數
A	0.13	0.04	0.09
B	0.068	0.048	0.02
C	0.053	0.048	0.005
D	1.0	0.009	0.991
E	0.141	0.041	0.1

表 11-4　重要性排比

基 元 事 件	重 要 性（百 分 比）	排 比 順 序
A	7.5	3
B	1.7	4
C	0.4	5
D	82.1	1
E	8.3	2

II.Fussell-Vesely 法

除了每一基元事件的 Birnbaum 係數皆各自乘以其失誤率之外，Fussell-Vesely 與 Birnbaum 係數法並無差異。式 (11-18) 改成

$$FV_i = B_{f,i} \times \lambda_i \tag{11-19}$$

式中，FVi = Fussell-Vesely 修正係數

λ_i = 基元事件 i 的失誤率

表 11-5 為以 Fussell-Vesely 法求得的數值。所使用的數據與 Birnbaum 係數法相同。所得的結果亦相同。

表 11–5 Fussell-Vesely 法重要性排比

基元事件	Birnbaum係數	事件失誤率 λ_i	$F - V$係數	重要性（百分比）	排比順序
A	0.09	0.1	0.009	15.4	2
B	0.02	0.05	0.001	1.7	4
C	0.005	0.2	0.001	1.7	4
D	0.991	0.04	0.0396	67.6	1
E	0.1	0.08	0.008	13.6	3

11–7 比較失誤樹與網路分析（或串並聯系統）

運用失誤樹或網路分析的方法，皆可瞭解系統中各事件的邏輯關係。將各事件構成網路，常見於串並聯系統，由各事件的關係，可計算此系統的可靠度。

今先以下一失誤樹（圖 11–24）為例比較兩者之關係。 $P(B_1) =$

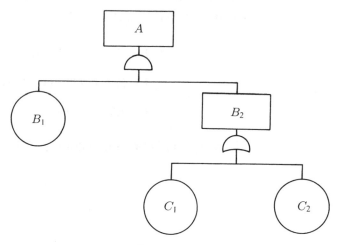

圖 11–24 A 事件的失誤樹

0.0001, $P(C_1) = 0.0002$, $P(C_2) = 0.0003$。由布林代數求頂上事件 A 的
最小切集合是 B_1C_1 和 B_1C_2。 A 事件發生機率是 5×10^{-8}。

　　圖 11-24，若改成串並聯系統則成圖 11-25。因為 $A = B_1(C_1 + C_2)$，則因集合 B_1 與集合 $(C_1 + C_2)$ 相乘，表示兩事件是並聯，而事件 C_1 與事件 C_2 相加，表示兩事件是串聯。

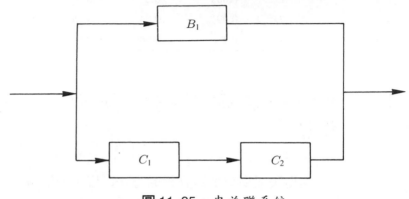

圖 11-25　串並聯系統

　　以串並聯的方法計算系統可靠度。各組件 B_1、 C_1、 C_2 的可靠度分別是： $R_{B_1} = 1 - 0.0001 = 0.9999$, $R_{C_1} = 1 - 0.0002 = 0.9998$, $R_{C_2} = 1 - 0.0003 = 0.9997$。則系統可靠度 R

$$R = 1 - (1 - R_{B_1})(1 - R_{C_1} \times R_{C_2})$$

$$= 1 - (1 - 0.9999)(1 - 0.9998 \times 0.9997)$$

$$= 1 - 4.9994 \times 10^{-8}$$

因系統不可靠度（unreliability，簡稱 U，即發生故障之機率）是

$$U = 1 - R$$

$$\therefore R = 1 - U$$

$$\therefore U = 4.9994 \times 10^{-8}$$

比較失誤樹頂上事件發生機率 5×10^{-8} 與系統不可靠度 $4.9994 \times$

10^{-8}，兩者相差無幾。事實上，5×10^{-8} 為近似值，而 4.9994×10^{-8} 為精確值。若以式(11-4)和式(11-5)計算 A 之機率，亦可得精確值。因此，兩種方法所求得的值相同。

11-8　比較失誤樹分析與 HAZOP

　　本書第八章 8-9 已討論以 FTA 定量分析補強 HAZOP 定性分析之效果。目前雖無法將 HAZOP 轉變成失誤樹（源於這兩種危害分析方法上基本的不同，見表11-6），但在分析時若能顧及下列事項，對分析工作將更有助益：

㈠負責實施 FTA 的人員也應是 HAZOP 的專家。

㈡儘早實施 FTA，特別是在設計階段之初。在 HAZOP 之前，HAZOP 小組能夠檢視失誤樹描繪的系統邏輯圖。

㈢使用 HAZOP 作為 FTA 分析者探究基元事件的參考資料。

㈣HAZOP 小組可徹底探究失誤樹頂上事件底下之可能的事故原因。　　小組的集體經驗將有助於發現源自共因故障之切集合。

表 11-6　比較 FTA 與 HAZOP

FTA	HAZOP
⑴ 演繹法。	⑴ 歸納法
⑵ 事件之間的邏輯圖形，定性和量化的因果關係。	⑵ 因果關係資料詳細。
⑶ 分析者更需要分析技術。	⑶ 分析者需要經驗、創造力與直覺。
⑷ 將設備、人、物料等納入一個系統，整體且巨觀。	⑷ 詳細審視每一設備或操作的故障或失誤模式，個別且微觀。

11–9 例題

【例1】

簡化失誤樹（圖11–26）。

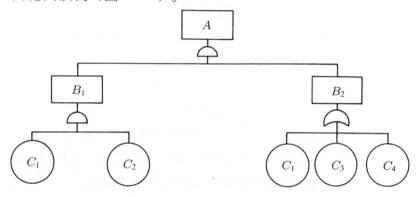

圖 11–26 例 1： A 事件失誤樹

【解】

先以布林代數求 A 事件的最小切集合，

$A=B_1 B_2$ （原則：遇到 AND gate，則 input 相乘）

$=C_1 C_2 (C_1 + C_3 + C_4)$ （原則：遇到 OR gate，則 input 相加）

$=C_1 C_2 C_1 + C_1 C_2 C_3 + C_1 C_2 C_4$

$=C_1 C_2 + C_1 C_2 C_3 + C_1 C_2 C_4$ （$\because C_1$ 與 C_1 的交集仍是 C_1）

$=C_1 C_2 (1 + C_3 + C_4)$ （1 是宇集合）

$=C_1 C_2$ （$\because$ 宇集合與任一集合的聯集仍是宇集合）

由 $A = C_1 C_2$ 可繪簡化後的失誤樹。

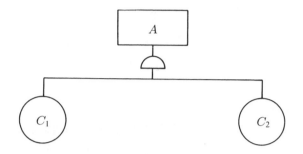

【例2】

求圖 11-27 中 A 事件發生之機率。

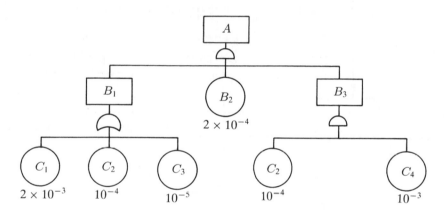

圖 11-27　例2：求 A 事件的機率

【解】

首先求 A 事件的最小切集合，再代入各基元事件的機率。

$$A = B_1 B_2 B_3$$

$$= (C_1 + C_2 + C_3) B_2 C_2 C_4$$

$$= C_1 B_2 C_2 C_4 + C_2 B_2 C_2 C_4 + C_3 B_2 C_2 C_4$$

$$= C_1 B_2 C_2 C_4 + B_2 C_2 C_4 + C_3 B_2 C_2 C_4$$

$$=B_2C_2C_4(C_1 + 1 + C_3)$$

$$=B_2C_2C_4$$

$$=2 \times 10^{-4} \times 10^{-4} \times 10^{-3}$$

$$=2 \times 10^{-11}$$

【例3】

液化天然氣儲槽全自動進料系統如下圖（圖11–28）。試作:

(1)此系統的失誤樹〔頂上事件是儲槽填料溢流（overflow）〕;

(2)實施定性分析（亦即分析至此失誤樹的最小切集合）;

(3)求儲槽外溢（overflow）的機率。假設，機械故障率皆等於 10^{-3}。又若一年進料 12 次，則每年發生外溢之機率如何。

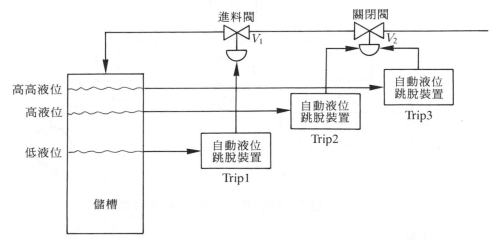

圖 11–28　全自動進料系統

【解】

(1)將 Trip 1 和 V_1 視為系統1，將 Trip 2、 Trip 3 和 V_2 視為系統2。

(2)求 A 事件的最小切集合。

$$A=B_1B_2$$

$$=(C_1 + C_2)B_{2x} \cdot B_{2y}$$

$$=(C_1 + C_2)(C_3 + C_5)(C_4 + C_5)$$

$$=(C_1 + C_2)(C_3C_4 + C_3C_5 + C_4C_5 + C_5)$$

$$=(C_1 + C_2)(C_3C_4 + C_5)$$

$$=C_1C_3C_4 + C_1C_5 + C_2C_3C_4 + C_2C_5$$

可知 A 事件共含 4 個最小切集合。

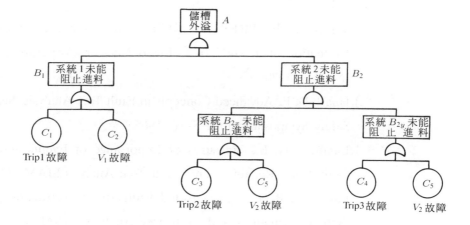

圖 11-29　LNG 儲槽外溢失誤樹

(3)以各失誤率分別代入上式,

$$A=(10^{-3})^3 + (10^{-3})^2 + (10^{-3})^3 + (10^{-3})^2$$

$$=2 \times 10^{-6} + 2 \times 10^{-9} \cong 2 \times 10^{-6}$$

這是每一儲槽每次進料作業發生外溢的機率。

則每年每一儲槽發生進料外溢的機率等於

$$2 \times 10^{-6} \times 12 = 2.4 \times 10^{-5} ／年／ \text{tank}$$

參考文獻

1. Mearns, A. B., Fault Tree Analysis: The Study of Unlikely Events in Complex Missile Systems, Seattle: System Safety Symposium, June 8–10, 1965.

2. Vesely, W. E., PREP and KITT Computer codes for the Automatic Evaluation of a Fault Tree, Idaho Nuclear Corporation, Idaho Falls, IN–1349, 1970.

3. Haasl, D. F., Advanced Concepts in Fault Tree Analysis, Seattle: System Safety Symposium, June 8–10, 1965.

4. Lambert, H. E., Measures of Importance of Events and Cut Sets in Fault Trees, Reliability and Fault Tree Analysis SIAM, 77–101, 1975.

5. Fussell, J. B., Computer-Aided Fault Tree Construction for Electrical Systems, Reliability and Fault Tree Analysis, SIAM, 1975.

6. Roland, H. E., 系統安全課程筆記，南加州大學（USC），1982。

7. Barlow, R. E., and Proschan, F., Importance of System Component and Fault Tree Analysis, Operation Research Center, University of California, Report ORC, 74–3, 1974.

8. Birnbaum, Z. W., On the Importance of Different Components in a Multicomponent System, In Multivariate Analysis–II, Academic Press, New York, 1969.

9. Fussell, B. J., How to Hand-Calculate System Reliability Characteristics, IEEE Trans. on Reliability, R–24, No. 3, 1973.

習　題

1. 在失誤樹分析中，使用的長方形、菱形、圓形等符號各代表那些事件?

2. 失誤樹中常用的AND gate 和OR gate 符號及其意義爲何?

3. 失誤樹中summation gate 符號及其意義爲何?

4. 失誤樹中 Voting（or sampling）gate 符號及其意義爲何?

5. 所謂失誤樹的定性分析是實施那些工作?

6. 所謂失誤樹的定量分析是實施那些工作?

7. 實施下圖失誤樹之定性分析。

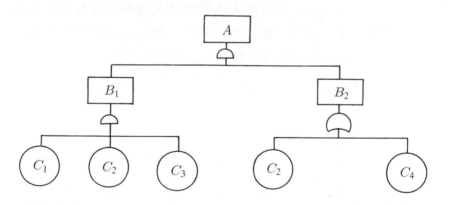

8. 在第7題中，若 $C_1 = 10^{-3}$, $C_2 = 2 \times 10^{-4}$, $C_3 = 5 \times 10^{-4}$, $C_4 = 3 \times 10^{-4}$，試求頂上事件 A 的發生機率。

9. 化簡第7題的失誤樹。

10. 求下列串並聯電路系統的失誤樹及output（A 事件）失誤的機率。

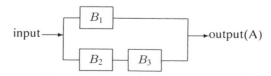

設 $P(B_1) = P(B_2) = P(B_3) = 0.001$

11. 求下圖 A 事件之發生機率。

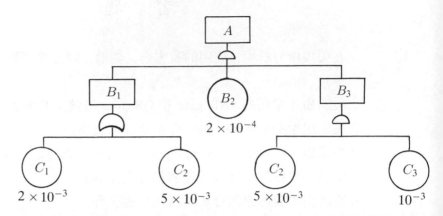

12. 何謂共因故障? 舉例說明。其對失誤樹頂上事件的影響如何?

13. 本章例3 之液化天然氣儲槽若改爲半自動進料系統, 其系統圖如
下。設人爲失誤率 $= 10^{-2}$, 機械故障率皆等於 10^{-3}, 每年進料一
次, 則每年發生儲槽外溢的機率爲何?

第十二章

事件樹分析

　　和失誤樹分析 (FTA) 一樣，事件樹分析（event tree analysis，簡稱 ETA）也是一種定性兼定量的危害分析方法。但與 FTA 不同的是，ETA 是一種由事故原因推向結果的前推邏輯 (logic)，因此是歸納法的一種系統安全分析方法。ETA 的發展，在時間上，比 FTA 稍晚近，先自核能電廠的安全與危害性分析開始，（例如應用於 WASH–1400 報告，1975），再應用於石化工業或煉油業（例如英國 HSE，Canvey 報告，1979）。其主要目的在決定一連串的意外事件之發生先後順序及各事件風險的重要性 (importance)。ETA 的每一事件亦可設定其發生頻率或機率。這種演算機率的工作亦可由 FTA 執行。若由 FTA 演算，或許可進一步修正 ETA 內隱含的計算陷阱（如共因故障所導致者）。

　　ETA 可應用於事故發生前之分析，也可應用於事故發生後之分析。事故前分析為在災變發生之前，逐一檢討可能發生的危險情況，以及工廠在硬體設備上有哪些安全防護裝置或管理措施，操作程序足以應付這些危險情況。因此在設計階段，由 ETA 評估的結果，可將安全裝置或措施，預先設計或安置，以減輕起始事件的不良影響，此預先設計的裝置或程序，稱為「工程化安全措施」(engineered safety feature)。（如圖 12–1）。事故後分析為預測事故（如毒氣外洩）發生後可能造成哪些不良影響或後果（如圖 12–2）。

　　ETA 小者，一人即可完成，但也可成立一個 2～4 人的小組，此小組中需有一人瞭解 ETA 者。實施 ETA 所需的時間則依起始事件和安全系統、程序多少與複雜性而定。小製程單元可能需 3～6 天；大製程單元需 2～4 週。執行 ETA 的程序共可分五個步驟：

㈠確定可能發生的起始事件（initiating event）。

㈡認定防範起始事件惡化的設備或措施。

㈢建構事件樹：(1)原來的事件樹；(2)考慮機能或運轉的關係，或設計與工程原理，簡化事件樹；(3)重新建構事件樹。

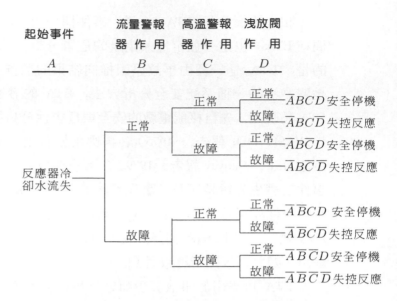

圖12-1　事故前分析的事件樹

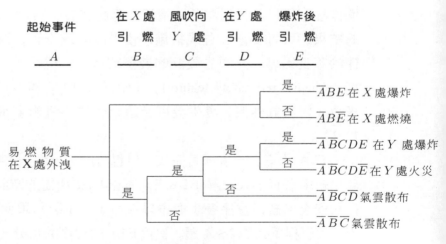

圖12-2　事故後分析的事件樹

㈣指派機率與估計每一分枝的機率。

㈤處理分析的結果。

12-1　確定可能發生的起始事件

　　事件樹是從引起意外事故的起始事件開始分析。此起始事件通常是一個系統的零組件發生異常情況或人為操作錯誤等情事。起始事件大多是：⑴系統的零組件或子系統發生故障（failure）；⑵人為失誤或不安全動作；⑶公共設施異常（如停電）；⑷外界事故或與外在環境有關的事故（如地震）。

　　第⑶及第⑷種事件常是共因故障（common cause failure），會同時引發多種起始事件。

12-2　認定防範起始事件惡化的設備或措施

　　這些偏離正軌的起始事件發生後，設計工程師和工業安全工程師早就預先築起一道一道的關卡，切斷通往意外事故的途徑，以免一發不可收拾。這些防範事故的設備或措施包括：⑴自動安全系統（如自動停機系統）；⑵告知操作員的警報系統；⑶操作員的應變程序（如飼水或降壓監控動作）；⑷減輕危害的系統（如釋壓系統，洩爆板）；⑸使用圍堵或安裝防護物（如核電廠圍阻體）。

　　ETA 分析者必需依據各道關卡的先後順序，逐一排列在起始事件之後，然後才開始建構事件樹。

12-3 建構事件樹

12-3-1 原來的事件樹

在繪製事件樹之初，分析者必需仔細分辨各種減少或控制危害
的安全裝置或措施啟動的先後順序。有時這些安全裝置或措施幾乎
同時發動，難以列序。此時需給予合理邏輯關係，否則可能令人混
淆。

首先，自起始事件開始，再依發動時間先後，依序排列安全
裝置或措施（如圖 12-3）。然後再在各事件或裝置、措施下畫對應

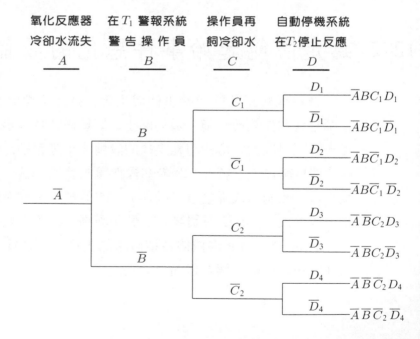

圖 12-3　原來的事件樹

的事件樹分枝。通常每一裝置或人為措施皆分正常與故障（success state 與 failure state）兩個分枝。正常在上，故障在下，以 B, C, $D\cdots$ 表示正常，以 $\overline{B}$, $\overline{C}$, $\overline{D}$ $\cdots$ 表示故障。則事件樹分枝的總數等於 2^{n-1}，n 為起始事件與各安全裝置或措施的數目。有時安全裝置或措施未必分正常或故障兩種情況，例如閥的開度（openness），也許可分 0%，50%，100%，此時，分枝的數目需略予變更。

12-3-2　考慮機能或運轉的關係，或設計與工程原理，簡化事件樹

　　基於安全系統的機能（function）或硬體上的相互關係，或邏輯推理，有些分枝需予刪去方才合理。今再檢視圖 12-3 各個分枝，以便簡化事件樹。

㈠$\overline{A}BC_1D_1$ 中，操作員聽到警報聲，並去飼水，故自動停機系統毋需反應即處於安全狀態。$\overline{A}BC_1D_1$ 變成 $\overline{A}BC_1$。

㈡$\overline{A}BC_1\overline{D_1}$ 中，操作員聽到警報聲，並去飼水，$\overline{D_1}$ 不發生。故 $\overline{A}BC_1\overline{D_1}$ 變成 $\overline{A}BC_1$。

　　（以上 $\overline{A}BC_1D_1$ 和 $\overline{A}BC_1\overline{D_1}$ 皆變成 $\overline{A}\,BC_1$）

㈢$\overline{A}B\overline{C_1}D_2$ 中，警報系統作用了，但操作員不知去何處，未聽到警報，未去飼水，但自動停機系統發揮作用。故 $\overline{A}B\overline{C_1}D_2$ 不必刪去。

㈣$\overline{A}B\overline{C_1}D_2$ 中，雖發出警報，操作員失誤而未去飼水，自動停機系統又故障，$\overline{A}B\overline{C_1}D_2$ 不必刪去。

㈤$\overline{A}\,\overline{B}C_2D_3$ 中，因警報系統故障，故操作員未聽到警報，也未去飼水，故 C_2 不可能發生，D_3 或 $\overline{D_3}$ 亦未發生，故予刪去。

㈥$\overline{A}\,\overline{B}C_2\overline{D_3}$ 應予刪去，理由同㈤所述。

㈦$\overline{A}\,\overline{B}\,\overline{C_2}D_4$ 中，警報系統未發出警報，操作員未飼水，但自動停機系統關閉反應器，故 $\overline{A}\,\overline{B}\,\overline{C_2}D_4$ 保留。

(八)$\overline{A}B\overline{C}_2\overline{D}_4$ 中，全部的安全系統與人為安全措施皆失效，此分枝可
能存在，予以保留。

12-3-3　重新建構事件樹

依據 12-3-2 所述，重繪簡化後的事件樹如下：

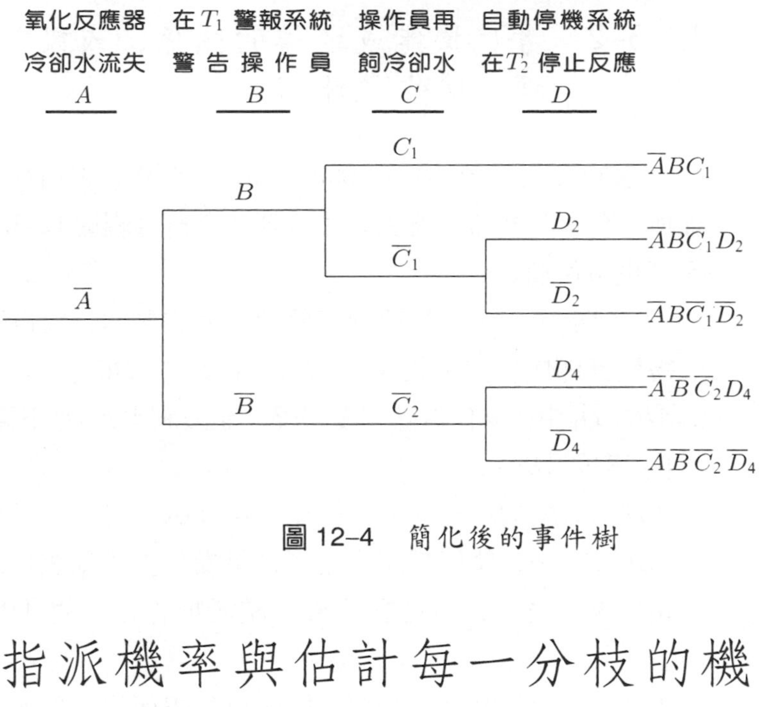

氧化反應器	在 T_1 警報系統	操作員再	自動停機系統
冷卻水流失	警告操作員	飼冷卻水	在 T_2 停止反應
A	B	C	D

```
                                    C₁
                            B ─────────────── ĀBC₁
                                         D₂
                            C̄₁ ──────────── ĀBC̄₁D₂
                                         D̄₂
  Ā                                     ──── ĀBC̄₁D̄₂
                                    D₄
            B̄          C̄₂ ──────────── ĀB̄C̄₂D₄
                                    D̄₄
                                    ──── ĀB̄C̄₂D̄₄
```

圖 12-4　簡化後的事件樹

12-4　指派機率與估計每一分枝的機率

以上 ETA 屬定性部分。ETA 的定量工作就是估計每一分枝的
發生機率。最後估計發生意外事故的總機率。

分析者需要尋找安全系統或零組件的故障率，以及人為操作失
誤的人為失誤率（human error probability，簡稱 HEP）。再就各分
枝的機率進行機率計算。值得注意的是 ETA 各分枝的事件發生機

率是條件機率。如圖 12–5, A 事件發生後, 才有 B 或 $\overline{B}$ 發生, 而 A 與 B（或 $\overline{B}$）發生之後, C_1（或 $\overline{C}_1$）才會發生。以條件機率計算, B 事件發生的機率是 $P(B/\overline{A})P(\overline{A})$；而 C_1 事件發生的機率是 $P(C_1/\overline{A}B)P(B/\overline{A})P(\overline{A})$, 其餘類推。如此計算出來的值才是精確值。但因安全系統的可靠度常近於1, 因此可假設等於1, 故 $P(C_1/\overline{A}B)P(B/\overline{A})P(\overline{A}) \simeq P(\overline{A})$, 其餘類推。

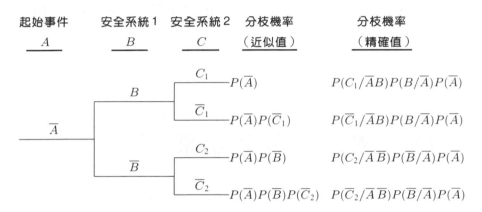

圖 12–5　ETA 各分枝的條件機率

由此條件機率之運算, 可知 ETA 中包括起始事件, 各安全系統或損失控制措施, 皆假設是獨立事件。例如:

$$P(\overline{C}_2/\overline{A}\,\overline{B})P(\overline{B}/\overline{A})P(\overline{A})$$
$$=\frac{P(\overline{C}_2 \cap \overline{A}\,\overline{B})}{P(\overline{A}\,\overline{B})} \times \frac{P(\overline{B} \cap \overline{A})}{P(\overline{A})} \times P(\overline{A}) \text{（設事件皆為獨立事件）}$$
$$=P(\overline{C}_2) \times P(\overline{B}) \times P(\overline{A})$$

今以圖 12–4 估計各分枝的機率（約略值）。先假設每一事件之機率:

㈠每次操作冷卻水流失之機率 $= 10^{-3} = P(\overline{A})$

㈡警報系統故障之機率 $= 9 \times 10^{-3} = P(\overline{B})$

㈢操作員疏忽，未能適時飼水之機率 $= 5 \times 10^{-2} = P(\overline{C})$

㈣自動停機系統故障之機率 $= 2 \times 10^{-3} = P(\overline{D})$

各分枝的機率分別如下：

㈠分枝 $\overline{A}BC_1 = P(\overline{A}) = 10^{-3}$

㈡分枝 $\overline{A}B\overline{C}_1D_2 = P(\overline{A})P(\overline{C}) = 10^{-3} \times 5 \times 10^{-2} = 5 \times 10^{-5}$

㈢分枝 $\overline{A}B\overline{C}_1\overline{D}_2 = P(\overline{A})P(\overline{C})P(\overline{D}) = 10^{-3} \times 5 \times 10^{-2} \times 2 \times 10^{-3} = 10^{-}$

㈣分枝 $\overline{A}\,\overline{B}\,\overline{C}_2D_4 = P(\overline{A})P(\overline{B})P(\overline{C}) = 10^{-3} \times 9 \times 10^{-3} \times 5 \times 10^{-2}$

   4.5×10^{-7}

㈤分枝 $\overline{A}\,\overline{B}\,\overline{C}_2\overline{D}_4 = P(\overline{A})P(\overline{B})P(\overline{C})P(\overline{D}) = 10^{-3} \times 9 \times 10^{-3} \times 5 \times 10^{-2} \times$

   $2 \times 10^{-3} = 9 \times 10^{-10}$

12–5 處理分析的結果

由圖 12–4 簡化後的事件樹可知，除了第 3 和第 5 分枝之外，其餘分枝皆使系統處於安全狀態。$\overline{A}B\overline{C}_1\overline{D}_2$ 和 $\overline{A}\,\overline{B}\,\overline{C}_2\overline{D}_4$ 將使反應器發生失控（runaway）爆炸。則失控爆炸的機率是兩分枝機率之和，亦即 $10^{-7} + 9 \times 10^{-10}$。再者，$9 \times 10^{-10}$ 太小，可以忽略，因此失控爆炸的機率約為 10^{-7}。相反地，不致發生失控爆炸的機率相當高。整個系統可靠度極高。

分析者除了說明每一分枝的機率與事件重要性之外，也需討論所發現的問題、所設定的假設，以及所提出的建議或對策。

ETA 報告完成之後，最好能由精嫻 ETA 的專家再審閱一次，檢查 ETA 的整個分析程序是否完整，有無瑕疵（譬如刪枝不當或分析結果與相關紀錄資料差異過大）。

12-6 ETA 與 FTA 併用

本章開頭即已言及 ETA 中安全裝置或措施的故障率或失誤率可由FTA 執行估計。 ETA 與 FTA 併用的方法如下：

㈠找出最可能導致系統失效的起始事件。一般言之，起始事件在10件上下。

㈡建構每一系統故障的事件樹。

㈢使用失誤樹計算故障率或失誤率。

㈣計算總機率。

參考文獻

1.USNRC, Nuclear Safety Study, WASH–1400, NTIS, 1975.

2.HSE, Canvey: An Investigation, Second Reports, HMSO, London, 1979.

習　題

1.何謂「工程化安全措施」？

2.實施事件樹分析（ETA）的程序為何？

3.ETA 中的起始事件大多是那些情況？

4.一旦 ETA 中的起始事件發生之後，有那些設備或設施可緩和或防範事故逐漸惡化？

5.今假設某一易燃物儲槽內有兩座馬達。以馬達 A 為主，馬達 B 為

輔（備用）。在卸料管上有低流量警報器。若將馬達 A 故障視

卸料作業的起始事件，則試作卸料失敗之事件樹。

6.第 5 題相關事件或裝置之故障（或失誤）機率分別是，

①低流量警報器 = 0.001

②操作員失誤 = 0.25

③馬達 A 或 B = 0.002

求卸料失敗的機率。

第十三章

因果分析

　　將失誤樹與事件樹兼容並蓄而作的圖形分析法是因果分析（causeconsequence analysis），為服務於丹麥原子能委員會，風險實驗所的 Nielsen（1971、 1975）所創發， Taylor（1978）繼之。因果分析利用失誤樹分析向後（在時間上）追尋事故原因與利用事件樹分析向前推至事故後果的方法，以圖表示因果之間的相互關係。因為兼具 FTA 與 ETA 的圖形，且使用的圖形符號（圖13-1）又多於 FTA，而使得即使是簡單的系統，經其分析之後，也變得是相當複雜的圖形。故分析者大多心懷忌憚，吝於借用，亦為應用上不普遍的主因。然而，事件發生的順序若對事故的瞭解頗富意義之時，因果分析圖便值得一試。此分析圖形又顯示延時（time delay）情況，故有此情況者，亦可由因果分析圖說明之。

13-1　因果分析使用的圖形符號

　　因果分析既然融合 FTA 和 ETA 的技術，當然也有 OR gate 或 AND gate 一些 FTA 的符號。圖13-1 (a)、(b)、(c)分別是表示原因、後果和其他意義的圖形符號。

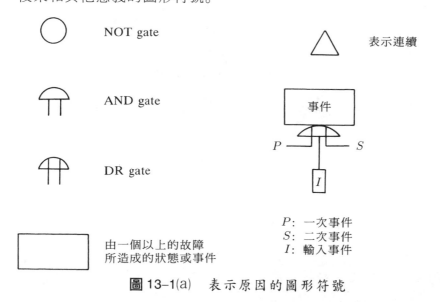

NOT gate

AND gate

DR gate

由一個以上的故障所造成的狀態或事件

表示連續

事件

P：一次事件
S：二次事件
I：輸入事件

圖 13-1(a)　表示原因的圖形符號

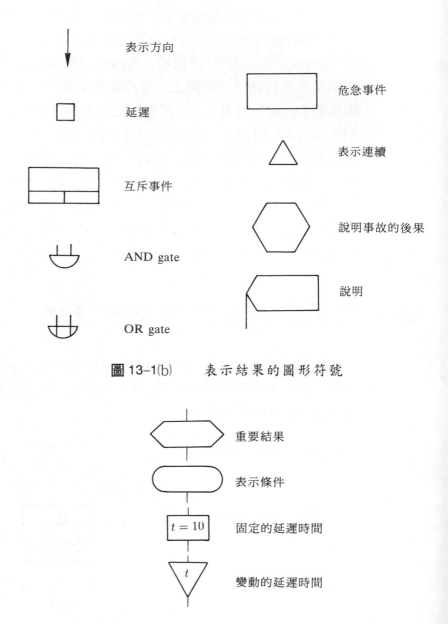

圖 13–1(b)　表示結果的圖形符號

圖 13–1(c)　表示因果以外的圖形符號

13-2　實施因果分析的程序

正如應用任何一種危害分析技術之前，需先成立危害分析小組，並蒐集分析所需的資料，在真正實施因果分析之前，也是一樣，需先蒐集相關資料並瞭解下列事項：

㈠系統及其子系統、零組件間的相互關係。

㈡防範系統發生意外事故的各種安全功能，或相關的輔助性系統，如冷卻、動力潤滑等系統。

㈢系統操作模式。

㈣影響零組件在操作一些因素，如壓力、溫度、應力(stress)及其他負荷。

㈤製程變數。

㈥能量來源及其位置。

㈦製程中涉及物質的物理、化學性質。

實施因果分析的程序包括六個步驟：

㈠選擇一個緊要的(critical)事件予以分析之。

㈡確認系統或子系統，或操作員的動作等之安全功能。

㈢自起始事件（即ETA中的initiating event，在因果分析中則稱critical event）開始，逐一排列導致事故的各個事件。

㈣以失誤樹分析(FTA)方法找出事故的原因。

㈤算出事故的最小切集合。

㈥處理（排比或評價）分析的結果。

13-2-1 選擇一個緊要事件

因果分析自一個緊要事件開始。緊要事件通常會發生危害，例如下列事件：

(一)使得安全防護系統啓動的事件。

(二)使容器壓力、溫度等重要變數突然變動的事件。

13-2-2 確認系統或人為操作的安全功能並排列意外事故的發展順序

第二和第三步驟一如 ETA，將防範緊要事件的安全裝置或人爲安全措施逐次排列。但在因果分析中的圖形符號與 ETA 中的分枝不同。因果分析將安全裝置或措施寫在符號內的方格中。事件的後果也是寫在六邊形的圖形內（見圖 13-1(b)）。

13-2-3 以 FTA 方法找出事故的原因

第四步驟是運用 FTA 來檢視 ETA 中的起始事件和安全裝置或措施。分析者將每一安全裝置或措施的失效或失誤作爲失誤樹的頂上事件(top event)。

13-2-4 算出事故的最小切集合

與 FTA 一樣，使用 FTA 的方法，算出因果分析的最小切集合。在因果分析中，每一排列圖中的事件被當作失誤樹的頂上事件。事故(accident)之所以發生，必定是排列中的事件發生失效或失誤。依邏輯關係，分析者則以 FTA 的方法，賦予 OR gate 或 AND gate，

再依布林代數，計算最小切集合。

13-2-5 處理分析的結果

　　因果分析最後的階段是將分析研究的結果整理出來。

㈠事故發生的順序（sequence）各依其嚴重度和重要性排比。

㈡將每一重要的事故順序之最小切集合排比出來，以決定最重要的事故原因。

㈢編寫摘要和建議，包括：描述分析之系統、起始事件、假設、因果分析圖、事故順序的最小切集合、各事故順序最小切集合的意義等。若有具體可行建議，亦一併提出說明。

13-3 石化工廠製程單元應用例

【例1】

藉由第十二章ETA氧化反應器冷卻水不足情況引發的安全問題（見圖 12-3），實施因果分析（圖 13-2）。從圖 12-4 可知，有兩種失控情況發生（亦即上節所言，有兩種意外事故順序發生），即 $\overline{A}BC_1\overline{D_2}$ 和 $\overline{A}\,\overline{B}\,\overline{C_2}\overline{D_4}$。$\overline{A}BC_1\overline{D_2}$ 是操作員在警報系統發出警報之後，未去加水，自動停機系統又故障；$\overline{A}\,\overline{B}\,\overline{C_2}\overline{D_4}$ 是警報系統與自動停機系統相繼失靈而致事故發生。

這兩種事故情況（即發生失控反應）的最小切集合見表 13-1。由最小切集合的排比，可知 $\overline{A}BC_1\overline{D_2}$ 發生的機率高於 $\overline{A}\,\overline{B}\,\overline{C_2}\overline{D_4}$。

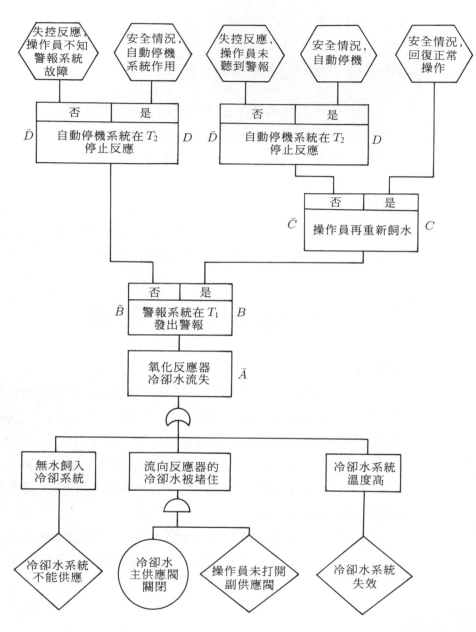

圖 13-2　氧化反應器冷卻水不足的因果分析

表13-1　事故順序的最小切集合排比

(1)失控反應 $\overline{AB}C_1\overline{D}_2$
①三事件最小切集合（三元切集合）
②冷卻水流失、人為失誤、主動設備
(2)失控反應 $\overline{A}\,\overline{B}\,\overline{C}_2\overline{D}_4$
①四事件最小切集合（四元切集合）
②冷卻水流失、主動設備失效、人為失誤、主動設備失效

【例2】

設因果分析的製程單元如圖 13-3 所示。此反應器進行放熱反應。
若冷卻線路與安全防護系統同時失效，則會發生失控反應而生爆炸
事故。冷卻線路失效，起因於缺乏冷卻劑或雖有冷卻劑但未飼入。
安全防護系統失效肇因於監測器（即高溫與低流量跳開裝置）失效
或停機系統（即洩放閥）故障。圖 13-4 顯示此製程單元失控反應
的失誤樹。圖 13-5 為以起始事件（即冷卻劑失效）為肇端的事件
樹，其安全防護裝置為自動高溫跳開裝置、低流量跳開裝置，和洩

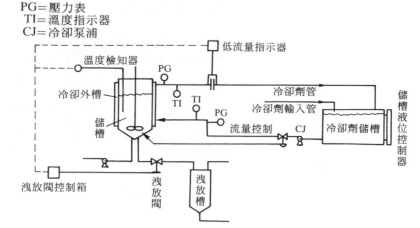

PG＝壓力表
TI＝溫度指示器
CJ＝冷卻泵浦

圖13-3　放熱反應的反應器及相關設備

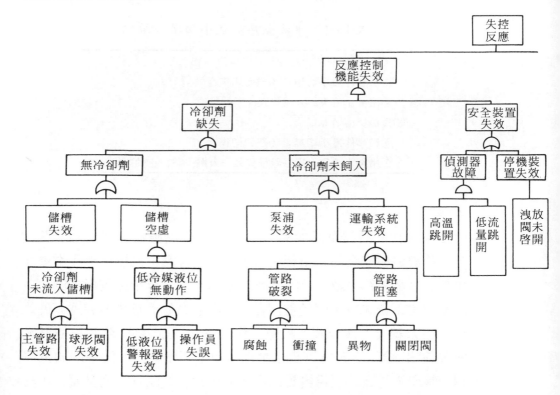

圖 13-4　反應器失控反應的失誤樹

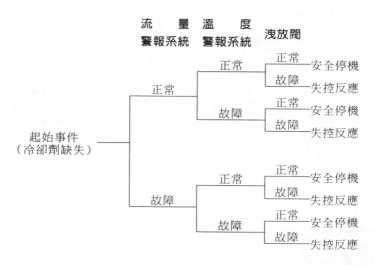

圖 13-5　反應器的事件樹

放閥。事件樹事故順序有 8 個分枝，其中失控反應有 5 枝，安全停機有 3 枝。圖13–6 為因果分析的簡圖，詳細圖形請參閱附錄四。

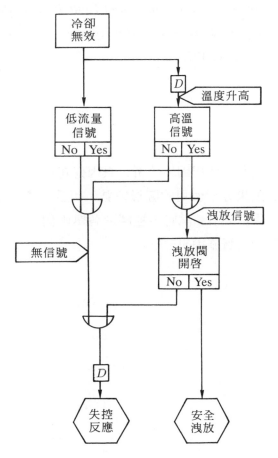

圖 13–6　反應器的因果分析（一部分）

參考文獻

1.Nielsen, D. S. The Cause Consequence Diagram Method as a Basis for Quantitative Accident Analysis. RISφ–M–1374. Atomic Energy

Commn. Research Est. RISϕ, Denmark, 1971.

2.Nielsen, D. S. Use of Cause-Consequence Charts in Practical System Analysis. In *Reliability and Fault Tree,* SIAM. Philadelphia, 1975.

3.Taylor, J. R. Cause-Consequence Diagram, NATO Advanced stud Institute, 1978.

習　題

1.少有人使用因果分析，原因何在？

2.因果分析使用的圖形符號，可分①表示原因②表示結果③表示因果以外者，試將三種圖形各舉兩例。

3.如何實施因果分析？

第十四章

人可靠度分析

　　與工業安全有關的系統可靠度問題，一開始這方面的專家把注意力集中在硬體設備的可靠度之上，例如英國可靠度工程的開拓者英國原子能署（UKAEA）即就核反應器的自動防護系統作安全評估（Green and Bourne, 1966），而對於人為失誤（human error）所造成的人可靠度問題，因人為失誤數據取得不易，可靠度專家們遲遲不敢面對。但鑑諸已往，人為失誤畢竟是工業重大災變，如印度波帕爾農藥廠毒氣外洩（附錄五）、美國三哩島核反應物料外洩（Lewis, 1980）的主要原因，工業安全專家固不能一再迴避此一禍源。根據統計，瑞典Rasmussen估計人為失誤造成50～80%的重大災變（Rasmussen, 1981），美國Stern等人認為人為失誤造成所有化學災變的90%（Stern, 1991），而英國Kletz由其在工安界數十年之經驗，藉由統計資料指出：工業事故有50%以上，有時高達90%，是由於人為因素造成的（Keltz, 1985）。由以上學者專家的統計可知，人為失誤在工業災變中扮演決定性的角色。就防範重大事故而言，實應列為首要克服的目標。

　　對人為失誤較有系統的研究，可能始於Fitts and Jones（1947）。其後Rook（1962）、Swain（1963）、Meister（1973）、Rasmussen（1985）等人皆有創建。在工業重大危害之風險評估中成為重要部分的人可靠度分析（human reliability analysis, 簡稱HRA）資料，以在Sandia National Laboratories的Swain及其同事歷經二十餘年不輟的研究，將HRA應用在核電廠的安全評估之上，成效較著。

　　實施人可靠度分析的對象因僅限於人所作的工作（tasks），故對於硬體設備的可靠度可由其他方法予以分析，最後再將人可靠度與硬體設備可靠度組合起來，將可瞭解整個系統的可靠度。

　　本章討論的作業包括平時正常的作業與異常情況人的應變程序。平時正常的作業除平常操控的作業之外，尚包含維修、校正、測試等工作。這些作業和應變程序，都在指派的工作程序和一定的工作標準規範下進行，但都可能發生有意或無意的人為失誤。至於

員工有時因藥物誤用、酗酒等身心異常下所做的胡亂舉動（事實上也未依工作程序進行作業）或惡意的其他行為，則不在討論範圍之內。

14-1 人可靠度分析名詞定義

在此定義常見於 HRA 的名詞，以避免語意上的混淆不清。

㈠人可靠度: 係指在一個系統運作的任何階段，人所執行的一項工作能在規定期限（若有時間限制）內，完滿達成的機率。

㈡人可靠度分析(HRA): 估計人可靠度的方法。

㈢人為失誤(human error): 人在實施一指派的動作時在特定的正確性、程序，或時間之限制內失敗，可能因此造成設備之損毀或已排定作業之中斷。亦可定義為: 超過可接受界限(limit of acceptability)之人的動作。人為失誤的分類有多種，較常見者如表14-1。

表14-1 人—機器系統中的人為失誤(human error)分類

⑴**遺漏的失誤**(error of omission)
　①有意的: 例如因操作程序太長，字跡潦草、不清，或心存輕蔑而引起。
　②無意的: 漏掉一個操作步驟，如油管未清淨即銲切。
⑵**執行的失誤**(error of commission)
　①有意的: 例如操作程序中以其認為較佳的步驟代替一個規定的步驟。
　②無意的: 例如誤觸開關。
⑶**順序的失誤**(error of sequence): 例如操作程序記顛倒。
⑷**時間上的失誤**(time error): 太快，太慢。
⑸**質的失誤**(qualitative error): 太多或太少（過或不及）。
⑹**其他**

(四)人爲失誤率（human error probability，簡稱HEP）：執行某一作業時會發生失誤機率。各種作業的HEP參見附錄。

(五)異常事作：干擾正常運轉情況的事件。

(六)堪用性(availability)：在需要時，一系統或零組件能供使用的機率。

(七)基本人爲失誤率(BHEP)：某一作業的人爲失誤率。此一作業被視爲孤立的作業，不受前一作業之影響。

(八)條件人爲失誤率(CHEP)：在另一作業成或敗之情況下，某一作業的人爲失誤率。

(九)互依程度(dependence level)：一人做至少兩種作業或至少兩人做同一作業，所發生之互相影響程度。

(十)機動(dynamic)作業：比例行已規定作業程序之作業更需要較高程度之人機互動之作業。人機互動如下決定、判斷等。

(十一)逐步(step-by-step)作業：係指工作程序已一步一步規定好的作業，如執行書面校正作業。

(十二)失誤係數(error factor)：不確定上限(upper uncertainty bound)與不確定下限之比的平方根。

$$\text{失誤係數(EF)}=\sqrt{\text{range ratio}} \simeq \frac{2}{1} \sim \frac{4}{1}$$

$$\text{range ratio}=\frac{\text{不確定上限}}{\text{不確定下限}}$$

若 EF= 3，估計的 HEP= 0.01，則

$$0.01/3 \simeq 0.003\ (\text{下限})$$

$$0.01 \times 3 = 0.03\ (\text{上限})$$

反過來算：

$$\sqrt{\frac{0.03\ (\text{上限})}{0.003\ (\text{下限})}} = 3.162 \simeq 3 = \text{EF}$$

㈡不確定上下限（uncertainty bounds, UCB$_s$）： HEP 的 UCB$_s$ 是反映
HEP 值的不確定性。HEP 值的不確定性來自於操作情況與人的
變異性。此上下限涵蓋以該作業 HEP 值爲中位數上下 90% 的範
圍。

　　HRA 的不確定性起於作業現場實際人爲失誤機率的缺乏，常
需自其他相似雷同的作業借用過來。在應用時需加上分析者主觀的
判斷。分析者比較不同工廠作業的個別差異性（如因經驗、訓練等
所引起者），或因民族習性的差異性，除先選擇適量的 nomial HEP
之外，再取 UCB$_s$ 以涵蓋所分析對象之失誤情況（圖14-1）。

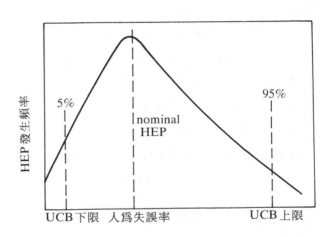

圖 14-1　熟練工人 HEP 的對數分配（假設）

㈢執行的失誤（error of commission）： 執行作業，但不正確。
㈣遺漏的失誤（error of omission）： 應爲而未爲的錯誤。
㈤績效形成因素（PSF）： 任何影響人工作績效的因素。
㈥敏感度分析（sensitivity analysis）： 以兩個以上的變數，觀察其對
系統的影響所做的一種分析。
㈦壓力（stress）： 係指工作者在生理上或心理上所承受的壓力。這
種壓力指來自內在或外在的不良工作情況，會使人產生生理性或

心理性緊張者。

14-2 實施人可靠度分析的程序

人可靠度分析的實施方法有多種。以下介紹的方法主要取自 Swain 等人（1981）的著作。其實施的程序，共分四大階段（圖 14-2）。

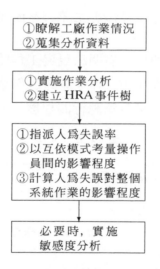

圖 14-2 人可靠度分析（HRA）的 4 階段

首先，實地瞭解工廠現場的作業情況，蒐集分析所需的資料。以 CIT（Critical Incidence Technique）方法（Fitts and Jones, 1947）訪談現場操作人員。將蒐集所得之資料，作為判斷人為失誤率的基礎。

第二階段實施工作分析（task analysis），並指認作業過程中可能犯的人為失誤，據此建立績效模式（performance model），而以人可靠度分析專用的事件樹（event tree）表示之。

第三階段則指派各種人為失誤之發生機率，量化人為失誤對

人－機器系統的影響，並考量人與人之間的相互影響〔以互依模型（dependence model）決定之〕以及個人或民族的差異性〔以不確定界限（uncertainty bounds），表示之〕。最後以事件樹計算人為失誤對整個作業的影響程度。

第四階段則實施敏感度分析（sensitivity analysis），以便測試所使用的人為失誤率是否可靠，藉以強化分析的信賴性。

以下依實施順序，再逐一詳細說明。

14-2-1 訪視工作場所並收集分析所需資料

為使分析者明瞭現場工作的詳細內容，瞭解操作的設備、設施及其相關位置、作業程序、作業環境如採光、照明、噪音等，管理情形如工廠政策執行的程度、人員編制、輪班情況等。如表14-2。

表14-2 工作場所基本資料（Basic data）

研究所需之基本資料：
　(1)工作現場配置圖（儲槽及控制室）。
　(2)作業程序圖（流程圖）。
　(3)環境品質：①溫溼度，②採光、照明，③噪音量，④振動，⑤空氣品質，⑥清潔程度，⑦飲水，⑧盥洗室。
　(4)作息時數與輪班情況。
　(5)工作用具（儀器、工具、防護具）使用及保養情形（分配、數量）。
　(6)人員編制及工作分組情形。
　(7)組織結構、政策管制系統。
　(8)績效獎勵及表揚。
　(9)作業程序、作業規範、安全作業標準或操作手冊（書面或口頭指示教導）。
　(10)員工心理輔導與諮商。
　(11)人為操作失誤紀錄資料。
　(12)儲槽作業危害（如 over filling）之緊急應變程序（訓練、演練內容、頻率等）。
訪視現場操作員、維修及測試人員（不記名、編號）。
作業過程以 V8 攝影機攝錄。

14-2-2 訪談操作員

與 HRA 較有關的操作員包括現場操作員, 維修、測試、校正人員。最好逐一與這些人員談話, 以取得他們親自做過或看到別人做過的人為失誤資料。此時如有訪談表將可較為順利取得績效形成因素。由此所得的資料可作為指派人為失誤率與判定互依程度的基礎。

14-2-3 實施工作分析

工作分析是要詳細瞭解操作過程中包括那些步驟; 每一步驟所涉及的儀表及操控行為; 潛在的人為失誤可能在認知(cognition)過程和行為中發生。如表 14-3。

表 14-3 作業分析表(Task analysis)

作業名稱:	操作的機器或製程單元:
作業地點:	作業狀況:
作業員:	作業項目:
職責或目的:	分析者:

作業組成 (分析)	可能會發生失誤或事故之情況
	操控問題(診斷、下決策、行動)
	是否需要詮釋
	是否需要回憶、記憶(長期、短期、有無暗示)
	是否需要掃描、知覺
	作業步驟及其順序
作業行為 (說明)	補充說明
	HEP 修正因素(如 Stress, 互依程度、技術程度)
	HEP 出自何處
	估計的 HEP
	動作的起始或完成之說明(如立即實施或延遲)
	執行控制器等的動作
	使用的儀表、量表、顯示器、工具、材料、控制器等
	作業步驟及其順序

14-2-4 建立 HRA 事件樹

由操作行為及其順序，而繪出 HRA 的事件樹。此事件樹將次
可指派人為失誤率，進而計算整個作業系統的可靠度，如圖 14-3。

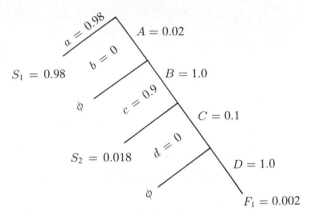

圖 14-3　HRA 的事件樹及人為失誤率

14-2-5 指派人為失誤率（HEP）

依作業的性質，分析者對事件樹上的每一作業行為，指派適當
的 HEP。指派 HEP，需審慎考量原來的 HEP 之作業情況與目前評
估的作業情況的差異性。依分析資料來源（亦即作業行為或環境、
設備）之不穩定性，採取不確定性界限（UCB）（表 14-4）。此可藉
由失誤係數（error factor，簡稱 EF）達成。

14-2-6 判定互依程度

在事件樹上指派人為失誤率時，若未考量作業之間或人與人之

表14-4 診斷控制室內異常事件的 HEP 之調整準則

⑴使用 UCB 上限，若：

　①對此異常事件之反應不在訓練課程內。

　②曾有訓練，但僅在初次訓練後未再練習。

　③在訪談中發現：並非全部的操作員知道此型式的刺激與此異常事件有關。

⑵使用 UCB 下限，若：

　①此異常事件是普爲人知的類型，且操作員對事件之反應曾練習數次。

　②在訪談中發現：全部的操作員都知道此型式的刺激，並知道如何應變的程序。

間互依關係，整個作業的可靠度將造成高估或低估的情況。

　　如果同一個人做兩種以上不同的作業，例如一人把相鄰的兩個閥回復其原來的位置，或至少兩個人一起做同一項作業，例如一人把手動閥關閉，另一人檢查此手動閥關閉，則會有互依的現象發生。

　　決定互依的因素不少，除一人做兩種作業，或兩人以上一組做同一作業之外，得考量顯示器與控制器的位置、距離、作業時間以及有無在生理或心理壓力（stress）下作業等因素。至於互依程度，可分別就個別作業情況，判定其間互依程度的深淺。互依程度由零（ZD）、低（LD）、普通（MD）、高（HD）而至完全互依（CD）（圖14-4）。

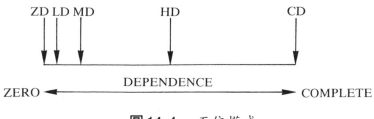

圖14-4 互依模式

14-2-7 估計整個操作系統的總失誤率

在考量個別作業的互依程度之後，擇取適當的人為失誤率，即可計算整個操作系統的總失誤率。

14-2-8 必要時，得實施敏感度分析

如果對原來採用的基本人為失誤率（BHEP）不太信任，或對互依程度不能確定，則分別以不同的 BHEP 或不同的互依程度，代入事件樹，得到不同的失誤機率（即 Pr[F]），再比較兩個 Pr[F] 的差異。如果差異大，則需另找人為失誤率之資料，以求得更精確的 HEP。如果差異小，則可知不同的 BHEP 對整個作業系統的影響小，此時擇取較小的 BHEP 即可。

14-2-9 處理 HRA 的結果

正如實施 ETA 或其他分析方法之後，必需將分析的結果或結論作成報告。報告內容包括分析的對象（系統或子系統等）、分析的程序、使用的假設、作業分析表、事件樹分析工作表、HRA 的事件樹、人為失誤情況或績效形成因素（performance shaping factors，附錄二），和建議改善事項等。以後並執行建議改善事項的追蹤。

14-3 HRA 實例—LNG 儲槽一級泵操作

LNG 儲槽內各有兩具一級泵。平時僅使用一具，另一具為備用。一級泵的操作分別由現場控制室（LCH）與中央控制室（CCR）的操作員共同實施。以下略載 HRA 實施的過程。（黃清賢、鄭世岳、李清泉，1995）

14-3-1　作業分析

一級泵操作作業分析表：

表 14–5(a)　一級泵操作作業分析表（CCR）

作業名稱：LNG 儲槽一級泵操作		操作的機器或製程單元：LNG 儲槽泵		
作業地點：中央控制室（CCR）		作業狀況：正常操作情況		
作業員：2 人		作業項目：		
職責目的：將儲槽內的 LNG 送出		分析者：		
作業步驟及其順序	動作始末	使用的儀器工具	是否需要掃描知覺	補充說明
1.按鈕選擇	(1)決定操作的儲槽 (2)按 Show display 鍵 (3)按 9 鍵 (4)按 E 鍵	叫出各 tank 之情況		1–1 tank 內 LNG 之液面至少在 4m 以上
2.按啟動鈕	(1)現場需先轉至 remote (2)決定操作那一泵 (3)將開關旋鈕轉至 push start，再壓下啟動	Walkie-talkie	2–1 hearing talking 2–3 看啟動的 tank 在 screen 上 由紅變綠	2–1 以現場為主現場未轉至 remote，CCR 操作亦無用
3.觀察出口閥之開度	(1)按 DSR 鍵 (2)看其代號 9 號 (3)按 E 鍵 (4)看 current Valve 是 100.00 (5)看 pipe 之壓力及流量		3–1 look display （screen） 3–2 look （screen） 3–3 look （screen） 3–4 look （screen） 3–5 look （screen）	 3–4 100.00 表示 100% 全開 3–5 流量如：22.00 壓力如：10.26 kg/cm² （在 screen 上）

表 14-5(b)　一級泵操作作業分析表（LCH）

作業名稱: LNG 儲槽一級泵操作	操作的機器或製程單元: LNG tank（T1(
作業地點: 現場控制室（LCH）	作業狀況: 正常操作情況 泵（P-102B）
作業員: 2 人	作業項目: Local control House
職責目的: 將 tank 內的 LNG 送出	分析者:

作業步驟 及其順序	動作始末	使用的 儀器工具	是否需要 掃描知覺	補 說
1.按鈕選擇	(1)決定選擇那一 tank, pump（P-102B） (2)將旋轉鈕由 remote 轉 到 stop	1-1 look　Local Control panel	1-2 touch turning	
2.按啟動鈕	(1)LCH 員與 tank 邊人員 連絡 (2)轉到 start (3)看電流值 (4)看最上面的指示燈	Walkie-talkie	2-1 hear talking 2-2 touch turning 2-3 look 2-4 look up	

14-3-2　一級泵操作事件樹分析工作表

　　一級泵操作步驟 1 選擇泵為關鍵性步驟，泵選錯了，以下的步
驟便完全錯誤，而選擇泵之操作又分 CCR 及 LCH 兩者，故針對兩
者作事件樹分析及失誤率計算。

I. 在 CCR 之一級泵操作事件樹分析工作表

表14–6⒜ LNG 儲槽一級泵操作（CCR）事件樹分析工作表

作業說明	操作程序	Depend-ence	可能的失誤	HEP&UCB$_s$	HEP來源	Stress或技能等修正因素	修正的HEP	備註說明
LNG 儲槽 T102 P–102B 將 LNG 送出 tank	1–1	ZD	A.看錯各 tank 之液面高度而選錯該送出 LNG 之 tank	0.001 (0.005～0.05)	LNG 表 2–2 #5–3 （GRI）	Stress 適中		
	2–3	CD	B.選錯了 Pump	1.0		適中		
	2–3		C.設選對 tank 但選錯了 Pump （按錯了鍵）	0.005 (0.001～0.01)	LNG 表 2–5 #1–1 （GRI）	適中		
	2–1	ZD	D.現場控制室（CCH）之操作員具有 human redundancy 之作用	0.5	Swain 表 20–22 #8	適中		
	3–3	CD	E.觀察出口閥開度又錯了	1.0		適中		

II. 在 LCH 之一級泵操作事件樹分析工作表

表14–6⒝ LNG 儲槽一級泵操作（LCH）事件樹分析工作表

作業說明	操作步驟	Depend-ence	可能的失誤	HEP&UCB$_s$	HEP來源	Stress或技能	備註說明
將儲槽內的 LNG 送出	1–1 選擇泵（P–102B）	ZD	A.選錯儲槽及泵之旋轉鈕	0.002 (0.0005～0.005)	LNG 表 2–5 #1–2（GRI）	Stress 適中	GRI=GAS Research Institute
		CD	B.看錯指示燈	1.0		適中	因步驟 1 已選錯泵，致其上指示燈亦錯誤，故是 CD，HEP=1.0
			C.使用無線電對講機時，LCH 員未察覺自己選錯旋鈕	0.05 (0.01～0.25)	表 20-22 #3 Swain （1983）	適中	無線電連絡之作用一如他人作雙重查核
			D.泵邊人員未查核或未確實查核泵之運轉	0.2 (0.04～1.0)	表 20–22#2		檢查例行工作，未使用書面資料

14-3-3 一級泵操作事件樹分析及失誤率計算

I.CCR 的事件樹分析及失誤率計算

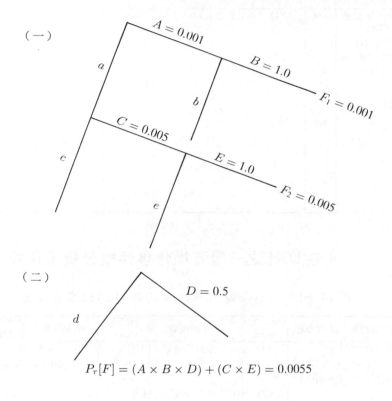

$$P_r[F] = (A \times B \times D) + (C \times E) = 0.0055$$

圖 14-5(a) LNG 儲槽一級泵操作(CCR)的事件樹

II.LCH 的事件樹分析及失誤率計算

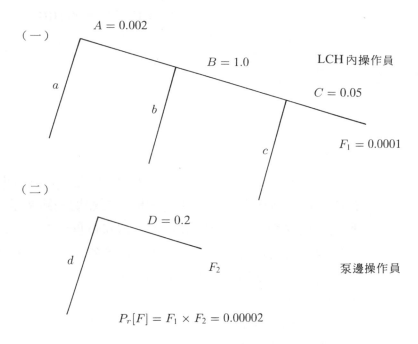

圖 14-5（b） LNG 儲槽一級泵操作（LCH）事件樹

14-3-4 一級泵操作討論

一級泵在現場控制室（LCH）操作者有一人，在儲槽上之泵邊查核及連絡者亦有一人。因兩人各在一方互相以無線電對講機聯繫，故有雙重查核之作用。但此雙重查核之新方式與傳統方式不同，其失誤率究竟如何，尚待研究及評估。此外，因兩人一起工作，且有互相查核之作用，故失誤率相對降低。顯見這種工作方式在安全管理方面有其優點。

在中央控制室（CCR）之一級泵操作員於操控時需與現場控制室（LCH）操作員連絡，互相查核，其失誤率應該甚低才合理，但此

處之失誤率為 0.0055，較在LCH 之一級泵操作失誤率（0.00002）高出
甚多，原因在於 CCR 操作，需看電腦顯示器，在 LCH 雙重查核的
效果不佳（HEP=0.5），因而提高整個作業的 HEP。

14–4 練 習 題

依據下列資料，試作作業分析表、事件樹及估計失誤率。

1.測試情況

此項測試是每月例行工作。在Stress 適中（optimal）下由一名有
經驗的操作員為之。本事件樹分析主要關切的範圍是：人的動作對
測試後柴油發電機（DG）堪用性 （availability）之影響，而非機件的
可靠度。測試時間 2 小時。測試常由主管命令操作員實施，但主管
未下達命令實施測試的機率在總失誤率不予計算。

2.作業說明

測試 DG 的操作程序如表 14–7。

3.作業績效評估項目

欲評估測試之績效有二：(1)將來測試之後，要啟動 DG 時，
DG 未能啟動的機率；(2)建議採取那些其他的改善措施。

4.績效形成因素（PSF）

PSF 包括：(1)stress；(2)操作員的經驗；(3)附有逐項查核的書面
程序，查核表上的項目超過 10 項；(4)沒有另一人來作雙重查核；
(5)在 DG 上有啟動之指示器。

5.事件樹分析工作表及事件樹

就操作程序表（14–7）觀之，測試之後，DG 之堪用性取決於4、
7 步驟有無完成。由 PSF 及各項作業之關係，可找出5 種人為失

表 14-7　柴油發電機（緊急情況用之）測試操作程序表

1.**目的**:

　使得柴油發電機（DG）在緊急情況需用時能立即啓用。

2.**操作狀況**:

　_____ 2-1，此測試不影響正常操作

　_____ 2-2，DG 在沒有大量負載變化或停機下處於穩定操作狀況

3.**注意事項**:

　_____ 3-1，請主管通知操作員在第 4 步驟時，DG 有負載

4.**操作程序**:

　_____ 4-1，啓動 DG

　_____ 4-2，請值班主管通知操作員 DG 接到系統上

　_____ 4-3，DG 負載將達 2750 kW

　_____ 4-4，操作約 2 小時後，通知操作員 DG 將停機

　_____ 4-5，DG 停止運轉

　_____ 4-6，操作員通知電氣維修部門測試完成

　　　　　　　電氣技術員證實電壓調節器上接點已上緊

　_____ 4-7，測試完成後，證實 DG 已準備自動啓動

　_____ 4-8，通知值班主管此項測試已完成

誤：⑴未使用書面程序；⑵未適當使用逐項查核方法；⑶適當使用程序表，但漏掉 4-7 步驟；⑷未適當使用程序表時，且漏掉 4-7 步驟；⑸未使用程序表，漏掉 4-7 步驟。表 14-8 是測試 DG 作業分析工作表。

　　圖 14-6 是此項作業的事件樹及失誤率。

6.**討論**

　　設下次 DG 測試時，會查出人為失誤，因此 DG 不能在兩次測試之間運轉的平均時間（$\bar{d}$）等於 720 小時（24 小時 × 30 天）。不堪用之時間（$\bar{T}$）亦為 720 小時。因 $U = \dfrac{P\bar{d}}{T}$，且 $\bar{d} = \bar{T}$，則 $U = P$（U

是DG 不能運轉之機率， P 是DG 處於故障之機率），

$$U = \frac{0.009 \times 720}{720} = 0.009 = P$$

若在每月中檢查DG（即測試完成後360 小時），檢查的HEP

0.05，則 $\overline{dt} = 360 + (0.05 \times 360) = 378$ 小時，

$$U = \frac{0.009 \times 378}{720} = 0.004725 \simeq 0.005$$

又從事件樹看出 $B = 0.5$，但若觀察到行政管理甚佳，判斷 B 應

大大低於0.5，反之，則 B 應大於 0.5。

表 14-8　柴油發電機事件樹工作表

績效形成因素:　　　　　　　　　　　　　　　　　　　分析者＿＿＿＿＿

(1)操作程序　　　　(2)經驗　　　　(3)stress 程度　　(4)掛籤級別

　　a.書面:　　　　　≤ 6 月＿＿＿＿　低＿＿＿＿＿　1.＿＿＿＿

　　　≤10 項＿＿＿＿　> 6 月　√　　適中　√　　2.＿＿＿＿

　　　>10 項　√　　　　　　　　　　略高＿＿＿＿　3.＿＿＿＿

　　b.口頭指示＿＿＿　　　　　　　　高＿＿＿＿　　4. √

　　c.無 ＿＿＿＿＿

作 業 說 明	操作程序	互依程度	可 能 的 失 誤	HEP&UCB$_s$	HEP來源	技能或 stress	修正的 HEP
確認 DG	4–7	ZD	(1)未使用書面操作程序表	0.05(0.01 ～ 0.25)	表20–6 #6		
設定自動啓動			(2)未適當使用查核欄	0.5(0.1 ～ 1.0)	表20–6 #8		
			(3)適當使用查核欄但漏掉 4–7	0.003(0.001 ～ 0.01)	表20–7 #2		
			(4)使用查核欄不當，漏掉4–7	0.01(0.003 ～ 0.03)	表20–7 #4		
			(5)未使用操作程序表，漏掉4–7	0.05(0.01 ～ 0.25)	表20–7 #5（Swain,1983）		

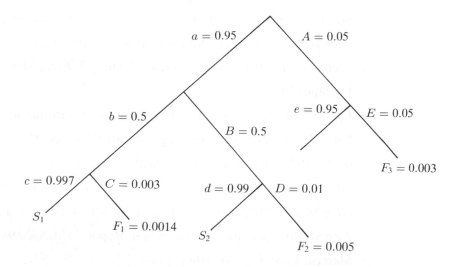

$P[F] = (0.05 \times 0.05) + (0.95 \times 0.5 \times 0.01) + (0.95 \times 0.5 \times 0.003)$

　　$= 0.0025 + 0.00475 + 0.001425$

　　$= 0.008675$

　　$\simeq 0.009$

圖 14-6　柴油發電機測試作業事件樹及失誤率

參考文獻

1.Green, A. E., and Bourne, A. J., Safety Assessment with Reference to Automatic Protective Systems for Nuclear Reactors, UKAEA, Risley, England, 1966.

2.Lewis, H., The Safety of Fission Reactors, Scientific American, 242(3), pp. 33～45, 1980.

3.Rasmussen, J., Human Error, A Taxonomy for Describing Human Malfunction in Industrial Installation, Report NO. RISϕ. M–2304, RISϕ National Lab., Denmark, 1981.

4. Stern, A., and Keller, R. R., Human Error and Equipment Design the Chemical Industry, Professional Safety, pp. 37~ 41, 1991.

5. Kletz, T. A., A Engineer's View of Human Error, P.1. I Chem. England, 1985.

6. Fitts, P., and Jones, R., Analysis of Factors Contributing to 460 pilo Error Experiences in Operating Aircraft Controls, Memorandum R port TSEAA–694–12, Aero Medical Lab., Dayton, Ohio, 1947.

7. Fitts, P., and R.Jones, Psychological Aspects of Instrument Display. Analysis of 270 "pilot-error" Experiences in Reading and Interpretin Aircraft Instruments, Memorandum Report TSEAA–694–12A, Ae Medical Lab., Dayton, Ohio, 1947.

8. Rook, L., Reduction of Human Error in Industrial Production, Repo SCTM–93–62(4), Sandia Corporation, Arizona, 1962.

9. Swain, A., A Method for Performing a Human Factors Reliabili Analysis, Monograph SCR–685, Sandia National Lab., Arizona, 196.

10. Meister, D., A Critical Review of Human Performance Reliabili Predictive Methods, IEEE Trans. Reliability, 22(3):116~ 123, 197.

11. Rasmussen, J., Trends in Human Reliability Analysis, Ergonomi 28(8):1185~ 1195, 1985.

12. Bell, B. J., and A. D. Swain, A Procedure for Conducting a Huma Reliability analysis for Nuclear Power Plants, NUREG/CR–2254, dra report for interim use and comment, USNRC, Washington, D.C., 198

13. Huang, C. H., Cheng, S. Y., and Lee, G. C., Human Reliabili Analysis for Loading and Unloading Tasks at Yung An LNG Tan Safety Technology 2000, American Society of Safety Engineers, Florid 1995.

習　題

1. 人可靠分析的對象是那些作業? 員工濫用藥物之後的操作行為是否也在分析之列?

2. 何謂①人可靠度②人可靠度分析③人為失誤。

3. 人—機系統中的人為失誤如何分類?

4. 應關閉100% 的閥若僅關閉50% 是屬於那一類失誤?

5. 實施人可靠度分析的程序如何?

6. 實施人可靠度分析中所進行的作業分析與工作安全分析(JSA)有何異同?

7. 實施作業分析時, 在何種情況下會發生互依? 互依程度如何分別?

8. 如何實施 HRA 的敏感度分析? 舉例說明。

9. 試由下列之事件樹工作表繪出該作業之事件樹及估計總失誤率。

高壓泵浦每月測試之事件樹工作表

績效形成因素:

(1)操作程序　　　　(2)經驗　　　　(3)stress 程度　　(4)掛籤級別

a. 書面:　　　　　　≤ 6 月 _____　　低 _____　　1. _____

　≤10 項 __✓__　　> 6 月 __✓__　　適中 __✓__　　2. __✓__

　>10 項 _____　　　　　　　　　略高 _____　　3. _____

b. 口頭指示 ____　　　　　　　　　高 _____　　4. _____

c. 無 _____

作 業 說 明	操作程序	互依程度	可 能 的 失 誤	HEP&UCB$_s$	HEP來源
卸下冷卻系統上的泵浦, 變更 2 個 MOV 和一個 LOV 之位置	NO.7	CD	A. 未將閥 2V 188OC 關閉	0.003	20–7#3
	NO.8		B. 未啟開閥 2MOV　1880A 和 2MOV 1880B	0.003	20–7#3
	NO.9		C. 未將開關 2SW 1880 移至「自動」位置	0.003	20–7#3

第十五章

危害分析技術
綜合比較

　　本書在 HAZOP、FMECA、FTA 和 ETA 各章節中曾互相比較這些分析技術。今再就本書提到的各種分析方法從實施的階段和優缺點予以綜合比較。

15-1　系統壽命週期中實施的階段

　　在本書 2-6 將石化工廠的製程壽命區分為六大階段。每一種危害分析方法各有其適用的階段，否則事倍功半，甚至枉費寶貴資源。本書論及的分析技術共有 11 種，其在系統壽命週期中實施的時機略述如下（表 15-1）：

㈠**What-If 分析與檢查表**：依據分析與檢查項目之不同，針對系統各階段之安全需要，可在各個階段進行分析，即使是製程最後停機之作業亦適用之。

㈡**初步危害分析**：是系統所做的第一次危害分析，且為了瞭解該系統是否需要進一步深入分析，因此常在研究發展階段或製程設計階段即進行這項分析。

㈢**HAZOP**：因為必需藉著管線與設備圖，瞭解所分析的設備之間的排列布置情況，方可進行 HAZOP，故 HAZOP 常在製程設計階段開始實施。在以後設備操作運轉的階段，甚至在製程中止、廢棄的階段，亦可實施。

㈣**道氏與邦德指數**：這種比較性風險分級的分析技術，常使用於操作階段，作為風險評估的一部分。

㈤**FMECA**：可在系統週期的任一階段中實施，只要曉得所使用的硬體設備即可。

㈥**FTA**：失誤樹分析因具定性與量化分析之功能，故分析範圍除在研究發展階段之外，皆無不可。

㈦**ETA**：事件樹分析常用於製程設計階段和操作階段。它也應用於

預測事故發生後的不良後果（如火災、爆炸、毒氣外洩的後續影響）。

⑻因果分析：所謂CCC 的圖形是綜合FTA 與ETA，故其適用的階段亦與這兩種技術相同。

⑼HRA：因為分析的對象僅限於人所做的工作，人可靠度分析固然應用於操作階段。

表 15-1　危害分析技術在系統壽命週期的應用

階段 分析方法	①研究發展	②製程設計	③設計工程	④建　造 （包括試俥）	⑤操作	⑥終止或廢棄 （停　機）
What-If 檢查表	■	■	■	■	■	■
PHA	■					
HAZOP		■	■	■	■	■
Dow & Mond Index			■	■	■	■
FMECA	■	■	■	■	■	■
FTA		■	■	■	■	■
ETA		■	■	■	■	■
因果分析		■	■	■	■	■
HRA					■	

15-2 危害分析方法的優缺點

沒有一種系統安全分析方法能適用於各種情況。例如 FMECA 雖可施用於系統壽命的各個階段，卻多偏於硬體設備方面，且常限於零組件的研析。沒有一種分析方法能取代其他方法；每一種方法

各有其優點，也各有其使用上的限制。世界上沒有完美之物，這些方法亦然。讀者不宜迷信任一種技術，雖然各種方法確有其崢嶸秀異之處，但需注意應用時的限制。如駕馭車輛一樣，唯有對其優缺點和本然存在的極限瞭然於胸，方能蒙其利而不受其害。

目前從使用於石化製程的頻率來看，各種分析方法中無疑以簡單易行的檢查表居首，HAZOP 次之，FTA 與 ETA 又次之（表 15-2）。然就美國國防部而言，檢查表與 FMECA 則屢次用之。而在講求產品品質與產品安全責任的製造業，除檢查表之外，對 FMECA 頗為偏好，FTA 亦偶有使用。顯然各行業依分析方法的適用度而各取所需。而在臺灣，因不少工安人員對這些技術不甚瞭解，除檢查表之外，幾乎不用。國內的工安水準亟待提升了。

表 15-2　危害分析方法在石化製程的使用情形

分析方法 ＼ 使用頻率	很少使用	有限使用	不常使用	有時使用	常常使用
檢查表					■
What-If			■		
PHA		■			
HAZOP					■
Dow & Mond Index	■				
FMECA			■		
FTA				■	
ETA				■	
因果分析	■				
HRA		■			

以下將各種危害分析技術的優缺點分列左右兩邊相互參較。

表 15-3　危害分析方法的優點與缺點

分析方法	優　　　點	缺　　　點
檢查表	簡明易懂，直截了當。 對法規、標準之符合與否甚易遂行。 初步查核。	其效用依檢查項目的完備程度而定。 例行性的檢查限制深度的思考分析。 未能量化或分級危害。
What-If	綜合不同的經驗，開創集體智慧。 高效益（費用少）。	未能量化或分級危害。
PHA	簡單易行。 系統性的觀察。 可作為 FMEA 的基礎。	未能量化或分級危害。
HAZOP	系統化、全面化。 集體智慧。 強有力的定性分析方法。 和 FTA 併用時在認知危害、量化和控制風險將更為有力。	未能量化或分級危害。 成效取決於組員的經驗和判斷。 未考慮危害性高而發生機率低的事件。
Dow Index Mond Index	提供安全設計的基準。 半量化分析工具。	毒性危害評估仍需加強。
FMECA	強有力的硬體設備之危害分析，簡單明瞭。	分析僅限於硬體設備。
FTA	易知事件順序之間的邏輯關係。 定性又定量。 事件或切集合的重要性分級。 尚可尋找人為失誤。 系統性觀察。	分析者需具備分析技術。 費時費力。 故障率或人為失誤率不易取得。 可能忽略一些事件（如共因故障、不獨立事件和依時事件）。
ETA	事件順序時間排列。 定性又定量。	可能忽略一些事件。 不易處理延時事件。 不是深度且詳細的分析。
因果分析	綜合 FTA 和 ETA。	圖形龐大。 有 FTA 與 ETA 個別的缺點。
HRA	探究人為失誤並及於人因工程。	人為失誤率（HEP）可信度仍待建立。 作為 FTA 人為失誤的輸入資料。

15-3 危害分析方法的限制

本書在第五章第四節已討論風險分析在實際應用時含有不少不確定因素，因此必需實施不確定分析。而在危害分析方法方面亦存在不少理論上和實務應用上的問題。無論是分析者本身，或利用分析結果作為決策工具的決策者，或一般關心事業單位設施危害的社會大眾，對危害分析技術的限制（Arendt, 1989）應有所瞭解。這些限制包括：⑴完整性（completeness）的不確定性；⑵複製性（reproducibility）的困難；⑶難解性；⑷經驗為主的分析；⑸主觀判斷的分析。

15-3-1　完整性的不確定性

製程危害分析常是不完整的。有的是故意使其不完整，因為分析者認為有些情況不足為慮，故予忽視；但有的是偶然的疏忽導致分析不完整，例如共因故障被視而不見。再者，即使危害已被認知，但所有可能的因果卻未必全部被思慮周詳，換言之，有些因果被忽略了。這種情形特別是在危害分析過程有時間壓力之時較容易發生。

15-3-2　複製性的困難

危害分析過程中有時摻雜分析者的主觀成分，如果再加上分析時所必要的假設條件（風險分析的假設更多），則分析報告的讀者很難想像實際情況的一些場景。因此分析者必需在報告中向讀者說明，那些是分析者的觀點或假設，這些觀點或假設對評估結果的影

響是如何。

15-3-3 難解性

　　和風險分析的報告一樣，有時危害分析報告長篇累牘，幾十或幾百頁的圖表，幾十次的會議記錄，令閱讀者眼花撩亂，難以消化吸收。為增加報告的可讀性與理解性，分析者應仔細編輯（參見第八章 HAZOP 之報告處理）。

15-3-4 經驗為主的分析

　　危害分析過程中常需藉助於分析者對某些製程的經驗。經驗誠是一種資產，但時空的變異，有時使得經驗變成一項負擔。有些系統性的分析方法，如 HAZOP 或 FTA，在缺乏過去經驗指引的情況時，反而更能發揮想像空間，成為認知危害的利器。

15-3-5 主觀判斷的分析

　　主觀判斷在危害分析中所扮演的角色，前已言之，很難完全避免。報告的使用者有時會對這種主觀判斷缺乏信心，決策者以報告結論作為決策依據也存疑慮。這似乎是與量化分析共存的難題。以目前的科技水準觀之，只要是量化分析，主觀性的判斷終不能免，因為絕對可信的數據實在不多，特別是人為失誤率方面。報告的使用者除非棄而不用，否則宜持審慎用之的態度。

　　以上討論危害分析使用上的多種限制，然而讀者沒有必要據此揚棄危害分析技術。凡物必有利害兩面，避其小害，取其大利，乃役物之道。何況危害分析或風險分析始終是風險決策的基石。

參考文獻

1.Arendt, J. S., et al., Evaluating Process Safety in the Chemical Industry–
A Manager's Guide to Quantitative Risk Assessment, CMA, Washington,
D.C., 1989.

習　題

1.在系統壽命週期中，下列各分析技術於那一階段實施:
   ① What-If分析
   ② PHA
   ③ HAZOP
   ④ FMECA
   ⑤ Dow and Mond Index
   ⑥ FTA
   ⑦ ETA
   ⑧因果分析
   ⑨ HRA
2.現今使用系統分析方法的頻率如何?
3.比較 HAZOP 與 FTA 的優劣異同。
4.本書介紹的危害分析方法有那些限制需予注意?

附　　　錄

一、物質係數MATERIAL FACTORS（MF）

Compound	MF	H_C BTU/lb ×10^{-3}	N_h	N_f	N_r	Flash Point °F	Bolling Point °F
Acetaldehyde（乙醛）	24	10.5	2	4	2	−38	70
Acetic Acid（醋酸）	14	5.6	2	2	1	103	245
Acetic Anhydride（乙酐、醋酸酐）	24	7.1	2	2	1	129	284
Acetone（丙酮）	16	12.3	1	3	0	−4	133
Acetone Cyanohydrin（2-甲基-2-羥丙腈）	24	11.2	4	1	2	165	248
Acetonitrile（乙腈、氰化甲烷）	24	12.6	2	3	0	42	179
Acetyl Chloride（乙醯氯）	24	2.5	3	3	2	40	124
Acetylene（乙炔）	40	20.7	1	4	3	Gas	−118
Acetyl Ethanolamine（乙醯乙醇胺）	14	9.4	1	1	1	355	305
Acetyl Peroxide（過氧化氫乙醯）	40	6.4	1	2	4	−	4
Acetyl Salicylic Acid（乙醯水楊酸）	−	8.9	1	1	0	−	−
Acetyl Tributyl Citrate（乙醯檸檬酸三丁酯）	4	10.9	−	1	0	400	343[1]
Acrolein（丙烯醛）	24	11.8	3	3	2	−15	125
Acrylamide（丙烯醯胺）	14	9.5	2	1	1	−	257[1]
Acrylic Acid（丙烯酸）	24	7.6	3	2	2	122	287
Acrylonitrile（丙烯腈）	24	13.7	4	3	2	32	171
Allyl Alcohol（丙烯-〔2〕-醇-〔1〕）	16	13.7	3	3	0	70	206
Allylamine（丙烯-〔2〕-胺-〔1〕）	16	15.4	3	3	1	−20	128
Allyl Bromide（1-溴丙烯-〔2〕）	16	5.9	3	3	0	30	160
Allyl Chloride（1-氯丙烯-〔2〕）	29	9.7	3	3	1	−25	113
Allyl Ether（丙烯醚）	24	16.0	3	3	2	20	203
Aluminum Chloride（氯化鋁）	24	2	3	0	2	−	3
Ammonia（氨）	4	8.0	3	1	0	Gas	−28
Ammonium Nitrate（硝酸銨）	29	12.4[7]	2	0	3	−	410
Amyl Acetate（酸戊酯）	16	14.6	1	3	0	60	300
Amylacetate（醋酸戊酯）	16	14.4	1	3	0	77	300
Amyl Nitrate（亞硝酸戊酯）	24	11.5	2	2	0	118	306−315
Aniline（苯胺）	14	15.0	3	2	0	158	364
Barium Chlorate（氯化鋇）	24	2	0	1	2	−	−
Barium Stearate（十八酸鋇、硬脂酸鋇）	4	8.9	0	1	0	−	−

Benzaldehyde（苯甲醛）	24	13.7	2	2	0	145	355
Benzene（苯）	16	17.3	2	3	0	12	176
Benzoic Acid（苯甲酸）	4	11.0	2	1	0	250	482
Benzyl Acetate（乙酸、苄酯）	4	12.3	1	1	0	195	417
Benzyl Alcohol（苯甲醇）	4	13.8	2	1	0	200	403
Benzyl Chloride（氯化苄、苄基氯）	14	12.6	2	2	1	153	354
Benzyl Peroxide（苯基過氧化物）	40	12.0	1	3	4	—	—
Bisphenol A〔2,2-雙（4-羥苯基）丙烷〕	14	14.1	2	1	1	175	428
Bromine（溴）	1	0.0	4	0	0	—	—
Bromobenzene（溴苯）	14	8.1	2	2	0	124	313
o-Bromotoluene（鄰-溴甲苯）	10	8.5	2	2	0	174	359
1,3-Butadiene（1,3-丁二烯）	24	19.2	2	4	2	Gas	24
Butane（丁烷）	21	19.7	1	4	0	Gas	31
Butanol（n-butyl alcohol）（丁醇）	16	14.3	1	3	0	84	243
1-Butene（1-丁烯）	21	19.5	1	4	0	Gas	21
Butyl Acetate（乙酸丁酯、醋酸丁酯）	16	12.2	1	3	0	72	260
Butyl Acrylate（丙烯酸丁酯）	24	14.2	2	2	2	118	293
n-Butylamine（丁胺）	16	16.3	2	3	0	10	172
Butyl Bromide（丁基溴）	16	7.6	2	3	0	65	215
Butyl Chloride（丁基氯、氯丁烷）	16	11.4	2	3	0	15	170
2,3-Butylene Oxide（2,3-環氧丁烷）	24	14.3	2	3	2	5	149
Butyl Ether（丁醚）	16	16.3	2	3	0	77	286
t-Butyl Hydroperoxide（丁基過氧化氫）	40	11.9	1	4	4	80	—
Butyl Nitrate（亞硝酸丁酯）	29	11.1	1	3	3	'97	277
t-Butyl Peracetate（過己酸）	40	10.6	2	3	4	<80	4
t-Butyl Perbenzoate（過苯酸丁酯）	40	12.2	1	3	4	>190	4
t-Butyl Peroxide（丁基過氧化物）	29	14.5	1	3	3	64	176
Calcium Carbide（碳化鈣）	24	9.1	1	1	2	—	—
Calcium-Stearate[6]（十八酸鈣、硬脂酸鈣）	4	—	0	1	0	—	—
Carbon Disulfide（二硫化碳）	16	6.1	2	3	0	-22	115
Carbon Monoxide（一氧化碳）	16	4.3	2	4	0	Gas	-314
Chlorine（氯）	1	0.0	3	0	0	—	—
Chlorine Dioxide（二氧化氯）	40	0.7	3	1	4	—	—
Chloroacetyl Chloride（氯乙醯氯）	14	2.5	3	0	1	—	222
Chlorobenzene（氯苯）	16	10.9	2	3	0	82	270
Chloroform（三氯甲烷）	1	1.5	2	0	0	—	142
Chloro Methyl Ethyl Ether（氯甲基乙基醚）	14	5.7	2	1	1	—	—

1–Chloro 1–Nitroethane（氯・硝基乙烷）	40	3.53	—	2	3	133	344
o–Chlorophenol（間–氯酚）	10	9.2	3	2	0	147	347
Chloropicrin（氯化苦劑、硝基三氯甲烷）	29	5.8[7]	4	0	3	—	234
Chloropropane（氯丙烷）	21	10.1	2	4	0	–26	95
Chlorostyrene（氯苯乙烯）	24	12.5	2	1	2	—	—
Coumarin（香豆素）	24	12.0	2	1	2	—	554
Cumene（異丙苯）	10	18.0	2	3	0	96	306
Cumene Hydroperoxide（異丙苯過氧化氫）	40	13.7	1	2	4	175	4
Cyanamide（氰胺）	29	7.0	4	1	3	286	500
Cyclobutane（環丁烷）	21	19.1	1	4	0	Gas	55
Cyclohexane（環己烷）	16	18.7	1	3	0	–4	179
Cyclohexanol（環己醇）	4	15.0	1	2	0	154	322
Cyclopropane（環丙烷）	21	21.3	1	4	0	Gas	–29
DER*331	14	13.7	—	—	—	485	878
Dichlorobenzene（二氯苯）	14	8.1	2	2	0	151	356
1,2–Dichloroethylene（1,2–二氯乙烯）	24	6.9	2	3	2	36	119
1,3–Dichloropropene（1,3–二氯丙烯）	16	6.0	2	3	0	95	219
2,3–Dichloropropene（2,3–二氯丙烯）	16	5.9	3	3	0	59	201
3,5–Dichloro Salicylic Acid（3,5–二氯水楊酸）	24	5.3	0	1	2	—	—
Dichlorostyrene（二氯苯乙烯）	24	9.3	2	1	2	225	—
Dicumyl Peroxide（二對異丙基苯基過氧化物）	29	15.4	0	1	3	—	—
Dicycloentadiene（二環戊二烯）	24	17.9	1	3	2	90	342
Diesel Fuel（柴油燃料）	10	18.7	0	2	0	100–130	315
Diethanolamine（二乙醇胺）	14	10.0	1	1	0	342	514
Diethylamine（二乙胺）	16	16.5	2	3	0	–9	134
m–Diethyl Benzene（間–二乙基苯）	10	18.0	2	2	0	133	358
Diethyl Carbonate（碳酸乙酯）	16	9.1	2	3	1	77	259
Diethylene Glycol（二甘醇）	4	8.7	1	1	0	255	472
Diethyl Ether（乙醚、二乙醚）	21	14.5	2	4	1	–49	95
Diethyl Peroxide（過氧代二乙烷）	40	12.2	—	4	4	4	4
Diisobutylene（二異丁烷）	16	19.0	1	3	0	23	214
Diisopropyl Benzene（二異丙基苯）	4	17.9	0	2	0	170	401
Dimethyl Amine（二甲胺）	21	15.2	3	4	0	Gas	45
2,2–Dimethyl Propanol（2,2–二甲基・丙基醇）	16	14.8	2	3	0	98	237
Dinitrobenzene（二硝基苯）	40	7.2	3	1	4	302	604
2,4–Dinitro Phenol（二硝基酚）	40	6.1	3	1	4	—	—
1,4–Dioxane（1,4–二氧陸圜）	16	10.5	2	3	1	54	214

Dioxolane（二噁茂烷）	24	9.1	2	3	2	35	165
Diphenyl Oxide（二苯醚）	4	14.9	1	1	0	259	449
Dipropylene Glycol（己二烯二醇）	4	10.8	0	1	0	280	449
Di-tert-Butyl Peroxide（雙-第三丁基過氧化物）	40	14.5	3	2	4	70	—
Divinyl Acetylene（二乙烯基乙炔）	29	18.2	—	3	3	-4	183
Divinylbenzene（二乙烯基苯）	24	17.4	2	3	2	169	392
Divinyl Ether（二乙烯醚）	24	14.5	2	3	2	-22	102
DOWANOL*PM	16	11.1	0	3	0	94	248
DOWICIL*75	24	7.0	2	2	2	—	—
DOWICIL 200	24	9.3	2	2	2	—	—
DOWTHERM*A	4	15.5	1	1	0	255	495
DOWTHERM G	4	15.5	1	1	0	305	575
DOWTHERM J	10	17.8	1	2	0	145	358
DOWTHERM HT	4	—	1	1	0	355	650
DOWTHERM LF	4	16.0	1	1	0	260	507
DURSBAN*	14	19.8	1	2	1	81–110	—
Epichlorohydrin（氯甲環氧丙烷）	24	7.2	3	2	2	88	239
Ethane（乙烷）	21	20.4	1	4	0	Gas	-128
Ethanolamine（氨基乙醇）	4	9.5	2	2	0	185	342
Ethyl Acetate（乙酸乙酯）	16	10.1	1	3	0	24	171
Ethyl Acrylate（丙烯酸乙酯）	24	11.0	2	3	2	50	211
Ethyl Alcohol（乙醇）	16	11.5	0	3	0	55	173
Ethylamine（乙胺）	21	16.3	3	4	0	0	62
Ethyl Benzene（乙苯）	16	17.6	2	3	0	70	277
Ethyl Benzoate（苯甲酸乙酯）	4	12.2	1	1	0	190	414
Ethyl Bromide（溴乙烷）	21	5.6	2	1	0	—	100
Ethylbutylamine（乙基、丁基胺）	16	17.0	3	3	0	64	232
Ethyl Butylcarbonate（碳酸乙基丁基酯）	14	10.6	2	2	1	122	275
Ethyl Butyrate（丁酸乙酯）	16	12.2	0	3	0	75	248
Ethyl Chloride（氯乙烷）	21	8.2	2	4	0	-58	54
Ethyl Chloroformate（氯甲酸乙酯）	16	5.2	—	3	1	61	201
Ethylene（乙烯）	24	20.8	1	4	2	Gas	-155
Ethylene Carbonate（碳酸乙二醇）	14	5.3	2	1	1	290	351
Ethylenediamine（乙二胺）	10	12.4	3	2	0	104	241
Ethylene Dichloride（二氯乙烷）	16	4.6	2	3	0	56	183
Ethylene Glycol（乙二醇）	4	7.3	1	1	0	232	387

Ethylene Glycol Dimethyl Ether（乙二醇二甲醚）	16	11.6	2	3	0	29	174
Ethylene Glycol Monoacetate（乙二醇乙酸酯）	4	8.0	0	1	0	215	357
Ethylenimine（次乙亞胺）	29	13.0	3	3	2	−20	132
Ethylene Oxide（環氧乙烷）	29	11.7	2	4	3	0	51
Ethyl Ether（乙醚）	21	14.4	2	4	1	−49	95
Ethyl Formate（甲酸乙酯）	16	8.7	2	3	0	−4	130
2–Ethylhexanal（2–乙基己醛）	14	16.2	2	2	1	112	325
1,1–Ethylidene Dichloride（1,1–二氯乙烷）	16	4.5	2	3	0	22	138
Ethyl Mercaptan（乙硫醇）	21	12.7	2	4	0	0	95
Ethyl Nitrate（硝酸乙酯）	40	6.4	2	3	4	50	190
Ethyl Propyl Ether（乙基・丙基醚）	16	15.2	1	3	0	<−4	147
p–Ethyl Toluene（對–甲基・乙基苯）	10	17.7	−	2	0	108	324
Fluorine（氟）	29	−	4	0	3	−	−310
Fluorobenzene（氟化苯）	24	13.4	−	3	0	5	185
Formaldehyde（甲醛）	24	8.0	2	4	0	Gas	−3
Formic Acid（甲酸）	4	3.0	3	2	0	156	213
Fuel Oil #1 to #6（燃料油、重油）	10	18.7	0	2	0	100–150	304–574
Furan（呋喃、一氧二烯伍圜）	21	12.6	1	4	1	32	88
Gasoline（汽油）	16	18.8	1	3	0	−45	100–400
Glycerine（甘油、丙三醇）	4	6.9	1	1	0	390	554
Glycolonitrile（乙醇腈）	14	7.6	1	1	1	−	−
Heptane（庚烷）	16	19.2	1	3	0	25	209
Hexachlorobutadiene（六氯丁二烯）	14	2.0	2	1	1		410
Hexachloro Diphenyl Oxide（氧化六氯二苯）	29	5.5	2	1	1	−	446[1]
Hexanal（己醛）	16	15.5	2	3	1	90	268
Hexane（己烷）	16	19.2	1	3	0	−7	156
Hydrazine（anhydrous）（肼、聯氨）	24	7.7	3	3	2	100	236
Hydrogen（氫）	21	51.6	0	4	0	Gas	−422
Hydrogen Cyanide（氰化氫）	29	10.3	4	4	2	0	79
Hydrogen Peroxide（35%）（過氧化氫）	24	2	2	0	2	−	−
Hydrogen Sulfide（硫化氫）	21	6.5	3	4	0	Gas	−76
Hydroxylamine（羥胺）	29	3.2	1	3	3	4	158
Hydroxy Ethyl Acrylate（羥乙基丙烯酸酯）	14	8.9	2	1	2	154	375
Hydroxy Propyl Acrylate（羥丙基丙烯酸酯）	14	10.4	2	1	2	149	375
Isobutane（異丁烷）	21	19.4	1	4	0	Gas	11
Isobutyl Alcohol（異丁醇）	16	14.2	1	3	0	82	225

Isobutylamine（異丁胺）	16	16.2	2	3	0	15	150
Isobutylchloride（異丁基氯）	16	11.4	2	3	0	<70	156
Isopentane（異戊烷）	21	21.0	1	4	0	<-60	82
Isoprene（異戊二烯）	21	18.9	2	4	1	-65	93
Isopropanol（異丙醇）	16	13.1	1	3	0	53	181
Isopropenyl Acetylene（異丙烯基乙炔）	24	—	2	4	2	<19	92
Isopropyl Acetate（醋酸異丙酯）	16	11.2	1	3	0	35	194
Isopropylamine（異丙胺）	21	15.5	3	4	0	-35	89
Isopropyl Chloride（異丙基氯）	21	10.0	2	4	0	-26	95
Isopropyl Ether（異丙醚）	16	15.6	2	3	1	-18	156
Jet Fuel A & A-1（噴射機燃料 A & A-1）	10	21.7	0	2	0	110–150	—
Jet Fuel B（噴射機燃料 B）	16	21.7	1	3	0	-10to+30	—
Kerosene（煤油）	10	19.8	0	2	0	100–162	304–57
Lauryl Bromide（月桂基溴）	4	12.9	1	1	0	291	356
Lauryl Mercaptan（月桂基硫醇）	4	16.8	2	1	0	262	289
LORSBAN*4E（道氏公司產品之一）	14	3.0	1	2	1	85	165
Lauryl Peroxide（月桂基過氧化物）	40	15.0	0	1	4	—	—
Lube Oil（潤滑油）	4	19.0	0	1	0	350–400	—
Magnesium（鎂）	14	10.6	0	1	1	—	—
Maleic Anhydride（順丁烯二酐）	14	5.9	3	1	1	215	396
Methacrylic Acid（α-甲基丙烯酸）	24	9.3	3	2	2	171	316
Methane（甲烷）	21	21.5	1	4	0	Gas	-259
Methyl Acetate（乙酸甲酯）	16	8.5	1	3	0	14	140
Methylacetylene（丙炔）	40	20.0	2	4	2	Gas	-10
Methyl Acrylate（丙烯酸甲酯）	24	18.7	2	3	2	27	176
Methyl Alcohol（甲醇）	16	8.6	1	3	0	52	147
Methylamine（甲胺）	21	13.2	3	4	0	Gas	21
Methyl Amyl Ketone（甲基·戊基甲酮）	10	15.4	1	2	0	102	302
Methyl Borate（硼酸甲酯）	16	—	2	3	1	<80	156
Methyl Carbonate（碳酸甲酯）	16	6.2	2	3	1	66	192
Methylcellulose（bag storage）（甲基纖維素）	10	6.5	0	1	0	—	—
Methyl Chloride（氯甲烷）	21	5.5	2	4	0	-50	-11
Methyl Chloroacetate（氯醋酸甲酯）	14	5.1	2	2	1	135	266
Methylcyclohexane（甲基環己烷）	16	19.0	2	3	0	25	214
Methyl Cyclopentadiene（甲基環己二烯）	14	17.4	1	2	1	120	163
Methylene Chloride（二氯甲烷）	4	2.3	2	1	0	—	104
Methyl Ether（甲醚）	21	12.4	2	4	1	Gas	-11

Methyl Ethyl Ketone（甲基乙基酮、丁酮）	16	13.5	1	3	0	16	176
Methyl Formate（甲酸甲酯）	21	6.4	2	4	0	-2	90
Methylhydrazine（甲肼）	24	10.9	3	3	2	17	190
Methyl Isobutyl Ketone（異丁氧基甲烷）	16	16.6	2	3	0	64	244
Methyl Mercaptan（甲硫醇）	21	10.0	2	4	0	—	42
Methyl Methacrylate（異丁烯酸甲酯）	24	11.9	2	3	2	50	212
2-Methylpropenal（2-甲基丙醛）	24	15.4	3	3	2	35	154
Methyl Vinyl Ketone（丁烯酮）	24	13.4	3	3	2	20	177
Mineral Oil（石油、礦油）	4	17.0	0	1	0	380	680
Mineral Seal Oil（蠟礦油）	4	17.6	0	1	0	275	480-680
Monethanolamine（單乙醇胺）	4	9.6	2	1	0	200	338
Monochlorobenzene（氯苯）	16	11.3	2	3	0	82	270
Naphtha, V.M. & P,Regular（石油腦）	16	18.0	1	3	0	28-85	212-320
Naphthalene（萘）	14	16.7	2	2	0	174	424
Nitrobenzene（硝基苯）	24	10.4	3	2	0	190	412
Nitrobiphenyl（硝基二甲苯）	14	12.7	2	1	0	290	626
Nitrichlorobenzene（硝基氯苯）	29	7.8	3	1	1	261	457
Nitroethane（硝基乙烷）	29	7.7	1	3	3	82	237
Nitroglycerine（硝基甘油）	40	7.8	2	2	4	4	4
Nitromethane（硝化甲烷）	40	5.0	1	3	3	95	214
1-Nitropropane（1-硝基丙烷）	29	9.7	1	3	1	96	268
p-Nitrotoluene（對-硝基甲苯）	29	11.2	3	1	0	223	461
N-SERV*（道氏公司產品之一）	10	15.0	2	2	1	102	300
Octane（辛烷）	16	20.5	0	3	0	56	258
t-Octyl Mercaptan（辛基硫醇）	10	16.5	2	2	0	115	329
Oleic Acid（油酸、十八烯酸）	4	16.8	0	1	0	372	547
Pentamethylene Oxide（環氧戊烷）	16	13.7	2	3	1	-4	178
Pentane（戊烷）	21	19.4	1	4	0	-40	97
Peracetic Acid（過醋酸）	40	4.8	3	2	4	105	221
Perchloric Acid（過氯酸）	29	2	3	0	3	—	397
Petroleum-Crude（原油）	16	21.3	1	3	0	20-90	—
Phenol（酚）	4	13.4	3	2	0	175	358
2-Picoline（2-焦油精）	14	15.0	2	2	0	102	262
Polyethylene（聚乙烯）	18	18.7	—	—	—	NA	NA
Polystyrene Foam（聚苯乙烯泡沫）	16	17.1	—	—	—	NA	NA
Polystyrene Pellets（聚苯乙烯丸）	10	—	—	—	—	NA	NA

Potassium（鉀）	24	—	3	1	2	—	1418
Potassium Chlorate（氯酸鉀）	29	2	2	0	3	—	752
Potassium Nitrate（硝酸鉀）	29	2	1	0	3	—	752
Potassium Perchlorate（過氯酸鉀）	24	2	1	0	2	—	—
Potassium Peroxide（過氧化鉀）	24	2	3	0	2	—	—
Propanal（丙醛）	16	12.5	2	3	1	22	120
Propane（丙烷）	21	19.9	1	4	0	Gas	−44
1,3–Propanediemine（1,3–丙二胺）	16	13.6	2	3	0	75	276
Propargyl Alcohol（丙炔醇）	29	12.6	3	3	3	97	239
Propargyl Bromide（3–溴丙炔）	40	13.6[7]	4	3	4	64	192
Proprionic Nitrile（腈基丙酸）	16	15.0	4	3	1	36	207
Propyl Acetate（正乙酸丙酯）	16	11.2	1	3	0	55	215
Propyl Alcohol（正–丙醇）	16	12.4	1	3	0	74	207
Propylamine（丙胺）	16	15.8	3	3	0	−35	120
Propylbenzene（丙基苯）	16	17.3	2	3	0	86	319
Propylchloride（1–氯丙烷）	16	10.0	2	3	0	0	115
Propylene（丙烯）	21	19.7	1	4	1	Gas	−53
Propylene Dichloride（氯化丙烯）	16	6.3	2	3	0	60	205
Propylene Glycol（丙二醇）	4	9.3	0	1	0	210	370
Propylene Oxide（環氧丙烷）	24	13.2	2	4	2	−35	94
Propyl Ether（丙醚）	16	15.7	1	3	0	70	194
Propyl Nitrate（硝酸丙酯）	29	7.4	2	4	3	68	231
Pyridine（吡啶、一氮三烯陸圜）	24	5.9	2	3	0	68	239
Sodium（鈉）	24	—	3	1	2	—	—
Sodium Chlorate（氯酸鈉）	24	—	1	0	2	—	4
Sodium Dichromate（重鉻酸鈉）	14	—	1	0	1	—	4
Sodium Hydride（氫化鈉）	24	—	3	3	2	—	4
Sodium Hydrosulfite（次硫酸鈉）	24	—	3	1	2	—	4
Sodium Perchlorate（過氯酸鈉）	24	—	2	0	2	—	4
Sodium Peroxide（過氧化鈉）	24	—	3	0	2	—	4
Stearic Acid（十八酸、硬脂酸）	4	15.9	1	1	0	385	726
Styrene（苯乙烯）	24	17.4	2	3	2	88	295
Sulfur（硫）	4	4.0	2	1	0	—	—
Sulfur Chloride（氯化硫）	24	1.8	2	1	2[5]	245	280
Sulfur Dioxide（二氧化硫）	1	0.0	2	0	0	Gas	12
Tetrachlorobenzene（四氯苯）	4	4.7	0	1	0	311	475
TELONE* II（一種燻劑商標）	16	3.2	2	3	0	83	220

TELONE*C-17(同上)	16	2.7	3	3	1	79	200
Toluene(甲苯)	16	17.4	2	3	0	40	231
Tributylamine(三丁胺)	4	17.8	2	2	0	187	417
Trichlorobenzene(三氯苯)	29	6.2	2	1	3	210	413
1,1,1-Trichloroethane(三氯乙烷)	14	3.1	2	1	0	None	165
Trichloroethylene(三氯乙烯)	4	2.7	2	1	0	None	188
1,2,3-Trichloropropane(三氯丙烷)	10	4.3	3	2	0	180	313
Triethanolimine(三羥三乙胺)	14	10.1	2	1	1	385	650
Triethylaluminum(三乙基鋁)	29	16.9	3	3	3	–63	381
Triethylamine(三乙胺)	16	17.8	2	3	0	16	193
Triethylene Glycol(三甘醇)	4	9.3	1	1	0	350	546
Triisobutylaluminum(三異丁基鋁)	29	18.9	–	3	3	32	238
Triisopropylbenzene(三異丙基苯)	16	18.1	0	1	0	207	495
Trimethylaluminum(三甲基鋁)	29	16.5	–	3	3	32	259
Trimethylamine(三甲胺)	21	10.1	2	4	0	Gas	38
Tripropylamine(三丙胺)	10	17.8	2	2	0	105	313
Vinyl Acetate(醋酸乙烯酯)	24	9.7	2	3	2	18	161
Vinyl Acetylene(乙烯基乙炔)	40	19.5	–	4	3	–	41
Vinyl Allyl Ether(乙烯基丙烯基醚)	24	15.5	2	3	2	68	153
Vinyl Butyl Ether(乙烯基‧丁基醚)	24	15.4	2	3	2	15	202
Vinyl Chloride(氯乙烯)	21	8.0	2	4	1	Gas	7
Vinyl Cyclohexene(乙烯基環己烯)	24	19.0	0	3	2	61	266
Vinyl Ethyl Ether(乙烯基‧乙基醚)	24	14.0	2	4	2	–50	96
Vinylidene Chloride(二乙烯氯)	24	4.2	2	4	2	–19	89
Vinyl Toluene(乙烯基甲苯)	14	17.5	2	2	1	120	334
Xylene(二甲苯)	16	17.6	2	3	0	81	292
Zinc Chlorate(碳酸鋅)	24	2	2	1	2	–	–
Zinc Stearate[8](十八酸鋅)	–	10.1	0	1	0	530	–

Footnotes:

The net Heat of Combustion (H_c) is the value obtained when the water formed in the combustion is considered to be in the vapor state. When H_c is given in Kcal/gm mole it can be converted to Btu/lb by multiplying by 1800 and dividingby molecular weight.

[1] Vacuum distillation

[2] Material oxidized to higher level of oxidation

[3] Sublimes

[4] Explodes on heating

[5] Decomposes in water

[6] MF is packaged material

[7] Hc equivalent to six times the heat of decomposition (Hd)

[8] Evaluate as a DUST

二、績效形成因素（PSF）

表2-(a)　工作環境中各種普遍具有的績效形成因素（外在的PSF）

(1)廠房建物的特性

(2)環境品質：溫溼度、空氣品質、整潔、照明（眩光）、噪音振動

(3)作息時間

(4)輪班

(5)特定設備、工具的堪用性及足夠與否

(6)人事安排

(7)組織結構（如職權、責任、溝通管道等）

(8)管理員、工人等的行動

(9)報酬、紅利，被賞識的程度

表2-(b)　工作與設備特性（外在的PSF）

(1)知覺（perceptual）之需要性

(2)控制、調整、連接等動作之需要性（速度、力氣、精確度）

(3)控制—顯示（C-R）關係

(4)預期（anticipatory）或保持警覺（alert）之需要性

(5)詮釋之需要性

(6)下決定之需要性

(7)複雜性（訊息負荷量）

(8)作業（task）的頻率與重複性

(9)工作之緊要程度（criticality）

(10)長期和短期記憶之需要性

(11)計算之需要性

(12)回饋程度（指動作等）

(13)dynamic vs. step-by-step 作業動作

(14)小組結構（team structure）（≥ 2人一起工作）

(15)人－機界面因素；主要設備、測試設備、製造設備、工作輔助設備、工具附屬設備……等的設計

表 2–(c)　心理壓力形成因素（Stressor PSF）

⑴突然發生

⑵壓力（stress）的長短（時間）

⑶工作（task）速度

⑷工作負荷量

⑸高度危險之風險

⑹（工作失敗、失去職位等之）威脅

⑺單調、無意義的工作

⑻長時間、沒事幹的警戒或監視（vigilance）

⑼工作動機與工作績效之衝突

⑽缺乏懲罰或負面的懲罰

⑾感官之喪失

⑿分心（因噪音、眩光、運動、閃光燈、色彩等引起）

⒀暗號或提示（cueing）不一致

表 2–(d)　生理壓力形成因素（直接影響生理壓力的 PSF）

⑴壓力（stress）的久暫（時間）

⑵疲勞

⑶痛苦或不適

⑷饑餓或口渴

⑸極高或極低溫

⑹輻射

⑺很高的加速度

⑻很高或很低的大氣壓力

⑼缺氧

⑽振動

⑾運動受到限制

⑿身體的運動不足

⒀生理週期遭受影響

表2-(e)　個人在人－機系統的內在因素（內在的 PSF）

(1)過去的訓練或經驗

(2)現在的練習或技能

(3)個性和智能

(4)激勵和態度

(5)情緒狀態

(6)工作績效所需的專業知識

(7)性別差異

(8)身體狀況

(9)家庭或其他人或外界團體對個人的影響

(10)社會團體歸屬感

表2-(f)　與系統安全有關的績效形成因素（PSF）*

正常操作情況

(1)安全設備或系統在校正、維修、試驗時作暫時性的停止運轉以後，重新啟
用閥、幫浦、斷路器等作業型態：

①作業動作的順序

②書面操作程序

③檢查表

④安全掛籤和相關的文書工作

(2)上項之恢復運轉動作若發生人為失誤，避免不良後果的措施有那些：

①人員之雙重查核（亦即用第二個人作複查工作）

②控制室內有特別的顯示裝置

(3)上列第一和第二項之管理上的控制：

①上列第一、二項執行是否良好

②執行上列第一、二項人員之間的互依性（dependence）

(4)在控制室外，與安全裝置恢復運轉有關聯之標識與顯示器的設計

發生異常事件之後

(1)直接呈現在控制室顯示器與相關的書面資料上所需要的訊息之程度，以減
少控制室人員之資訊處理、詮釋和決策。

(2)與異常事件直接有關的問題，控制室人員具備應付這些問題的演練與經驗
的種類和頻率（次數）

①演練

②挑戰性〔如果發生將如何應付（what if …?）〕

③員工的經驗談〔細說操作情形（talk - throughs）〕

(3)異常事件發生時，值班的控制室人員之間的工作關係（特別是互依性）

①個人的角色以及他們互相瞭解的程度

②管理員的影響力（指職權方面）

③溝通的方法、方式

(4)異常事件所引起之心理上的壓力程度

①上列三項的執行不佳

②對事件的特性不能確定（訊息不足或訊息之間互相矛盾）

③未能決定將如何執行動作（指示不足或互相矛盾）

④安全系統依照所需而作業之程度

---

* 假設所有作業員有充分的職前訓練，且對該項職務具 6 個月的工作經驗。

三、作業失誤率選錄

表 3-(a)　在選擇顯示器之讀數失誤率

選擇錯誤的顯示器	HEP	EF
(1)某顯示器與鄰近的顯示器外觀不相似	可以不計	
(2)自外觀皆相似的顯示器（都同在控制盤上）中選擇某一顯示器，但這些顯示器用線條區別	0.0005	10
(3)自外觀皆相似的顯示器中選擇某一顯示器，但這些顯示器依功能之不同而區分	0.001	3
(4)自一排外觀皆相似的顯示器中選擇某一顯示器，但只使用標識區分	0.003	3

表 3-(b)　現揚操作閥（locally operated valves）選擇錯誤的 HEPs

改變或回復 LOV 時，選擇錯誤	HEP	EF
(1)　標識清楚不混淆，各閥的大小、形狀、狀態、掛籤皆相同	0.001	3
(2)　標識清楚不混淆，數個閥只有下列一項相同：大小、形狀、狀態、掛籤	0.003	3
(3)　標識不清楚易混淆，各閥的大小、形狀、狀態、掛籤皆相同	0.005	3
(4)　標識不清楚易混淆，數個閥只有下列一項相同：大小、形狀、狀態、掛籤	0.008	3
(5)　標識不清楚易混淆，數個閥的大小、形狀、狀態、掛籤皆相同	0.01	3

表 3-(c)　複查者未能偵知他人（或屬下）所犯的失誤 *

檢查作業	HEP	EF
(1)　檢查例行作業，複查者使用書面資料	0.1	5
(2)　檢查例行作業，複查者未使用書面資料	0.2	5
(3)　檢查項目該類僅有一項者（one-of-a-kind）—— 非日常性的檢查	0.05	5
(4)　檢查時積極參與，如某些特殊的測定	0.01	5
(5)　檢查 LOV 之位置，查看其完全開或完全關：		
① LOV 僅有位置指示器	0.1	5
②有位置指示器和突出桿（rising stem）	0.5	5
③位置指示器和突出桿皆無	0.9	5
(6)　2 人一組的例行作業，由另一人作複查者	0.5	5
(7)　執行作業時，設備的狀態會影響執行者之安全，複查者檢查該設備之狀態	0.001	5
(8)　維修保養者所做的變更（Change）或回復原來狀態之作業，由操作員作為複查者	上列之 HEPs 除以 2	5

*此表應用於正常作業狀況，包括作業正進行中或已完成後之複檢。

表 3-(d)　控制室人員在診斷異常事件之後採取規定的行動的HEP

可能的失誤		HEP	EF
(1)	使用既有的書面程序，但未能正確執行規定的行動		
	①沒有改善措施 * 時，每一步驟之失誤	0.05	10
	②有改善措施時，每一步驟之失誤	0.025	10
(2)	沒有或未使用書面程序，未能正確執行規定的行動		
	①不論有或沒有改善措施，每一步驟之失誤	1.0	－

　＊改善措施係指石化工廠之任何能防止偏離狀況（即不安全的狀況）而
　　減少不良或危險後果者，例如人員之雙重查核。

表 3-(e)　兩次巡邏之間不同天數查出不正常狀況的機率

每一檢查員在兩次 巡邏之間的天數 *	$Pr[S \leq 30 \text{ 天}]$	
	一班 (a)	三班 (b)
1 每天巡邏	.20	.48
2	.37	.75
3	.63	.95
4	.86	.997
5	.94	.9998
6	.96	.9999
7 每週巡邏	.96	.9999

　＊假設所有巡邏員在兩次巡邏之間的天數皆相同，如果不同需予修正。

表 3-(f)　使用書面程序時，每項漏掉的 HEP

遺漏的項目	HEP	EF
(1)書面程序附有查對欄，正確使用		
①≦10項	0.001	3
②＞10項	0.003	3
(2)書面程序未附查對欄，或未正確使用查對欄		
①≦10項	0.003	3
②＞10項	0.01	3
(3)廠方備有書面程序應予使用但操作員未使用	0.05	5

表 3-(g)　四種安全掛籤或掛鎖制度

第一級: 　每件作業各有掛籤。掛籤皆有編號或易於辨認。掛籤皆有紀錄（登錄使用時間）記在表單上。每班主管都有核對。領班專門負責掛籤的管制。恢復原來正常作業之前，核對取下來的掛籤號碼與記錄表單上的號碼，以防遺漏（omission）或選擇之失誤。掛鎖嚴格管制（操作符合正規零機械狀態作業程序）。使用簽字板或掛鎖板供掛鎖之用。	使用 UCB 下限
第二級: 　掛籤未個別清點（工人取用未編號之掛籤）。在此情況，工人所拿的掛籤號碼未必就是要上掛籤的設備。恢復原來正常作業之前，保存之紀錄無法徹底查出遺漏或選擇失誤。若有工人被指派負責掛籤的管制，也只是附屬性質，非專責性質。工人之間輪流負責管制掛籤和紀錄。每班主管管制鎖匙之發給和紀錄，但未使用簽字板或掛鎖板。	使用 nominal HEP
第三級: 　有使用掛籤，但紀錄不全，未能使每班主管知道應掛籤或已恢復作業之設備之情況。未指派掛籤管制員。掛鎖之使用亦未遵守零機械狀態作業程序。	使用 UCB 上限
第四級: 　未使用掛籤或掛鎖。	實施個別不同的分析

四、因果分析圖

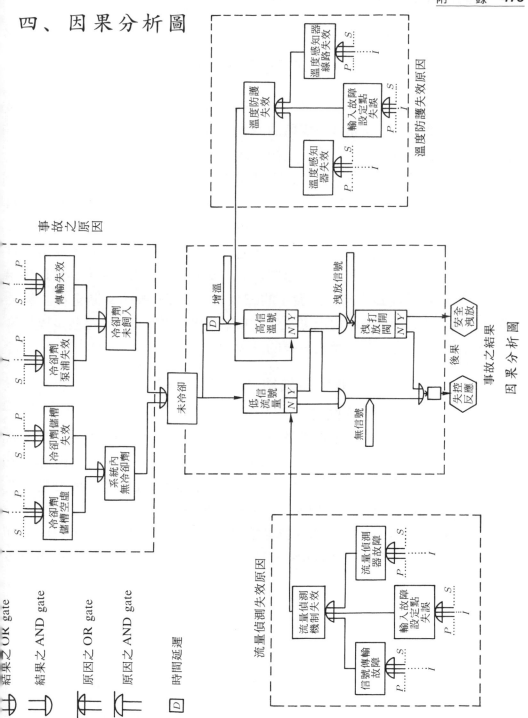

五、重大災變及其啓示

現代人是記得多，忘得更多的動物。很多災變，包括死傷慘重的災變，常常成爲媒體的頭條新聞，但過了幾天或幾個月，人們就逐漸淡忘；一些歲月之後，終於在記憶中消泯殆盡。至於災變發生的原因，更無人記得，不堪聞問了。對從事工業安全或公共安全的人來說，這些重大案件發生的前因後果，都是血淋淋的教訓，頗堪借鏡。中諺謂「前事不忘，後事之師」，基督教《舊約聖經·傳道書》第一章第九節言：「發生過的事情將再發生，做過的事情將再做。世上沒有新奇的事物。」工安人宜謹記事故原因，藉以警惕。以下記錄十年之內發生的三大災變，即：墨西哥液化石油氣大爆炸，印度波帕爾市毒氣外洩和車諾堡核電廠災變。這些災變殷鑑不遠，分別代表重大危害的三大類型。

I. 墨西哥市液化石油氣（LPG）大爆炸

㈠災變現場概況

近年來，全世界最慘烈的一次火災爆炸，發生在墨西哥市郊的 San Juanico，一個居民 35000 人的小鎮。爆炸現場是省政府經營的液化石油氣（簡稱 LPG）儲存和分配場所。LPG 由 400 公里外之煉油廠以一支 12 吋和兩支 4 吋地下油管輸運進來。

這座 LPG 儲運分裝場始建於 1961 年。至 1984 年 11 月 18～19 日爆炸發生時，共有 6 座大型球槽和 48 個臥式小型儲槽。地窄槽多，相當擁擠。廠區附近住家在缺乏都市計畫的情形下，民房與廠房緊鄰，相距僅 130 公尺。此一工場平日安全紀錄不佳，在大爆炸之前數年內曾造成 89 人死亡，數百人受傷。油管上的升壓泵在儲槽設計壓力以上操作，顯見安全規範不良。

(二)災變發生經過

此大災難發生的過程敘述如下(TNO, 1985)：

第一天（1984年11月18日）

當日下午，遠方煉油廠的輸氣管開始輸入，注入分裝場內的儲槽。

至晚上，兩座最大的球型儲槽（容量為2400立方公尺）已灌裝90%，其餘儲槽亦陸續充填。至爆炸發生前，另外四座容量1500立方公尺大型球槽亦已半滿。估計在爆炸現場，共約有11000立方公尺的LPG。

第二天（1984年11月19日）

5時35分：

某儲槽的加壓系統裂開，LPG蒸氣雲緩慢飄浮在陰冷的天空中。蒸氣雲涵蓋的範圍約寬150公尺，長200公尺。

5時40分：

蒸氣雲被引燃，造成廠內外的爆炸損毀。

5時45分：

儲槽發生BLEVE。

5時46分：

有一座或兩座1500立方公尺的球型槽又發生BLEVE。其產生的火球直徑為300公尺，造成附近民房起火爆炸。

6時：

首批消防隊抵達滅火。

6時30分：

睡夢中的居民紛紛避難疏散，交通大混亂，緊急救難車輛受阻。

7時：

來自災難現場附近的電視廣播報導更增加民眾恐慌。

7時1分：

爆炸仍持續著。消防隊控制部分火勢。

11 時：

最後一座 1500 立方公尺儲槽爆炸。

23 時：

兩座最大的 2400 立方公尺儲槽幸未爆炸，但已燒毀。

現場火焰終於被消滅。

(三)災變後果

在此次大爆炸中，使得 39000 人無家可歸。死者至少 500 人，傷者超過 7000 人。傷亡多來自火焰和碎片。一座 20 噸的儲槽在 BLEVE 之後噴射至 1.2 公里之外，命中一座二層樓民宅。傷亡及財產損失空前慘重。

(四)教訓

(1)廠區與民房過於接近，安全距離不足。就蒸氣雲直徑 300 公尺而言，民房與廠界至少應相距 500 公尺，而以 1000 公尺較無波及之虞。由此可知廠地預先規劃的重要性。

(2)廠內各儲槽或設備間的安全距離不足，造成快速的骨牌效應，連鎖爆炸引發更多的傷亡和損毀。

(3)危險物品工廠應保持高度工程標準和維修水準。

(4)安全裝置，包括漏氣警報裝置，以及各種必要有效的消防系統，包括防止蒸氣雲飛越廠界的強力水簾，對於擁有大量危險物的事業單位是不可輕廢的。

II. 印度波帕爾毒氣外洩

(一)災變現場概況

有史以來，農藥廠所發生的最大災難在印度波帕爾（Bhopal）爆發。該廠由美國聯合碳化物公司（Union Carbide）創建於 1969 年。當時，該廠在位置上尚稱孤絕，四周人煙稀少，但是到了 1980 年代，廠區外四周已被一個不起眼的窮鄉僻壤所環繞。

　　1981年，作爲殺蟲劑成分之一的異氰酸甲酯（簡稱MIC）被引進之後正式生產。MIC爲殺蟲劑的中間產物，毒性甚高，且反應性強，大量被儲存在波帕爾農藥廠內的三個儲槽之中。每座儲槽皆安裝冷凍系統，並有釋壓閥及破裂板等安全裝置。自儲槽泵出的MIC流經洗滌塔以鹼液中和之。又有33公尺高的廢氣燃燒塔燒掉其正常逸出的氣體。但洗滌系統和廢氣燃燒塔並不能應付大量洩漏情況。

　　根據美國聯合碳化物公司的說法，印度農藥廠的安全標準和操作程序或管理，與美國在維吉尼亞州的農藥廠並無軒輊。1982年的安全稽查報告（Browning, 1985）指出波帕爾廠的安全程度尚令人滿意，僅建議略作修正而已。

(二)災害發生經過

第一天（1984年12月2日）

21時30分：

　　工人沖洗廠內的管路。一座MIC儲槽（編號610）上部分隔斷閥洩漏，工人忘了裝入盲板，同時，應予關閉的遙控閥卻開啓著，約有120～240加侖的水誤入610號儲槽。水開始與MIC進行放熱反應。

22時：

　　MIC自儲槽的釋壓閥不斷洩出。奉命沖洗管路的工人的眼睛和喉部感受刺激性。但他們似乎司空見慣這種感覺，故未採取任何行動。

23時：

　　大夜班接班，看到儲槽壓力自2psi上升至10psi，認爲是用來泵出MIC的氮氣加壓所致。

　　（依據美國聯合碳化物公司的説法，當晚，另外兩個MIC儲槽，即槽611和槽619，其中槽611裝塡40%，而槽619則是空著，但因儲槽的量表平時不是損壞，就是不可靠，工人不敢將槽610的

物料移送至槽611或槽619。此外，工人也害怕失控反應蔓延至另一儲槽）

第二天（1984年12月3日）

零時15分：

槽內壓力自30psi直線上升，釋壓閥啓動，隨之破裂板亦洞開（破裂板作用之設計壓力爲40psi）。槽內的危險物衝過洩放管到洗滌塔。

（沒有人知道洗滌塔是否發揮其功能。泵浦已被關閉，從控制室的儀表顯示泵浦無法啓動。30公噸的MIC恐非洗滌塔所能瞬間中和得了的。自洗滌塔通往廢氣燃燒塔的管路於災變發生數週前，在一次保養時被拆除，因此燃燒塔毫無用武之地。最後工人設法用水柱噴射上升的毒氣雲，卻發現水壓不足以使水珠達到蒸氣雲的高度）

1時：

毒氣雲悄悄地飄向睡夢中的波帕爾。氣雲涵蓋長5公里，寬2公里的面積。沒有警報，沒有緊急應變措施。廠方、社區和當地政府，都沒有安全措施。大地死寂肅殺。

㈢災變後果

沒有人曉得真正的死亡人數，有人說至少2500人，有人說3000人。傷患在二十萬以上，至今仍需治療。

在未發生這次大災難之前，世人常將化學大災難視爲夢囈笑談，現在，它成了呻吟哀號的人間煉獄。

㈣教訓

波帕爾MIC廠可說是典型安全管理失敗的惡例。雖說美國聯合碳化物公司訂有管理與操作手冊，但白紙黑字是一套，實際作爲是另外一套。保養維修如老牛拖車，慢半拍，緩不濟急。人爲失誤和政府的安全衛生管制幾乎闕如亦難辭其咎。此次災難給予我們的教訓至少是：

⑴製程與儲存中危險物質的量，永遠是愈少愈好。據估計，在610儲槽的容量即達70公噸。雖然廠方的技術手冊上建議每一儲槽的操作量限於儲槽容量的50%，但災變發生當時的存量達75%～87%。又依操作工人所言，3座MIC槽的存量常在建議存量以上。

⑵工廠與社區住家的安全距離不足。顯見政府公共政策之缺失。

⑶保養維修管理工作關係工廠安全，在此災變中不辯自明。

⑷操作工人操作錯誤，將大量的水誤送入儲槽之內，發生失控反應，顯示工人缺乏訓練，應變能力又不足。平時操作與應變訓練爲工安重要課題。

⑸釐訂及執行減低傷亡或財損的緊急應變計畫爲廠方、政府不容忽視的責任。凡存有危險物的工廠都需一套廠內外聯合應變計畫。

⑹高水準的安全管理制度爲危險物品工廠生存的要素。

III. 車諾堡核電廠災變

　　核電廠較大規模的災變，第一次發生在美國賓夕凡尼亞州的三哩島，時間是1979年3月28日。一座壓水式反應器由於操作員的失誤而導致核心熔毀，少量放射性物質外洩，幸而受無人受到傷害，但廠東卻遭受極爲嚴重的財產損失。而第二次車諾堡核電廠災變就沒有那麼幸運，它儼然成了核電災難的代名詞。以下略述其災變過程（Gittus, 1987）。

㈠災變現場概況

　　車諾堡核電廠位於前蘇聯烏克蘭共和國首都基輔西北方約60哩處聶伯河邊。該廠共有4座沸水式反應器。這種反應器在全世界僅見於蘇聯，設計於1954年，而於1974年在列寧格勒啓用操作。車諾堡核電廠4座反應器是以兩座爲一組，共用一棟建築物和設施。發生事故的是4號反應器，與3號反應器在1984年同時運轉操作。

　　這種反應器利用鈾原子核分裂時釋出的能量將水轉變成蒸汽，再導入汽輪機而發電。以循環水作爲冷卻劑，以低度濃縮鈾爲燃

料，使冷卻劑在反應器內加熱沸騰，經由汽水分離器將乾燥的蒸汽
送至 500瓩的汽輪發電機。大部分冷卻循環系統封閉在圍阻構造物
之中。

此一核電廠在設計上有兩點值得注意：

(1)電廠設計時，計算和控制設備相當原始，因此大部分緊急應變皆
以手操作。

(2)這種有別於西方國家的沸水式反應器在低電力時相當不穩定。

(二)災變發生經過

災變的起始事件是管理和技術人員決定測試汽輪機在突然喪失
電力的情況下，反應器的應變情況。此一漏夜測試未經仔細規劃，
且未經上級許可。

第一天（1986年4月25日）

凌晨 1 時：

降低電力至滿載的 25%，以測試汽輪機的功能。

13 時：

反應器電力降至 1600瓩。

14 時：

切斷緊急核心冷卻系統(ECCS)與一次線路之間的電力。

14 時 05 分：

ECCS仍未接上電力。

23 時 10 分：

繼續降低電力至 700瓩和 1000瓩之間。

第二天（1986年4月26日）

零時 28 分：

反應器的電力降至 30瓩。情況危急。

1時：

一番努力挽救之後，供電恢復至 200瓩，但仍處於低電力危險
區。

（此時應立即停止測試，可惜仍未停止）

1時3～7分：

　　本來未操作的8具備用循環泵浦之兩具加入操作。進入核心的水量增加。有些泵浦超載運轉。結果造成蒸汽量減低，氣壓降低。

1時19分：

　　飼入流量增加3倍。抽出更多的控制棒。冷卻系統中的水接近沸點。

1時22分：

　　核心內僅存6～8支控制棒。大夜班主管決定繼續測試。

　　（決策錯誤！）

1時23分：

　　通向8號汽輪機的蒸汽管上的閥被關閉，以便進行重複測試。自動跳機安全裝置亦予不用。蒸汽壓逐漸上升。

1時23分4秒：

　　企圖關掉反應器，但未能成功。

1時24分：

　　接連兩次爆炸（第二次是氫氣爆炸）。核心熔化。反應器上1000公噸的混凝土結構被衝毀。放射性物質釋出。廠房屋頂陷入火海，另三座反應器岌岌可危。

1時30分：

　　操作人員向值班消防隊求救。

　　（以下是消防隊奮勇滅火的場景。他們英雄式的冒險行動，因吸收過量的輻射線而壯烈犧牲者達31人）

5時：

　　反應器外部的火焰終於被撲滅，但核心的火焰卻直到5月6日（事故後十天）才燒熄。另外，第3座反應器亦予停機。

　　1986年9月，國際原子能總署（IAEA）在維也納舉辦車諾堡事故研討會（IAEA, 1986）。會中檢討災變原因列舉如下：

(1)使自動跳機裝置不能發揮其功能。若自動跳機裝置發揮作用,再插入控制棒,可控制危急情況。

(2)反應器在低電力下運轉。700瓩是可容許的最低運轉電力。低於此電力下測試應該停止。

(3)ECCS被切斷。安全裝置無法發揮其功能。

(4)主循環泵浦超載運轉,造成冷卻系統達到飽和溫度。

(5)控制棒被抽掉,違背運轉規範。

(6)保護蒸汽壓和水量的安全裝置都被關掉。

㈢災變後果

災變初期,搶救人員中有31人死亡。當年6月初,300名病情最嚴重的患者之中,20人死亡。災變發生36小時之後,風吹向人口區,當局採取緊急疏散避難。在3小時之內疏散核電廠周圍30公里內的92000居民。基輔附近25萬兒童亦相繼撤離。

估計在蘇聯7500萬人民在其有生之年多吸收3.3侖目的放射性物質。在往後的70年之間,他們之中的2000人,極可能死於癌症。輻射氣雲幾乎吹遍整個歐洲,北到芬蘭、挪威,南到西班牙,除了生命的威脅之外,尚包括農業、飲用水與生活有關的不良影響,例如歐洲共同體國家紛紛抵制蘇聯的食品進口。這對經濟欠佳的蘇聯無異雪上加霜。

㈣教訓

從系統安全的角度來看車諾堡核電廠,可謂錯誤叢生。例如:

人: 管理者的測試決定與測試中的一些判斷(如控制棒於12支時仍進行測試)皆有錯誤。操作者亦錯誤百出。

機器: 反應器本身設計不佳。

而在面對核電廠人機介面如此複雜的情況之時,廠內員工似乎處於非常不確知的環境之中。對於這種從未經歷過的測試過程,人們好像在夜黑風強浪急的海中航行,未來似乎在視線之外,人的目光如豆,僅能注視極小的範圍,而每一行動所產生的副作用則全然

無法顧及。高科技帶來的高風險，在此災變中暴露無遺。後人應如何面對這類的風險呢? 從此災變中至少應體認:

⑴高風險的設備儘可能在設計上追求本質安全。

⑵安全裝置不可偏廢，測試時亦然。

⑶防範人為失誤為高風險工業的重大安全課題。

⑷管理、訓練、嚴守安全規範，特別是緊急應變訓練或演練，缺一不可。

⑸模擬人機互動情況，瞭解人機互動關係。

參考文獻

1.TNO, Analysis of LPG Incident, Mexico City, Nov. 1984, TNO Report 8727–13325, 1985.

2.Browning, J. B., After Bhopal, in the Chemical Industry after Bhopal, an International Symposium, London, Nov. 1985.

3.International Federation of Free Trades Unions, Report on Bhopal, Geneva, 1985.

4.Gittus, J. H., et al., The Chernobyl Accident and its Consequences, HMSO, London, 1987.

5.IAEA, Summary Report on the Post-Accident Review Meeting on the Chernobyl Accident, Vienna, 1986.

六、道氏指數

　　本書第九章討論道氏火災、爆炸指數以該風險評估手冊之第六版內容為主。而 1994 年第七版發行，增修前版部分內容，主要有:

⑴增加 F & EI 及其危害程度表; ⑵增加危害物質的資料表及其物

表 6-(a)　FIRE & EXPLOSION INDEX

AREA/COUNTRY	DIVISION	LOCATION	DATE
SITE	MANUFACTURING UNIT	PROCESS UNIT	
PREPARED BY:	APPROVED BY: (Superintendent)	BUILDING	
REVIEWED BY: (Management)	REVIEWED BY: (Technology Center)	REVIEWED BY: (Safety & Loss Prevention	
MATERIALS IN PROCESS UNIT			

STATE OF OPERATION	BASIC MATERIAL (S) FOR MATERIAL FACTOR
_DESIGN __START UP __NORMAL OPERATION __SHUTDOWN	

MATERIAL FACTOR (See Table 1 or Appendices A or B) Note requirements when unitt emperature over 140°F (60°C)		

		Penalty Factor Range	Penalty Factor Used(1)
1.	General Process Hazards		
	Base Factor ·	1.00	1.00
	A.　Exothermic Chemical Reactions	0.30 to 1.25	
	B.　Endothermic Processes	0.20 to 0.40	
	C.　Material Handling and Transfer	0.25 to 1.05	
	D.　Enclosed or Indoor Process Units	0.25 to 0.90	
	E.　Access	0.20 to 0.35	
	F.　Drainage and Spill Control _____gal or cu.m.	0.25 to 0.50	
	General Process Hazards Factor (F₁) · · · · · · · · · · · · · · · · ·		
2.	Special Process Hazards		
	Base Factor ·	1.00	1.00
	A.　Toxic Material (s)	0.20 to 0.80	
	B.　Sub-Atmospheric Pressure (<500 mm Hg)	0.50	
	C.　Operation In or Near Flammable Range __Inerted __Not Inerted		
	1.　Tank Farms Storage Flammable Liquids	0.50	
	2.　Process Upset or Purge Failure	0.30	
	3.　Always in Flammable Range	0.80	
	D.　Dust Explosion (See Table 3)	0.25 to 2.00	
	E.　Pressure (See Figure 2) 　　　　Operating Pressure_____ psig or kPa gauge 　　　　Relief Setting_____ psig or kPa gauge		
	F.　Low Temperature	0.20 to 0.30	
	G.　Quantity of Flammable/Unstable Material: 　　　　　　　　　Quantity____lb or kg 　　　　　$H_c =$ ____BTU/lb or kcal/kg		
	1.　Liquids or Gases in Process (See Figure 3)		
	2.　Liquids or Gases in Storage (See Figure 4)		
	3.　Combustible Solids in Storage. Dust in Process (See Figure 5)		
	H.　Corrosion and Erosion	0.10 to 0.75	
	I.　Leakage–Joints and Packing	0.10 to 1.50	
	J.　Use of Fired Equipment (See Figure 6)		
	K.　Hot Oil Heat Exchange System (See Table 5)	0.15 to 1.15	
	L.　Rotating Equipment	0.50	
	Special Process Hazards Factor (F₂) · · · · · · · · · · · · · · · · · · ·		
	Process Unit Hazards Factor (F₁ × F₂) = F₃ · · · · · · · · · · · · · · · ·		
	Fire and Explosion Index (F₃ × MF = F & EI) · · · · · · · · · · · · · · ·		

(1) For no penalty use 0.00

表 6–(b)　LOSS CONTROL CREDIT FACTORS

1. Process Control Credit Factor (C_1)

Feature	Credit Factor Range	Credit Factor Used(2)	Feature	Credit Factor Range	Credit Factor Used(2)
a. Emergency Power	0.98		f. Inert Gas	0.94 to 0.96	
b. Cooling	0.97 to 0.99		g. Operating Instructions/Procedures	0.91 to 0.99	
c. Explosion Control	0.84 to 0.98		h. Reactive Chemical Review	0.91 to 0.98	
d. Emergency Shutdown	0.96 to 0.99		i. Other Process Hazard Analysis	0.91 to 0.98	
e. Computer Control	0.93 to 0.99				

C_1 Value(3) ☐

2. Material Isolation Credit Factor (C_2)

Feature	Credit Factor Range	Credit Factor Used(2)	Feature	Credit Factor Range	Credit Factor Used(2)
a. Remote Control Valves	0.96 to 0.98		c. Drainage	0.91 to 0.97	
b. Dump/Blowdown	0.96 to 0.98		d. Interlock	0.98	

C_2 Value(3) ☐

3. Fire Protection Credit Factor (C_3)

Feature	Credit Factor Range	Credit Factor Used(2)	Feature	Credit Factor Range	Credit Factor Used(2)
a. Leak Detection	0.94 to 0.98		f. Water Curtains	0.97 to 0.98	
b. Structural Steel	0.95 to 0.98		g. Foam	0.92 to 0.97	
c. Fire Water Supply	0.94 to 0.97		h. Hand Extinguishers/Monitors	0.93 to 0.98	
d. Special Systems	0.91		i. Cable Protection	0.94 to 0.98	
e. Sprinkler Systems	0.74 to 0.97				

C_3 Value(3) ☐

Loss Control Credit Factor $= C_1 \times C_2 \times C_{3(3)} =$ ☐ (Enter on line 7 below)

表 6–(c) PROCESS UNIT RISK ANALYSIS SUMMARY

(1) Fire & Explosion Index（F&EI）…（See Front）		
(2) Radius of Exposure………（Figure 7）	ft or m	
(3) Area of Exposure …………………	ft^2 or m^2	
(4) Value of Area of Exposure ………………………………	$MM	
(5) Damage Factor …………（Figure 8）		
(6) Base Maximum Probable Property Damage –（Base MPPD）[4 × 5]………………………………………	$MM	
(7) Loss Control Credit Factor（See Above）		
(8) Actual Maximum Probable Property Damage –（Actual MPPD）[6 × 7]………………………………………	$MM	
(9) Maximum Probable Days Outage–（MPDO）……………（Figure 9）	days	
(10) Business Interruption–（BI）………………………………	$MM	

(2) For no credit factor enter 1.00.　　(3) Product of all factors used.

表 6–(d) MANUFACTURING UNIT RISK ANALYSIS SUMMARY

AREA/COUNTRY	DIVISION	LOCATION
SITE	MANUFACTURING UNIT	TYPE OF OPERATION
PREPARED BY	TOTAL MFG. UNIT REPLACEMENT VALUE	DATE

Process Unit / Major Material	Material Factor	F&EI	Value of Area of Exposure $MM	Base MPPD[1] $MM	Actual MPPD[1] $MM	Days Outage MPDO[2]	BI[3] Loss $MM

(1) Maximum Probable Property Damage
(2) Maximum Probable Days Outage
(3) Business Interruption

質係數；⑶以電腦表呈現 F & EI 表格；⑷增加公式以便於計算；⑸修正更新信用係數和檢查表。

　　道氏指數應用在製程單元風險評估已有 30 年歷史，是廣為採用的評估工具之一，荷蘭政府甚至規定 Dow Index 作為火災爆炸評估之方法。以下摘自 *AIChE* 期刊 Process Safety Progress, Vol. 13, No. 4, October 1994。

　　第七版增修部分包括：

I. 修正部分

㈠更新所舉例子。

㈡更新圖表名稱 ── 估計火災和爆炸指數及其他風險分析資料之程序。

㈢更新四張表格：①火災和爆炸表格（表 6-(a)）；②損失控制信用係數表格（表 6-(b)）；③製程單元風險分析摘要表格（表 6-(c)）；④製造單元風險分析摘要表格（表 6-(d)），這些表格皆予簡化，更易填寫。

㈣在損失控制信用係數表格中除去地下儲槽之信用係數。賦予「製程危害審查」新的信用係數。

㈤為求一致性，將單元改為製程單元，將廠房（plant）改為製造廠房。

㈥更新圖 2～9 之名稱、單位。

㈦更新附錄 A 「物質係數表」。去掉廢而不用的化學品。物質係數儘量與最新的 NFPA 704、NFPA 49 ⅋ NFPA 325M 一致。

㈧更新附錄 B 和 C 之安全防範措施和檢查表。

II. 新增部分

㈠表 2 中增加物質係數溫度調整項目。

㈡表 4 中增加易燃性和可燃性液體之高壓危害點數。

(三)增加表6，將危害程度依F & EI由輕微至嚴重分成5類。
(四)增加新的範例。
(五)增加國際標準單位制。
(六)圖2～9中增加數學公式，便於電腦程式計算。
(七)於MPPD審查時討論廠區重新規畫部分。
(八)新闢霧滴（mist）爆炸潛在風險。
(九)在附錄A增加新危險物之物質係數。
(十)在附錄E增加損毀係數之公式。
(十一)在附錄F增列縮寫字或簡稱。

七、邦德指數

本書第九章討論邦德指數以1979年英人D. J. Lewis 在美國AIChE 損失防止研討會發表的內容爲主。然而在1985年英國IC Mond Division出版*The Mond Index*，第二版，對前文已有所修正。以下爲新版80頁中之摘要。

實施危害評估，首先將廠房設備儲量區分爲多個製程單元。其次，決定物質係數（material factor）B，作爲邦德指數的數值基礎。最後再考量下列危害予以修正：(1)特殊物質危害（M）；(2)一般製程危害（P）；(3)特殊製程危害（S）；(4)量危害（Q）；(5)廠房規畫危害（L）；(6)急性健康危害（H）。

其計算範例如表7–(a)所示。表中列出潛在危害的狀況及其每一危害係數的危害點數（penalty）。大多數危害點數爲正值，有些情況可賦予負值，例如乙氯乙烯這種揮發快又易燃的物質。由每一製程單元的7種危害係數，可估計出Dow/ICI 總指數和3種特殊危害級數。

Dow/ICI總指數爲：

$$D = B(1 + M/100)(1 + P/100)(1 + [S + Q + L + T]/100)$$

三種特別的指數：(1) F（火災）；(2) E（內部爆炸）；(3) A（空中爆炸），僅用於估計基本標準防護。F、E、A計算出來之後，再運用各種特別防護之抵減係數（offsetting factors）。然後再計算這三個指數的調整值。

I. 物質係數 B

易燃易爆物質的物質係數 B 以每磅產生多少燃燒熱淨值 Btu 表示之（或以公制每公斤產生多少 kJ 表示）。兩種物質的反應熱若超過其燃燒熱，則取其反應熱代替。一般言之，此物質係數 B 與 Dow Index 之 MF 相同。

II. 六種危害係數

㈠特殊物質危害係數（M）

M 係數考量危險物質對事故的特性或發生事故機率的影響程度。危險物質的危害性共有10種，如作為氧化劑、聚合、激烈分解、爆轟等，各賦予適當的危害點數。危害點數最高的是會產生爆燃或爆轟的不穩定物質。

㈡一般製程危害係數（P）

P 係數是表示一般製程單元的基本操作型式，共有6種：物料搬運、反應特性、批式反應、多元性反應、物料傳輸、可運載的容器。

㈢特殊製程危害係數（S）

除了一般製程危害之外，一些操作變數增加整體危害者，則列為特殊製程危害，如溫度、壓力、腐蝕、侵蝕、振動、控制問題、靜電危害等共14種。S 之評估係假設工廠充分具備正常操作的控制系統。

㈣量危害係數（Q）

Q 表示製程單元中易燃易爆物的量。Q 值與製程單元中之全量、K 值有關。

㈤廠房規畫危害係數(L)

在此係數的估算過程中，尚有兩種代號：⑴H 表示製程單元中的易燃物質距地面之高度（m）；⑵N 表示與製程單元有關的構造物之規畫面積（m²）；⑶L 包括結構物之設計、骨牌效應、地面下、地表排放和其他共五項。

㈥急性健康危害係數(H)

H 係數包括兩種危害係數：⑴皮膚效應和⑵吸入效應。

III. 指數估計

㈠火災指數(F)

火災指數與⑴製程單元中易燃物的量；⑵易燃物釋出的能量；⑶製程單元的面積等三者有關。以下式估計 F 值：

$$F = B \times K/N$$

式中，B＝物質係數

K＝易燃物的量

N＝製程單元的面積

F 值及其危害程度如下：

F 值	危害程度
0～2	輕微
5～10	中等
100～250	極端

火災指數與火量（或稱火載量，fire load）有關。火量係指在燃燒範圍內所有可燃物釋出的最大熱量。而最大釋出的熱是各種可燃物的重量乘以其燃燒熱。若可燃性物質全部燒盡，則火量等於 $2442 \times F$ kJ/m²。實際上在火災被控制之前，可燃物僅燒去 5～10%。

㈡內部爆炸指數(E)

指數 E 係表示製程單元內易燃易爆物質潛在的爆炸程度。以下式表示：

$$E = 1 + (M + P + S)/100$$

式中，$E=$ 內部爆炸指數

$M=$ 特殊物質危害係數

$P=$ 一般製程危害係數

$S=$ 特殊製程危害係數

E 指數共分五等級：即輕微（mild or light）、低度（low）、中度（moderate）、高度（high）和相當高度（very high）。

㈢空中爆炸指數（A）

蒸氣雲若自製程單元飄出而引發氣雲爆炸，其爆炸的幅度與風險大小以 A 表示，估計方式如下：

$$A = B(1 + m/100)(QHE/1000)(t + 273/300)(1 + P)$$

式中，$A=$ 空中爆炸指數

$B=$ 物質係數

$Q=$ 量危害係數

$H=$ 急性健康危害係數

$E=$ 內部爆炸指數

$t=$ 絕對溫度

$P=$ 壓力

A 指數共分六等級，依其危害程度，自輕微、低度、中度、高度、相當高度至極高度（extreme）。

㈣總危害等級（R）

指數 R 可比較不同種類的危害，以下式估計：

$$R = D(1 + [0.2 \times E \times (AF)^{1/2}])$$

式中，$R=$ 總危害等級

$D=$ 道氏等量指數

$E=$ 內部爆炸指數

$A=$ 空中爆炸指數

$F=$ 火災指數

　　R 指數共分七等級，最高級危害稱為 very extreme，為指數超過 65000。

　　以上 4 種指數，以指數 R 最為重要。通常在經過評估之後，製程之 R 值大多低於 500～2500 這一等級。因此被評估的製程單元 R 值不超過 500～2500 者，應可達令人可接受的安全操作標準。欲降低 R 值，則需加強防護性的安全裝置或措施。藉此可知安全裝置或措施降低 R 值的能力。

　　製程經過首次初期評估之後若未盡理想，則需設法改善，例如考慮減低危險物的存量，改變製程操作狀況、使用設備的大小型或建造材料等。改善之後再予重新評估，所得新危害等級 R 值則與改善理由載明在「估後值」（reduced value）一欄。

IV. 藉安全措施降低指數

　　預防性措施或安全改善措施可降低事故發生的機率或減少災變的幅度。可降低事故發生機率的措施分三類：

㈠提高製程物料不致外洩的措施，其代號為 K_1。

㈡提高製程控制安全的措施，其代號為 K_2。

㈢提高人員安全意識的措施，其代號為 K_3。

　　可減少災變幅度的措施亦分成三類：

㈠防火，其代號為 K_4。

㈡隔絕製程物料，其代號為 K_5。

㈢滅火，其代號為 K_6。

　　事業單位凡設置這些安全防護設施設備或措施且實施狀況良好，維持適用狀況者，則將以上所得的指數（即 A、E、F、R 等）乘以 K_1～K_6，以降低指數值。

表 7-(a)　邦德指數估算表

MOND INDEX 1985

PAGE NO. 1
FILE NO.
NAME
DATE

LOCATION
PLANT
UNIT
MATERIALS
ADDITIONAL INFORMATION

COMMENT
NUMBER

PRESSURE: psig　　　　　　　　　　TEMPERATURE t=DEG.C

MATERIAL FACTOR (Section 5)

KEY MATERIAL OR MIXTURE:
FACTOR DETERMINED BY:
MATERIAL FACTOR:　　　　B=

RANGE　　　　　　FACTOR
INITIAL　　REVIEW

SPECIAL MATERIAL HAZARDS (Section 6)

1. OXIDISING MATERIALS	0 TO 20	
2. GIVES COMBUSTIBLE GAS WITH WATER	0 TO 30	
3. MIXING & DISPERSION CHARACTERISTICS	−60 TO 100	m
4. SUBJECT TO SPONTANEOUS HEATING	30 TO 250	
5. MAY RAPIDLY SPONTANEOUSLY POLYMERISE	25 TO 75	
6. IGNITION SENSITIVITY	−75 TO 150	
7. SUBJECT TO EXPLOSIVE DECOMPOSITION	75 TO 125	
8. SUBJECT TO GASEOUS DETONATION	0 TO 150	
9. CONDENSED PHASE PROPERTIES	200 TO 1500	
10. OTHER	0 TO 150	

SPECIAL MATERIAL HAZARDS TOTAL　　M

GENERAL PROCESS HAZARDS (Section 7)

1. HANDLING & PHYSICAL CHANGES ONLY	10 TO 50	
2. REACTION CHARACTERISTICS	25 TO 50	
3. BATCH REACTIONS	10 TO 60	
4. MULTIPLICITY OF REACTIONS	25 TO 75	
5. MATERIAL TRANSFER	0 TO 150	
6. TRANSPORTABLE CONTAINERS	10 TO 100	

GENERAL PROCESS HAZARDS TOTAL　　P

MOND INDEX 1985

SPECIAL PROCESS HAZARDS (Section 8)

1. LOW PRESSURE (BELOW 15 PSIA)	50	TO	150	
2. HIGH PRESSURE	0	TO	160	P
3. LOW TEMP.: 1. CARBON STEEL +10C TO –25C	0	TO	30	
2. CARBON STEEL BELOW –25C	30	TO	100	
3. OTHER MATERIALS	0	TO	100	
4. HIGH TEMP.: 1. FLAMMABLE MATERIALS	0	TO	35	
2. MATERIAL STRENGTH	0	TO	25	
5. CORROSION & EROSION	0	TO	400	
6. JOINT & PACKING LEAKAGES	0	TO	60	
7. VIBRATION, LOAD CYCLING, ETC.	0	TO	100	
8. PROCESSES/REACTIONS DIFFICULT TO CONTROL	20	TO	300	
9. OPERATION IN OR NEAR FLAMMABLE RANGE	25	TO	450	
10. GREATER THAN AVERAGE EXPLOSION HAZARD	40	TO	100	
11. DUST OR MIST EXPLOSION HAZARD	30	TO	70	
12. HIGH STRENGTH OXIDANTS	0	TO	400	
13. PROCESS IGNITION SENSITIVITY	0	TO	100	
14. ELECTROSTATIC HAZARDS	10	TO	200	

SPECIAL PROCESS HAZARDS TOTAL   S

QUANTITY HAZARDS (Section 9)

MATERIAL TOTAL TONNES   K

QUANTITY FACTOR   Q

LAYOUT HAZARDS(Section 10)

HEIGHT IN METERS   H

WORKING AREA IN SQUARE METERS   N

1. STRUCTURE DESIGN	0	TO	200
2. DOMINO EFFECT	0	TO	250
3. BELOW GROUND	50	TO	150
4. SURFACE DRAINAGE	0	TO	100
5. OTHER	50	TO	250

LAYOUT HAZARDS TOTAL   L

ACUTE HEALTH HAZARDS (Section 11)

1. SKIN EFFECTS	0	TO	50
2. INHALATION EFFECTS	0	TO	50

ACUTE HEALTH HAZARDS TOTAL   T

MOND INDEX 1985

OFFSETTING INDEX VALUES FOR SAFETY & PREVENTATIVE MEASURES

A. CONTAINMENT HAZARDS (Section 16.1)

1. PRESSURE VESSELS
2. NON-PRESSURE VERTICAL STORAGE TANKS
3. TRANSFER PIPELINES A) DESIGN STRESSES

B) JOINTS & PACKINGS

4. ADDITIONAL CONTAINMENT & BUNDS
5. LEAKAGE DETECTION & RESPONSE
6. EMERGENCY VENTING OR DUMPING

PRODUCT TOTAL OF CONTAINMENT FACTORS　　　　$K1 =$

B. PROCESS CONTROL (Section 16.2)

1. ALARM SYSTEMS
2. EMERGENCY POWER SUPPLIES
3. PROCESS COOLING SYSTEMS
4. INERT GAS SYSTEMS
5. HAZARD STUDIES ACTIVITIES
6. SAFETY SHUTDOWN SYSTEMS
7. COMPUTER CONTROL
8. EXPLOSION/INCORRECT REACTOR PROTECTION
9. OPERATING INSTRUCTIONS
10. PLANT SUPERVISION

PRODUCT TOTAL OF PROCESS CONTROL FACTORS　　　$K2 =$

C. SAFETY ATTITUDE (Section 16.3)

1. MANAGEMENT INVOLVEMENT
2. SAFETY TRAINING
3. MAINTENANCE & SAFETY PROCEDURES

PRODUCT TOTAL OF SAFETY ATTITUDE FACTORS　　　$K3 =$

D. FIRE PROTECTION (Section 17.1)

1. STRUCTURAL FIRE PROTECTION
2. FIRE WALLS, BARRIERS
3. EQUIPMENT FIRE PROTECTION

PRODUCT TOTAL OF FIRE PROTECTION FACTORS　　　$K4 =$

E. MATERIAL ISOLATION (Section 17.2)

1. VALVE SYSTEMS
2. VENTILATION

PRODUCT TOTAL OF MATERIAL ISOLATION FACTORS　　$K5 =$

F. FIRE FIGHTING (Section 17.3)

1. FIRE ALARMS
2. HAND FIRE EXTINGUISHERS
3. WATER SUPPLY
4. WATER SPRAY OR MONITOR SYSTEMS
5. FOAM & INERTING INSTALLATIONS
6. FIRE BRIGADE ATTENDANCE
7. SITE CO-OPERATION IN FIRE FIGHTING
8. SMOKE VENTILATORS

PRODUCT TOTAL OF FIRE FIGHTING FACTORS　　　　$K6 =$

MOND INDEX 1985   PAGE NO. 4

FILE NO.

EQUATIONS

EQUIVALENT DOW INDEX (for initial assessment and review)

$$D = B(1 + M/100)(1 + P/100)[1 + (S + Q + L + T)/100]$$

FIRE INDEX

INITIAL ASSESSMENT AND REVIEW $F = BK/N$

OFFSET $F\#K1\#K3\#K5\#K6$

INTERNAL EXPLOSION INDEX

INITIAL ASSESSMENT AND REVIEW $E = 1 + (M + P + S)/100$

OFFSET $E\#K2\#K3$

AERIAL EXPLOSION INDEX

INITIAL ASSESSMENT AND REVIEW $A = B(1 + m/100)(1+p)(OHE/1000)(t+273)$

OFFSET $A\#K1\#K2\#K3\#K5$

OVERALL RISK RATING

INITIAL ASSESSMENT AND REVIEW $R = D\{1+[0.2E\#\text{SQUARE ROOT}(AF)]\}$

OFFSET $R\#K1\#K2\#K3\#K4\#K5\#K6$

INDICES COMPUTATION

INDEX	INITIAL		REVIEW		OFFSET	
	VALUE	CATEGORY	VALUE	CATEGORY	VALUE	CATEGORY
D						
F						
E						
A						
R						

八、英國標準 BS8800 附錄 D：風險評估

D-1　引言

D-1-1　目標

　　本附錄說明職業安全衛生風險評估的原則和應用以及為什麼需要風險評估。事業單位應在考慮其本身的作業性質和風險的嚴重性及複雜性之後，採取本附錄所述的方法，依自身的需要而定奪。

　　風險評估及風險控制方案的規畫與執行，包含在附錄 D 之內。

D-1-2　重要語辭

　　重要語辭定義如下：

　⒜危害是一種潛在的傷害或損毀的來源，或是一種有可能發生傷害或損毀的狀況；

　⒝風險是某特定危險事件（意外事故）發生的可能性和後果。因此，風險有兩個構成要素：

　　⑴發生危害的可能性

　　⑵危險事件的後果

D-1-3　何時進行風險評估程序

　　所有的雇主以及自己當雇主的人（即自僱人員）皆有法律責任評

估其作業活動的風險。

　　本附錄中所敘述的風險評估程序則用於下列情況:

　　(a)危害已構成明顯的威脅之情況, 而且現有的計畫中的控制
　　　原則上或實際上是否足夠, 仍不確定的情況。

　　(b)事業單位追求超越法令規定的最低標準, 持續改善其職業
　　　全管理制度。初步的研討中如發現風險微不足道❶, 或過
　　　的風險評估顯示現有的或計畫中的控制合乎下列情況, 則
　　　附錄中所敘述的評估程序並非必要或不符成本效益。

　　(1)已符合完備的法令要求或標準

　　(2)適合工作特性

　　(3)相關人員都已了解及使用

　　在此情況下, 除了繼續控制措施外, 並不需要進一步的行動。
特別是小型或是低風險的事業單位在詳細評估風險之時, 應有相
高的選擇性。

　　將精力投注於微不足道的風險之評估, 或是對標準控制進行
估, 將會導致文書資料的過度收集而超過實際所需的份量, 同時
能導致重要的事實因此而湮沒於龐大卻無用的資料之中。

---

❶ risks are trivial, 風險微不足道。從 D-1-3 讀者可知職業災害的控制絕
　不是非消除所有的危害不可。危害應予分級, 微不足道的危害, 在重大
　害未解決之前, 幾乎可以不顧。危害的控制也需估計成本效益之後方
　實施。安全不是第一, 企業的整體成敗才是第一。如果這項危害危及企業
　的存在, 無論花多少錢都值得。如果這項危害微不足道, 對員工的身體
　康, 對企業的利潤都影響極小, 爲什麼值得花錢?

D-2 什麼是職業安全衛生風險評估以及為什麼要做風險評估

D-2-1　基本步驟

風險評估包含三個基本步驟:

(a)認知危害;

(b)估計每一危害的風險——傷害發生的機率和嚴重性;

(c)決定此風險是否可以接受。

D-2-2　為什麼風險評估很重要

雇主依法有實施職業安全衛生風險評估的義務(參閱 HSE 法規)。其主要目的在於判斷現行或計畫中的控制措施是否足夠。其用意在於傷害發生之前,控制風險。多年以來,職業安全衛生風險評估的實施,不是相當正式。現在,風險評估是職業安全衛生管理事先防治的重要基礎,而且有必要採取有系統的程序,才能確保成功。

參與式的風險評估提供管理階層一個機會,讓所有的部門認同事業單位的職業安全衛生程序是:

(a)建立在對於危害和風險的共同認知之上;

(b)是必需且可實施的;

(c)能成功地防止意外事故。

D-2-3 陷阱及解決之道

所以會產生規畫不良的評估是因爲在觀念上，它們被視爲繁文縟節，且浪費時間而無所改變。此外，事業單位過於注重細節，使得完成的評估表徒具形式。風險的評估應提供一份行動指南，並成爲實施控制的基礎。實施風險評估的人員可能會過於自滿，當局者迷，反而對危害視而不見，或認爲風險微不足道，不會造成任何傷害。因此，每個人在實施風險評估時需眼光清明，以質疑的態度爲之。

風險評估應由能力夠且對作業有實際了解的人擔任，最好是由事業單位另一部門立場較爲客觀的同事擔任。值得一試的方法是儘可能訓練一個小組以執行評估工作。

最理想的方式是，每個人應對與其相關的評估工作有所貢獻。例如可告訴評估人員，他們對此需求的看法，以及特定風險控制的實用性如何等。在大規模的事業單位中，通常由一位能力強的人員負責協調與指導評估人員的工作。另外，可尋求專家的建議。

D-3 風險評估的過程

D-3-1 風險評估的基本步驟

圖 D-1 爲風險評估的基本步驟。步驟概述如下，並在 D-4, D-5，和 D-6 部份做詳細的解說。

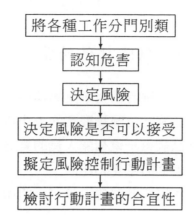

圖 D-1　風險評估的程序

下列基準為事業單位實施有效的風險評估時所必需:

(a)將各種工作分門別類: 準備一份包括廠區範圍, 廠房, 員工以及程序的各種工作活動分類表, 並蒐集相關資料。

(b)認知危害: 認知所有與每一作業有關的重大危害。考慮誰可能因此或如何受到傷害。

(c)決定風險: 假設在計畫中或現行控制措施就緒的情況下, 進行一份與每項危害相關的主觀風險評估。評估人員應將控制措施的成效和控制失敗的後果列入考慮。

(d)決定風險是否可以接受: 判斷現行或計畫中的職業安全衛生注意事項(如果有)是否足以控制危害, 並符合法令規定。

(e)擬定風險控制行動計畫(若有需要): 擬定一套計畫以處理評估時所發現的問題, 提醒大家的注意。事業單位應使新的和現行的控制措施就緒, 並有效力。

(f)檢討行動計畫的合宜性: 以修正後的控制措施為基礎, 重新評估風險, 並檢查風險是否可以接受 (tolerable)。

註: 此處 "tolerable" 係指風險已降至最低水準, 且合理可行。

D-3-2　風險評估的要求

若要風險評估對事業單位產生實際的效用，應該：

(a)指定一位經驗豐富的人來提升並管理評估工作；

(b)諮詢每一位相關人員的意見：討論計畫要做的事情，並聽取
他們的意見和認同；

(c)決定風險評估人員／小組所需的訓練，並執行合適的訓練方
案；

(d)檢討評估的合宜性：判斷評估是否適當而充分；換言之，相
當詳細，嚴謹；

(e)編輯評估所得資料以及主要結論。

通常不需要將風險評估做成精確的數字評估。只有在失敗會造
成重大災難時，才會以繁複方法作量化風險評估。重大危害產業（作
者按：係指諸如石化工業，核電廠等工業）的風險評估即需如此，但
是大多數的事業單位較適合採取較簡單、主觀的方法。

暴露於有毒物質和有害能量的健康風險評估是在所必要，例如
空氣中粉塵的濃度和噪音分貝的測量。

D-4　實際的風險評估

D-4-1　概論

此部分主要是敘述事業單位在規畫風險評估時，應考慮的一些
因素。事業單位應參考相關的法令和說明，以確實符合特定的法令
要求。

本文所敘述的風險評估過程包含所有的職業安全衛生危害。最好能整合所有的危害評估，而不是將健康危害，徒手搬運，機械危害等評估分開實施。若評估是以不同的方法分別實施，將很難排列出風險控制的優先順序。分開不同的評估也可能造成不必要的重複。

在風險評估一開始，即需考慮下列各方面：

(a)設計簡單的風險評估表格（參閱 D.4.3）；

(b)工作的分類基準與每項工作所需的資料（參見 D.4.4 和 D.4.5）；

(c)決定認知危害及分類危害的方法（參見 D.5.1）；

(d)決定風險高低的程序（參見 D.5.2）；

(e)描述估計出來的風險程度所使用的語詞；

(f)決定風險是否可以接受的基準：計畫中或是現有的控制措施是否足夠（參見 D.6.1）；

(g)執行補救行動的時間表（必要時）（參見表 D–2）；

(h)風險控制的較佳方法（參見 D.6.2）；

(i)檢討行動計畫的合宜性的基準（參見 D.6.3）。

（按：本標準缺 D.4.2）

D–4–3　風險評估表

事業單位應擬定一份能夠記錄評估結果的簡明表格，通常包括：

(a)各種作業活動；

(b)危害；

(c)現有控制措施；

(d)處於風險的員工；

(e)傷害的機率（或可能性）；

(f)傷害的嚴重性；

(g)風險程度;

(h)評估後應採取的行動;

(i)行政細節，例如，評估者的姓名，日期等。

事業單位應擬定其全面風險評估的程序，而且可能需要先實施測試性評估，和持續地檢討制度。

D-4-4 將各種作業分門別類

將各種作業分門別類

風險評估的初步工作是列出一份作業活動清單，再依合理的管理方式加以歸類，並收集各種作業相關的資料。例如非經常性的保養作業以及每日的生產工作等也是非常重要。將作業分門別類的一些方法包括:

(a)廠區內外的區域;

(b)生產流程的各階段或提供的服務;

(c)預先規劃的和未經規劃的工作;

(d)規範的作業工作(如駕駛車輛)。

D-4-5 作業活動的資訊要求

每一項工作所需要的資料可能包括下列各項:

(a)應執行的工作、期間及頻率次數;

(b)執行工作的場所;

(c)誰日常／偶而執行此項工作;

(d)會受此工作影響的其他員工(例如，訪客、承包商和一般民眾等);

(e)工作人員所受的訓練;

⒡關於工作的書面制度或工作許可證簽發程序;

⒢可能使用的廠房和機器;

⒣可能使用的電動手工具;

⒤廠房，機器和電動手工具的製造廠商或供應商操作說明和維護保養;

⒥處理的材料之尺寸，外型，表面特徵和重量;

⒦以人力搬運物料的距離和高度;

⒧使用的設施(例如壓縮空氣);

⒨工作時所使用或接觸的物質;

⒩使用或接觸的物質的物理狀態(燻煙，氣體，蒸汽，液體，粉塵，固體);

⒪有關於使用或接觸的物質之危害資料表的內容和建議事項;

⒫與工作，廠房，所使用的機器和所使用及接觸的物質所需要有關的動作、法規及標準;

⒬現有的管制措施;

⒭事故發生後的監測資料: 與工作、設備和使用物質相關的意外事故，和疾病的處理經驗。應從組織內外尋找參考資料;

⒮與工作有關的現有的評估結果(或結論)。

D–5 分析風險

D–5–1 認知危害

D–5–1–1 概論

將工作活動分門別類

↓

認知危害

下列三個問題能認知危害:

(a)有沒有傷害的根源?

(b)什麼人(或什麼物)可能遭受傷害?

(c)傷害如何發生?

顯然,不具有嚴重傷害的危害可以不必製作文書檔案,或做
進一步的考量。

D–5–1–2 危害的分類

爲有助於認知危害的過程,以各種不同的方法來分類危害是
用的,例如區分爲❷:

(a)機械

(b)電氣

(c)輻射

---

❷ 危害的分類在此處的舉例不夠充分。讀者可參考美國 OSHA 或國內的
害類型分類表,或國外相關資料。

(d)物質

(e)火災及爆炸

D-5-1-3　危害速查表

擬定問題速查表是另一種輔助方法，例如:

在工作期間，下列危害是否可能存在?

(a)滑倒／摔倒;

(b)人自高處墜落;

(c)工具，物料等自高處掉落;

(d)車輛通過橋樑，隧道時，其上方的空間 (headroom) 不足;

(e)涉及徒手搬運有關的工具，物料等之危害;

(f)與廠房和機器之組立、開機、操作、保養、整修、修理和拆解有關的危害;

(g)車輛的危害，包括現場搬運以及路上行駛;

(h)火災和爆炸;

(i)對員工之暴力行為;

(j)吸入危險物質;

(k)會傷害眼睛的物質或媒介物;

(l)會造成接觸性傷害，或經由皮膚吸收的物質;

(m)會造成消化性傷害的物質（經由口嘴進入身體）;

(n)傷害性的能量（例如電、輻射、噪音、振動）;

(o)由於經常地重複性作業所導致的上肢異常;

(p)環境溫度不適當，例如太熱;

(q)照明程度;

(r)地面／表面溼滑，不平坦;

(s)階梯的護欄或扶手不良;

(t)承包商的作業。

上面並未將危害全部列出。事業單位應編列危害速查表，將作

業活動地點列入考慮。

D–5–2　決定風險

D–5–2–1　概論

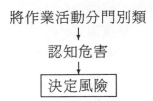

將作業活動分門別類
↓
認知危害
↓
決定風險

　　每項危害產生的風險，應由估計傷害的嚴重性和可能性決定
之。

D–5–2–2　傷害的嚴重性❸

　　來自作業活動有關的資料 (D.4.4) 對風險評估而言是十分重要
的。在尋找潛在的傷害嚴重性時，應考慮下列各項：

(a)身體可能受到影響的部份

(b)傷害的性質，從輕微至極為嚴重

　(1)輕度傷害，例如：

　　　——表皮傷害：小割傷和瘀傷；粉塵刺激眼睛

　　　——妨害及刺激（例如頭痛）；疾病所導致暫時性的不適

　(2)中度傷害，例如：

　　　——割傷；燙傷；腦震盪；嚴重扭傷；輕微骨折

　　　——失聰；皮膚病；氣喘；因工作造成的上肢異常；疾病
　　　　　所導致的永久性輕微殘障

---

❸ 傷害的嚴重性分級，可使用 4 或 5 個分級，由輕傷害，暫時全失能，永久
失能的輕重至死亡災害。財產損失亦依損失大小予以分級。

(3)嚴重傷害，例如：

　　——截肢；嚴重骨折；中毒；多重傷害；致命的傷害

　　——職業性的癌症；其他嚴重縮短壽命的疾病；致命的急

　　　性疾病。

D-5-2-3　傷害的可能性（機率）❹

在尋求傷害的可能性之時，應予考慮已經實施的控制措施是否適當，是否切合事業單位的需要。就此方面，法令規定和實務規章是控制特定危害的優良準則，下列是除了 D-4-4 有關作業活動的資料外，通常應列入考慮的事項：

(a)曝露於危害的人數；

(b)曝露於危害的頻率（次數）及時間；

(c)設施不良，例如水電；

(d)廠房和機器組件和安全裝置故障；

(e)曝露於化學品中；

(f)提供個人防護具及其使用率；

(g)個人不安全的行為（無心之過，或蓄意違反程序），例如

　　(1)不知道危害的人；

　　(2)不具備工作所需的知識，體能或技能的人；

　　(3)曝露於風險被低估的作業場所的人員；

　　(4)低估安全工作方法的實用性及用途的人；

將未事先規畫的事件（按：指可能發生的意外事故）之後果納入考量是重要的事情。

這些主觀的風險評估應考慮所有會曝露於危害的人員。如果大

---

❹ 傷害的機率在此處(b)項，以曝露於危害的頻率及時間長短表示之。機器設備的故障率亦屬之。傷害的機率（或稱危害發生頻率）也使用 4 或 5 個分級較為適當。依筆者意見，表 D-1 應略予變更，各分 4 或 5 個分級，再依表 D-2 實施控制措施。

多數的人會受到影響，則所造成的危害將更爲嚴重。但某些風險較
大的工作可能與單一個人執行臨時性作業有關，例如升降設備內部
零件的保養。

D-6 風險評估：決定風險是否可以接受以及對應措施

D-6-1 決定風險是否可以接受

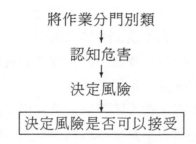

表D-1顯示評估風險程度以及決定風險是否可以接受的簡單方
法。依據預估的風險發生機率和潛在傷害的嚴重性，將風險分類。
有些事業單位也許希望能擬定一套更複雜的方法，但，本方法是一
個合理的起點。數字也許可用來描述風險，以代替「中度風險」和
「高度風險」等名詞，但使用數字未必能提高估計的精確度。

D-6-2　擬定風險控制行動計畫

將作業分門別類
↓
認知危害
↓
決定風險
↓
決定風險是否可以接受
↓
| 擬定風險控制行動計畫 |

　　表 D-1 中顯示風險類別作為判斷是否需要改善控制措施以及行動時間表的基礎。表 D-2 所示的方法，再次建議以此作為起點。表 D-2 顯示，控制程度和緊急性應與風險成正比。

　　風險評估的結果應是一系列的行動，依據優先次序而設計，維持或改善控制措施。在風險評估之後，規畫執行必要的改善措施之程序，詳述於附錄 C 之中。

　　風險控制措施應考慮下列事項：

　　(a)若有可能，一併消除危害，或克制風險發生源，例如以安全物質代替危險物質；

　　(b)若消除危害不太可能，則試著減低風險，例如使用低壓電氣設備；

　　(c)儘可能使工作適合工人，例如考量個人的心智和生理能力；

　　(d)利用科技的進步以改進控制措施；

　　(e)採取能保護每一個人的措施；

　　(f)兼顧技術性和程序性的控制常是必要的；

　　(g)有必要採行規劃式的維護保養，例如機器安全防護的保養；

(h)在考量各種其他控制措施之後，方才使用個人防護具作為最
後的手段;

(i)緊急應變的需要;

(j)有必要使用事故前的績效評估指標來監測是否實施控制措
施。

此外，尚需考慮訂定緊急應變逃生避難計畫，並提供與事業單
位的危害相關的緊急應變設備。

D-6-3 檢討行動計畫的適當性

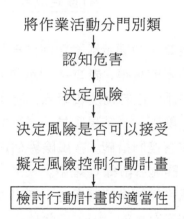

將作業活動分門別類

認知危害

決定風險

決定風險是否可以接受

擬定風險控制行動計畫

檢討行動計畫的適當性

行動計畫應在實施之前經過檢討，通常可質問下列問題:

(a)修正後的控制措施是否可以使風險程度降至可以接受的水
準?

(b)是否會產生新的危害?

(c)是否已選擇最符合成本效益的解決方法?

(d)相關人員是否認為需要修正預防措施? 是否認為預防措施可
行?

(e)修正後的預防措施是否確實實施? 會不會因故而被忽略，例

如在急於完成工作的壓力下，而被忽略？

D-6-4　工作情況改變與修正

風險評估應視爲一持續性的過程。所以，應持續檢討控制措施的適當性，並在必要時予以修正。同樣地，如果工作情況改變，以致顯著影響危害和風險，則風險評估亦應付諸檢討。

表 D-1　簡單的風險程度評估工具

	輕度傷害	中度傷害	嚴重傷害
高度不可能	輕微的風險	可接受的風險	中度風險
不可能	可接受的風險	中度風險	高度風險
可能	中度風險	高度風險	不可接受的風險

註：「可接受」一辭在此意指風險已降低至合理可行的最低程度。

表 D-2　以風險爲基礎的簡單控制計畫

風險程度	行動和時間表
輕　　度	不需採取行動且不需保留任何文書紀錄
可　接　受	不需進一步的控制措施。但是，應考慮採用較符合成本效益的解決方法或是不會增加成本負擔的改進措施。需要監測以確保控制措施得以維持。
中　　度	應努力降低風險，但防範措施的成本應仔細估計及設限。在一定期間之內，應執行降低風險措施。 當中度風險與嚴重的傷害後果相關時，需做更進一步的評估，以建立更精確的傷害機率，作爲決定是否需要改善控制措施的基礎。
高　　度	不可開始進行工作，直到風險降低爲止。可能需要分配相當多的資源以降低風險。若風險與現正進行的工作有關，則應立即採取對應措施。
不可接受	不可開始或繼續工作，直到風險已降低。若無法降低風險，即使投下了無數資源，此項工作仍需予以禁止。

表 D-1 在注解❹已言之，在危害發生機率與傷害嚴重性分級方面，宜細分成 4 或 5 個。然後再依風險的大小，決定可以或不可以接受，再據此決定是否採取控制措施。

九、風險評估程序表

評估者＿＿＿＿＿　日期＿＿＿＿＿

編號	製程區（作業場所）	作業活動	危害分析						風險程度			是否可以接受	控制措施		檢討	備註
			危害對象（或效應）				危害原因		災害發生機率	傷害嚴重性	風險		已實施	需再實施		
			人	機	環境	物料										

索　引

部分習題解答

【第三章】

7.何謂製程安全管理（process safety management）？

　　答：運用安全管理原則和分析技術以確保製程設備之安全的計畫
　　　　或活動。

【第五章】

7.假設第 6 題的危險物質分別是(1) LNG (2)丙烷（液化石油氣），
　試求自儲槽洩放後形成氣雲的直徑？（提示：以式5-33 求之）

　　答：(1)LNG 之氣雲直徑 = 490 公尺

　　　　(2)丙烷之氣雲直徑 = 780公尺

8.若 50 公噸的丙烷在槽運車發生 BLEVE，產生火球的最大直徑大
　約多大？（提示：使用式 5-43 或式 5-44 求之）

　　答：約 218 公尺

9.第 8 題求出的火球燃燒時間持續多少秒？（提示：以式 5-46 或式
　5-47 求之）

　　答：約 13.8 秒

10.若已知丙烷的燃燒熱（Hc）是46013 kJ/kg，輻射百分比（Frad）是 0.25，
　則 50 公噸的丙烷發生 BLEVE 之後，射出的熱通量是多少？（提
　示：由式 5-54 求之）

　　答：279 kw/m^2

11.50公噸的丙烷自容器外洩後估計是多少 TNT 等量？

　　答：TNT 等量 = 50000 × 10 × 0.04

　　　　　　　　 = 20000kg

12.該第 11 題之 50 公噸丙烷儲槽外洩而爆炸，則距爆炸地點 300 公
　尺處，可能達到多少超壓？（提示：先以式 5-72 求 scaled 距離，

再由圖 5-15 求超壓）

答：約 10 kpa

18.有一易燃性液體儲槽的人孔蓋重 200kg，在儲槽爆炸時飛行的速是 150 m/s，空氣密度 $(\rho_0) = 1.293kg/m^3$，$C_L = 0.42$，C_D 0.0375，$A_D = 0.08m^2$，$A_L = 0.0144m^2$。人孔蓋的直徑為 80cm 厚度為 5cm。試求其飛行的距離。

答：1630 公尺

19.某石化工廠現場操作工人工作時間是 5×10^6 小時，在此期間一人死亡，求其 FAR。

答：FAR = 20

【第七章】

4.列出本章 7-5 PHA 案例分析之 PHA 表格。

答：

PHA 表

計畫_____　　系統_____　　分析者_____

分析的組件或子系統	作業型式	故障型式	估計的機率	危害說明	危害的影響	嚴重性分類	建議之控制措施	補說
高壓 N_2 儲槽	平時操作	儲槽超壓	5×10^{-5}	若排放閥阻塞，且釋壓閥和壓力感知器故障，N_2 槽將因超壓而爆裂。	①對人將造成重傷②對設備將造成嚴重損毀。	Critical	①定期保養排放閥②增設 N_2 槽破裂板③槽區隔離	

【第八章】

11.回答本章 8-11 練習應用例之 HAZOP 分析結果表格。

答：

HAZOP分析表

編號：＿＿＿＿＿＿

設備	引導詞	偏 離 原 因	後　　　果	安全防護	防 範 對 策	備註
蒸汽發生槽	NONE	淨水槽邊的泵浦未輸入淨水，以吸收 CH_3Cl 反應器產生的蒸汽。	蒸汽發生槽過熱，致槽體過熱，脆變。	增設低液位警報器	每班操作員定期巡視液位計及液位指示警報器。	

【第九章】

8.某重量之危險物求得其燃燒熱是 $3\text{BTU} \times 10^9$，試問其危害點數？

答：危害點數 $= 2$

10.某製程的火災爆炸指數是 150，求其暴露範圍。

答：51472 平方呎

【第十章】

9.試作鍋爐安全閥故障的 FMEA。

答：請參考三民書局，《工業安全與管理》一書第七章。

【第十一章】

7.實施下圖失誤樹之定性分析。

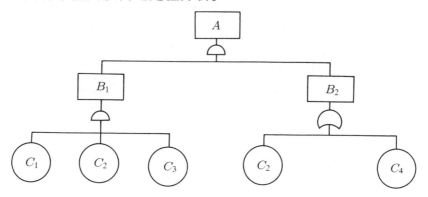

答：(1)$A=B_1B_2$

$\qquad = C_1C_2C_3(C_2+C_4)$

$\qquad = C_1C_2C_3C_2 + C_1C_2C_3C_4$

$\qquad = C_1C_2C_3(1+C_4)$

$\qquad = C_1C_2C_3$

$C_1C_2C_3$ 是 A 事件的最小切集合。

　(2)在基元事件中，C_1，C_2，C_3 較爲重要，而 C_4 則可忽略。

8.在第 7 題中，若 $C_1 = 10^{-3}$，$C_2 = 2 \times 10^{-4}$，$C_3 = 5 \times 10^{-4}$，C_4

3×10^{-4}，試求頂上事件 A 的發生機率。

答：因 $A=C_1C_2C_3$

$\qquad = 10^{-3} \times 2 \times 10^{-4} \times 5 \times 10^{-4}$

$\qquad = 10 \times 10^{-11}$

$\qquad = 10^{-10}$

9.化簡第 7 題的失誤樹。

答：因 $A = C_1C_2C_3$

　　則 A 事件的失誤樹是

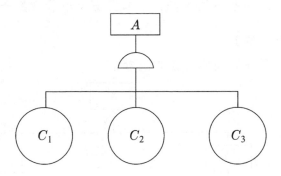

10.求下列串並聯電路系統的失誤樹及 output (A事件)失誤的機率。

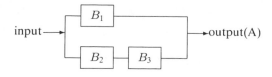

設 $P(B_1) = P(B_2) = P(B_3) = 0.001$

答：

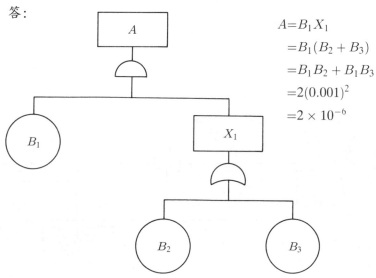

$A = B_1 X_1$
$\quad = B_1(B_2 + B_3)$
$\quad = B_1 B_2 + B_1 B_3$
$\quad = 2(0.001)^2$
$\quad = 2 \times 10^{-6}$

11.求下圖 A 事件之發生機率。

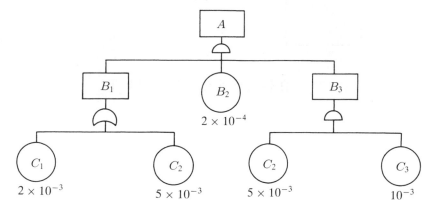

答：　$A = B_1B_2B_3$

　　　$= (C_1 + C_2)B_2(C_2C_3)$

　　　$= C_1B_2C_2C_3 + C_2B_2C_2C_3$

　　　$= C_2B_2C_3(C_1 + 1)$

　　　$= C_2B_2C_3$

　　　$= 5 \times 10^{-3} \times 2 \times 10^{-4} \times 10^{-3}$

　　　$= 10 \times 10^{-10}$

　　　$= 10^{-9}$

13.本章例3之液化天然氣儲槽若改為半自動進料系統，其系統圖如下。設人為失誤率 $= 10^{-2}$，機械故障率皆等於 10^{-3}，每年進料1次，則每年發生儲槽外溢的機率為何？

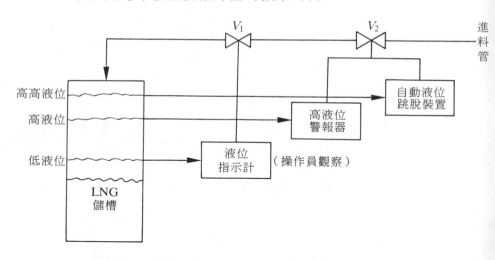

答：　①半自動進料系統的失誤樹如下。

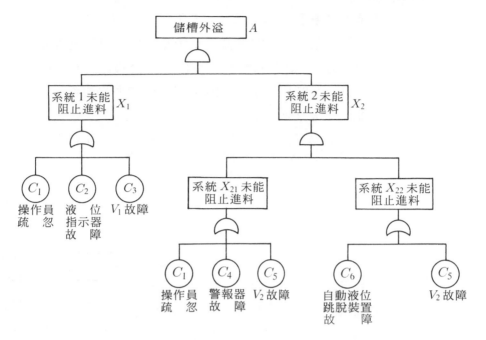

②儲槽外溢機率

$$A = X_1 X_2$$

$$= (C_1 + C_2 + C_3)(X_{21} \cdot X_{22})$$

$$= (C_1 + C_2 + C_3)(C_1 + C_4 + C_5)(C_6 + C_5)$$

$$= (C_1 + C_2 + C_3)(C_1 C_6 + C_4 C_6 + C_5)$$

$$= C_1 C_1 C_6 + C_1 C_4 C_6 + C_1 C_5 + C_2 C_1 C_6 + C_2 C_4 C_6 + C_2 C_5$$
$$+ C_3 C_1 C_6 + C_3 C_4 C_6 + C_3 C_5$$

$$= C_1 C_6 (1 + C_4 + C_2 + C_3) + C_1 C_5 + C_2 C_5 + C_3 C_5 + C_2 C_4 C_6$$
$$+ C_3 C_4 C_6$$

$$= C_1 C_6 + C_1 C_5 + C_2 C_5 + C_3 C_5 + C_2 C_4 C_6 + C_3 C_4 C_6$$

$$= 2(10^{-2} \times 10^{-3}) + 2(10^{-3})^2 + 2(10^{-3})^3$$

$$= 2 \times 10^{-5} + 2 \times 10^{-6} + 2 \times 10^{-9}$$

$$\simeq 2.2 \times 10^{-5}$$

③每年每一儲槽發生進料外溢的機率等於

　　$2.2 \times 10^{-5} \times 12 = 2.6 \times 10^{-4}$／年／儲槽。

【第十二章】

5.今假設某一易燃物儲槽內有兩座馬達。以馬達 A 為主，馬達 B 為
輔（備用）。在卸料管上有低流量警報器。若將馬達 A 故障視為
卸料作業的起始事件，則試作卸料失敗之事件樹。

答：先畫原來的事件樹：

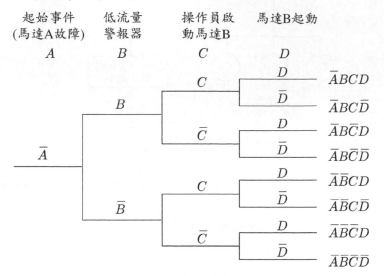

圖1　原來的事件樹

然而圖1之中有些分析（$\overline{ABCD}$，$\overline{AB}CD$，$\overline{AB}C\overline{D}$，$\overline{AB}C$
不合邏輯，應予刪除。刪減後的事件樹如圖2。

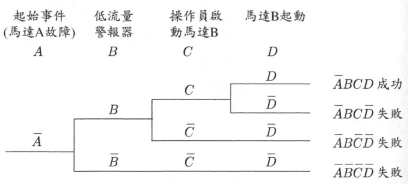

圖2　簡化後的事件樹

6.第 5 題相關事件或裝置之故障（或失誤）機率分別是，

　①低流量警報器 = 0.001

　②操作員失誤 = 0.25

　③馬達 A 或 B = 0.002

　求卸料失敗的機率。

　答：卸料失敗的分枝有三枝。將相關事件的故障率（失誤率）代
　　　入，得卸料失敗的機率：

$$\overline{ABC}\overline{D} + \overline{AB}C\,\overline{D} + \overline{A}\,\overline{B}\,\overline{C}\,\overline{D}$$

　　　$=0.002 \times 0.999 \times 0.75 \times 0.002 + 0.002 \times 0.999 \times 0.25 \times 0.002$

　　　　$+\ 0.002 \times 0.001 \times 0.25 \times 0.002$

　　　$=0.000003997$

　　　$=3.997 \times 10^{-6}$（精確值）〔按：此失敗率不高〕

生活無處不科學

潘震澤　著

◆ 科學人雜誌書評推薦
◆ 中國時報開卷新書推薦
◆ 中央副刊每日一書推薦

　　本書作者如是說：科學應該是受過教育者的一般素養，而不是某些人專屬的學問。在日常生活中，科學可以是「無所不在，處處都在」的！

　　且看作者如何以其所學，介紹並解釋一般人耳熟能詳的呼吸、進食、生物時鐘、體重控制、糖尿病、藥物濫用等名詞，以及科學家的愛恨情仇，你會發現——生活無處不科學！

兩極紀實

位夢華　著

◆ 行政院新聞局中小學生課外優良讀物推介

　　本書收錄了作者一九八二年在南極和一九九一年獨闖北極時寫下的科學散文和考察隨筆中所精選出來的文章，不僅生動地記述了兩極的自然景觀、風土人情、企鵝的可愛、北冰洋的嚴酷、南極大陸的暴風、愛斯基摩人的風情，而且還詳細地描繪了作者的親身經歷，以及立足兩極，放眼全球，對人類與生物、社會與自然、中國與世界、現在與未來的思考和感悟。

親近科學的新角度！

武士與旅人 ── 續科學筆記

高涌泉　著

◆ 第五屆吳大猷科普獎佳作

　　誰是武士？誰是旅人？不同風格的湯川秀樹與朝永振一郎是 20 世紀日本物理界的兩大巨人。對於科學研究，朝永像是不敗的武士，如果沒有戰勝的把握，便會等待下一場戰役，因此他贏得了所有的戰役；至於湯川，就像是奔波於途的孤獨旅人，無論戰役贏不贏得了，他都會迎上前去，相信最終會尋得他的理想。 本書作者長期從事科普創作，他的文字風趣且富啟發性。在這本書中，他娓娓道出多位科學家的學術風格及彼此之間的互動，例如特胡夫特與其老師維特曼之間微妙的師徒情結、愛因斯坦與波耳在量子力學從未間斷的論戰……等，讓我們看到風格的差異不僅呈現在其人際關係中，更影響了他們在科學上的追尋探究之路。

科學讀書人 ── 一個生理學家的筆記

潘震澤　著

◆ 民國 93 年金鼎獎入圍，科學月刊、科學人雜誌書評推薦

「科學」如何貼近日常生活？這是身為生理學家的作者所在意的！透過他淺顯的行文，我們得以一窺人體生命的奧祕，且知道幾位科學家之間的心結，以及一些藥物或疫苗的發明經過。

國家圖書館出版品預行編目資料

危害分析與風險評估／黃清賢著.－－修訂二版十三
刷.－－臺北市: 三民，2023
　　面;　　公分.－－（TechMore）
　　含索引

　　ISBN 978-957-14-2312-8　（平裝）
　　1. 工業安全

555.56　　　　　　　　　　　　　　　85003132

Tech More

危害分析與風險評估

著 作 人	黃清賢
發 行 人	劉振強
出 版 者	三民書局股份有限公司
地　　址	臺北市復興北路 386 號 (復北門市)
	臺北市重慶南路一段 61 號 (重南門市)
電　　話	(02)25006600
網　　址	三民網路書店 https://www.sanmin.com.tw
出版日期	初版一刷 1996 年 5 月
	修訂二版一刷 2000 年 3 月
	修訂二版十三刷 2023 年 1 月
書籍編號	S444190
I S B N	978-957-14-2312-8

三民書局